Investieren mit KI-Tools für Dummies
Schummelseite

KOSTEN SENKEN MITHILFE VON KI

- **Sparen Sie Kosten für eine Anlageberatung.** Die KI kann Ihr Portfolio analysieren oder Ihnen einen detaillierten Bericht zu jeder Position in Ihrem Anlagedepot erstellen. Spezielle KI-Tools wie Robo-Advisors können insbesondere erfahrenen Anlegern helfen, die Kosten für einen Finanzberater zu reduzieren.

- **Sparen Sie Steuern.** Die KI kann Ihnen dabei helfen, all Ihre Steuerdaten mit Excel vorzubereiten und zu analysieren, und Ihnen Tipps im Hinblick auf Steuerabzüge und -gutschriften geben. Sie kann Ihnen außerdem helfen, komplexe und/oder neue Steuergesetze zu verstehen.

- **Sparen Sie Anwaltskosten.** Die KI kann juristische Dokumente analysieren und zusammenfassen sowie Dokumente wie Verträge, einfache Testamente und andere Rechtsdokumente für Sie erstellen.

- **Sparen Sie Kosten für Kurse und Lehrer.** Die KI kann Ihnen sowohl Grundkenntnisse und einfache Fertigkeiten als auch komplexe Themen wie Chemie oder Mathematik vermitteln. Sie kann Ihnen darüber hinaus detaillierte Erklärungen zu bestimmten Begriffen, Problemstellungen oder Konzepten innerhalb eines Fachgebiets geben.

- **Sparen Sie beim Geschenkekauf.** Bitten Sie die KI, eine umfangreiche Liste von Geschenken zu erstellen, die zu Ihrem Budget und dem jeweiligen Anlass passen. Ein Beispiel-Prompt: »Ich bin knapp bei Kasse. Mein 14-jähriger Sohn hat bald Geburtstag. Bitte erstelle eine Liste mit 20 tollen Geschenken unter 50 Euro.«

- **Sparen Sie Kosten für die Finanzplanung.** Finanzplaner können Hunderte von Euro für die Erstellung eines Finanzplans berechnen, während KI-gestützte Finanzsoftware aus Ihren Daten problemlos und kostenfrei einen professionellen Finanzplan für Sie erstellen oder Sie zumindest dabei unterstützen kann.

- **Sparen Sie Kosten für Sprachdienstleistungen.** Ganz gleich, ob Sie eine neue Sprache lernen möchten oder schnell eine Übersetzung benötigen – die KI kann Sätze, Dialoge und ganze Texte in praktisch jeder wichtigen Sprache verstehen und auch übersetzen. So können Sie sich das Geld für teure Sprachkurse und -Software sowie einfache Übersetzungsdienstleistungen sparen.

- **Lassen Sie sich bei der Verwaltung Ihrer Ausgaben und Schulden helfen.** KI-gestützte Apps können Sie vor drohenden Kredit- und sonstigen Schuldenproblemen warnen und Ihnen helfen, Ihre Ausgaben zu verwalten.

- **Sparen Sie beim Einkauf.** Die KI kann Ihnen dabei helfen herauszufinden, welche Produkte und Dienstleistungen übers Jahr hinweg entweder zu teuer oder besonders günstig angeboten werden.

- **Sparen Sie beim Restaurantbesuch und beim Kochen.** Fragen Sie die KI nach preiswerten Restaurants und/oder Lieferdiensten – oder nach Rezeptideen für günstige selbst gekochte Mahlzeiten, indem Sie die Zutaten angeben, die Sie zu Hause haben.

Investieren mit KI-Tools für Dummies

Schummelseite

WIRTSCHAFTSDATEN MITHILFE VON KI STUDIEREN

Die KI kann Ihnen wirtschaftliche Zusammenhänge erklären, sodass Sie dieses Wissen nutzen können, um bessere Anlageentscheidungen für Ihr Portfolio und Ihre finanziellen Ziele zu treffen. Im Folgenden finden Sie einige wichtige wirtschaftliche Begriffe, die Sie mithilfe von KI recherchieren und vertiefen können:

- **Bruttoinlandsprodukt (BIP):** Lassen Sie sich das Konzept des Bruttoinlandsprodukts von der KI verständlich erklären. Mit einer Analyse der aktuellen BIP-Daten kann sie Ihnen helfen, ein starkes Aktien- und ETF-Portfolio aufzubauen.
- **Führende Wirtschaftsindikatoren (Leading Economic Indicators, LEI):** Erfahren Sie, wie der Index der führenden Wirtschaftsindikatoren (auch bekannt als *Leading Economic Index*, kurz *LEI*) funktioniert und worauf Sie achten müssen, damit Sie dem Markt immer einen Schritt voraus sind.
- **Arbeitsmarkt:** Egal, wie sich der Arbeitsmarkt entwickelt – die KI kann Ihnen dabei helfen, Ihr Portfolio in jedem Fall optimal auszurichten, sodass ihm auch schlechte Arbeitsmarktdaten nichts anhaben können.

FUNDAMENTALANALYSE UND TECHNISCHE ANALYSE MITHILFE VON KI VERSTEHEN

Sie werden es schwer haben, langfristig zu investieren, wenn Sie nicht mit den Grundlagen der Fundamentalanalyse vertraut sind. Insbesondere die folgenden Konzepte sollten Sie verstehen, und die KI kann Ihnen dabei unter die Arme greifen:

- **Rentabilität:** Finden Sie heraus, wie und warum sie als Motor für ein Unternehmen (und seine Aktien!) dient.
- **Kurs-Gewinn-Verhältnis (KGV):** Lernen Sie, warum es für eine solide Geldanlage von entscheidender Bedeutung ist.
- **Branchenanalyse:** Achten Sie darauf, dass Erfolg versprechende Aktien einer soliden Branche angehören (dann kann fast nichts mehr schiefgehen!)

Auch der technischen Analyse sollten Sie Beachtung schenken. Ja, sie kann ein wenig kompliziert sein, aber mithilfe von KI wird es Ihnen gelingen, sie zu entschlüsseln. Die beiden folgenden Konzepte der technischen Analyse sind von besonderem Interesse:

- **Relative-Stärke-Index (RSI):** Erfahren Sie, wie er Ihnen helfen kann, den optimalen Zeitpunkt für Ihre Käufe (oder Verkäufe) zu finden.
- **Gleitende Durchschnitte:** Lassen Sie sich erklären, wie Aktienhändler (Trader) sie nutzen, um den optimalen Ein- und Ausstiegspunkt zu finden.

Investieren mit KI-Tools für Dummies

Paul Mladjenovic

Investieren mit KI-Tools für dummies

Übersetzung aus dem Amerikanischen von Birgit Dölling

Fachkorrektur von Lars Hornuf

WILEY-VCH GmbH

Investieren mit KI-Tools für Dummies

Bibliografische Information der Deutschen Nationalbibliothek
Die Deutsche Nationalbibliothek verzeichnet diese Publikation
in der Deutschen Nationalbibliografie; detaillierte bibliografische
Daten sind im Internet über http://dnb.d-nb.de abrufbar.

1. Auflage 2025

© 2025 Wiley-VCH GmbH, Boschstraße 12, 69469 Weinheim, Germany

Original English language edition AI Investing for dummies © 2024 by Wiley Publishing, Inc.

All rights reserved including the right of reproduction in whole or in part in any form. This translation published by arrangement with John Wiley and Sons, Inc.

Copyright der englischsprachigen Originalausgabe AI Investing for dummies © 2024 by Wiley Publishing, Alle Rechte vorbehalten inklusive des Rechtes auf Reproduktion im Ganzen oder in Teilen und in jeglicher Form. Diese Übersetzung wird mit Genehmigung von John Wiley and Sons, Inc. publiziert.

Wiley, the Wiley logo, Für Dummies, the Dummies Man logo, and related trademarks and trade dress are trademarks or registered trademarks of John Wiley & Sons, Inc. and/or its affiliates, in the United States and other countries. Used by permission.

Wiley, die Bezeichnung »Für Dummies«, das Dummies-Mann-Logo und darauf bezogene Gestaltungen sind Marken oder eingetragene Marken von John Wiley & Sons, Inc., USA, Deutschland und in anderen Ländern.

Das vorliegende Werk wurde sorgfältig erarbeitet. Dennoch übernehmen Autoren und Verlag für die Richtigkeit von Angaben, Hinweisen und Ratschlägen sowie eventuelle Druckfehler keine Haftung.

Coverillustration: © Peachayatanomsup – stock.adobe.com
Korrektur: Johanna Rupp, Walldorf
Satz: Straive, Chennai, India
Druck und Bindung:

Print ISBN: 978-3-527-72275-4
ePub ISBN: 978-3-527-85095-2

Bevollmächtigte des Herstellers gemäß EU-Produktsicherheitsverordnung ist die Wiley-VCH GmbH, Boschstr. 12, 69469 Weinheim, Deutschland, E-Mail: Product_Safety@wiley.com.

Über den Autor

Paul Mladjenovic war von 1985 bis 2021 als zertifizierter Finanzberater (Certified Financial Planner, CFP) tätig und ist ein renommierter Referent, Dozent, Autor und Finanzcoach. Seit 1981 ist er auf die Bereiche Geldanlage, Finanzplanung und Unternehmensgründung spezialisiert. In diesen mehr als 40 Jahren hat er mit seinen landesweiten Seminaren, Workshops, Konferenzen und Coaching-Programmen Hunderttausenden von Menschen beim Vermögensaufbau geholfen.

Paul ist Autor mehrerer Bücher über Geldanlage, Unternehmensgründung und -führung, Marketing und Karriere, darunter *Stock Investing For Dummies*, *High-Level Investing For Dummies*, *Micro-Entrepreneurship For Dummies*, *Precious Metals Investing For Dummies*, »*Zero-Cost Marketing*« und »*The Job Hunter's Encyclopedia*«. Er hat außerdem als Co-Autor an den *Für-Dummies*-Ausgaben *Affiliate Marketing For Dummies* und *Factor Investing For Dummies* mitgewirkt.

Zu seinen Seminaren (off- und online) gehören unter anderem »The $50 Wealth-Builder«, »Ultra-Investing with Options« und »Home Business Goldmine«. Einzelheiten zu seinen (herunterladbaren) Audio-Seminaren zu den Themen Finanzen und Unternehmensgründung finden sich auf seiner Website (www.RavingCapitalist.com), ebenso wie hilfreiche Ressourcen zum Thema »Künstliche Intelligenz« (unter www.RavingCapitalist.com/AI). Seine Onlinekurse sind auf verschiedenen Lernplattformen und Weiterbildungsportalen vertreten, darunter Udemy.com, Skillshare.com, Freeu.com, MtAiryLearningTree.org und MoneyClipsU.com, um nur einige zu nennen. Leserinnen und Leser können Pauls Profil bei LinkedIn (unter www.linkedin.com/in/paulmladjenovic/) und seine Autorenseite bei Amazon (unter www.amazon.com/author/paulmladjenovic) besuchen oder ihm persönlich schreiben (unter paul@mladjenovic.com).

Widmung des Autors

Dieses Buch widme ich meiner Frau Fran anlässlich unseres 30-jährigen Hochzeitsjubiläums … Lipa Zyenska, möge Gott uns mit vielen weiteren Jahren segnen!

Danksagung des Autors

Zuallererst möchte ich den wunderbaren Mitarbeitern von Wiley meine Anerkennung und meinen Dank aussprechen. Es war mir ein Vergnügen, mit einem so erstklassigen Team zusammenzuarbeiten, das so viel harte Arbeit und Mühe investiert, um den Lesern wertvolle und informative Publikationen zu liefern. Ich wünsche Ihnen allen weiterhin viel Erfolg bei dieser Aufgabe!

Einige Mitarbeiter des Wiley-Redaktionsteams möchte ich an dieser Stelle besonders erwähnen:

Mein ganz besonderer Dank geht an meine wunderbare Projektleiterin Georgette Beatty, die mich in jeder Hinsicht unterstützt hat und deren Professionalität ich im Rahmen der Zusammenarbeit an mehreren *Für-Dummies*-Titeln sehr zu schätzen gelernt habe.

Ebenso herzlich danke ich dem Fachlektor James Maendel, der auch ein ausgezeichneter Finanzberater ist, für seine detaillierten und konstruktiven Hinweise, die dazu beigetragen haben, dass der Inhalt dieses Buches praktisch keine Wünsche offenlässt. Er war auch ein hervorragender Co-Autor bei *Factor Investing For Dummies*.

Mein inniger Dank gilt darüber hinaus meiner großartigen Autorenbetreuerin Tracy Boggier, deren unermüdlichem Einsatz ich unter anderem die Ehre verdanke, noch weitere *Für-Dummies*-Titel verfassen zu dürfen. (Es ist der professionellen Arbeit von Verlagsmitarbeiterinnen wie ihr geschuldet, dass auch weiterhin exzellente *Für-Dummies*-Ratgeber ihren Weg in die Bücherregale der Leser und Leserinnen finden!).

Aufrichtig danken möchte ich außerdem meiner professionellen Lektorin Kelly Dobbs Henthorne, die es geschafft hat, meine verstümmelten Sätze in erstklassige Prosa zu verwandeln.

Von ganzem Herzen danke ich auch meinen beiden Söhnen, Adam und Joshua, für ihre Unterstützung beim Schreiben dieses Buches. Ich danke Gott für euch und liebe euch über alle Maßen!

Nicht zuletzt möchte ich mich bei Ihnen, liebe Leserinnen und Leser, bedanken. Mit Ihrem Wissensdurst haben Sie die *Für-Dummies*-Bücher im Laufe der Jahre zu dem gemacht, was sie heute sind – eine der beliebtesten und unverzichtbarsten Ratgeberreihen überhaupt. Dafür danke ich Ihnen und wünsche Ihnen weiterhin viel Erfolg bei allem was Sie mit *Für Dummies* lernen möchten!

Auf einen Blick

Über den Autor 7
Einleitung 19

Teil I: Die Grundlagen der künstlichen Intelligenz kennenlernen 23
Kapitel 1: Das Einmaleins der künstlichen Intelligenz 25
Kapitel 2: Eine kleine Einführung in ChatGPT 31
Kapitel 3: Ein Rundgang durch das KI-Universum: Verschiedene Ein- und Ausgabeoptionen 41

Teil II: In den KI-Sektor investieren 47
Kapitel 4: KI-Investmentmöglichkeiten, Marktkapitalisierung, Large Caps und mehr 49
Kapitel 5: Small-Caps, IPOs und Hedging 61
Kapitel 6: Diversifizierung mit ETFs und Investmentfonds 71
Kapitel 7: Auf Du und Du mit dem Robo-Advisor 85
Kapitel 8: Fundamentalanalyse und technische Analyse 95

Teil III: Alternativen zu (KI-)Aktieninvestments 105
Kapitel 9: Edelmetalle und andere Rohstoffe 107
Kapitel 10: Anleihen, Bankeinlagen und Kryptowährungen 129
Kapitel 11: Immobilien als Geldanlage 141
Kapitel 12: Existenzgründung, Unternehmensführung und Karrierechancen 159

Teil IV: Investment und Finanzplanung mit Köpfchen 179
Kapitel 13: Wirtschaftsanalyse mit KI 181
Kapitel 14: Finanzplanung und andere finanzielle Fragen 201
Kapitel 15: Ruhestands- und Nachlassplanung 213

Teil V: Der Top-Ten-Teil 231
Kapitel 16: Zehn potenzielle Gefahren und Fallstricke im Umgang mit KI 233
Kapitel 17: Zehn (oder mehr) Tipps für das Formulieren effektiver Investment-Prompts 239
Kapitel 18: Zehn KI-bezogene und andere Tools und Ressourcen, die jeder Investor und KI-Neuling kennen sollte 247
Kapitel 19: Zehn Strategien zur Ergänzung Ihrer KI-gestützten Anlagetätigkeit 253

Teil VI: Anhang **261**
Anhang A: Allgemeine Ressourcen zum Thema KI............................. 263
Anhang B: KI-Tools fürs Investieren und andere Zwecke 269
Anhang C: Allgemeine Ressourcen zum Thema Geldanlage 275

Abbildungsverzeichnis...**279**
Stichwortverzeichnis **281**

Inhaltsverzeichnis

Über den Autor 7
    Widmung des Autors. 7
    Danksagung des Autors 7

Einleitung 19
    Über dieses Buch. 19
    Törichte Annahmen. 20
    Symbole, die in diesem Buch verwendet werden. 20
    Wie es von hier aus weitergeht 21

TEIL I
DIE GRUNDLAGEN DER KÜNSTLICHEN INTELLIGENZ KENNENLERNEN 23

Kapitel 1
Das Einmaleins der künstlichen Intelligenz 25
    Das Wichtigste zuerst: Was genau ist eigentlich künstliche Intelligenz? 25
    Die zwei wichtigsten Arten von KI kennen und unterscheiden lernen 27
        Allgemeine KI 27
        Spezifische KI 27
    Mithilfe von KI in Aktien investieren 28
    Mithilfe von KI Alternativen zur Aktienanlage ausloten. 28
    Mithilfe von KI Ihre finanzielle Situation unter die Lupe nehmen 29
    Noch mehr über KI erfahren 30

Kapitel 2
Eine kleine Einführung in ChatGPT 31
    Gestatten, ChatGPT. 31
        ChatGPT sich selbst beschreiben lassen. 32
        Was ChatGPT für Sie tun kann 33
    Prompting für Fortgeschrittene: Auf die Formulierung kommt es an 35
    Einschränkungen und Nachteile von ChatGPT 38
    Alternativen zu ChatGPT. 39

Kapitel 3
Ein Rundgang durch das KI-Universum: Verschiedene Ein- und Ausgabeoptionen 41
    Das häufigste Szenario: Text-zu-Text mit dem Chatbot. 41
    Andere Ein- und Ausgabemöglichkeiten im Umgang mit KI 43
        Dokument-zu-Text 43
        Audio-zu-Text 43

Text-zu-Bild 44
Text-zu-Video 45
Noch mehr nützliche Tools und ein paar hilfreiche Quellen. 45

TEIL II
IN DEN KI-SEKTOR INVESTIEREN 47

Kapitel 4
KI-Investmentmöglichkeiten, Marktkapitalisierung, Large Caps und mehr 49

Auf direktem Wege in KI investieren. 50
Welche Rolle KI im »Big Picture« spielt 50
Die Grundlagen der Marktkapitalisierung verstehen. 51
Die wichtigsten Akteure der KI-Branche kennenlernen. 53
Die Vor- und Nachteile von KI-Aktien unter die Lupe nehmen. 55
    Die Vorteile von KI-Aktien 55
    Die Nachteile von KI-Aktien 56
Der indirekte Weg: In Unternehmen investieren, die von KI profitieren. 57
KI für die Aktienanalyse nutzen. 58
    Durchführen einer SWOT-Analyse. 58
    Zusammenfassen von Finanzdaten. 60

Kapitel 5
Small-Caps, IPOs und Hedging 61

In die Grundlagen von Small Caps einsteigen. 62
    Die Vor- und Nachteile von Small-Cap-Aktien 62
KI-bezogene Small Caps ausfindig machen. 63
Vielversprechende Small-Cap-Aktien auswählen. 64
Mehr über IPOs erfahren. 66
Absicherungsstrategien für Small Caps und IPOs ausloten 67
    Stop-Loss-Order. 68
    Trailing-Stop-Order 68
    Optionen 69

Kapitel 6
Diversifizierung mit ETFs und Investmentfonds 71

ETFs und Investmentfonds im Vergleich 72
    Eine Gemeinsamkeit: Diversifizierung 72
    Statische versus aktiv verwaltete Portfolios. 73
    ETFs und Investmentfonds kaufen und verkaufen 73
    Einige Vorteile von ETFs gegenüber Investmentfonds 74
Die Vor- und Nachteile von ETFs und Investmentfonds mithilfe von KI herausarbeiten 74
    Die Vor- und Nachteile von ETFs 75
    Die Vor- und Nachteile von Investmentfonds 77

Einige Top-ETFs mit KI-Bezug	79
ETFs mithilfe von KI analysieren	81
Investmentfonds mit KI-Bezug unter die Lupe nehmen	83
Ressourcen für die Anlage in ETFs und Investmentfonds prüfen	84

Kapitel 7
Auf Du und Du mit dem Robo-Advisor **85**

Was ist ein Robo-Advisor und wofür wird er genutzt?	85
Die Vor- und Nachteile von Robo-Advisors	87
Robo-Advisor-Pros	87
Robo-Advisor-Kontras	87
Die wichtigsten Merkmale von Robo-Advisors	90
Die Qual der Wahl: Menschlicher Finanzberater oder Robo-Advisor (oder beides)?	93
Eine Liste mit Top-Robo-Advisors	93

Kapitel 8
Fundamentalanalyse und technische Analyse **95**

Die Fundamentalanalyse	95
Wichtige fundamentale Kennzahlen und Faktoren	96
Fundamentalanalyse und KI	98
Die technische Analyse	100
Ein Blick auf den RSI	100
Technische Analyse und KI	101

TEIL III
ALTERNATIVEN ZU (KI-)AKTIENINVESTMENTS **105**

Kapitel 9
Edelmetalle und andere Rohstoffe **107**

Investieren versus Spekulieren	108
Die Risiken von Edelmetallen und Rohstoffen im Vergleich	109
Was es bei Edelmetallen nicht gibt: Das Kontrahentenrisiko	110
Weitere Risiken bei Aktien und anderen konventionellen Anlageformen	111
Risiken bei Edelmetallen	112
Risiken bei Rohstoffen	112
Edelmetalle – ein Sachwert der Extraklasse	116
Möglichkeiten, in Gold und Silber zu investieren	117
KI-Strategien für Edelmetallinvestments	117
Anlaufstellen für Edelmetallinvestments	118
Die Welt der (anderen) Rohstoffe und des Rohstoffhandels erkunden	119
Den Zusammenhang zwischen Futures und Rohstoffen verstehen	119
Ein Überblick über die verschiedenen Arten von Rohstoffen	121
Anlagevehikel für Rohstoffe unter die Lupe nehmen	124
Mithilfe von KI in Rohstoffe investieren	125
Einige Quellen zum Thema Rohstoffinvestments	127

Kapitel 10
Anleihen, Bankeinlagen und Kryptowährungen **129**
    Anleihen und Bankeinlagen 129
        Anleihen. 130
        Bankeinlagen 134
    Kryptowährungen 135
    Digitale Zentralbankwährungen (CBDC). 137
        Einige Ressourcen zum Thema digitales Zentralbankgeld. 140

Kapitel 11
Immobilien als Geldanlage **141**
    Haben Sie das Zeug zum Immobilieninvestor?. 141
    Die beiden wichtigsten Aspekte beim Immobilieninvestment 144
    Auf direktem Wege in Immobilien investieren 145
    Auf indirektem Wege in Immobilien investieren. 148
        Real Estate Limited Partnership (RELP). 149
        Real Estate Investment Trusts (REITs) 151
        Immobilien-ETFs. 155
    Weitere Prompts zum Thema Immobilieninvestments 157
    Einige empfehlenswerte Ressourcen zum Thema Immobilieninvestments. 158

Kapitel 12
Existenzgründung, Unternehmensführung und Karrierechancen **159**
    Die Vorteile eines eigenen Unternehmens 160
        Der möglichen Bedrohung Ihres Jobs durch KI entgegenwirken 160
        Höhere Einkünfte erzielen 160
        Steuervorteile genießen 160
        Mehr Spaß an der Arbeit. 161
        Vermögensaufbau mit einem maßgeschneiderten Altersvorsorgeplan ... 161
        Gewinne aus dem Verkauf Ihres Unternehmens einstreichen 161
    Existenzgründung – wie Sie Ihr eigenes Unternehmen auf die Beine stellen. ... 162
        Nachforschungen anstellen 162
        Einen Businessplan erstellen 163
        Ihr Start-up finanzieren. 165
        Ihr Start-up mithilfe von KI auf den richtigen Weg bringen 166
    Unternehmensführung mithilfe von KI 168
        Den Umgang mit Software meistern. 168
        Verschiedene Arten von Content erstellen. 168
        Weitere Möglichkeiten, wie KI Sie bei der Unternehmensführung unterstützen kann 169
    KI als Karriere-Booster 172
        Die besten Jobs für Ihr Profil finden 172
        Ihre Jobperspektive verbessern. 173
        Neue Betätigungsfelder finden 173
        Professionelle Bewerbungsunterlagen erstellen 175
        Sich auf Vorstellungsgespräche vorbereiten 177

TEIL IV
INVESTMENT UND FINANZPLANUNG MIT KÖPFCHEN 179

Kapitel 13
Wirtschaftsanalyse mit KI 181
Die wichtigsten Konjunkturindikatoren im Überblick 181
 Bruttoinlandsprodukt (BIP) 182
 Arbeitsmarktsituation 187
 Zinssätze 191
 Leading Economic Index (LEI) 194
 Inflation 195
Die Strategien der Zentralbanken – und wie sie sich auf die
Finanzmärkte (und Ihre Geldanlagen) auswirken 196
Die Strategien der Politik – und wie sie sich auf die Finanzmärkte
(und Ihre Geldanlagen) auswirken 199

Kapitel 14
Finanzplanung und andere finanzielle Fragen 201
Schritt für Schritt einen Finanzplan erstellen 202
Ihr Budget in den Griff kriegen 207
Die Kosten für Ausbildung und Studium in den Fokus nehmen 210

Kapitel 15
Ruhestands- und Nachlassplanung 213
Ruhestandsplanung im Detail 213
 Eine persönliche Bilanz erstellen 213
 Eine hilfreiche Checkliste für die Ruhestandsplanung erstellen 221
 Noch mehr KI-Anregungen für die Ruhestandsplanung 223
Über die Nachlassplanung nachdenken 225
 Was genau bedeutet »Nachlassplanung«? 225
 Die einzelnen Schritte der Nachlassplanung im Überblick 227

TEIL V
DER TOP-TEN-TEIL 231

Kapitel 16
Zehn potenzielle Gefahren und Fallstricke im
Umgang mit KI 233
Ungenauigkeiten und Fehler 233
Voreingenommenheit 234
Betrug 234
Verdrängung von Arbeitsplätzen 235
Blindes Vertrauen in die Technologie 236
Information versus Weisheit 236
Die Auswahl der richtigen KI-Tools 236
Ihr Input versus KI-Output 237
Fehlerhafte Prognosen 237
Datenschutz 238

Kapitel 17
Zehn (oder mehr) Tipps für das Formulieren
effektiver Investment-Prompts 239
Einfache Prompts formulieren 239
Komplexere Prompts formulieren 240
Persönliche Szenarien mit Zielen verknüpfen........................ 241
Formeln abfragen und Berechnungen durchführen lassen 241
Listen erstellen lassen... 241
Eine zweite Meinung einholen....................................... 242
Nach dem Pro und Kontra fragen..................................... 242
Performancevergleiche anfordern 244
Mit Inhalten in verschiedenen Sprachen arbeiten 245
Per Prompt das Sprachniveau von KI-Antworten bestimmen 245
Inhalte von der KI zusammenfassen und analysieren lassen................. 246

Kapitel 18
Zehn KI-bezogene und andere Tools und Ressourcen,
die jeder Investor und KI-Neuling kennen sollte 247
ChatGPT 247
Investopedia.. 248
ToolsAI.net 249
YouTube-Kanäle zum Thema KI...................................... 249
LinkedIn... 249
KI-Tools zur Produktivitätssteigerung............................. 250
Hudson Labs (ehemals Bedrock AI) 250
Robo-Advisors 251
Udemy und andere Onlinekurse..................................... 251
Discord und andere Online-Gruppen................................. 251

Kapitel 19
Zehn Strategien zur Ergänzung Ihrer KI-gestützten
Anlagetätigkeit 253
Die Fundamentaldaten in den Fokus rücken........................... 254
In »Versorger« investieren 254
In Basiskonsumgüter investieren 254
Ins Gesundheitswesen investieren 255
Dividenden berücksichtigen.. 255
Ihr Portfolio absichern 256
Mit der richtigen Art von Anleihen diversifizieren 257
Mit Sachwerten diversifizieren 257
Persönliche Sicherheitsvorkehrungen treffen........................ 258
Back-ups erstellen 259

TEIL VI
ANHANG 261

Anhang A
Allgemeine Ressourcen zum Thema KI 263
Tutorials und Kurse für KI-Neulinge 263
YouTube-Kanäle zum Thema KI.. 264
Bücher zum Thema KI.. 265
Nachrichtenportale zum Thema KI.. 265
E-Zines zum Thema KI.. 266
Verzeichnisse für KI-Ressourcen... 266
Online-Benutzergruppen zum Thema KI und ChatGPT................... 267

Anhang B
KI-Tools fürs Investieren und andere Zwecke 269
Investment-KI-Tools.. 269
KI-Tools für die persönliche Finanzplanung 270
KI-Tools für Steuer und Budgetierung 270
Robo-Advisors 270
ChatGPT-Alternativen 271
KI-Tool-Verzeichnisse 272
Weitere generative KI-Tools für den Finanzbereich 272

Anhang C
Allgemeine Ressourcen zum Thema Geldanlage 275
Allgemeine Websites zum Thema Geldanlage 275
Spezialisierte Websites zum Thema Geldanlage........................... 276
Bücher zu verschiedenen Investmentthemen 276
LinkedIn-Gruppen 277
Investmentclubs und -verbände 277
Staatliche Finanzbehörden... 278

Abbildungsverzeichnis 279
Stichwortverzeichnis 281

Einleitung

Künstliche Intelligenz (kurz KI) ist derzeit in aller Munde und hat die Welt im Sturm erobert. Was wäre da geeigneter als ein entsprechender *Für-Dummies*-Ratgeber, um sich in dieser neuen, spannenden Materie zurechtzufinden? Dieses Buch bietet sowohl für KI-Neulinge als auch für fortgeschrittene Anleger, die sich für die finanziellen Auswirkungen dieser dynamischen und inzwischen allgegenwärtigen Technologie interessieren, eine benutzerfreundliche und konkrete Anleitung. In diesem Zusammenhang werden Geldanlagen aller Art und verwandte Themen wie Vermögensbildung, Ausbildungs- und Studienfinanzierung sowie Altersvorsorge- und Nachlassplanung behandelt, und Sie erfahren, wie Sie KI in diesen Bereichen effektiv für sich nutzen können. Darüber hinaus finden Sie in diesem Buch eine Fülle praktischer Ressourcen, Strategien und Werkzeuge, die Ihnen dabei helfen, in Sachen Geldanlage immer auf dem neuesten Stand zu sein – sprich, die Nase vorn zu haben.

Über dieses Buch

KI-Investment ist ein relativ junges Phänomen und daher für die meisten Anleger noch Neuland. Es kann jedoch eine wertvolle Option für jeden sein, der ein Anlageportfolio unterhält oder Informationen benötigt, um bestimmte finanzielle Ziele zu erreichen – insbesondere im Hinblick auf Aktien und aktienbezogene Fonds. Dieses Buch erörtert zunächst grundlegende Fragen (»Was ist ChatGPT?«, »Was sind Prompts?«) und arbeitet sich dann schrittweise zu spezifischen Anwendungsszenarien und -techniken vor (»Welche KI-Prompts eignen sich für bestimmte Anlagesituationen, und wie kann ich sie effektiv einsetzen?«). Mit anderen Worten: Die ersten Kapitel des Buches befassen sich mit den Grundlagen von KI, einschließlich ihrer Vorteile und Risiken, während die späteren Teile einen Überblick über Anlage- und Finanzthemen geben, bei denen die Verwendung von KI von Vorteil sein kann. Außerdem wird gezeigt, wie man KI für die Geldanlage effektiv nutzen kann.

Der vorliegende Ratgeber beschränkt sich jedoch keineswegs auf das Thema KI-gestütztes Investieren, sondern führt Sie noch ein Stück weit tiefer in die Materie ein – was angesichts des weitreichenden und beispiellosen Einflusses von KI auf die Welt der Wirtschaft und Finanzen auch notwendig ist. Was auch immer Ihre persönlichen Anlageziele und Investmentthemen sind, dieser Leitfaden enthält alles, was Sie darüber im Zusammenhang mit KI wissen müssen – und das in leicht verständlicher und praktischer Form.

Ein Tipp: Vergessen Sie nicht, einen Blick in die Anhänge zu werfen, denn sie sind der geheime Schatz dieses Buches! Da die künstliche Intelligenz sich derart schnell entwickelt und ständig verändert, ist es wichtig zu wissen, wo man nachschauen kann, um auf dem Laufenden zu bleiben – Teil VI enthält diesbezüglich eine Fülle von Tipps und Hinweisen.

Ein kleiner Hinweis: Die grau unterlegten Kästen im Buch gehen auf Details zu einem zuvor behandelten Thema ein, sind aber für dessen Verständnis nicht unbedingt erforderlich. Sie können sie also gerne lesen oder aber getrost überspringen. Ähnliches gilt für die mit dem Techniker-Symbol gekennzeichneten Inhalte, die im Hinblick auf KI-Investment zwar recht interessant, aber nicht essenziell sind (mehr zu Symbolen im übernächsten Absatz).

Und noch etwas: Bei der Lektüre dieses Buches werden Sie feststellen, dass Webadressen (URLs) manchmal über zwei Textzeilen verteilt sind. Wenn Sie die gedruckte Version dieser Ausgabe lesen und eine dieser Websites besuchen möchten, dann geben Sie die Webadresse einfach genau so ein, wie sie im Text steht, und tun Sie so, als gäbe es den Zeilenumbruch gar nicht. Wenn Sie das Buch hingegen als E-Book lesen, haben Sie es leicht – klicken Sie einfach auf die Webadresse, um direkt auf die jeweilige Webseite zu gelangen.

Törichte Annahmen

Als ich mit dem Schreiben dieses Buches begann, stellte ich mir vor, wie jemand ein Exemplar davon aus dem Regal nimmt und darin blättert, um zu sehen, ob es ein nützlicher Ratgeber ist. Ich fragte mich außerdem, welchen Hintergrund und welchen Wissensbedarf diese Person haben müsste, um das Buch interessant zu finden. Hier sind einige der Annahmen über Sie, liebe Leserin, lieber Leser, die mir dabei in den Sinn kamen:

✔ Sie interessieren sich für künstliche Intelligenz und ihre Auswirkungen auf Ihre finanzielle Situation.

✔ Sie sind Verbraucher und/oder Anleger und suchen nach einer verständlichen Anleitung, wie Sie KI nutzen können, um Ihr Vermögen und Ihren Wohlstand zu steigern.

✔ Sie sorgen sich über die Auswirkungen von KI auf Ihren Arbeitsplatz oder Ihr eigenes Unternehmen, und möchten wissen, wie Sie sich in diesem aufregenden, aber auch beängstigenden neuen Umfeld verhalten sollen.

✔ Sie sind auf der Suche nach einem praktischen Nachschlagewerk, einschließlich einer Liste von Informationsquellen im Hinblick auf die sich schnell entwickelnde KI-Technologie.

✔ Sie besitzen bereits Grundlagenwissen zum Thema Geldanlage und sind mit den gängigen Begriffen und Mechanismen des Börsenhandels bereits ein wenig vertraut. (Falls nicht, empfehle ich Ihnen zusätzlich die Lektüre eines Einsteigerbuches, wie zum Beispiel *Investieren für Dummies* von Eric Tyson, um sich die Basics anzueignen).

Symbole, die in diesem Buch verwendet werden

Wie in jeder *Für-Dummies*-Ausgabe finden sich auch in diesem Buch an den Seitenrändern die folgenden hilfreichen Symbole, die der näheren Kennzeichnung bestimmter Inhalte dienen sollen:

Mit diesem Icon habe ich Hinweise und Tipps markiert, die einen bestimmten Aspekt des KI-Investments einfacher oder potenziell erfolgreicher machen.

Mit diesem Symbol gekennzeichnete Absätze enthalten Informationen, die Sie sich für die Zukunft unbedingt gut merken sollten.

 Mit diesem Warnsymbol versehene Informationen sollten Sie unbedingt beachten, wenn Sie potenzielle KI-Investmentkatastrophen vermeiden wollen!

 Ähnliches gilt für dieses Warnsymbol, wobei die Auswirkungen hier nicht ganz so drastisch sind.

 Technische Inhalte aller Art habe ich mit diesem Symbol gekennzeichnet. Wenn Sie sich nicht so sehr für die technischen Details von KI-Investments interessieren, können Sie diese Informationshäppchen getrost überspringen.

Wie es von hier aus weitergeht

Dieses Buch ist so aufgebaut, dass Sie jederzeit schnell zu den Inhalten blättern können, die Sie am meisten interessieren. Sie müssen nicht unbedingt mit dem ersten Kapitel beginnen – obwohl ich Ihnen das empfehle, falls die künstliche Intelligenz und die damit verbundenen Investmentthemen noch Neuland für Sie sind. Je besser Sie die Grundlagen des KI-Investments verstehen, desto besser können Sie die in den späteren Kapiteln beschriebenen Techniken auf Ihre persönliche Anlagesituation abstimmen.

Sie müssen dieses Buch auch nicht zwingend von vorne bis hinten durchlesen, aber wenn Sie ein besonders gründlicher Mensch sind, spricht natürlich nichts dagegen! Wenn Sie zwischendurch bestimmte Informationen kurz nachschlagen und sich dann wieder Ihrer Arbeit widmen möchten, dann werfen Sie einen Blick in das Inhaltsverzeichnis oder in den Index und springen Sie dann zum jeweiligen Kapitel oder Abschnitt. Neben den behandelten KI-spezifischen Investment- und Finanzthemen empfehle ich Ihnen, auch die KI-basierten Informationen zu Wirtschaft und Karriere zu lesen, um über die beruflichen Chancen und Herausforderungen im Zusammenhang mit KI auf dem neuesten Stand zu bleiben.

Fakt ist, dass der Erfolg eines Projektes in hohem Maße davon abhängt, wie fundiert und verständlich die Informationen sind, die Sie für die Umsetzung benötigen – und ein *Für-Dummies*-Ratgeber ermöglicht Ihnen in dieser Hinsicht den bestmöglichen Start. *Investieren mit KI-Tools für Dummies* gibt Ihnen das nötige Werkzeug an die Hand, um mithilfe von künstlicher Intelligenz erfolgreich in eine bessere finanzielle Zukunft zu starten!

Teil I
Die Grundlagen der künstlichen Intelligenz kennenlernen

IN DIESEM TEIL ...

Teil I dieses Buches ist so etwas wie ein KI-Crashkurs. Hier erfahren Sie, was künstliche Intelligenz eigentlich ist, und verschaffen sich einen Überblick über einige gängige KI-Tools. Sie erhalten eine Einführung in ChatGPT, das derzeit wichtigste KI-Tool auf dem Markt, und lernen seine Funktionen und Anwendungen einschließlich seiner Grenzen und Schwachstellen genauer kennen. Zum Schluss schauen wir uns an, welche Datenformate Sie in der Interaktion mit KI austauschen und generieren lassen können.

IN DIESEM KAPITEL

Was ist künstliche Intelligenz?

Die zwei Hauptkategorien von KI kennen- und unterscheiden lernen

Erforschen, wie KI Ihnen bei der Geldanlage helfen kann

Noch mehr über KI erfahren

Kapitel 1
Das Einmaleins der künstlichen Intelligenz

Künstliche Intelligenz, kurz KI, ist seit geraumer Zeit das Gesprächsthema Nummer eins und wird höchstwahrscheinlich schon bald jeden Winkel unseres modernen Lebens durchdringen. Sie löst sowohl Begeisterung als auch Ängste aus. Während ich diese Zeilen tippe, ist sie dabei, die wirtschaftliche, soziale und finanzielle Landschaft grundlegend zu verändern.

Wenn es um künstliche Intelligenz geht, ist es für uns Menschen am besten, genau das zu tun, was Sie jetzt gerade tun – zu lernen, was genau sie ist, was sie alles kann und wie Sie sie in der heutigen wettbewerbsorientierten Welt für Ihre eigenen Interessen nutzen können. Wie jede große Innovation in der Geschichte der Menschheit hat auch KI einerseits ein erstaunlich positives Potenzial, kann aber andererseits auch enormen Schaden anrichten.

Sowohl im Alltag als auch im Hinblick auf Geldanlagen können Sie sie jedoch zu Ihrem eigenen Vorteil nutzen. Dieses Kapitel zeigt Ihnen erste Schritte, wie Sie mithilfe von künstlicher Intelligenz erfolgreich investieren können.

Das Wichtigste zuerst: Was genau ist eigentlich künstliche Intelligenz?

Als Geschäftsmann und Finanzpädagoge habe ich beim Schreiben dieses Buches versucht, den ganzen »technischen Kram« weitestgehend wegzulassen, und mich stattdessen darauf konzentriert, die Frage »Wie benutze ich das ganze Zeug?« bestmöglich zu beantworten.

Als Tutor (und, ja, ich bin ein bisschen stolz darauf, einer zu sein) betrachte ich die künstliche Intelligenz genauso wie einen Laptop oder ein Smartphone – als Werkzeug. Ich bin vielleicht nicht in der Lage, das Innenleben und die Funktionsweise dieser technischen Geräte im Detail zu erklären, aber ich weiß, wie ich sie einsetzen kann, um meine Ziele zu erreichen oder zumindest meine Wünsche und Bedürfnisse zu erfüllen.

Was die künstliche Intelligenz angeht, so sollten wir hier das Naheliegendste tun, und KI einfach zu sich selbst befragen. Zu diesem Zweck habe ich *ChatGPT* (das ich in Kapitel 2 ausführlicher behandle) die folgende Frage (besser bekannt als *Prompt*) gestellt:

> »Bitte definiere und erkläre den Begriff KI in weniger als 150 Wörtern, und zwar so, als wäre ich ein Achtklässler.«

Die Antwort von ChatGPT sehen Sie in Abbildung 1.1.

Künstliche Intelligenz (KI) ist wie ein sehr schlauer Computer. Stell dir vor, du hast eine Maschine, die denken und lernen kann, fast so wie ein Mensch. KI kann Dinge tun wie Spiele spielen, Bilder erkennen, mit dir sprechen und sogar schwierige Probleme lösen. Diese "schlaue" Maschine lernt durch viele Daten und Beispiele, ähnlich wie du in der Schule lernst, indem du Übungsaufgaben machst. Ein bekanntes Beispiel für KI ist Siri oder Alexa, die dir helfen, Fragen zu beantworten oder Musik abzuspielen. KI kann also viele Aufgaben übernehmen, die sonst Menschen machen würden, und dabei sehr schnell und genau arbeiten.

Abbildung 1.1: So beschreibt KI sich selbst

Cool! ChatGPT sagt uns hier, dass es wie eine Art »schlaue Maschine« ist, die Ihnen bei der Lösung Ihrer Probleme und Aufgaben helfen kann. Mit so einer Antwort kann man doch etwas anfangen.

Hinweis: Für die Beispiele in diesem Buch verwende ich hauptsächlich ChatGPT als KI-Tool, gefolgt von KI-gestützten Tools wie *Copilot* (eine KI-gesteuerte Funktion, die in Microsoft-Office-Produkte integriert ist).

Ich habe dieses Buch in dem Bewusstsein geschrieben, dass sich die künstliche Intelligenz ständig weiterentwickelt. Aus diesem Grund habe ich es vollgepackt mit jeder Menge wertvoller Ressourcen (die meisten davon finden Sie in Teil VI), die ich Ihnen hiermit wärmstens ans Herz lege, insbesondere diejenigen, die für Ihre persönlichen Anliegen von Interesse sind. Die von mir aufgelisteten Quellen decken sowohl allgemeine als auch spezifische Themen des KI- und Finanzsektors ab und werden ständig aktualisiert, damit Sie mit der Entwicklung der künstlichen Intelligenz in jedem Bereich Schritt halten können.

Die zwei wichtigsten Arten von KI kennen und unterscheiden lernen

Obwohl ich die künstliche Intelligenz auch um eine wesentlich ausführlichere Definition ihrer selbst bitten und dabei alle möglichen Aspekte berücksichtigen (und mit Fachchinesisch um mich werfen) könnte, beschränke ich mich in den folgenden Abschnitten auf eine möglichst einfache und verständliche Terminologie.

Es gibt zwei Hauptkategorien von KI: die *horizontale* (universelle, allgemeine) und die *vertikale* (zweckbezogene, auf ein bestimmtes Thema ausgerichtete) KI.

Allgemeine KI

Ein Grund, warum die allgemeine KI als »horizontal« bezeichnet wird, ist, dass diese Kategorie von KI das gesamte Themenspektrum der riesigen digitalen Landschaft einbezieht beziehungsweise als Grundlage nutzt, um eine Antwort auf Ihre Anfrage zu erstellen. Sie eignet sich somit gut für den Einstieg und die Erörterung allgemeiner Themen.

Ein gutes Beispiel für diese Art von KI ist das beliebte ChatGPT (siehe Kapitel 2). Trotz seiner bemerkenswerten Fähigkeiten würde ich es allerdings nicht für tiefergehende, spezifische Zwecke nutzen. Ich würde es zum Beispiel verwenden, um Fertigkeiten wie das Erstellen einer Website und so weiter zu erlernen, aber ich würde mich nicht darauf verlassen, wenn es um sehr spezielle und komplexe Themen wie Gehirnchirurgie oder Krebs geht. Dafür würde ich auf spezialisierte Quellen oder (besser noch) auf menschliche Experten zurückgreifen.

Ein weiteres allgemeines KI-Tool, das Sie in Ihr KI-Arsenal mitaufnehmen können, sind KI-gestützte Suchmaschinen. Zum Zeitpunkt meiner letzten Recherche gab es 18 KI-basierte Suchmaschinen, aber diese Zahl kann sich ändern, während Sie dieses Kapitel lesen! Ressourcen dieser Art finden Sie in Anhang B.

Spezifische KI

Spezifische oder »vertikale« KI konzentriert sich auf ein bestimmtes Thema oder Fachgebiet. Ein gutes Beispiel hierfür sind Robo-Advisors (siehe Kapitel 7). Denken Sie daran, dass ein Teil der Stärke von künstlicher Intelligenz darin besteht, dass sie ihre technologischen Möglichkeiten nutzt, um zu lernen, woran sie arbeitet. Einige KI-Tools sind auf das Finanzwesen spezialisiert, andere wiederum auf das Gesundheitswesen und so weiter.

Zur Veranschaulichung: Wenn Sie eine ärztliche Untersuchung und gegebenenfalls Behandlung benötigen (und es sich nicht gerade um einen Notfall oder ein bekanntes spezifisches Leiden handelt), werden Sie in der Regel zunächst einen Allgemeinmediziner (Hausarzt) aufsuchen. Bei der Erstuntersuchung kann sich herausstellen, dass Sie eine spezielle Behandlung benötigen, zum Beispiel wenn Sie Herzprobleme haben. Zwar weiß auch der Allgemeinmediziner etwas über Ihr Herz, muss Sie aber letztendlich an einen Spezialisten (Kardiologen) überweisen. Ähnlich verhält es sich mit allgemeiner (horizontaler) und spezifischer (vertikaler) KI.

Kapitel 3 befasst sich mit verschiedenen Unterkategorien von KI und listet einige ausgezeichnete Quellen für KI-Verzeichnisse auf, die Ihnen dabei helfen können, das richtige KI-Tool für Ihre Bedürfnisse zu finden.

Mithilfe von KI in Aktien investieren

Vermutlich haben Sie dieses Buch vor allem deshalb gekauft, weil der Titel sowohl das Wort »KI« als auch das Wort »Investieren« enthält, und der Kern dieser Kombination ist Gegenstand von Teil II dieses Ratgebers.

Wie in den meisten meiner Bücher über Geldanlagen, möchte ich auch in diesem Leitfaden auf die äußerst wichtige Unterscheidung zwischen *Investieren* und *Spekulieren* eingehen. Einfach ausgedrückt, bedeutet Investieren, dass Sie Ihr Geld in Vermögenswerte und/oder Finanzvehikeln anlegen, die heute einen Wert haben und im Laufe der Zeit noch viel wertvoller werden können. Spekulieren hingegen ist im Wesentlichen eine intelligente Art des Glücksspiels, bei dem man hofft, trotz erhöhter Risiken schneller höhere Gewinne zu erzielen.

Wer möchte nicht gerne eine tolle Aktie kaufen, solange sie noch billig und ein Geheimtipp ist, um später zuzusehen, wie sie in schwindelerregende Höhen steigt, während im eigenen Depot die Kasse klingelt. Das kann sowohl beim Investieren (zum Beispiel in Large-Cap-Technologiewerte) als auch beim Spekulieren (zum Beispiel mit Small-Cap-Aktien) passieren, dennoch sollten Sie den Unterschied kennen.

Denken Sie außerdem daran, dass es viele der kleinen Technologieunternehmen von heute in ein paar Jahren nicht mehr geben wird. Als ernsthafter Investor sollten Sie daher immer ein Auge auf die Fundamentaldaten der betreffenden Unternehmen haben (mehr dazu in Kapitel 8), denn das ist das Herzstück jeder seriösen Geldanlage. Spekulieren ist, wie gesagt, nicht viel anders als finanzielles Glücksspiel – verlieren Sie diesen wichtigen Unterschied bitte nie aus den Augen!

Wenn Sie in KI-basierte Large-Cap-Aktien investieren möchten, dann lesen Sie Kapitel 4. Wenn Sie hingegen nach kleinen Unternehmen mit großem Wachstumspotenzial suchen, dann sind Sie in Kapitel 5 genau richtig. Für diejenigen unter Ihnen, die auf eine sicherere Art ins KI-Investment einsteigen möchten, bieten sich ETFs und/oder Investmentfonds an, die einen KI-basierten Portfolioansatz verfolgen. Einzelheiten hierzu finden Sie in Kapitel 6.

Mithilfe von KI Alternativen zur Aktienanlage ausloten

Im vorigen Abschnitt ging es um die Geldanlage in KI-basierte Finanzvehikel. Die künstliche Intelligenz ist jedoch ein äußerst vielseitiges Instrument, das im gesamten Anlagespektrum eingesetzt werden kann. Teil II dieses Buches befasst sich mit Vermögenswerten wie Edelmetallen, Rohstoffen, Kryptowährungen und Immobilien. Der Einstieg in diese Bereiche wird durch den Einsatz von KI als digitalem Recherche-Assistenten wesentlich erleichtert.

Das versteckte Juwel dieses Buches ist vielleicht Kapitel 12, in dem ich Ihnen verrate, wie Sie mithilfe von künstlicher Intelligenz Ihre geschäftlichen und beruflichen Unterfangen noch besser bewältigen können. Für viele Menschen ist das Aufkommen von KI mit vielen Ängsten und Unsicherheiten verbunden. Hier gilt es, Zitronen in Limonade zu verwandeln, Ihre beruflichen Perspektiven auszuloten und zu verbessern und statt nur der potenziellen Nachteile auch die vielen Chancen und Vorteile von KI zu sehen – und sie für sich zu nutzen. Nehmen Sie sich ein Beispiel an mir und starten Sie von zu Hause aus Ihr eigenes kleines KI-gestütztes Unternehmen als zweites finanzielles Standbein (siehe dazu auch die KI-Ressourcen unter www.ravingcapitalist.com/AI/).

Mithilfe von KI Ihre finanzielle Situation unter die Lupe nehmen

Als Anleger sollten Sie sich nicht nur für die Investment-Landschaft dort draußen interessieren, sondern auch Ihre persönliche Finanzlage ins Visier nehmen. Gehen Sie einen Schritt weiter und nutzen Sie die künstliche Intelligenz, um Ihre finanzielle Situation sowohl im Detail als auch im Ganzen zu betrachten.

Während ich diese Zeilen tippe, sorgen die nationale und internationale Wirtschaftslage sowie die weltweite Geopolitik überall für Unbehagen und Unsicherheit. Besser, man bereitet sich vor. Künstliche Intelligenz kann Sie dabei unterstützen, indem sie zum Beispiel Wirtschaftsanalysen und -prognosen erstellt (siehe Kapitel 13). So erhalten Sie wertvolle Hinweise, welche finanztechnischen Maßnahmen Sie ergreifen können – auch und gerade dann, wenn eine Rezession, eine Krise oder beides (oder Schlimmeres) bevorsteht.

Die Geldanlage macht einen Großteil Ihrer Finanzplanung aus, jedoch sollten Sie sich auch mit den anderen Bereichen auseinandersetzen. Teil IV dieses Buches befasst sich mit Themen wie Altersvorsorge, Budgetplanung und anderen wichtigen Aspekten Ihrer finanziellen Situation, die Sie auf keinen Fall vernachlässigen lassen sollten. Auch komplexen und unangenehmen Themen wie Nachlassplanung und Steuern sollten Sie nicht aus dem Weg gehen. Glücklicherweise lassen sich all diese Angelegenheiten heute dank KI einfacher denn je erledigen!

In einigen dieser Bereiche werden Sie wahrscheinlich immer noch auf menschliche Experten angewiesen sein, aber KI kann Ihnen den gesamten Finanzplanungsprozess erheblich erleichtern. So haben Sie weniger Stress, eignen sich zusätzliches Wissen an und können zuversichtlicher in die Zukunft blicken.

Noch mehr über KI erfahren

Für diejenigen unter Ihnen, die noch tiefer in die Materie eintauchen möchten, gibt es einige nützliche Websites, die sich intensiv mit der Welt der KI beschäftigen:

✔ **AI Practical Guide (Praktischer KI-Leitfaden)** (https://aipracticalguide.com/): Hier wird das Thema KI umfassend behandelt, von den Grundlagen über Onlinekurse bis hin zu praktischen KI-Tools.

✔ **IBMs Entwickler-Blog** (https://developer.ibm.com/): Warum nicht die technische Seite von KI mit dem wohl erfahrensten und ältesten KI-Experten kennenlernen?

✔ **Ressourcen für Erwachsenenbildung**: Auf Websites wie Coursera (www.coursera.com) und Udemy (www.udemy.com) finden Sie unter anderem ausgezeichnete kostenlose und kostengünstige Onlinekurse zum Thema KI.

> **IN DIESEM KAPITEL**
>
> ChatGPT kennenlernen
>
> KI-Prompts unter die Lupe nehmen
>
> Die Nachteile von ChatGPT betrachten
>
> Alternativen zu ChatGPT prüfen

Kapitel 2
Eine kleine Einführung in ChatGPT

Künstliche Intelligenz ist schon eine ganze Weile unter uns, wenn auch nicht ganz so offensichtlich. Man denke nur an die nervigen digitalen »Bandansagen« in Telefonmenüs und -warteschleifen, wenn man die Haupttelefonnummer eines größeren Unternehmens wählt, oder an Amazons Alexa, Apples beziehungsweise Googles Siri und vieles mehr. Aber erst mit der Einführung von ChatGPT im Jahr 2022 rückten die geballte Power und das Potenzial von KI in den Fokus der breiten Öffentlichkeit.

ChatGPT erreichte eine Million Nutzer in Rekordzeit, viel schneller als jede andere Technologie oder Anwendung zuvor. Netflix knackte erst drei Jahre nach seiner Einführung die Eine-Millionen-Nutzer-Marke. In diesem Kapitel zeige ich Ihnen, was ChatGPT kann und wie Sie es nutzen können, und nenne Ihnen neben den Vor- und Nachteilen auch einige empfehlenswerte Alternativen.

Gestatten, ChatGPT

ChatGPT wurde von Open AI (https://openai.com/) entwickelt und kann unter https://chatgpt.com/, https://chatopenai.de oder https://openai.com/chatgpt/) aufgerufen werden. Bei Drucklegung dieses Buches gab es drei Versionen von ChatGPT:

✔ die kostenlose Version GPT-3.5

✔ die Premiumversion GPT-4.0 für rund 20 US-Dollar pro Monat

✔ die neueste Version GPT-4.0 mit unterschiedlichen Bezahlmodellen

Die kostenlose Version von ChatGPT eignet sich gut für Ihre KI-Investmentprojekte, und es lohnt sich auf jeden Fall, sich damit vertraut zu machen und sein Potenzial zu erkunden.

 ChatGPT kann wirklich ungemein hilfreich sein. Zusätzlich zu den verschiedenen Onlineforen und sonstigen Informationsquellen im World Wide Web (einige davon finden Sie in Anhang A) bietet ChatGPT eine gute erste Anlaufstelle.

ChatGPT sich selbst beschreiben lassen

Was liegt näher, als ChatGPT darum zu bitten, sich selbst kurz vorzustellen? (Immerhin haben wir es hier mit einer künstlichen Intelligenz zu tun!) Verwenden wir dazu die denkbar einfachste *Eingabeaufforderung*, inzwischen auch im Deutschen fast überall *Prompt* genannt:

»*Was ist ChatGPT?*«

Die Antwort von ChatGPT sehen Sie in Abbildung 2.1 (es handelt sich hier um einen Screenshot der Benutzerschnittstelle direkt von der ChatGPT-Website.)

ChatGPT ist ein fortschrittliches KI-Modell, das von OpenAI entwickelt wurde. Es basiert auf der GPT-4-Architektur (Generative Pre-trained Transformer 4) und ist darauf trainiert, menschenähnliche Texte zu erzeugen. Hier sind einige Hauptmerkmale von ChatGPT:

1. **Natürliche Sprachverarbeitung**: ChatGPT kann menschliche Sprache verstehen und erzeugen, was es ermöglicht, in natürlicher und flüssiger Weise zu kommunizieren.

2. **Breites Wissen**: Das Modell wurde auf einer Vielzahl von Texten aus dem Internet trainiert und besitzt daher ein umfangreiches Wissen in vielen Bereichen bis zu seinem Wissensstand im Jahr 2023.

3. **Anwendungen**: ChatGPT kann für zahlreiche Zwecke verwendet werden, einschließlich Beantwortung von Fragen, Erstellen von Texten, Übersetzungen, Beratung, Kundenservice, Lernhilfe und vieles mehr.

4. **Interaktive Fähigkeiten**: Es kann auf Benutzeranfragen reagieren und Dialoge führen, die auf den Kontext und die früheren Eingaben abgestimmt sind.

5. **Kontinuierliche Weiterentwicklung**: Die Modelle werden ständig verbessert und aktualisiert, um ihre Leistung und Genauigkeit zu steigern.

ChatGPT ist ein leistungsstarkes Werkzeug für die Kommunikation und Informationsverarbeitung und wird in verschiedenen Bereichen wie Bildung, Forschung, Geschäft und Unterhaltung eingesetzt.

Abbildung 2.1: So beschreibt ChatGPT sich selbst

Falls Sie sich gefragt haben, woher der Name »ChatGPT« kommt: *Chat* (deutsch: Unterhaltung) oder *Chatbot* bezieht sich auf Ihre Interaktion mit der KI, und *GPT* steht für *Generative Pre-trained Transformer* (deutsch: generativer vortrainierter Transformator). Mehr zur Bedeutung des Begriffs »ChatGPT« erfahren Sie unter www.coursera.org/articles/chatgpt.

Was ChatGPT für Sie tun kann

Möglicherweise fühlen Sie sich wie ein Kind im Süßwarenladen, wenn Sie ChatGPT zum ersten Mal benutzen und so richtig kreativ werden, wenn es darum geht, gezielte Fragen und Prompts einzugeben. Um Ihre Fantasie diesbezüglich ein wenig anzuregen, möchte ich Ihnen im Folgenden eine Vorstellung davon geben, welche Ziele und Aufgaben Sie mit ChatGPT angehen können. Nehmen wir zum Beispiel den folgenden Prompt:

> *»Nenne mir bitte zehn spezifische Vorteile und Dienstleistungen, die ChatGPT mir als Anleger bieten kann, und gib zu jedem Punkt eine Erklärung und ein Beispiel an.«*

Die Antwort finden Sie in Abbildung 2.2. ChatGPT liefert gleich zu Beginn ein paar Punkte, die Sie entweder selbst angehen oder mit Ihrem Finanzberater besprechen können, wie zum Beispiel Punkt 3, in dem es um Portfolio-Diversifizierung geht.

Schauen wir weiter. In Punkt 7 geht es um die Analyse and Auswahl von Dividendenaktien. Dividenden sind ein wichtiger Bestandteil einer langfristigen Aktienanlagestrategie (insbesondere für einkommensorientierte Anleger), und Sie können KI zum Beispiel nutzen, um attraktive Dividendenaktien zu finden oder sich die Vor- und Nachteile von herkömmlichen Aktien und Dividendenaktien auflisten zu lassen.

Abgerundet wird das Ganze unter anderem mit der Analyse von Börsengängen (*Initial Public Offerings*, kurz IPOs), wobei KI in beiden Fällen sehr hilfreich sein kann. Diese werden in Kapitel 5 behandelt, aber schon jetzt wissen Sie, dass KI Sie bei der Auswahl geeigneter Aktien auf nie dagewesene Art und Weise unterstützen kann.

 Gehen Sie die Liste am besten der Reihe nach durch und befragen Sie die KI gegebenenfalls noch detaillierter zu den einzelnen Punkten, um Ihr Wissen weiter zu vertiefen und Ihr Portfolio zu optimieren.

 Auch wenn das alles vielleicht zunächst ein wenig einschüchternd wirkt, möchte ich Sie ermutigen, sich mit dieser bahnbrechenden neuen Technologie vertraut zu machen. Künstliche Intelligenz wird im Laufe der Zeit immer besser und leistungsfähiger werden – und kann denjenigen nützlich sein, die bereit sind, sie für ihre Zwecke zu nutzen.

> Natürlich, hier sind zehn spezifische Vorteile und Dienstleistungen, die ChatGPT Anlegern bieten kann:
>
> 1. **Marktanalyse und Trendvorhersage**: ChatGPT kann aktuelle Markttrends analysieren und Prognosen über zukünftige Entwicklungen geben. Zum Beispiel könnte es auf Grundlage von aktuellen Wirtschaftsdaten und Unternehmensberichten eine Einschätzung zu einem bevorstehenden Aufwärtstrend in einer bestimmten Branche geben.
>
> 2. **Individuelle Anlageempfehlungen**: Basierend auf Ihren finanziellen Zielen und Risikotoleranzen kann ChatGPT maßgeschneiderte Anlageempfehlungen geben. Beispiel: Wenn Sie langfristige Stabilität suchen, könnte es vorschlagen, in Blue-Chip-Aktien zu investieren.
>
> 3. **Portfolio-Optimierung**: ChatGPT kann Ihnen helfen, Ihr Portfolio zu diversifizieren und zu optimieren, um das Risiko zu minimieren und die Rendite zu maximieren. Beispiel: Es könnte empfehlen, kleine Positionen in aufstrebenden Märkten oder Sektoren hinzuzufügen, um das Gesamtrisiko zu streuen.
>
> 4. **Risikomanagement**: Durch die Bewertung von potenziellen Risiken in verschiedenen Anlageklassen kann ChatGPT Ihnen helfen, Ihre Anlagen gegen unerwartete Marktschwankungen abzusichern. Beispiel: Es könnte vor einer übermäßigen Konzentration in einer einzelnen Aktie warnen, um das Verlustrisiko zu verringern.
>
> 5. **Analyse von Dividendenaktien**: ChatGPT kann Ihnen helfen, dividendenstarke Aktien zu identifizieren, die regelmäßige Einnahmen und langfristiges Wachstum bieten könnten. Beispiel: Es könnte eine Aktie wie Johnson & Johnson analysieren, die nicht nur stabile Dividenden zahlt, sondern auch ein solides Wachstumspotenzial in der Gesundheitsbranche aufweist.
>
> 6. **Automatisierte Handelsausführung**: Durch Integration mit Handelsplattformer kann ChatGPT automatisierte Handelsstrategien implementieren und ausführen, basierend auf den von Ihnen festgelegten Parametern und Marktbedingungen.
>
> 7. **Echtzeit-Marktupdates**: Sie erhalten aktuelle Informationen zu Ereignissen, die den Markt beeinflussen könnten, sowie zu neuen Anlagechancen. Beispiel: Es könnte eine Warnung vor einem geopolitischen Ereignis geben, das zu Marktturbulenzen führen könnte.
>
> 8. **Erklärung von Finanzbegriffen und Konzepten**: ChatGPT kann Ihnen helfen, komplexe Finanzbegriffe zu verstehen, damit Sie fundierte Entscheidungen treffen können. Beispiel: Es könnte Ihnen erklären, was der Price-to-Earnings (P/E) Ratio bedeutet und wie Sie sie für die Bewertung von Aktien verwenden können.
>
> 9. **Überwachung von Wirtschaftsindikatoren**: ChatGPT kann Ihnen helfen, wichtige wirtschaftliche Indikatoren zu überwachen, die die Märkte beeinflussen könnten, wie z.B. Zinssätze, Inflationsraten und Arbeitsmarktdaten.
>
> 10. **Analyse von Börsengängen**: ChatGPT kann die potenziellen Auswirkungen eines Börsengangs (IPO) auf den Markt und spezifische Aktien bewerten. Beispiel: Es könnte analysieren, wie der IPO eines Technologieunternehmens die Aktienkurse ähnlicher Unternehmen in der Branche beeinflusst hat.
>
> Diese Dienste ermöglichen es Anlegern, fundierte Entscheidungen zu treffen und ihre Anlagestrategien entsprechend anzupassen, basierend auf umfassenden Datenanalysen und Marktprognosen von ChatGPT.

Abbildung 2.2: ChatGPT kann Investoren auf vielfältige Weise unterstützen

Prompting für Fortgeschrittene: Auf die Formulierung kommt es an

Ihre Aufgabe bei der Nutzung von ChatGPT besteht darin, Ihr Anliegen möglichst aussagekräftig zu formulieren und einzutippen. Diese Anfrage an die KI wird auch als *Eingabeaufforderung* oder *Prompt* bezeichnet. Das macht auch Sinn, da Sie das Programm auffordern, Ihnen die gewünschte Antwort oder den gewünschten Inhalt bereitzustellen.

Selbstverständlich können Sie Anfragen zu allen möglichen Themen stellen, aber bleiben wir beim Thema Finanzen. Im folgenden Beispiel habe ich ChatGPT gebeten, mir eine Reihe sinnvoller Prompts zu den Themen Finanzplanung und Geldanlage aufzulisten:

> *»Bitte nenne mir 20 nützliche Prompts zu den Themen Finanzplanung und Geldanlage und gib jeweils eine Erklärung und ein Beispiel an.«*

Die Ergebnisse sehen Sie in Abbildung 2.3.

Die KI selbst zu nutzen beziehungsweise zu befragen, um zu lernen, wie man sie am besten einsetzt, ist vermutlich einer der besten Ansätze für Investoren, um in die Materie einzusteigen. Nehmen wir zum Beispiel den obigen Punkt zur Einschätzung der Risikobereitschaft. Viele Anleger kennen ihre persönliche Risikotoleranz nicht. Künstliche Intelligenz kann Ihnen helfen, diesbezüglich Klarheit zu gewinnen. Wenn Sie Ihre persönliche Risikotoleranz kennen, fällt es Ihnen leichter, kluge Finanzentscheidungen zu treffen, was sich wiederum positiv auf Ihre finanzielle Situation auswirkt und Sie entspannter in die Zukunft blicken lässt.

Im Laufe dieses Buches gebe ich Ihnen immer wieder Tipps für möglichst sinnvolle und aussagekräftige Prompts zu verschiedenen anlagebezogenen Themen. Trotzdem möchte ich Ihnen an dieser Stelle eine kurze und einfache Anleitung in zwei Schritten mit auf den Weg geben, wie Sie Ihre Prompts am effektivsten formulieren (folgen Sie diesem einfachen Schema am besten so lange, bis Sie den Dreh raushaben!):

1. **Beschreiben Sie im ersten Teil Ihres Prompts Ihre Situation oder ein bestimmtes Szenario:**

   Zum Beispiel: *»Ich bin eine 60-jährige alleinstehende Frau und habe einen Betrag von X Euro für meine Altersvorsorge gespart.«*

2. **Stellen Sie im zweiten Teil Ihres Prompts eine konkrete Anfrage:**

   Zum Beispiel: *»Ich überlege, in einen Wachstumsfonds zu investieren. Bitte stelle in einer Tabelle die Vor- und Nachteile von Wachstums- und Einkommensfonds gegenüber.«*

Wenn Sie erst einmal mit ChatGPT vertraut sind, werden Sie schnell feststellen, dass Sie mit der Nutzung von KI auch selbst wachsen, unter anderem, indem Sie sich immer mehr neues Wissen aneignen. ChatGPT hat viele Einsatzmöglichkeiten und Add-ons beziehungsweise Plug-ins (hilfreiche zusätzliche Softwareoptionen zur Erweiterung der Funktionalität), damit Sie noch produktiver sein können. Sehen Sie sich hier die vielfältigen Möglichkeiten an: `https://chatopenai.de/prompts/`.

Natürlich, hier sind 20 nützliche Prompts zu den Themen Finanzplanung und Geldanlage, jeweils mit einer Erklärung und einem Beispiel:

Finanzplanung

1. **Budget erstellen:**
   - **Erklärung:** Diese Eingabe hilft dabei, monatliche Einnahmen und Ausgaben zu verfolgen und ein Budget zu erstellen.
   - **Beispiel:** „Erstelle ein monatliches Budget basierend auf meinem Einkommen von 3000 Euro und meinen Ausgaben für Miete (800 Euro), Lebensmittel (300 Euro), Transport (100 Euro) und Unterhaltung (200 Euro)."

2. **Sparziele setzen:**
   - **Erklärung:** Hier geht es darum, konkrete Sparziele zu definieren und Strategien zu entwickeln, um diese zu erreichen.
   - **Beispiel:** „Ich möchte in den nächsten 5 Jahren 20.000 Euro für eine Anzahlung auf ein Haus sparen. Wie viel muss ich monatlich beiseite legen?"

3. **Notfallfonds aufbauen:**
   - **Erklärung:** Dies hilft, einen Notfallfonds zu planen, um unerwartete Ausgaben abzudecken.
   - **Beispiel:** „Wie viel sollte ich in einem Notfallfonds haben, wenn meine monatlichen Ausgaben 2000 Euro betragen?"

4. **Schuldenmanagement:**
   - **Erklärung:** Strategien zur Rückzahlung von Schulden werden hier entwickelt.
   - **Beispiel:** „Ich habe 5000 Euro Schulden auf meiner Kreditkarte mit einem Zinssatz von 18%. Wie kann ich diese Schulden am effizientesten zurückzahlen?"

5. **Ruhestandsplanung:**
   - **Erklärung:** Planung der finanziellen Sicherheit im Ruhestand.
   - **Beispiel:** „Wie viel muss ich monatlich sparen, um bis zum 65. Lebensjahr 500.000 Euro für meinen Ruhestand zu haben, wenn ich derzeit 30 Jahre alt bin?"

6. **Steuerplanung:**
   - **Erklärung:** Maximierung der Steuervorteile durch effektive Planung.
   - **Beispiel:** „Welche steuerlichen Vorteile kann ich nutzen, wenn ich jährlich 1000 Euro in meine Altersvorsorge einzahle?"

7. **Ausgabenüberprüfung:**
   - **Erklärung:** Identifizierung und Reduzierung unnötiger Ausgaben.
   - **Beispiel:** „Überprüfe meine monatlichen Ausgaben und schlage vor, wo ich 200 Euro einsparen kann."

8. **Versicherungsbedarf analysieren:**
   - **Erklärung:** Bewertung des Bedarfs an verschiedenen Versicherungen.
   - **Beispiel:** „Welche Arten von Versicherungen benötige ich, wenn ich ein Haus und ein Auto besitze und eine Familie mit zwei Kindern habe?"

9. **Kinderbildungskosten planen:**
   - **Erklärung:** Sparen für die zukünftige Ausbildung der Kinder.
   - **Beispiel:** „Wie viel sollte ich monatlich für die Ausbildung meines 5-jährigen Kindes sparen, wenn die Studienkosten voraussichtlich 50.000 Euro betragen?"

10. **Finanzielle Ziele priorisieren:**
    - **Erklärung:** Rangordnung der finanziellen Ziele und Erstellen eines Plans zu deren Erreichung.
    - **Beispiel:** „Helfe mir, meine finanziellen Ziele zu priorisieren: ein Haus kaufen, Schulden tilgen und für den Ruhestand sparen."

> **Geldanlage**
>
> 1. **Anlagestrategie entwickeln:**
>   - Erklärung: Erstellung einer maßgeschneiderten Anlagestrategie basierend auf den Zielen und der Risikobereitschaft.
>   - Beispiel: „Ich möchte in den nächsten 10 Jahren 100.000 Euro durch Investitionen erreichen. Welche Anlagestrategie würdest du empfehlen?"
>
> 2. **Diversifikation des Portfolios:**
>   - Erklärung: Verteilung der Anlagen auf verschiedene Anlageklassen zur Risikominderung.
>   - Beispiel: „Wie kann ich mein Portfolio diversifizieren, wenn ich 10.000 Euro in Aktien, Anleihen und Immobilienfonds investieren möchte?"
>
> 3. **Aktienanalyse:**
>   - Erklärung: Bewertung von Aktien zur Entscheidung über Käufe und Verkäufe.
>   - Beispiel: „Welche Faktoren sollte ich bei der Analyse von Aktien berücksichtigen, bevor ich in Unternehmen X investiere?"
>
> 4. **ETF-Investitionen:**
>   - Erklärung: Nutzen von Exchange Traded Funds (ETFs) für kostengünstige und diversifizierte Anlagen.
>   - Beispiel: „Welche ETFs eignen sich für einen Anfänger, der ein breit diversifiziertes Portfolio aufbauen möchte?"
>
> 5. **Anleiheninvestitionen:**
>   - Erklärung: Verständnis der Anlagerisiken und -vorteile von Anleihen.
>   - Beispiel: „Was sind die Vorteile von Investitionen in Anleihen gegenüber Aktien?"
>
> 6. **Immobilieninvestitionen:**
>   - Erklärung: Investition in Immobilien als eine Möglichkeit zur Diversifikation und Einkommensgenerierung.
>   - Beispiel: „Wie kann ich als Einzelinvestor in Immobilien investieren, und welche Risiken sollte ich beachten?"
>
> 7. **Risikomanagement:**
>   - Erklärung: Strategien zur Minimierung des Anlagerisikos.
>   - Beispiel: „Wie kann ich das Risiko meines Anlageportfolios reduzieren, wenn ich hauptsächlich in Aktien investiert bin?"
>
> 8. **Nachhaltige Investitionen:**
>   - Erklärung: Investitionen in Unternehmen, die umweltfreundliche und soziale Kriterien erfüllen.
>   - Beispiel: „Welche nachhaltigen Investitionsmöglichkeiten gibt es, und wie kann ich diese in mein Portfolio integrieren?"
>
> 9. **Dividendenstrategien:**
>   - Erklärung: Nutzung von Dividendenaktien zur Generierung eines passiven Einkommens.
>   - Beispiel: „Welche Dividendenstrategien eignen sich für den Aufbau eines passiven Einkommensstroms?"
>
> 10. **Investmentfonds auswählen:**
>   - Erklärung: Auswahl von Investmentfonds basierend auf den persönlichen Zielen und der Risikobereitschaft.
>   - Beispiel: „Welche Faktoren sollte ich bei der Auswahl eines Investmentfonds berücksichtigen, um langfristig zu investieren?"
>
> Diese Prompts bieten eine gute Grundlage, um verschiedene Aspekte der Finanzplanung und Geldanlage zu verstehen und effektiv umzusetzen.

Abbildung 2.3: Diese Prompts schlägt ChatGPT zu den Themen Finanzplanung und Geldanlage vor

Einschränkungen und Nachteile von ChatGPT

Denken Sie daran, dass ChatGPT bei Weitem (noch) nicht perfekt ist und einige seiner Schwächen durchaus problematisch sein können. Wenn Sie also Antworten zu sehr wichtigen Themen in Ihrem Leben benötigen – Geld, Gesundheit und so weiter –, dann sollten Sie gegebenenfalls menschliche Experten zurate ziehen. Bei Recherchen sollten Sie im Zweifelsfall immer mehrere Quellen prüfen.

Hier einige der Tücken und Fallstricke bei der Nutzung von KI in finanziellen (und anderen) Fragen:

- ✔ **Begrenzte Wissensbasis:** Der »Wissensstand« von ChatGPT 3.5 (der kostenlosen Version) beschränkt sich auf Ereignisse vor dem letzten Trainingsschritt (Januar 2022 bei Drucklegung dieser Ausgabe); das heißt dass die wiedergegebenen Informationen unter Umständen nicht immer auf dem neuesten Stand sind.

- ✔ **Voreingenommenheit:** Wenn Sie Fragen zu Philosophie, Politik und ähnlichen Bereichen stellen, in denen menschliche Voreingenommenheit stark ausgeprägt sein kann, erhalten Sie möglicherweise verzerrte Antworten. Vielleicht kennen Sie den Spruch »Garbage in, garbage out« (deutsch: »Müll rein, Müll raus«), der vor Jahrzehnten geprägt wurde, als Computer zum Mainstream wurden. Er gilt genauso (und vielleicht sogar noch mehr) für KI, eben weil so viele – von Natur aus voreingenommene – Menschen sowohl an der Programmierung als auch an der Datengenerierung beteiligt waren und sind.

- ✔ **Fehler und falsche Antworten:** Solange die derzeit noch vorhandenen Mängel nicht behoben sind, besteht auch die Möglichkeit von Fehlern und unzureichenden und/oder ungenauen Antworten oder Daten. Umso wichtiger ist es, mehrere Quellen zu überprüfen – vor allem, wenn das betreffende Thema sehr sensibel oder wichtig für Sie ist.

- ✔ **Keine maßgeschneiderten Ratschläge oder Empfehlungen:** Da KI-Tools in den meisten Fällen (noch!) keinen Zugriff auf Ihre persönlichen Daten haben, sollten Sie davon absehen, sehr persönliche Fragen zu stellen. Ja, Sie können der KI beispielhafte Szenarien und Probleme vorgeben, aber seien Sie sich bewusst, dass diese Programme noch nicht weit genug entwickelt sind, um Ihnen – ähnlich wie menschliche Experten – einfühlsame und auf Ihre Situation maßgeschneiderte Ratschläge geben zu können.

- ✔ **Sonstige Probleme mit KI:** Diese Liste der Schwachstellen von KI ist selbstverständlich nicht erschöpfend – und bietet damit eine weitere Gelegenheit, ChatGPT oder eine andere KI genau mit Fragen zu diesem Thema zu konfrontieren. Da diese Art von KI (noch) nicht emotional reagiert (wie wir Menschen) und daher solche Fragen nicht persönlich nimmt, ist sie bemerkenswert offen, wenn es um ihre eigenen Unzulänglichkeiten geht.

Alternativen zu ChatGPT

ChatGPT ist bei Weitem nicht das einzige leistungsfähige KI-Tool auf dem Markt. Es ist gut möglich, dass eine der folgenden KI-Alternativen ChatGPT längst den Rang abgelaufen hat, wenn Sie dies lesen. Tatsächlich haben einige dieser KIs in manchen Bereichen bereits besser abgeschnitten als ChatGPT:

- ✔ **AnonChatGPT:** Wenn Sie ChatGPT anonym nutzen möchten, um Ihre Privatsphäre zu schützen, ist diese Option eine Überlegung wert. Einzelheiten finden Sie unter `https://anonchatgpt.com/`.

- ✔ **Copilot:** Hier handelt es sich um die Suchmaschine von Microsoft (ehemals Bing), kombiniert mit der Leistungsfähigkeit von ChatGPT (und eine Konkurrenz zu Google Gemini; siehe weiter unten in der Liste). Zu finden unter `https://copilot.microsoft.com`. Ich habe Copilot getestet und schätze die KI-bezogenen Verbesserungen. In einigen Bereichen ist diese KI-Alternative ChatGPT überlegen.

- ✔ **ChatPDF:** Einer der Nachteile von ChatGPT (zumindest der kostenlosen Version 3.5) ist, dass es keine PDFs überprüfen oder zusammenfassen kann. Da PDFs sowohl online als auch auf Ihrer Festplatte allgegenwärtig sind, kann ChatPDF (zu finden unter `www.chatpdf.com/`) daher sehr nützlich sein. GPT-4.0 erlaubt ebenfalls das Überprüfen und Analysieren von PDFs und ist zudem auf Deutsch verfügbar.

- ✔ **Copy.ai:** Viele Nutzer sind der Meinung, dass Copy.ai (zu finden unter `www.copy.ai/`) sich für das Zusammenfassen und Schreiben von Inhalten im Allgemeinen besser eignet als ChatGPT.

- ✔ **Google Gemini (ehemals Bard):** Sie haben doch nicht etwa geglaubt, dass ausgerechnet Google sich in Sachen KI mit einem Platz in der zweiten Reihe begnügen würde? Googles aktuelle Chat-KI können Sie unter `https://gemini.google.com` testen. Mit der ganzen Power von Googles Suchmaschine im Hintergrund bietet diese KI Ihnen wirklich eine Menge Möglichkeiten. Außerdem ist sie kostenlos (zumindest während ich diese Zeilen schreibe) und kann auf Live- und Echtzeit-Internetdaten zugreifen – ein riesiger Vorteil gegenüber der zeitlich begrenzten Wissensbasis von ChatGPT.

> Websites wie Writesonic (`https://writesonic.com/`), Lifewire (`www.lifewire.com/`) und andere, die in Anhang A aufgeführt sind, testen und vergleichen regelmäßig verschiedene KI-Tools.
>
> Um sich mit ChatGPT vertraut zu machen, kann es hilfreich sein, einer entsprechenden Community beizutreten, um Fragen zu stellen, Ideen auszutauschen und so weiter. So können Sie zum Beispiel dem Benutzerforum von Discord (unter `https://discord.com/invite/openai`) beitreten.
>
> In Kapitel 3 finden Sie Details zu den verschiedenen Ein- und Ausgabemöglichkeiten der einzelnen KI-Tools (zum Beispiel Audio zu Text, Text zu Bild und so weiter). Weitere Lernquellen zu ChatGPT finden Sie in Anhang A.

IN DIESEM KAPITEL

Verschiedene Ein- und Ausgabeoptionen kennenlernen (und nutzen)

Text-zu-Text-KI für Ihre finanziellen Zwecke einsetzen

Weitere KI-Ein- und -Ausgabemöglichkeiten testen

Verschiedene Arten von KI-Tools finden

Kapitel 3
Ein Rundgang durch das KI-Universum: Verschiedene Ein- und Ausgabeoptionen

Inzwischen gibt es eine schier unüberschaubare Menge an KI-Tools und -Apps, und täglich kommen neue dazu (wobei letztendlich nur die wirklich guten überleben und die anderen auf dem Müllhaufen der Technikgeschichte landen). Damit Sie den Überblick behalten, habe ich in diesem Kapitel die verschiedenen KI-Anwendungen nach Ein- und Ausgabemöglichkeiten kategorisiert. Sie erfahren, welche Varianten es gibt und welche Dateiformate Sie folglich bei der Interaktion mit KI nutzen können.

Die Vielfalt an Optionen ermöglicht es Ihnen, Ihren »Input« (Ihre Fragen, Wünsche und Anliegen) in unterschiedlicher Form (Text, Audio, Grafik) in die KI einzuspeisen, und die KI liefert Ihnen dann (hoffentlich) den gewünschten »Output« (Antworten auf Ihre Fragen, Wünsche und Anliegen) im gewünschten Format (Text, Audio, Grafik, Programmiercode und so weiter).

Das häufigste Szenario: Text-zu-Text mit dem Chatbot

Als der wohl bekannteste *Chatbot* – ChatGPT – Ende 2022 die Bühne betrat, bekam die Öffentlichkeit einen Vorgeschmack auf das, was noch kommen sollte. Hier funktioniert die KI wie eine Art Flaschengeist, den man mit Fragen und Wünschen löchern kann – mit dem Unterschied, dass die Anzahl der Fragen oder Wünsche nicht auf drei beschränkt ist.

ChatGPT (auf das ich in Kapitel 2 näher eingehe) ist ein KI-Tool, das mit Ihnen interagiert und Antworten auf Ihre Anfragen (Prompts genannt) liefert. Die einfachste und offensichtlichste Form der Interaktion besteht darin, eine simple Frage zu stellen und kurz darauf eine entsprechende Antwort zu erhalten. Das Geniale an diesem Chatbot (und seinen Konkurrenten) ist, dass er interaktiv ist und Ihre Fragen wie in einem echten Gespräch aufnimmt, sodass er sich wie ein pflichtbewusster, geduldiger und allwissender virtueller Gesprächspartner verhält.

Er lässt sich sogar auf Rollenspiele mit Ihnen ein. Wenn Sie ihn beispielsweise darum bitten, Ihnen auf dem Niveau eines Fünftklässlers zu antworten, wird er diesem Wunsch nachkommen. Und wenn Sie eine Antwort im Stil von Darth Vader, Tarzan oder Donald Duck wünschen, dann bekommen Sie auch das.

Sie geben Ihre Anfrage im Textformat ein, und die Antwort wird im gleichen Format ausgeworfen. Doch ChatGPT und andere Chatbots können noch viel mehr, oder anders ausgedrückt: Sie selbst können mithilfe von KI die folgenden Dinge leichter umsetzen:

✔ **Sprachkenntnisse verbessern:** Der Chatbot – in diesem Fall ChatGPT – beherrscht mehrere Sprachen fließend. Wenn Sie einen 500 Wörter langen Text auf Spanisch in das Textfeld einfügen, wird er in Sekundenschnelle ins Deutsche oder in eine andere Sprache Ihrer Wahl übersetzt. Spätestens an dieser Stelle wird jedem klar, dass KI uns sehr nützlich sein kann.

✔ **Neue Fertigkeiten erlernen:** Je mehr Sie wissen, desto besser sind Ihre Chancen auf dem Arbeitsmarkt, egal, ob Sie einen neuen Job suchen oder im eigenen Business Ihre Kunden zufriedenstellen möchten. Denn der Markt ist hart umkämpft. Mithilfe von KI können Sie sich neue Fähigkeiten aneignen – schnell und bequem von zu Hause aus und ohne teure Kurse und/oder Lehrer. Was wollen oder müssen Sie lernen? Bitten Sie KI nach einem Schritt-für-Schritt-Lehrplan, der alle Details enthält, die Sie benötigen. Auf diese Weise können Sie unter Umständen innerhalb von Tagen – statt Wochen oder Monaten – eine neue Fertigkeit erlernen.

✔ **Lästige Programmieraufgaben schneller erledigen (beziehungsweise erledigen lassen):** Sie wollen oder müssen eine Website in HTML oder Python entwerfen? Nein, Sie müssen sich dazu keine tiefergehenden Programmierkenntnisse aneignen – überlassen Sie das einfach der KI. Ihr Chef braucht morgen eine Excel-Tabelle mit bestimmten Formeln? Keine Sorge, die KI erledigt das für Sie. Stellen Sie einfach eine möglichst detaillierte Anfrage und fordern Sie eine Schritt-für-Schritt-Anleitung an – und schon können Sie die Aufgabe in wenigen Sekunden erledigen.

✔ **Textinhalte aller Art erstellen (beziehungsweise erstellen lassen):** Sie brauchen ein Gedicht zum 30. Hochzeitstag? (Ich gestehe, dass ich dafür die Hilfe von KI in Anspruch genommen habe, und was soll ich sagen, meine Frau war begeistert!) Einen Lebenslauf? Einen Businessplan? Marketing-Checklisten? Alles kein Problem. Die Einsatzmöglichkeiten sind schier endlos!

Vergessen Sie nicht, dass KI ein perfektes Werkzeug für Investoren ist. Sie benötigen eine speziell auf Ihre Bedürfnisse zugeschnittene Excel-Tabelle, um Ihre eigenen Finanzen oder die Fundamentaldaten eines Unternehmens zu analysieren oder Ihre Altersvorsorge zu planen? All das kann KI für Sie erledigen (oder Ihnen zumindest dabei helfen). Ich selbst nutze KI gerne, um online nach Anlagemöglichkeiten zu suchen, die meinen Kriterien oder finanziellen Zielen entsprechen, und sie zu analysieren.

Die Chatbot-Beispiele in diesem Buch konzentrieren sich auf die Text-zu-Text-Option, sodass Sie eine Fülle von Beispielen finden, die Ihnen den Einstieg erleichtern.

Andere Ein- und Ausgabemöglichkeiten im Umgang mit KI

Neben der Text-zu-Text-Variante gibt es natürlich noch weitere Ein- und Ausgabeoptionen. Die folgenden formatübergreifenden Interaktionsmöglichkeiten können Ihnen sowohl im Beruf als auch bei Ihrer Anlagetätigkeit von Nutzen sein.

Dokument-zu-Text

Meiner Meinung nach ist die Dokument-zu-Text-Variante eine der nützlichsten Formen der Interaktion mit KI. Wir leben im Informationszeitalter und manchmal scheinen wir in Daten geradezu zu ertrinken. So kommt es nicht selten vor, dass Inhalte aus umfangreichen Dokumenten extrahiert und kurz und prägnant zusammengefasst werden müssen.

Ein gutes Beispiel für diese Art von Dienstleistung ist *ChatPDF* (www.chatpdf.com). Dieses KI-Tool kann ein umfangreiches PDF-Dokument in Sekundenschnelle analysieren und/oder zusammenfassen, und Ihnen so die Recherche wesentlich erleichtern. Weitere Tools dieser Art finden Sie in Anhang B.

 Die Fähigkeit von KI-Tools, Online-Dokumente, wie zum Beispiel Finanzberichte, Artikel über bestimmte Anlageinstrumente und andere längere Dokumente im Handumdrehen zu analysieren und zusammenzufassen, ist insbesondere für Investoren von unschätzbarem Wert.

Audio-zu-Text

Von Zeit zu Zeit produziere ich Videos über Wirtschaft, Geldanlagen, Business und verwandte Themen. In den letzten Monaten habe ich dazu häufig ein KI-Tool verwendet, das meine gesprochenen Worte transkribiert, das heißt in Texte umwandelt, die ich dann auf verschiedene Weise nutzen kann (zum Beispiel als Schulungsmaterial oder als E-Books für Kunden und/oder Studenten).

Es ist immer wieder erstaunlich und unglaublich hilfreich, wenn ich einen Vortrag einfach (mit einem digitalen Diktiergerät oder per Smartphone) als WAV- oder MP3-Datei aufzeichnen und die Daten dann bei einem entsprechenden Dienstleister (wie GoSpeech unter www.gospeech.com) hochladen kann, und in nur wenigen Minuten ein brauchbares Transkript in den Händen halte.

Für Investoren kann die Audio-zu-Text-Funktion von KI sinnvoll sein, um Kurse und Vorträge über Finanzthemen zu transkribieren.

Text-zu-Bild

Es ist noch gar nicht allzu lange her, da brauchte man einen Grafiker, wenn man ein Bild oder eine Grafik für einen bestimmten Zweck benötigte. Und jetzt? Jetzt geben Sie einfach eine möglichst detaillierte Beschreibung dessen, was Sie gerne möchten, in das Textfeld eines entsprechenden KI-Tools ein (das ist der Textteil), und im Handumdrehen erhalten Sie das gewünschte Bild oder die gewünschte Grafik, entweder kostengünstig oder sogar zum Nulltarif.

Egal, welche digitalen Bilder oder Grafiken Sie benötigen, die folgenden KI-Tools zählen (während ich dies tippe) zu den besten Optionen für Ihr Vorhaben:

✔ Ki-Bild-erstellen (www.ki-bild-erstellen.de)

✔ DALL-E 3 (https://openai.com/dall-e-3)

✔ Leonardo.AI (www.leonardo.ai)

Bedenken Sie die Möglichkeiten, die sich Ihnen mit solchen Tools eröffnen, egal, ob Sie sich mit Grafikdesign beschäftigen oder Bildmaterial für eine Vielzahl von persönlichen und geschäftlichen Aufgaben benötigen. Insbesondere im Finanz- und Investmentbereich können Sie Text-zu-Bild-KI für die folgenden Zwecke einsetzen:

✔ **Geschäftliche Zwecke:** Egal, ob Sie als Grafikdesigner arbeiten oder eine Website für ein Unternehmen pflegen, die Möglichkeit, benötigtes Bildmaterial mithilfe von KI zu erstellen, ist eine prima Sache. Beschreiben Sie einfach, was Sie sich vorstellen, und die KI erstellt Ihnen auf der Grundlage Ihrer Eingaben ein oder mehrere Bilder oder Grafiken. Sie benötigen ein Bild von einer Eistüte für Ihre Website? Nichts leichter als das. Irgendwelche Sonderwünsche? Vielleicht Schokoladen- und Erdbeereis mit Regenbogenstreuseln in einer Waffel? Auch das ist ein Kinderspiel für die KI und in Sekundenschnelle erledigt!

✔ **Finanzielle Zwecke:** Sie möchten wissen, wie gut sich eine bestimmte Aktie, ein Vermögenswert oder ein anderes Anlageinstrument über einen bestimmten Zeitraum im Vergleich zu einem Index wie dem Dow Jones oder dem S&P 500 entwickelt hat? Schildern Sie der KI Ihren Wunsch, und Sie erhalten ein entsprechendes Diagramm, das Ihnen hilft, die Performance der betreffenden Aktie et cetera zu beurteilen.

Text-zu-Video

Sie müssen ein Video produzieren? Ob für private oder geschäftliche Zwecke, KI kann aus Ihren Beschreibungen oder einem Text (zum Beispiel einem Nachrichtenartikel) ein beeindruckendes Video erstellen. Hier sind die derzeit besten KI-Tools für diese Aufgabe:

✔ **Synthesia** (www.synthesia.io)

✔ **VEED.IO** (www.veed.io)

✔ **Flexclip** (www.flexclip.com)

Ein Bild sagt mehr als tausend Worte – oder ein Berg trockener Daten. Ein gutes Beispiel dafür ist die Website Visual Capitalist (www.visualcapitalist.com). Da die künstliche Intelligenz hervorragend darin ist, Daten zu sichten, zu analysieren und zu präsentieren, kann es für Ihre Finanzentscheidungen hilfreich sein, die entsprechenden Daten auch visuell aufbereitet vor Augen zu haben.

Ein Beispiel aus der Praxis: Ein Aktienanalyst aus meinem Bekanntenkreis nutzte einmal den Kurs eines bestimmten Anlageinstruments (Junk Bonds) als Indikator für die Entwicklung eines anderen Anlageinstruments (die Aktien des S&P 500). Dabei bemerkte er Folgendes: Wenn Schrottanleihen stiegen, folgte der S&P 500, fielen sie, fiel auch der S&P 500. Auf dieses Phänomen war er nur dank eines Diagramms gestoßen, das ihm die KI als Ergebnis einer umfangreichen Datenerhebung präsentiert hatte.

Machen Sie sich die in diesem Kapitel (und in Anhang B) aufgelisteten KI-Tools zunutze, indem Sie die KI bitten, Daten von miteinander verknüpften Märkten und/oder Finanzinstrumenten zu extrahieren, um zu sehen, ob und in welchem Ausmaß sie miteinander korrelieren. Wie stark korrelieren beispielsweise die Zinssätze mit der Entwicklung des Aktienmarktes (Hausse, Baisse) oder mit der Konjunktur (Aufschwung, Abschwung, Rezession)? Welchen Einfluss hat die Inflationsrate auf den Goldpreis? Auf diese Weise kann KI als eine Art Alarmsystem für Ihre Anlage- und Handelsstrategien fungieren.

Noch mehr nützliche Tools und ein paar hilfreiche Quellen

Die KI-Tools, die ich weiter vorne in diesem Kapitel erwähnt habe, sind gute Beispiele für das Potenzial von KI und wie Sie es sich zunutze machen können. Die Auswahl an exzellenten KI-Tools wächst ständig, und die meisten davon sind entweder völlig kostenlos, für einen bestimmten Testzeitraum oder kostengünstig erhältlich.

Wenn man ein Buch über ein technologisches Phänomen wie KI schreibt, das sich derart rasant weiterentwickelt und ständig verändert, kann es passieren, dass man dabei ein paar Details und neue Entwicklungen verpasst. Aber keine Sorge! Dank der erstklassigen

Ressourcen, die ich hier sowie in Teil VI auflikste, kann Ihnen dieser Ratgeber auch in Echtzeit weiterhelfen:

- ✔ **CHIP KI-Kanal:** Diese Website wird vom deutschen Technik- und Verbraucherportal CHIP betrieben (https://www.chip.de/nachrichten/kuenstliche-intelligenz,135700) und berichtet über die Welt der künstlichen Intelligenz.

- ✔ **AI Tool Guru:** Ein weiteres nützliches KI-Tool-Verzeichnis (https://aitoolguru.com/), das Ihnen die Suche nach Kategorie oder Thema ermöglicht beziehungsweise erleichtert.

- ✔ **Future Tools:** Matt Wolfes KI-Website (www.futuretools.io/); Matts KI-YouTube-Kanal ist zusammen mit anderen KI-Bildungsressourcen in Anhang A aufgeführt.

In den Anhängen A und B sind noch viele weitere KI-Tools und -Ressourcen aufgelistet; allgemeine Quellen zum Thema Geldanlage finden Sie in Anhang C.

Teil II
In den KI-Sektor investieren

IN DIESEM TEIL ...

Teil II dieses Buches befasst sich mit allen Aspekten des KI-Investments, die Sie als Anleger von Anfang an kennen sollten. Zunächst lernen Sie die wichtigsten Akteure im KI-Sektor kennen und erfahren, wie Sie in deren Aktien investieren können. In diesem Zusammenhang werfen wir einen Blick auf das Konzept der Marktkapitalisierung, wobei wir uns zunächst auf Large-Cap-Aktien konzentrieren. Aber auch Small-Cap-Aktien, Hedging-Strategien und Börsengänge (IPOs) stehen auf dem Programm. Außerdem erhalten Sie einen Überblick über die Vor- und Nachteile von KI-Aktien und beschäftigen sich mit der KI-gestützten Aktienanalyse. Darüber hinaus lernen Sie, wie Sie Ihr Portfolio mit ETFs und Investmentfonds diversifizieren können, bevor Sie Bekanntschaft mit Robo-Advisors schließen und erfahren, wie diese Ihren menschlichen Anlageberater ergänzen können. Zu guter Letzt tauchen wir in die Fundamentalanalyse und die technische Analyse ein, um herauszufinden, wie diese beiden Methoden Sie bei Ihrer Anlagetätigkeit unterstützen können und was die künstliche Intelligenz in diesem Bereich für Sie tun kann.

> **IN DIESEM KAPITEL**
>
> Direkte und indirekte KI-Investmentmöglichkeiten ausloten
>
> Einblicke in das Konzept der Marktkapitalisierung und andere gewichtige Konzepte gewinnen
>
> Aktien von (großen) KI-Unternehmen und verwandten Branchen untersuchen
>
> Die Vor- und Nachteile von KI-Aktien betrachten
>
> Aktien mithilfe von KI analysieren

Kapitel 4
KI-Investmentmöglichkeiten, Marktkapitalisierung, Large Caps und mehr

Eines der Ziele dieses Buches ist es, Ihnen zu zeigen, wie Sie die künstliche Intelligenz nutzen können, um Ihr Portfolio und Ihre Anlagetätigkeit im Allgemeinen zu optimieren. Aber KI kann Ihnen nicht nur bei der Auswahl geeigneter Aktien und bei der Ausarbeitung maßgeschneiderter Anlage- und Diversifizierungsstrategien helfen. Sie können von KI auch profitieren, indem Sie ganz gezielt in den KI-Sektor und davon betroffene Branchen investieren.

Hier gibt es mehrere Möglichkeiten, sowohl direkte als auch indirekte. In diesem Kapitel stelle ich Ihnen zunächst die wichtigsten Möglichkeiten vor und gehe weiter hinten auch etwas ausführlicher auf die »ganz großen Fische im Teich« ein (der Rest wird in den folgenden Kapiteln von Teil II besprochen) – und verrate Ihnen, wie Sie sie an Land ziehen können.

Auf direktem Wege in KI investieren

Verschaffen wir uns gleich zu Beginn einen Überblick über die wichtigsten Möglichkeiten, wie und wo Sie direkt in die künstliche Intelligenz investieren können. An erster Stelle stehen selbstverständlich die KI-Unternehmen selbst, also diejenigen, die KI und entsprechende Software entwickeln, vertreiben et cetera:

✔ die größten und bedeutendsten KI-Unternehmen (in diesem Kapitel behandelt)

✔ kleinere (wachstumsorientierte) KI-Unternehmen (siehe Kapitel 5)

An zweiter Stelle stehen die verschiedenen Möglichkeiten, über Fonds direkt in KI zu investieren (beide werden in Kapitel 6 behandelt):

✔ KI-bezogene ETFs

✔ KI-bezogene Investmentfonds

 Denken Sie daran, dass Sie auch indirekt in KI investieren können, und zwar über Unternehmen und Branchen, die vom Einsatz und von den Vorteilen von KI-Anwendungen profitieren. Solche Unternehmen behandle ich sowohl weiter hinten in diesem Kapitel als auch in Kapitel 6.

Bevor wir uns den Hauptakteuren der KI-Branche zuwenden, werfen wir in den folgenden beiden Abschnitten zuerst einen Blick auf das »Big Picture« – das große Ganze der Finanzwelt und der (digitalen) Wirtschaft – und welche Rolle KI darin spielt, und schauen uns dann das Konzept der Marktkapitalisierung von Unternehmen genauer an.

Welche Rolle KI im »Big Picture« spielt

An der Börse sind Déjà-vus keine Seltenheit. Im Laufe der Jahre bekommt man zuweilen sogar das Gefühl, als würde wieder und wieder derselbe Film oder dieselbe Stelle einer kaputten Schallplatte abgespielt. Die Aktien bestimmter Branchen steigen zuerst in ungeahnte Höhen, nur um mitunter kurze Zeit später abzustürzen:

✔ **Internet-Aktien** erlebten in den späten 1990er-Jahren einen beispiellosen Höhenflug und stürzten mit dem Platzen der Dotcom-Blase Anfang der 2000er-Jahre zwischen 2000 und 2002 ins Bodenlose.

✔ **Immobilien- und Wohnungsbau-Aktien** legten zwischen 2003 und 2007 eine beeindruckende Performance hin, bevor sie 2008 in den Keller rauschten.

✔ **Cannabis-Aktien** erreichten 2018 schwindelerregende Sphären, um kurz darauf teilweise in den Centbereich abzustürzen.

✔ **Bitcoin und andere Kryptowährungen** erlebten zwischen 2010 und 2022 unzählige Berg- und Talfahrten.

✔ **KI-bezogene Aktien** erreichten 2024 astronomische Höhen. Bislang gibt es keine Anzeichen für ein baldiges Platzen der KI-Blase.

Es ist immer das gleiche Spiel: Ist der Markt von einer bestimmten Branche, und damit von bestimmten Aktien- oder Anlageklassen begeistert, stürzen sich Anleger und Spekulanten oft mit geradezu blindem Enthusiasmus auf diesen heißen Sektor. Kein Wunder – wer die einschlägigen Finanznewsletter abonniert hat, dessen E-Mail-Postfach wird geradezu überflutet mit den Marketingbotschaften von Brokern und Investment-Gurus, die ihre heißen Tipps und todsicheren Erfolgsstrategien zum Vermögensaufbau anpreisen.

Künstliche Intelligenz bildet in all dem keine Ausnahme. Ganz gleich, welche KI-Aktien gerade im Trend liegen, der Zyklus von Auf- und Abschwüngen vollzieht sich auch in diesem Sektor in gewohnter Weise. Keine Frage, die künstliche Intelligenz wird die Zeit – und damit auch das übliche Auf und Ab der Märkte – überdauern; nichtsdestotrotz gelten die altbewährten Anlageprinzipien auch im heutigen Markt und werden wohl auch in absehbarer Zukunft Bestand haben.

Nur weil eine Aktie oder eine Aktienkategorie nach unten korrigiert wird oder gar abstürzt, heißt das für Sie als Anleger noch lange nicht, dass nun aller Tage Abend ist und Sie sich nach anderen Möglichkeiten umsehen müssen. Wenn die Gesamtnachfrage nach einem bestimmten Produkt oder einer bestimmten Dienstleistung (wie zum Beispiel KI) stimmt, dann sind auch die langfristigen Aussichten für die entsprechenden Aktien oder Aktienkategorien gut. Dennoch gilt es, Ihre Hausaufgaben zu machen und Aktien mit zweifelhafter Prognose rigoros auszusortieren. Und egal, ob es sich um KI-Aktien oder Aktien aus anderen potenziell heißen Sektoren handelt – was letztendlich zählt, sind die Fundamentaldaten der zugrunde liegenden Unternehmen.

Nein, KI ist kein kurzlebiger Trend. Sie hat Hand und Fuß und wird mit hoher Wahrscheinlichkeit langfristig ein wachsender und zunehmend wichtiger Teil der Finanz- und Wirtschaftswelt sein. Jetzt ist daher ein guter Zeitpunkt, um die Bücher in Ihrem Regal zu entstauben, die sich mit den Grundlagen des Investierens befassen (wie zum Beispiel die neueste Ausgabe von *Aktien für Dummies* (Bortenschläger/Kirstein; erschienen 2022 bei Wiley); sie werden sich als nützlich erweisen, wenn es darum geht, in einem neuen, spannenden und aufstrebenden Markt fundierte Finanzentscheidungen zu treffen. Lesen Sie auch den Rest dieses Kapitels (und des Buchs), um Ihr Wissen zu erweitern und zu vertiefen, damit KI zu einem fruchtbaren Bestandteil Ihres Portfolios werden kann.

Die Grundlagen der Marktkapitalisierung verstehen

Der Einfachheit halber bezeichne ich in diesem Kapitel (sowie im gesamten Buch) Aktien von Unternehmen, die – im engeren oder weiteren Sinne – mit KI zu tun haben, als »KI-Aktien«, auch wenn es sich bei den Emittenten oft nicht um lupenreine KI-Unternehmen handelt. Ich denke dabei unter anderem an bekannte Technologieriesen wie Apple und Microsoft, die seit Langem für ihre Aktivitäten in den Bereichen Computer, Internet und Smartphones bekannt sind, aber inzwischen auch als große Player im Bereich KI agieren.

In diesem Kapitel geht es in erster Linie um Large und Mega Caps, während ich auf Small Caps in Kapitel 5 näher eingehe. Zur Erinnerung: »Cap« steht für das englische Wort *capitalization* und bezieht sich auf die sogenannte *Marktkapitalisierung* (*Market Cap*), die den aktuellen Börsenwert eines Unternehmens, genauer gesagt den gesamten Marktwert aller ausstehenden, das heißt vom Unternehmen ausgegebenen Aktien widerspiegelt.

Die Marktkapitalisierung errechnet sich aus der Anzahl der ausstehenden Aktien multipliziert mit dem aktuellen Aktienkurs. Wenn also die Aktie eines börsennotierten Unternehmens 20 Euro pro Stück kostet und insgesamt 100 Millionen Aktien des Unternehmens im Umlauf sind, dann beträgt die Marktkapitalisierung des Unternehmens 2 Milliarden Euro – das klingt viel, steht aber für eine Small-Cap-Aktie, das heißt eine Aktie mit geringer Marktkapitalisierung. Hier die Aufschlüsselung der allgemeinen Kategorien der Marktkapitalisierung:

- ✔ **Micro Cap:** Kleinunternehmen mit einer Marktkapitalisierung von weniger als 1 Milliarde US-Dollar
- ✔ **Small Cap:** Kleine Unternehmen mit einer Marktkapitalisierung von 1 bis 10 Milliarden US-Dollar
- ✔ **Mid Cap:** Mittelgroße Unternehmen mit einer Marktkapitalisierung von 10 bis 50 Milliarden US-Dollar
- ✔ **Large Cap:** Große Unternehmen mit einer Marktkapitalisierung von 50 bis 100 Milliarden US-Dollar
- ✔ **Mega Cap:** Großkonzerne mit einer Marktkapitalisierung von über 100 Milliarden US-Dollar.

Hinweis: Die Grenzen zwischen den einzelnen Kategorien sind fließend – nicht, dass jemand auf die Idee kommt, ich hätte mich hier und da um eine Milliarde verschätzt. Wobei ich mich von einem KI-Tool gerne eines Besseren belehren lasse!

Viele Marktbeobachter verwenden den Börsenwert eines Unternehmens (Marktkapitalisierung) als groben Richtwert, um die Sicherheit einer Aktie zu beurteilen. So gilt ein Unternehmen mit einer Marktkapitalisierung von 100 Milliarden US-Dollar als sicherer als ein Unternehmen mit einer Marktkapitalisierung von beispielsweise 100 Millionen US-Dollar. Wiegen Sie sich jedoch nicht allein aufgrund dieser Kennzahl in falscher Sicherheit.

Denken Sie nur an Unternehmen wie WorldCom, Lehman Brothers und Enron – sie alle waren große Large-Cap-Unternehmen und gingen trotzdem in Insolvenz. Auch kommt es bei großen Börsencrashs (wie bei der Dotcom-Blase im Jahr 2000 oder während der Finanzkrise von 2008) immer wieder vor, dass Large-Cap-Unternehmen Verluste in zwei- bis dreistelliger Milliardenhöhe erleiden. Der Börsen- oder Marktwert eines Unternehmens ist also nicht immer ein zuverlässiger Indikator für ein geringes Investitionsrisiko, insbesondere bei Finanzmarktkrisen in Verbindung mit einem wirtschaftlichen Abschwung.

KAPITEL 4 KI-Investmentmöglichkeiten, Marktkapitalisierung, Large Caps und mehr

 In der Welt der Aktien sind die Fundamentaldaten (insbesondere auf lange Sicht) einer der wichtigsten Indikatoren für die finanzielle Gesundheit eines Unternehmens. Ein kleines Unternehmen mit soliden Fundamentaldaten verspricht demnach mehr Sicherheit als ein großes Unternehmen mit schlechten Fundamentaldaten (das heißt Nettoverlusten, wachsender Verschuldung und so weiter).

Die wichtigsten Akteure der KI-Branche kennenlernen

Im Folgenden finden Sie eine Liste der bedeutendsten KI-Unternehmen in absteigender Reihenfolge in Bezug auf Größe und Marktkapitalisierung (wobei Apple und Microsoft sich diesbezüglich ein ständiges Kopf-an-Kopf-Rennen liefern); in Klammern ist das jeweilige *Börsenkürzel* angegeben:

- **Apple (AAPL):** Im Dezember 2023 war Apple mit einer Marktkapitalisierung von 3 Billionen US-Dollar das größte und wertvollste Unternehmen der Welt. Es ist damit so etwas wie das Sinnbild eines Mega-Cap-Tech-Unternehmens, bekannt für jede Menge Unterhaltungselektronik, wie das iPhone und das MacBook, und führend in Sachen Software, technische Dienstleistungen und KI-Innovationen.

- **Microsoft (MSFT):** Ein globaler Mega-Cap-Software-Titan und bekannt als der Entwickler des weltweit meistgenutzten Betriebssystems Windows und der dazugehörigen Office-Suite, mit einer starken Präsenz in den Bereichen Cloud-Computing, Unternehmenslösungen und KI-Lösungen.

- **Nvidia (NVDA):** Ein weiteres Mega-Cap-Unternehmen und Hersteller von Grafikprozessoren (GPU). Nvidia treibt den Fortschritt in den Bereichen Spiele, KI und Datenvisualisierung voran. Bei den jüngsten Entwicklungen in der KI-Technologie hat das Unternehmen eine tragende Rolle gespielt.

- **IBM (IBM):** Das vielleicht älteste IT-Unternehmen auf dieser Liste und eines der wenigen mit einer hohen Dividende (das heißt regelmäßige Gewinnausschüttungen an die Aktionäre). Auch KI-Lösungen gehören bei IBM zum Programm.

- **Google (GOOGL):** Der allgegenwärtige Internetgigant ist ein Synonym für Online-Suchmaschinen und bietet eine breite Palette von Dienstleistungen von Werbung bis Android, während er gleichzeitig ein weltweit führender Anbieter innovativer Internettechnologien einschließlich KI ist.

Praktischerweise können Sie mithilfe von KI auch nach großen Technologieunternehmen recherchieren. In diesem Fall habe ich an Copilot die folgende Anfrage gestellt:

> »Nenne mir bitte die zehn größten im KI-Bereich tätigen Unternehmen jeweils mit einer kurzen Beschreibung.«

Die Antwort von Copilot sehen Sie in Abbildung 4.1

Copilot

✓ Antworten für Sie werden generiert...

Hier sind zehn der größten Unternehmen im Bereich der Künstlichen Intelligenz (KI) mit einer kurzen Beschreibung:

1. **Google (Alphabet Inc.)**: Google ist führend in der KI-Forschung und -Entwicklung. Mit Projekten wie Google Brain und DeepMind hat das Unternehmen bedeutende Fortschritte in Bereichen wie maschinelles Lernen, Sprachverarbeitung und Bilderkennung gemacht [1].

2. **Microsoft**: Microsoft investiert stark in KI durch seine Azure AI-Plattform und Projekte wie OpenAI. Das Unternehmen bietet eine Vielzahl von KI-Diensten an, darunter maschinelles Lernen, kognitive Dienste und Bot-Frameworks [1].

3. **Amazon**: Amazon nutzt KI intensiv in seinen Produkten und Dienstleistungen, wie Alexa und Amazon Web Services (AWS). AWS bietet eine breite Palette von KI-Tools und -Diensten für Unternehmen [1].

4. **IBM**: IBM ist bekannt für seine KI-Plattform Watson, die in verschiedenen Branchen eingesetzt wird, um Daten zu analysieren und Geschäftsprozesse zu optimieren [1].

5. **Facebook (Meta Platforms Inc.)**: Facebook verwendet KI, um Inhalte zu moderieren, personalisierte Werbung zu schalten und neue Technologien wie Virtual Reality und Augmented Reality zu entwickeln [1].

6. **Apple**: Apple integriert KI in viele seiner Produkte, darunter Siri und die Kamera-Software des iPhones. Das Unternehmen hat auch mehrere KI-Start-ups übernommen, um seine Fähigkeiten zu erweitern [1].

7. **NVIDIA**: NVIDIA ist führend in der Entwicklung von Grafikprozessoren (GPUs), die für KI- und maschinelles Lernen-Anwendungen optimiert sind. Die GPUs des Unternehmens werden weltweit in Rechenzentren und für KI-Forschung eingesetzt [1].

8. **Intel**: Intel investiert in KI durch seine Hardware- und Softwarelösungen, einschließlich der Nervana-Plattform und der Movidius-Technologie, die für maschinelles Sehen und Edge-Computing verwendet wird [1].

9. **Baidu**: Baidu, oft als das "Google Chinas" bezeichnet, ist ein führendes Unternehmen in der KI-Forschung und -Entwicklung. Das Unternehmen hat bedeutende Fortschritte in den Bereichen autonomes Fahren und Sprachverarbeitung gemacht [1].

10. **Tencent**: Tencent nutzt KI in vielen seiner Produkte und Dienstleistungen, einschließlich WeChat und seiner Cloud-Plattform. Das Unternehmen investiert auch stark in KI-Forschung und -Entwicklung [1].

Abbildung 4.1: Dies sind nach Ansicht von KI die Top-Unternehmen im KI-Bereich

Hier noch ein paar empfehlenswerte Prompts, die Ihnen helfen können, noch etwas tiefer in die Materie einzutauchen, bevor Sie irgendwelche Anlageentscheidungen treffen:

- ✔ »Vergleiche [Unternehmen X] mit [Unternehmen Z] in einer tabellarischen Gegenüberstellung bezüglich der Fundamentaldaten: Gewinnwachstum, Umsatzwachstum und Wachstum des Nettoeigenkapitals jeweils der vergangenen drei Jahre.«

- ✔ »Analysiere und fasse die Gewinn- und Verlustrechnung sowie die Bilanz von [Unternehmen X] aus dem folgenden Jahresabschluss zusammen« (Hierfür eignet sich unter anderem ChatPDF).

- ✔ »Vergleiche die Finanzkennzahlen, wie das Kurs-Gewinn-Verhältnis (KGV), das Kurs-Umsatz-Verhältnis (KUV) und das Gewinnwachstum, der fünf führenden Large-Cap-KI-Unternehmen. Hebe die Unterschiede hervor, um die Bewertung von Anlagemöglichkeiten zu erleichtern.«

Die Vor- und Nachteile von KI-Aktien unter die Lupe nehmen

Bei KI-Aktien gibt es aber nicht nur eitel Sonnenschein und Gewinne, so weit das Auge reicht. Auch wenn viele Bücher und Artikel zum Thema KI-Investments vor allem die Vorzüge von KI-Aktien hervorheben, ist es wichtig, sich auch der potenziellen Schattenseiten bewusst zu sein. Das zeigen Beispiele aus der Vergangenheit: In den 1920er-Jahren, als Automobile »der letzte Schrei« schlechthin waren, gab es Hunderte von Autofirmen, und die Anleger steckten ihr Geld wie verrückt hinein. Die meisten dieser Unternehmen (und ihre Aktien) landeten jedoch auf dem Müllhaufen der Investmentgeschichte.

Für Investoren sind daher die Fundamentaldaten eines Unternehmens das A und O, wenn es um die Bewertung von Aktien geht (gleich welcher Branche). Mehr dazu in den folgenden Abschnitten.

Die Vorteile von KI-Aktien

Für konservative, langfristige und wachstumsorientierte Anleger sind Large-Cap-KI-Aktien, entweder im Direktkauf oder als Bestandteil eines Fonds (siehe Kapitel 5), eine gute Wahl, da sie folgende Vorteile bieten können:

- ✔ **Wachstum:** Als weitverbreitetes technologisches Phänomen, das sich noch in der Entwicklungsphase befindet, bietet KI generell gute Wachstumschancen. Die Aktien führender KI-Unternehmen versprechen daher langfristig gute Erfolgsaussichten. Wenn Sie einen mittelfristigen Anlagehorizont haben (zum Beispiel 2–5 Jahre), dann gehören KI-Aktien definitiv in Ihr Portfolio.

Ein gutes Beispiel aus der jüngeren Vergangenheit ist NVIDIA. Im Zwölf-Monats-Zeitraum von September 2022 bis Oktober 2023 stieg die Aktie von circa 115 US-Dollar auf circa 414 US-Dollar pro Aktie – ein rasanter Anstieg von 266 Prozent in nur einem Jahr! Natürlich wird sich nicht jede KI-Aktie innerhalb eines so kurzen Zeitraums so gut entwickeln, aber dies ist ein Paradebeispiel für ein Investment in die richtige Aktie zum richtigen Zeitpunkt (das heißt wenn die Marktnachfrage nach KI-bezogenen Investments gerade hoch ist).

✔ **Einkommen:** Dividendentitel gehören in jedes konservative Aktienportfolio, insbesondere, wenn man an regelmäßigen Erträgen interessiert ist. Allerdings sind KI-Unternehmen im Allgemeinen nicht unbedingt als Dividendenzahler bekannt.

Prüfen Sie in diesem Zusammenhang – gemeinsam mit Ihrem menschlichen Anlageberater und natürlich mithilfe von KI – auch die Möglichkeit von gedeckten Call-Optionen beziehungsweise Kaufoptionenals Anlagestrategie. Wenn Sie mit Ihrem Aktienportfolio Einkommen erwirtschaften möchten (insbesondere mit Large-Cap-Aktien, die keine oder nur geringe Dividenden abwerfen), könnte Ihnen dieser Schachzug Tausende von Euro an Erträgen bescheren – und Ihnen so den Ruhestand versüßen.

Befragen Sie KI zu den Einzelheiten über gedeckte Call-Optionen, zum Beispiel mit Prompts wie »*Was sind gedeckte Kaufoptionen?*« oder »*Was sind die Vor- und Nachteile von gedeckten Call-Optionen?*« Eine gute Informationsquelle über das Finanzinstrument Optionen im Allgemeinen finden Sie unter `https://deutsche-boerse.com/dbg-de/unternehmen/wissen/boersenlexikon/boersenlexikon-article/Option-244474`.

Die Nachteile von KI-Aktien

Egal, wie heiß oder sexy das Thema KI-Investments auch sein mag, es gibt auch Nachteile, die sich vor allem in den beiden folgenden Risiken widerspiegeln:

✔ **Risiko Nummer 1:** Das emittierende Unternehmen hat schlechte Fundamentaldaten und die betreffende Aktie ist aufgrund eines überschwänglichen Marktes gestiegen. Wir erinnern uns an die Dotcom-Blase Anfang der 2000er-Jahre: Viele Internet-Aktien schnellten zwischen 1998 und 2000 kometenhaft in die Höhe, nur um zwischen 2001 und 2002 brutal abzustürzen und auf dem Weg nach unten zu verglühen. Im Gegensatz dazu erholten sich die Aktien finanziell gesunder Unternehmen wie Amazon, eBay, Cisco und so weiter und wurden letztendlich noch erfolgreicher.

✔ **Risiko Nummer 2:** Das emittierende Unternehmen hat zwar gute Fundamentaldaten, aber der Enthusiasmus des Marktes hat den Aktienkurs auf ein hohes, jedoch nicht nachhaltiges Niveau getrieben. Obwohl das Unternehmen finanziell gesund ist, ist die betreffende Aktie »überkauft«, und damit instabil. In einem solchen Szenario ist es wichtig, die Finanzkennzahlen wie das Kurs-Gewinn-Verhältnis (KGV) zu überprüfen. Je höher das KGV, desto überteuerter die Aktie und desto höher ist das Risiko einer negativen Kurskorrektur.

Als allgemein sicher gilt ein Kurs-Gewinn-Verhältnis im Bereich zwischen 25 und 40. Liegt es deutlich darüber, ist die Aktie überbewertet. Mehr zum KGV erfahren Sie in Kapitel 8.

Der indirekte Weg: In Unternehmen investieren, die von KI profitieren

Wie eingangs erwähnt, gibt es weit mehr Möglichkeiten, Ihr Geld in KI zu investieren, als die führenden KI-Tech-Unternehmen. Es funktionieren auch indirekte Wege, denn KI wirkt sich auf viele Branchen aus – sowohl positiv als auch negativ. Interessant sind in diesem Zusammenhang natürlich diejenigen Sektoren und Unternehmen, die von KI profitieren.

In den Anhängen A und B finden Sie Quellen, die Sie über die Entwicklung von KI und deren Auswirkungen auf die Finanzindustrie auf dem Laufenden halten.

Aber fragen wir doch einfach wieder Copilot:

»Welches sind die drei wichtigsten Branchen, die von KI-Technologien profitieren werden und warum?«

Die Antwort von Copilot ist in Abbildung 4.2 dargestellt und bietet einen guten Ausgangspunkt für weitere Recherchen. Sobald Sie wissen, welche Branchen am meisten von KI profitieren werden, gilt es im nächsten Schritt, die besten Aktien dieser Branchen ausfindig zu machen, sie (anhand der Fundamentaldaten) zu analysieren und eine entsprechende Anlageentscheidung zu treffen.

Anhand dieser Informationen können Sie nun auch die einzelnen Branchen (beziehungsweise diejenige, die Sie am meisten interessiert) genauer unter die Lupe nehmen. (Die Auflistung von Copilot enthält auch Links zu ausführlichen Berichten.) Sobald Sie die führenden Unternehmen des jeweiligen Sektors ausfindig gemacht haben, fahren Sie mit den im nächsten Abschnitt beschriebenen Schritten und Prompts fort.

Wenn Sie davon überzeugt sind, dass Branche X eine gute Anlagemöglichkeit darstellt, dann nutzen Sie Ihre KI-Tools, um die besten Aktien dieser Branche zu recherchieren. Eine alternative und möglicherweise sicherere Methode, in den gewünschten Sektor zu investieren, ist der Kauf eines entsprechenden ETF. Weitere Informationen zu ETFs finden Sie in Kapitel 6.

> **Copilot**
>
> ✓ Antworten für Sie werden generiert...
>
> Drei der wichtigsten Branchen, die von KI-Technologien profitieren werden, sind:
>
> 1. **Gesundheitswesen**: KI revolutioniert die Diagnostik und Therapie. Durch maschinelles Lernen können Krankheiten früher erkannt und personalisierte Behandlungspläne erstellt werden. KI-basierte Systeme unterstützen Ärzte bei der Analyse von medizinischen Bildern und der Verwaltung von Patientendaten [1].
>
> 2. **Finanzdienstleistungen**: Banken und Versicherungen nutzen KI, um Prozesse zu automatisieren, Risiken zu bewerten und Betrug zu erkennen. KI-Algorithmen analysieren große Datenmengen, um Muster zu erkennen und fundierte Entscheidungen zu treffen. Dies führt zu effizienteren Abläufen und einer verbesserten Kundenerfahrung [2].
>
> 3. **Automobilindustrie**: KI spielt eine Schlüsselrolle bei der Entwicklung autonomer Fahrzeuge. Durch die Integration von Sensoren und maschinellem Lernen können Autos ihre Umgebung in Echtzeit analysieren und sicherere Entscheidungen treffen. Dies verbessert nicht nur die Sicherheit, sondern auch die Effizienz und den Komfort des Fahrens [3].
>
> Diese Branchen profitieren von KI, weil sie große Datenmengen verarbeiten und analysieren müssen, um ihre Dienstleistungen zu verbessern und innovativ zu bleiben. Gibt es eine spezifische Branche, die dich besonders interessiert?

Abbildung 4.2: Diese drei Sektoren werden laut Copilot besonders von der künstlichen Intelligenz profitieren

KI für die Aktienanalyse nutzen

Die künstliche Intelligenz kann bei der Aktienanalyse eine Reihe nützlicher Funktionen übernehmen. Im Folgenden stelle ich Ihnen zwei Beispiele vor.

Durchführen einer SWOT-Analyse

Die Abkürzung *SWOT* steht im Finanzjargon für die englischen Begriffe **S**trengths (Stärken), **W**eaknesses (Schwächen), **O**pportunities (Chancen) und **T**hreats (Gefahren oder Risiken). Eine sogenannte *SWOT-Analyse* bewertet somit die Stärken, Schwächen, Chancen und Risiken eines börsennotierten Unternehmens und fasst auf einen Blick dessen wichtigste Plus- und Minuspunkte zusammen. Nehmen wir als Beispiel NVIDIA, ein führendes Unternehmen im Bereich der künstlichen Intelligenz. Wenn Sie es als Kandidaten für Ihr Portfolio in Betracht ziehen, empfiehlt es sich, zuvor auf jeden Fall eine SWOT-Analyse mittels KI durchzuführen. Schauen wir uns an, was ChatGPT auf den folgenden Prompt hin zu sagen hatte (siehe Abbildung 4.3):

> »*Führe bitte eine SWOT-Analyse für NVIDIA durch und stelle die Ergebnisse in einer Tabelle dar.*«

KAPITEL 4 KI-Investmentmöglichkeiten, Marktkapitalisierung, Large Caps und mehr

Abbildung 4.3: Eine SWOT-Analyse, durchgeführt von KI

Dies ist eine effiziente Methode, um das Unternehmen Ihrer Wahl gründlich zu durchleuchten. Und wenn Sie möchten, kann KI die einzelnen Punkte noch weiter vertiefen. Anhand dieser SWOT-Analyse (von Januar 2024) scheinen die Stärken und Chancen von NVIDIA unter den aktuellen Marktbedingungen gegenüber den Schwächen und Risiken zu überwiegen. Wenn die Fundamentaldaten des Unternehmens ebenso gut aussehen, dann ist die Aktie von NVIDIA ein potenzieller Gewinner.

Zusammenfassen von Finanzdaten

Aktienanalysen können sehr umfangreich sein, und das Lesen so vieler Informationen ist zeitraubend und kann schnell ermüdend wirken. Warum sich also nicht von KI das Wesentliche zusammenfassen lassen? Hier einige Beispiele für entsprechende Dokumente:

✔ **Aktienanalyseberichte** (egal, ob im PDF- oder DOC-Format oder auf einer Webseite) können im Handumdrehen analysiert und zusammengefasst werden.

   Beispiel-Prompt: »Fasse bitte die wichtigsten Erkenntnisse aus dem beigefügten Aktienanalysebericht für [Name des Unternehmens] zusammen. Hebe die finanzielle Entwicklung, die Wachstumschancen, die potenziellen Risiken und die Empfehlungen der Analysten hervor. Gib einen klaren Überblick, um potenzielle Anlageentscheidungen zu erleichtern.«

✔ **Öffentliche Dokumente** der US-Börsenaufsichtsbehörde Securities and Exchange Commission (SEC), wie zum Beispiel 10-K-Berichte, enthalten eine Fülle von Informationen, die KI im Nullkommanichts für Sie zusammenfassen kann.

   Beispiel-Prompt: »Analysiere bitte das SEC-Formular 10K für [Name des Unternehmens]. Fasse den Jahresbericht, die Risikofaktoren und den Inhalt der Vorstandssitzung zusammen. Identifiziere wichtige Ereignisse oder Veränderungen, die im Bericht offengelegt werden, und gib Einblicke, die für Anlageentscheidungen relevant sind.«

✔ **Unternehmensdokumente** wie Jahresberichte können ebenfalls eine schwer verdauliche Lektüre sein. Nutzen Sie KI, um sie für Sie zu analysieren.
   Beispiel-Prompt: »Führe bitte eine umfassende Analyse des Jahresberichts von [Name des Unternehmens] für das letzte Geschäftsjahr durch. Fasse die Finanzkennzahlen, strategischen Initiativen und Risikofaktoren zusammen. Hebe relevante Ereignisse oder Entwicklungen hervor, die für eine Anlageentscheidung wichtig sind.«

 KI-Software und KI-bezogene Ressourcen, die Sie bei den oben genannten Aufgaben unterstützen können, finden Sie in Anhang B (KI-Tools) und in Anhang C (Investment bezogene Quellen).

> **IN DIESEM KAPITEL**
>
> Small-Cap-Aktien verstehen, finden und auswählen
>
> Mehr über IPOs erfahren
>
> Absicherungsstrategien für spekulative Aktivitäten untersuchen

Kapitel 5
Small-Caps, IPOs und Hedging

In Kapitel 4 ging es hauptsächlich um Large Caps; in diesem Kapitel widme ich mich dem Small-Cap-Bereich – und begebe mich dabei auch auf spekulatives Terrain. Außerdem wird das Thema Börsengänge (besser bekannt als IPOs) behandelt.

Wie bereits erwähnt, sind Investieren und Spekulieren zwei verschiedene paar Schuhe. Einfach ausgedrückt, geht es beim Investieren darum, Vermögenswerte auf ihren Wert hin zu analysieren, der – im Idealfall – auf lange Sicht steigen sollte, während man beim Spekulieren mehr oder weniger Wetten auf die kurzfristige Entwicklung von Vermögenswerten (nach oben oder unten) abschließt.

Der sicherere Weg ist natürlich das Investieren. Aber vielleicht haben einige von Ihnen sich dieses Buch mit dem Ziel gekauft, ihr Vermögen so schnell wie möglich zu vermehren. Wer würde nicht gerne eine »heiße«, aber etwas obskure Small-Cap-KI-Aktie kaufen, in der Hoffnung, dass sie um 1.000 Prozent steigt, damit man sich die luxuriöse Penthousewohnung kaufen kann, von der man schon so lange träumt? Aus diesem Grund habe ich mich dazu entschlossen, auch auf ein paar spekulative Ansätze einzugehen und Ihnen diesbezüglich die wichtigsten Punkte zu erläutern.

 Um Ihnen den Einstieg in das Thema zu erleichtern, bieten sich die folgenden weiterführenden Ressourcen an:

- ✔ *Pennystocks für Dummies* von Peter Leeds
- ✔ *High-Level Investing For Dummies* von Paul Mladjenovic (meine Wenigkeit) (leider nur auf Englisch verfügbar)
- ✔ AI Directory (www.aidirectory.org), ein Datenbankverzeichnis von Unternehmen, die sich mit künstlicher Intelligenz und maschinellem Lernen beschäftigen.

In die Grundlagen von Small Caps einsteigen

Wie in Kapitel 4 erläutert, bezieht sich die *Marktkapitalisierung* auf den Börsenwert eines Unternehmens. Zur Erinnerung: Sie errechnet sich aus der Anzahl der ausgegebenen Aktien eines Unternehmens multipliziert mit dem aktuellen Aktienkurs. Small-Cap-Aktien werden von einem Unternehmen mit einer Marktkapitalisierung von weniger als 10 Milliarden US-Dollar ausgegeben. Wie alle Anlageformen haben auch sie Vor- und Nachteile, auf die ich im Folgenden näher eingehe.

Die Vor- und Nachteile von Small-Cap-Aktien

Was sind nun die Vor- und Nachteile von Small-Cap-Aktien? Auch dazu habe ich wieder Copilot befragt, und Abbildung 5.1 zeigt die Antwort.

> **Copilot**
>
> ✓ Antworten für Sie werden generiert...
>
> Small-Cap-Aktien, also Aktien von Unternehmen mit kleinerer Marktkapitalisierung, bieten sowohl Chancen als auch Risiken. Hier sind einige der wichtigsten Vor- und Nachteile:
>
> **Vorteile:**
>
> 1. **Wachstumspotenzial**: Small-Cap-Unternehmen haben oft ein höheres Wachstumspotenzial, da sie sich in einem frühen Stadium ihres Wachstumszyklus befinden [1].
> 2. **Innovationskraft**: Kleinere Unternehmen sind oft agiler und innovativer, was ihnen helfen kann, sich schneller an Marktveränderungen anzupassen [2].
> 3. **Unterbewertete Chancen**: Da Small-Caps weniger im Fokus großer Investoren stehen, können sie unterbewertet sein und somit attraktive Einstiegsmöglichkeiten bieten [3].
>
> **Nachteile:**
>
> 1. **Höheres Risiko**: Small-Cap-Aktien sind in der Regel volatiler und anfälliger für Marktschwankungen und wirtschaftliche Unsicherheiten [1].
> 2. **Geringere Liquidität**: Diese Aktien werden weniger gehandelt, was es schwieriger machen kann, sie zu kaufen oder zu verkaufen [1].
> 3. **Informationsmangel**: Es gibt oft weniger verfügbare Informationen und Analysen über Small-Cap-Unternehmen, was die Bewertung und Entscheidungsfindung erschweren kann [2].

Abbildung 5.1: Die Vor- und Nachteile von Small-Cap-Aktien laut KI

Kurz und knapp: Der größte Vorteil von Small-Cap-Aktien ist das höhere Wachstumspotenzial, der größte Nachteil ist das höhere Risiko. Je besser Sie sich mit Small-Cap-Aktien auskennen, desto leichter wird es Ihnen fallen, die Vorteile zu maximieren und die Nachteile zu minimieren. Künstliche Intelligenz kann Ihnen dabei helfen, diese beiden Punkte zu vertiefen und sich bei der Auswahl geeigneter Aktien auf die Fundamentaldaten der betreffenden Unternehmen zu konzentrieren (Gewinne, geringe Verschuldung und so weiter).

Die Liste der Vor- und Nachteile in Abbildung 5.1 ist für den Anfang völlig ausreichend. Mir gefällt Copilot, weil jeder Punkt mit einem Hyperlink versehen ist, über den man weitere Details aufrufen kann. Die positiven Aspekte von Small-Cap-Aktien überzeugen natürlich auf den ersten Blick, aber eine gute Recherche ist dennoch unerlässlich, um auch die Schwächen und potenziellen Risiken aufzudecken.

Auch hier kann sich KI als nützlich erweisen, vorausgesetzt, Sie stellen die richtigen Anfragen, zum Beispiel mit den folgenden Prompts:

✔ »Führe eine gründliche Fundamentalanalyse von [Small-Cap-Unternehmen Ihrer Wahl] durch und gib dabei die wichtigen Finanzkennzahlen wie Umsatzwachstum, Gewinn pro Aktie, Verschuldungsgrad und Cashflow an. Beurteile die Bilanz, die Gewinn- und Verlustrechnung und die Kapitalflussrechnung des Unternehmens im Hinblick auf finanzielle Stabilität und nachhaltiges Wachstum.«

✔ »Ermittle die Finanzkraft und den Wert des Unternehmens anhand der gängigsten Finanzkennzahlen wie dem Kurs-Gewinn-Verhältnis (KGV), dem Kurs-Buchwert-Verhältnis (KBV) und dem Kurs-Umsatz-Verhältnis (KU).«

✔ »Gib eine umfassende Bewertung der tatsächlichen und potenziellen Risiken von [Small-Cap-Aktie Ihrer Wahl] ab, einschließlich der potenziellen Marktrisiken des Unternehmens und der Bedrohungen durch die Konkurrenz.«

KI-bezogene Small Caps ausfindig machen

Die gute Nachricht ist, dass Sie nicht lange nach KI-bezogenen Small-Cap-Unternehmen und deren Aktien suchen müssen. Die meisten Small-Cap-KI-Unternehmen veröffentlichen Pressemitteilungen auf bekannten Finanzportalen, wie diesen:

✔ Bloomberg (www.bloomberg.com)

✔ Finanztreff.de (www.finanztreff.de)

✔ Seeking Alpha (www.seekingalpha.com)

✔ Real Clear Markets (www.realclearmarkets.com)

Und auch auf Firmen-PR-Websites wie diesen:

✔ PR News Wire (www.prnewswire.com)

✔ Business Wire (www.businesswire.com)

✔ Globe Newswire (www.globenewswire.com)

Natürlich können Sie auch Ihre bevorzugte KI-Suchmaschine nutzen (KI-Tools finden Sie in Anhang B). Ein weiterer Ort, um gute KI-Unternehmen zu finden, ist AI Directory (www.aidirectory.org), wo Sie KI-Unternehmen nach Name oder Kategorie suchen können.

Vielversprechende Small-Cap-Aktien auswählen

Nachdem Sie einige Small-Cap-KI-Unternehmen beziehungsweise -Aktien ausfindig gemacht haben, geht es im nächsten Schritt darum, die vielversprechendsten auszuwählen. Doch wie sollte man dabei am besten vorgehen? Befragen wir dazu wieder Copilot:

»*Wie wähle ich am besten eine aussichtsreiche Small-Cap-Aktie aus? Erläutere bitte die einzelnen Schritte in Form einer Aufzählungsliste*«.

Abbildung 5.2 zeigt die Antwort. Hier wurden die wichtigsten Schritte kompakt zusammengefasst. Gehen Sie sie der Reihe nach durch, und nutzen Sie die Fußnoten (Hyperlinks) von Copilot, um jeweils mehr zu erfahren, oder geben Sie eine neue Anfrage zu einer bestimmten Position ein. Wenn es beispielsweise um die Geschäftsleitung des Unternehmens geht, könnten Sie die folgende Anfrage stellen:

»*Wie kann ich die Geschäftsführung eines Unternehmens am besten bewerten? Gib dazu bitte entsprechende Richtlinien und detaillierte Erklärungen an.*«

Sie kennen vielleicht das Sprichwort »*Wenn es regnet, sollte man Regenschirme verkaufen*«. Ähnliches gilt für die Auswahl von guten Small-Cap-Aktien. Kaufen Sie eine qualitativ hochwertige Small-Cap-Aktie am besten in einem Sektor oder einem vertikalen Markt, der gerade praktisch in Flammen steht, das heißt in dem die Marktnachfrage gerade sehr hoch ist.

Als Faustregel gilt: Wählen Sie ein starkes Unternehmen in einer wachsenden Branche. Auf diese Weise verknüpfen Sie die Mikro- mit der Makroebene. Die Wachstumsbranche (Makro), in diesem Fall KI, haben Sie bereits ausgewählt; nun müssen Sie noch eine oder mehrere Aktien von Unternehmen mit gesunden Fundamentaldaten und guter Prognose (Mikro) auswählen. Zu den gesunden Fundamentaldaten zählen Dinge wie Rentabilität, starke und/oder steigende Umsätze, eine positive Bilanz und so weiter. Eine gute Prognose bedeutet, dass das makroökonomische Umfeld sehr günstig ist; das heißt, dass die Marktnachfrage nach einer bestimmten Ware, Dienstleistung, Technologie, Idee und so weiter gegenwärtig stark ist und in absehbarer Zukunft auch stabil bleiben dürfte.

KAPITEL 5 Small-Caps, IPOs und Hedging

> **Copilot**
>
> ✓ Antworten für Sie werden generiert...
>
> Natürlich! Hier sind die Schritte zur Auswahl einer aussichtsreichen Small-Cap-Aktie.
>
> 1. **Definition und Verständnis:**
>   - Verstehe, was eine Small-Cap-Aktie ist. Small-Caps sind Unternehmen mit einer relativ geringen Marktkapitalisierung, oft zwischen 300 Millionen und 2 Milliarden Euro [1].
>
> 2. **Branchenanalyse:**
>   - Identifiziere Branchen mit hohem Wachstumspotenzial. Technologie, Biotechnologie und erneuerbare Energien sind oft vielversprechende Bereiche [1].
>
> 3. **Fundamentalanalyse:**
>   - Untersuche die finanziellen Kennzahlen des Unternehmens, wie Umsatzwachstum, Gewinnmargen, Verschuldung und Cashflow [1].
>
> 4. **Managementbewertung:**
>   - Analysiere das Managementteam. Ein erfahrenes und kompetentes Management kann entscheidend für den Erfolg eines Unternehmens sein [1].
>
> 5. **Wettbewerbsanalyse:**
>   - Bewerte die Wettbewerbsposition des Unternehmens. Hat es einzigartige Produkte oder Dienstleistungen, die es von der Konkurrenz abheben [1]?
>
> 6. **Markttrends und Nachrichten:**
>   - Halte dich über aktuelle Markttrends und Nachrichten auf dem Laufenden, die das Unternehmen betreffen könnten [1].
>
> 7. **Bewertung der Aktie:**
>   - Vergleiche das Kurs-Gewinn-Verhältnis (KGV) und andere Bewertungskennzahlen mit denen ähnlicher Unternehmen, um festzustellen, ob die Aktie fair bewertet ist [1].
>
> 8. **Risikoanalyse:**
>   - Berücksichtige die Risiken, die mit Small-Cap-Investitionen verbunden sind, wie höhere Volatilität und geringere Liquidität [1].
>
> 9. **Langfristige Perspektive:**
>   - Denke langfristig. Small-Cap-Aktien können volatil sein, aber sie bieten oft langfristig höhere Renditechancen [1].
>
> 10. **Diversifikation:**
>   - Streue deine Investitionen, um das Risiko zu minimieren. Investiere nicht dein gesamtes Kapital in eine einzige Small-Cap-Aktie [1].
>
> Hast du bereits eine bestimmte Branche oder ein Unternehmen im Auge? 😊
>
> [1]: Finanzwissen.de
>
> Weitere Informationen   1 finanzwissen.de   2 finanzfluss.de   3 forbes.com

Abbildung 5.2: So sollten Sie laut KI bei der Auswahl einer erfolgreichen Small-Cap-Aktie vorgehen

Rätselraten oder Dartpfeile auf die Aktienliste im Börsenteil der Tageszeitung zu werfen, ist also nicht nötig. Künstliche Intelligenz kann Ihnen helfen, die Lücken zu füllen. Eine gute KI-gestützte Suchmaschine wie Copilot oder Google Gemini reicht vollkommen aus, um die folgenden Aufgaben für Sie zu übernehmen:

✔ Analysieren und Zusammenfassen von Börsenberichten (zum Beispiel PDFs) oder SEC-Berichten (zum Beispiel 10-K-Berichte)

✔ Erklären von Finanzbegriffen und -konzepten aller Art

✔ Erläutern und Analysieren von Finanzdaten (Rentabilität und so weiter)

Ein guter Prompt für den Einstieg wäre zum Beispiel:

»*Erstelle eine umfassende Aufzählungsliste wichtiger Aspekte, die bei der Auswahl von Small-Cap-Aktien zu berücksichtigen sind, und erläutere jeden Punkt im Detail.*«

Mehr über IPOs erfahren

Als Anleger kaufen Sie Ihre Aktien häufig auf dem sogenannten *Sekundärmarkt*. Aber diese Aktien tauchen immer zuerst auf dem sogenannten *Primärmarkt* auf (wobei »primär« hier »zuerst« oder »anfänglich« bedeutet).

Wenn ein Unternehmen an die Börse geht, also zwecks Kapitalbeschaffung der investierenden Öffentlichkeit – sprich den Anlegern – Aktien zum Kauf anbietet, spricht man von einem *Börsengang* oder *IPO* (*Initial Public Offering*; deutsch: *öffentliche Erstemission*). Es gibt zwei Arten von IPOs:

✔ **Börsengang von bestehenden Privatunternehmen:** Viele Unternehmen sind bereits seit Jahren als Privatunternehmen tätig und gehen erst später an die Börse. Ein gutes Beispiel hierfür ist United Parcel Service (UPS). Das Unternehmen war viele Jahre lang tätig, bevor die Geschäftsleitung beschloss, an die Börse zu gehen. Diese Art von IPO gilt als die sicherere Variante.

✔ **Börsengang von Start-up-Unternehmen:** Dies ist der Stoff, aus dem die Träume sind. Ein ehrgeiziger Unternehmer und seine Geschäftspartner haben eine großartige Idee, erstellen einen Geschäftsplan und wenden sich damit an eine Investmentbank oder an die Investmentbanking-Abteilung eines bekannten Maklerunternehmens. Die Banker, Buchhalter und Anwälte stellen daraufhin ein entsprechendes Emissionsangebot zusammen, und die Aktien werden über ein Bankenkonsortium, das heißt einen Zusammenschluss von verschiedenen Banken, verkauft.

Dann geht der Businessplan hoffentlich auf und das Unternehmen geht erfolgreich an den Start. Die Erstemission kann beispielsweise 10 Millionen Aktien zu 25 US-Doller pro Aktie umfassen. Wenn alle Aktien verkauft sind, werden mit dem Erlös von 25 Millionen US-Dollar (10 Millionen mal 25 US-Dollar pro Aktie) zunächst alle Kosten (wie Gebühren für die federführende Investmentbank und die Mitglieder des Bankenkonsortiums, weitere IPO-Kosten wie Rechtsberatung, Buchhaltung und so weiter) beglichen und dann ein Nettobetrag (zum Beispiel 18 bis 20 Millionen US-Dollar) an das neu gegründete Unternehmen zur Finanzierung des operativen Geschäfts ausgezahlt.

Börsengänge von Start-ups scheitern relativ häufiger. Wenn Sie sich also an dieser Art von Börsengang beteiligen, dann *investieren* Sie nicht, sondern Sie *spekulieren*. Denn hier steht die Rentabilität in den Sternen und Gewinne müssen auf zum Teil extrem hart umkämpften Märkten unter hohem Konkurrenzdruck erwirtschaftet werden.

Der Börsengang eines etablierten Privatunternehmens, dessen Produkte und Dienstleistungen bereits Marktakzeptanz erlangt haben, ist hingegen in der Regel mit einem deutlich geringeren Risiko verbunden.

Aktuelle Börsengänge finden Sie im IPO-Kalender der NASDAQ-Börse: `https://www.nasdaq.com/market-activity/ipos`.

Es gibt auch etablierte KI-Unternehmen, die entweder bereits (mit Small-Cap-Aktien) an der Börse vertreten sind, oder einen Börsengang in naher Zukunft planen. Nutzen Sie Ihr bevorzugtes KI-Tool, um diese Firmen ausfindig zu machen und zu analysieren (ebenso wie die in diesem Kapitel und in Anhang C aufgeführten Ressourcen).

Absicherungsstrategien für Small Caps und IPOs ausloten

Erfolgreiches Investieren (und Spekulieren) hängt nicht nur davon ab, *in was* man investiert, sondern auch davon, *wie* man investiert. Jeder kann heutzutage ein Aktiendepot bei seiner Hausbank eröffnen, ein paar KI-bezogene (oder andere) Aktien kaufen und halten – und hoffen, dass alles gut geht.

Egal, welcher Anlegertyp Sie sind (das heißt wie risikobereit Sie sind) und welche Prioritäten Sie haben, werden Sie als langfristig orientierter Anleger in der Regel einen Ansatz wählen, der Ihnen hilft, das Gute (Renditen und Erträge) zu maximieren und das Schlechte (Verluste) zu minimieren, indem Sie Ihr Portfolio mithilfe defensiver Strategien und Hedging-Strategien so gut wie möglich absichern. Auf diese Weise können Sie sich in Bullenmärkten (Markt im Aufwärtstrend) engagieren, sind aber auch für Bärenmärkte (Markt im Abwärtstrend) gewappnet.

Die folgenden Abschnitte befassen sich mit defensiven Strategien und Absicherungsstrategien (Hedging), die Sie kennen sollten – und auch hier kann Ihnen KI natürlich helfen, tiefer in die Materie einzutauchen.

Stop-Loss-Order

Eine sogenannte *Stop-Loss-Order* ist ein spezieller Handelsauftrag (genauer gesagt ein Verkaufsauftrag) an der Börse, der Ihnen dabei hilft, das Abwärtsrisiko einer Aktie, und damit potenzielle Verluste, zu begrenzen und gleichzeitig mögliche Gewinne zu sichern, wobei nach oben keine Grenze gesetzt wird.

Wenn Sie beispielsweise eine Aktie im Wert von 25 US-Dollar besitzen und sich Sorgen über einen möglichen Abwärtstrend machen, können Sie zum Beispiel eine Stop-Loss-Order mit einem Schwellenwert von 10 Prozent unter dem aktuellen Aktienkurs einrichten (in diesem Fall wären das 22,50 US-Dollar, also 10 Prozent oder 2,50 US-Dollar unterhalb von 25 US-Dollar). Fällt der Aktienkurs unter diese festgelegte Untergrenze (*Stop-Preis*), wird die Verkaufsorder automatisch zum nächstmöglichen Kurs ausgeführt.

Sie können für diese Art von Order auch einen Zeitrahmen festlegen. So kann es sich zum Beispiel um eine *Tagesorder* handeln, das heißt der Verkaufsauftrag läuft zum Ende des aktuellen Börsentages (in der Regel um 17:30 Uhr an der Frankfurter Wertpapierbörse) aus, oder um eine sogenannte *GTC-Order* (*Good 'til cancelled*; deutsch *(gültig) bis auf Widerruf*).

Um mehr zu erfahren, können Sie einen Prompt wie diesen anwenden:

»*Wie erstelle ich eine GTC-Stop-Loss-Order? Erläutere bitte die einzelnen Schritte.*«

Trailing-Stop-Order

Die *Trailing-Stop-Order* ist meine bevorzugte Auftragsart, da sie noch einen Schritt weitergeht als die Stop-Loss-Order. Bei der Trailing-Stop-Order handelt es sich quasi um eine modifizierte Stop-Loss-Order, bei der die von Ihnen festgelegte Untergrenze (Stop-Preis) an den steigenden Kurs der jeweiligen Aktie gekoppelt wird, also deren Aufwärtstrend folgt. Steigt der Aktienkurs, wird der Stop-Preis in immer gleichem Abstand automatisch nach oben angepasst.

Je höher der Aktienkurs steigt, desto höher wird der Stop-Preis (*Trailing-Stop*) gesetzt. Fällt die Aktie, bleibt der Stop-Preis unverändert, um das Verlustrisiko zu minimieren. Erreicht der Kurs die durch den Stop-Preis markierte Untergrenze, wird automatisch eine Verkaufsorder ausgelöst und die Aktie zum nächstmöglichen Kurs verkauft.

Ihre Hausaufgabe besteht nun darin, mithilfe von KI so viel wie möglich über diese Art von Handelsauftrag, die meiner Ansicht nach jeder Investor (und Spekulant) kennen sollte, herauszufinden. Beginnen Sie mit einer Anfrage wie der folgenden:

»*Wie erstelle ich eine Trailing-Stop-Order und was muss ich dabei beachten? Erläutere bitte jeden Punkt ausführlich.*«

Optionen

Optionen sind Finanzinstrumente, die – wenn umsichtig angewendet – eine hervorragende Ergänzung zu Ihrer Gesamtanlagestrategie bilden und Ihnen auf folgende Weise von Nutzen sein können:

✔ Verstärkung Ihrer spekulativen Anlagestrategie (zum Beispiel durch den Kauf von Call- und/oder Put-Optionen).

✔ Generierung von zusätzlichem Einkommen aus Ihrem Anlageportfolio (zum Beispiel durch den Verkauf gedeckter Call- oder Put-Optionen).

✔ Schutz und Absicherung Ihrer Positionen (zum Beispiel durch den Kauf von Put-Optionen, um sich gegen Kursverluste abzusichern).

Mithilfe von Optionen können Sie darauf wetten, dass eine Aktie oder ein Index in naher Zukunft steigen (*Call-Option*) oder fallen (*Put-Option*) wird.

Ich persönlich befürworte Call- und Put-Optionsstrategien, weil sie für jeden etwas bieten. Es ist ratsam, sich zumindest mit den sogenannten defensiven Optionsstrategien (wie *Protective Put, Covered Call* (*gedeckte Call-Option* beziehungsweise. *Kaufoption*) und so weiter) vertraut zu machen, um herauszufinden, wie Sie Ihr Portfolio in Zeiten der Unsicherheit und/oder des Marktchaos schützen können.

Mit diesen kurzen Hinweisen wollte ich lediglich Ihren Appetit auf Optionen ein wenig anregen. Bitte kommen Sie Ihrer Sorgfaltspflicht nach, indem Sie dieses spekulative Finanzinstrument mithilfe Ihrer bevorzugten KI-Tools gründlich recherchieren und auch Ihren menschlichen Finanzberater dazu befragen, bevor Sie irgendwelche Anlageentscheidungen treffen. Ausgesuchte allgemeine Investmentressourcen finden Sie in Anhang C.

> **IN DIESEM KAPITEL**
>
> Die Grundlagen von ETFs und Investmentfonds studieren
>
> KI-bezogene ETFs und Investmentfonds ausfindig machen
>
> Hilfreiche ETF- und Investmentfonds-Ressourcen nutzen

Kapitel 6
Diversifizierung mit ETFs und Investmentfonds

In den vorangegangenen Kapiteln habe ich bereits Direktinvestitionen in den KI-Sektor und davon betroffene Branchen besprochen, sowohl in Aktien großer etablierter KI-Unternehmen (Large Caps; mehr dazu in Kapitel 4) als auch in Aktien wachstumsorientierter Unternehmen mit geringer Marktkapitalisierung (Small Caps; mehr dazu in Kapitel 5).

Obwohl die direkte Anlage in Einzelaktien viele Vorteile bietet, benötigen viele (um nicht zu sagen, die meisten) Anleger zum Schutz ihres Portfolios ein höheres Maß an Sicherheit und Diversifizierung. Hier kommen börsengehandelte Fonds, besser bekannt als ETFs (Exchange Traded Funds) und Investmentfonds ins Spiel.

Auch wenn es häufig so angepriesen wird, sind ETFs nicht immer die beste Option. So kann sich eine erfolgreiche Einzelaktie aus einer Wachstumsbranche unter Umständen besser entwickeln als ein ETF, der denselben Sektor abdeckt. Zwar umfasst der ETF eine Vielzahl von Aktien, vielleicht zwischen 35 und 80 Titeln, und ja, darunter sind sicher einige Gewinneraktien, aber eben auch Nachzügler (sprich Verlierer). Andererseits werden Sie mit einer einzelnen Verliereraktie aus einem aufstrebenden Sektor schlechter abschneiden als mit einem diversifizierten ETF derselben Branche.

Generell gilt, dass Einzelaktien in der Regel entweder deutlich besser oder deutlich schlechter abschneiden als ein ETF. Zwar bietet ein ETF aufgrund seiner Diversifizierung zweifellos eine wesentlich höhere Sicherheit als eine einzelne Verliereraktie, schneidet aber dennoch nicht so gut ab wie eine einzelne Gewinneraktie.

Für diejenigen, die ein aktives Management bevorzugen (im Gegensatz zu den statischen Portfolios der meisten ETFs) sind Investmentfonds die bessere Wahl. Falls Sie eine fondsgebundene Altersvorsorge (bei der Ihr Geld ausschließlich in Investmentfonds angelegt wird) abgeschlossen haben oder dies in Erwägung ziehen, ist dieses Kapitel ebenfalls hilfreich für Sie.

Kurz gesagt: ETFs und Investmentfonds bieten große Vorteile und gehören praktisch in jedes Portfolio. In diesem Kapitel erfahren Sie alles Wissenswerte über ETFs und Investmentfonds allgemein und mit Bezug auf KI.

ETFs und Investmentfonds im Vergleich

Exchange Traded Funds und Investmentfonds haben viele Gemeinsamkeiten, aber auch einige Unterschiede, wie Sie in den folgenden Abschnitten erfahren werden.

Eine Gemeinsamkeit: Diversifizierung

Sowohl ETFs als auch Investmentfonds haben in der Regel diversifizierte Portfolios.

Zur Erinnerung: *Diversifizierung* oder *Diversifikation* bedeutet die Verteilung des Vermögens auf eine Vielzahl unterschiedlicher Wertpapiere und Anlageklassen sowie Branchen und Regionen mit dem Ziel, das Verlustrisiko zu minimieren (man spricht daher auch von *Risikostreuung*). Zu diesem Zweck können ETFs und Investmentfonds das Geld der Anleger branchenübergreifend und gegebenenfalls auch überregional in Aktien, Anleihen, Rohstoffe und Immobilien investieren.

Ein S&P 500-ETF und ein S&P 500-Investmentfonds (beides Indexfonds) werden sich unter den gleichen Marktbedingungen (Hausse, Baisse oder neutral) sehr ähnlich entwickeln. Das leuchtet ein, da ihre Portfolios die Aktien, aus denen sich der S&P 500 zusammensetzt, ziemlich genau widerspiegeln.

Sowohl ETFs als auch Investmentfonds haben viele ähnliche Unterkategorien. So werden beispielsweise ein ETF und ein Investmentfonds für den Gesundheitssektor im Laufe der Zeit ähnliche Gesamtergebnisse erzielen, wenn man die Gesamtperformance der wichtigsten Gesundheitsaktien berücksichtigt. Dasselbe gilt für die Sektoren Energie, Basiskonsumgüter, Nicht-Basiskonsumgüter und so weiter. Darüber hinaus haben sowohl ETFs als auch Investmentfonds spezialisierte Kategorien in unterschiedlichen Anlageklassen. So gibt es sowohl ETFs als auch Investmentfonds speziell für US-Schatzanleihen.

So weit, so gut!

Statische versus aktiv verwaltete Portfolios

Obwohl ETFs und Investmentfonds beide eine risikomindernde Diversifizierung bieten (einer der Hauptvorteile von Fonds im Allgemeinen), unterscheiden sie sich in erster Linie in der Art der Portfolioverwaltung:

✔ **ETFs haben in der Regel »statische« Portfolios**, das heißt sie kaufen ein bestimmtes Portfolio von emittierten Aktien, betreiben aber nur sehr wenig aktiven Handel damit. Im Grunde genommen werden die Aktien darin nur gehalten. Lediglich bei *Unternehmensfusionen* (Zusammenschluss zweier oder mehrerer börsennotierter Unternehmen), Firmenübernahmen und anderen relativ seltenen Ereignissen wird das Portfolio angepasst.

✔ **Investmentfonds hingegen werden aktiv verwaltet**, das heißt sie passen ihr Portfolio regelmäßig nach eigenem Ermessen an. Es vergeht keine Woche und kein Monat, ohne dass Aktien gekauft oder verkauft werden.

ETFs und Investmentfonds kaufen und verkaufen

ETFs werden wie Aktien tagsüber an der Börse gehandelt und können entweder direkt an der Börse oder über eine Bank oder einen Onlinebroker gekauft und verkauft werden. Genauso wie Sie Anteile an einer Einzelaktie kaufen können (*Teilaktie*), ist es auch möglich, Anteile an einem ETF zu kaufen; das geht schon ab einem Anteil sowie in kleinen Mengen (1–99 Anteile) oder in Hundertereinheiten (wie 100 oder 500 Stück). Immer mehr Broker bieten außerdem die Möglichkeit, nicht nur ganze Anteile, sondern auch Bruchstücke von Anteilen zu kaufen und zu verkaufen.

Auch von Investmentfonds können Sie Anteile erwerben, entweder über eine Fondsgesellschaft, eine Bank oder (oft günstiger) an der Börse, wobei einige Fonds einen Mindestanlagebetrag erfordern. Auch die Anteile von Investmentfonds werden in der Regel an der Börse gehandelt, im Gegensatz zu ETFs geschieht dies jedoch nur einmal täglich nach Börsenschluss.

Bei offenen Investmentfonds ist die Anzahl der Anteile, und damit der Anteilseigner, in der Regel unbegrenzt (*Open-End-Fund*), das heißt die Fondsgesellschaft gibt nach Bedarf Anteile aus oder nimmt sie zurück.

Langfristig orientierte Anleger, die für ihre Altersvorsorge investieren, sollten sich an Investmentfonds mit einer guten langfristigen Erfolgsbilanz (mindestens fünf Jahre zurückreichend) halten, und dabei einen längeren *Zeithorizont* (eine Haltedauer von fünf bis zehn Jahren oder länger) ins Auge fassen. Auch das *Reinvestieren*, also die Wiederanlage von Fondserträgen (Zinsen, Dividenden und Kursgewinnen) ist eine gute Idee.

Einige Vorteile von ETFs gegenüber Investmentfonds

ETFs sind inzwischen eines meiner Lieblingsanlageinstrumente, und ich finde, dass sie in keinem Portfolio oder Anlagekonzept fehlen sollten. Sie bieten nämlich einige großartige Vorteile, die man normalerweise nur von Aktien kennt:

✔ **Zusätzliche Erträge:** Durch den Einsatz von *gedeckten Kaufoptionen* beziehungsweise *Call-Optionen* (*Covered Calls*) lassen sich zusätzliche Erträge aus Ihrem Portfolio erzielen (vorausgesetzt, Sie halten mindestens 100 Aktien).

✔ **Absicherungsstrategien (Hedging):** Sie können für Ihre ETF-Anteile (über Ihr Maklerkonto) »protektive«, also gegen Verluste schützende Handelsaufträge erteilen, wie zum Beispiel Stop-Loss- oder Trailing-Stop-Orders (was das ist und wie es funktioniert, erfahren Sie in Kapitel 5).

Darüber hinaus besteht die Möglichkeit, Ihre ETF-Anteile mithilfe schützender Verkaufsoptionen (*Put-Optionen*) abzusichern (auch *Protective-Put-Strategie* genannt), was in Zeiten von Marktkorrekturen oder bei gelegentlichen Crashs sehr hilfreich sein kann. Beide Instrumente können Ihrem ETF-Portfolio eine völlig neue Dimension verleihen.

Mit einer Option erwerben Sie das Recht, eine Aktie in der Zukunft zu einem bestimmten, zuvor vereinbarten Preis zu kaufen (*Call-Option*) oder zu verkaufen (*Put-Option*).

Da Call- und Put-Optionen vielseitige Finanzinstrumente sind und eine gute Ergänzung zu Einzelaktien und ETFs sein können, lohnt es sich auf alle Fälle, sich näher damit zu beschäftigen. Zwei empfehlenswerte Bücher zu diesem Thema sind *Options Trading For Dummies* von Joe Duarte und *High-Level Investing For Dummies* von Paul Mladenovic (meine Wenigkeit), die beide bei Wiley erschienen sind.

Eine umfassendere Liste der Vor- und Nachteile von ETFs und Investmentfonds laut KI finden Sie im nächsten Abschnitt.

Die Vor- und Nachteile von ETFs und Investmentfonds mithilfe von KI herausarbeiten

Es ist schwer, alle Vor- und Nachteile von ETFs und Investmentfonds aufzuzählen, aber das können Sie auch ganz leicht selbst tun, indem Sie die Power von KI nutzen.

Die Vor- und Nachteile von ETFs

Okay, krempeln wir die Ärmel hoch und füttern wir die KI mit einem passenden Prompt:

»Erstelle bitte eine Aufzählungsliste der Vor- und Nachteile von ETFs und erläutere jeden Punkt im Detail.«

Die Antwort von ChatGPT finden Sie im folgenden Text.

»Exchange-Traded Funds (ETFs) sind aufgrund ihrer einzigartigen Eigenschaften als Anlageinstrumente sehr beliebt geworden. Hier ist eine detaillierte Aufzählungsliste der Vor- und Nachteile von ETFs:

Vorteile

1. **Diversifikation**

    Pro: ETFs halten in der Regel einen Korb von Vermögenswerten (zum Beispiel Aktien, Anleihen, Rohstoffe) und bieten Anlegern damit eine gute Diversifizierung.

    Pro: Die Diversifizierung kann dazu beitragen, das Risiko zu streuen und die Auswirkungen einer schlechten Wertentwicklung einzelner Vermögenswerte zu verringern.

2. **Liquidität**

    Pro: ETFs werden während des gesamten Handelstages an den Börsen gehandelt und bieten eine hohe Liquidität. Die Anleger können Anteile zu den jeweils geltenden Marktpreisen kaufen oder verkaufen.

3. **Niedrige Kosten**

    Pro: ETFs haben im Vergleich zu Investmentfonds oft niedrigere Kostenquoten, was sie zu einer kosteneffizienten Anlagemöglichkeit macht.

    Pro: Da ETFs passiv sind (Indexnachbildung) haben sie niedrigere Verwaltungsgebühren.

4. **Transparenz**

    Pro: ETFs legen ihre Bestände täglich offen, sodass die Anleger genau sehen können, welche Vermögenswerte sie besitzen.

    Pro: Die Transparenz trägt zu einem besseren Verständnis und einer besseren Überwachung der Anlagen bei.

5. **Flexibilität**

    Pro: Anleger von ETFs können verschiedene Handelsstrategien anwenden, wie Kauf auf Marge, Leerverkäufe und Handel mit Optionen.

    Pro: ETFs decken ein breites Spektrum an Anlageklassen, Sektoren und geografischen Regionen ab und ermöglichen so maßgeschneiderte Anlageentscheidungen.

6. Steuereffizienz

Pro: ETFs bieten aufgrund des Auflegungs- und Rücknahmeprozesses oft steuerliche Vorteile. Der Grund dafür ist, dass die Kapitalgewinnausschüttung (*Capital Gains Distribution*, das heißt an die Anleger ausgeschüttete Veräußerungsgewinne des Fonds, auf ein Minimum reduziert werden kann. Auch sind die Beiträge zu ETF-Sparplänen unter Umständen steuerlich absetzbar.

7. Intraday-Handel

Pro: ETFs können während des gesamten Handelstages gekauft und verkauft werden, sodass die Anleger umgehend auf Marktentwicklungen reagieren und Positionen nach Bedarf anpassen können.

8. Wiederanlage von Dividenden

Pro: Bei vielen ETFs werden die Dividendenerträge automatisch wiederangelegt, sodass der Anleger vom Zinseszinseffekt profitiert.

Nachteile

1. Handelskosten

Kontra: Obwohl die Kostenquoten für ETFs im Allgemeinen ziemlich niedrig sind, können beim Kauf und Verkauf von Anteilen Handelsprovisionen anfallen.

2. Geld-Brief-Spanne

Kontra: ETFs haben eine *Geld-Brief-Spanne*, die die Kostendifferenz zwischen An- und Verkaufskurs darstellt. Bei häufig gehandelten ETFs ist diese Spanne oft minimal, bei weniger liquiden ETFs kann sie jedoch größer ausfallen.

3. Tracking-Differenz

Kontra: ETFs bilden die Wertentwicklung ihres zugrunde liegenden Index unter Umständen nicht exakt nach. Der Grund dafür sind sogenannte *Tracking-Errors* oder *-Fehler* (*Nachbildungsfehler*), die sich aus Faktoren wie Gebühren und Handelskosten ergeben können.

4. Kein aktives Management

Kontra: Zwar ist ein passives Management vorteilhaft für die Kosteneffizienz, kann aber ein Nachteil sein für Anleger, die ein aktives Management und eine potenzielle Outperformance anstreben.

5. Überkonzentration

Kontra: Manche ETFs konzentrieren sich stark auf einen bestimmten Sektor oder eine Gruppe von Aktien, wodurch sich das Anlagerisiko erhöht, falls das betreffende Marktsegment sich unterdurchschnittlich entwickelt.

6. **Keine individuelle Kontrolle**

   Kontra: Anders als bei der Anlage in Einzelaktien haben ETF-Anleger keinen Einfluss auf die Auswahl der Aktien im Fondsportfolio.

7. **Intraday-Volatilität**

   Kontra: Durch die Möglichkeit des Intraday-Handels unterliegen ETFs im Vergleich zu Investmentfonds (die nur einen einzigen Tageskurs haben) häufigeren und potenziell höheren Kursschwankungen (*Volatilität*).

8. **Variable Dividenden**

   Kontra: Die Dividendenzahlungen von ETFs können schwanken, was sie für einkommensorientierte Anleger möglicherweise weniger attraktiv macht.«

Um herauszufinden, ob ETFs die richtige Wahl für Ihre Anlagebedürfnisse sind, empfiehlt es sich, die hier aufgelisteten Vor- und Nachteile im Hinblick auf Ihre Anlageziele, Ihre persönliche Risikobereitschaft und Ihre allgemeine Portfoliostrategie zu betrachten.

Die Vor- und Nachteile von Investmentfonds

Nun dasselbe Spiel mit offenen Investmentfonds – ich habe bei ChatGPT den folgenden Prompt eingegeben:

»*Erstelle bitte eine Aufzählungsliste der Vor- und Nachteile von offenen Investmentfonds und erläutere jeden Punkt im Detail.*«

Die Antwort von ChatGPT finden Sie im folgenden Text.

»Natürlich, hier ist eine detaillierte Liste der Vor- und Nachteile traditioneller offener Investmentfonds:

Vorteile

1. **Diversifikation**

   Investmentfonds bündeln das Geld vieler Anleger, um ein diversifiziertes Portfolio von Aktien, Anleihen oder anderen Wertpapieren zu kaufen. Dadurch wird das Risiko gestreut und die Auswirkungen der schlechten Performance einer einzelnen Anlage verringert.

2. **Professionelles Management**

   Investmentfonds werden von professionellen Fondsmanagern verwaltet, die im Sinne der Anleger Anlageentscheidungen treffen und ihr Fachwissen nutzen, um fundierte Entscheidungen zu treffen.

3. Liquidität

Investmentfondsanteile können leicht gekauft oder verkauft werden, was für Liquidität sorgt. Die Anleger können ihre Anteile in der Regel zum *Nettoinventarwert* (NAV) des Fonds (*Anm.*: Wert pro Anteil des Fonds) am Ende eines jeden Handelstages zurückgeben.

4. Komfort

Investmentfonds sind ein benutzerfreundliches und leicht zugängliches Anlageinstrument. Sie bieten Anlegern eine einfache Möglichkeit zu investieren, ohne selbst Anlageentscheidungen treffen müssen.

5. Automatische Anlagemöglichkeiten

Viele Investmentfonds bieten systematische Anlagepläne an, die es den Anlegern ermöglichen, automatisch regelmäßige, automatisierte Beiträge einzuzahlen und so den *Cost-Average-* oder *Durchschnittskosteneffekt* zu nutzen.

6. Regulierung und Beaufsichtigung

Investmentfonds werden von der *U.S. Securities and Exchange Commission* (SEC) und anderen Börsenaufsichtsbehörden reguliert, was einen gewissen Anlegerschutz gewährleistet.

Nachteile

1. Gebühren und Kosten

Die meisten Investmentfonds erheben verschiedene Gebühren und sind mit zusätzlichen Kosten verbunden, darunter Managementgebühren, Verwaltungskosten und *Ausgabeaufschläge* (Verkaufsgebühren), die die Rendite schmälern.

2. Keine individuelle Kontrolle

Als Anleger haben Sie nur begrenzte Kontrolle über bestimmte Positionen innerhalb des Fonds. Die Entscheidungen werden vom Fondsmanager getroffen, und Sie sind möglicherweise nicht mit allen Entscheidungen einverstanden, die dieser trifft.

3. Steuerliche Ineffizienz

Investmentfonds können Kapitalgewinnausschüttungen generieren, die für die Anleger steuerpflichtig sind, selbst wenn diese ihre Anteile noch gar nicht verkauft haben.

4. Mindestanlagesumme

Einige Investmentfonds verlangen Mindestanlagesummen, was den Zugang für Kleinanleger einschränkt.

5. Geschlossener Handel

Investmentfondsanteile werden am Ende des Handelstages zum Nettoinventarwert gekauft und verkauft, was bei fluktuierenden Märkten ein Nachteil gegenüber ETFs sein kann, die den ganzen Tag über gehandelt werden.

KAPITEL 6 Diversifizierung mit ETFs und Investmentfonds

6. **Intransparenz**

   Investmentfonds müssen ihre Bestände in regelmäßigen Abständen, in der Regel vierteljährlich, offenlegen, was bedeutet, dass die Anleger nicht immer über den aktuellen Stand des Fondsportfolios informiert sind.

7. **Überdiversifikation**

   Einige Investmentfonds können überdiversifiziert sein, das heißt sie halten zu viele Wertpapiere, was die Wirkung von Aktien oder Anleihen mit guter Performance verwässern kann.

Anleger sollten ihre Anlageziele, ihre Risikotoleranz und die Merkmale des jeweiligen Investmentfonds sorgfältig abwägen, bevor sie investieren. Die Entscheidung zwischen Investmentfonds und anderen Anlageoptionen wie ETFs oder Einzelaktien hängt von den individuellen Umständen und Präferenzen ab.«

Die genannten Vor- und Nachteile von Investmentfonds sind vor allem für diejenigen unter Ihnen relevant, die Sparpläne und andere Finanzinstrumente zur Altersvorsorge nutzen. Ich persönlich bevorzuge inzwischen ETFs. Aber ich kenne viele Menschen, die nicht die Zeit, Lust, Energie, Geduld oder Fähigkeit haben, ein eigenes Portfolio zu verwalten, weshalb Investmentfonds nach wie vor eine gute Möglichkeit bieten, Geld gewinnbringend anzulegen.

Einige Top-ETFs mit KI-Bezug

Nun will ich Sie nicht länger auf die Folter spannen. In Tabelle 6.1 finden Sie eine Liste der wichtigsten KI-bezogenen ETFs (bei Drucklegung dieses Buches). Und die Gewinner sind:

ETF	Börsenkürzel
AdvisorShares Let Bob AI Powered Momentum ETF	LETB
AI Powered Equity ETF	AIEQ
ALPS Disruptive Technologies ETF	DTEC
ARK Autonomous Technology & Robotics ETF	ARKQ
ARK Next Generation Internet ETF	ARKW
BTD Capital Fund	DIP
Capital Link Global Fintech Leaders ETF	KOIN
Clockwise Core Equity & Innovation ETF	TIME
Defiance Quantum ETF	QTUM
Direxion Daily Robotics, Artificial Intelligence & Automation Index Bull 2X Shares	UBOT
Fidelity MSCI Information Technology Index ETF	FTEC

ETF	Börsenkürzel
First Trust Dow Jones InternetIndex Fund	FDN
First Trust Indxx Innovative Transaction & Process ETF	LEGR
First Trust Nasdaq Artificial Intelligence & Robotics ETF	ROBT
Franklin Exponential Data ETF	XDAT
Gabelli Automation ETF	GAST
Global X Artificial Intelligence & Technology ETF	AIQ
Global X Autonomous & Electric Vehicles ETF Global X E-commerce ETF	DRIV
Global X E-Commerce ETF	EBIZ
Global X Future Analytics Tech ETF	AIQ
Global X Robotics & Artificial Intelligence ETF	BOTZ
Innovator Deepwater Frontier Tech ETF	LOUP
Invesco AI and Next Gen Software ETF	IGPT
Invesco NASDAQ Internet ETF	PNQI
iShares Expanded Tech Sector ETF	IGM
iShares Exponential Technologies ETF	XT
iShares Global Tech ETF	IXN
iShares Robotics and Artificial Intelligence Multisector ETF	IRBO
iShares U.S. Consumer Focused ETF	IEDI
iShares U.S. Tech Independence Focused ETF	IETC
iShares U.S. Technology ETF	IYW
Neuberger Berman Disrupters ETF	NBDS
Optimize AI Smart Sentiment Event-Driven ETF	OAIE
Pacer BlueStar Engineering the Future ETF	BULD
QRAFT AI Enhanced U.S. Large Cap ETF	QRFT
QRAFT AI-Enhanced U.S. Large Cap Momentum ETF	AMOM
QRAFT AI-Enhanced US Next Value ETF	NVQ
ROBO Global Robotics & Automation Index ETF	ROBO
Roundhill Generative AI and Technology ETF	CHAT
SPDR S&P Kensho New Economics Composite ETF	KOMP
Spear Alpha ETF	SPRX
WisdomTree Artificial Intelligence and Innovation Fund	WTAI
WisdomTree International AI Enhanced Value Fund	AIVI
WisdomTree U.S. AI Enhanced Value Fund	AIVL

Tabelle 6.1: KI-bezogene ETFs

ETFs mithilfe von KI analysieren

Anleger müssen oft riesige Datenmengen durchforsten, bevor sie entscheiden, welche Aktien, ETFs und/oder Investmentfonds sie in ihr Portfolio aufnehmen. Zum Glück gibt es heute die KI. So können Sie ChatGPT zum Beispiel darum bitten, umfangreiche Website-Inhalte mit Informationen über einen oder mehrere ETFs oder Investmentfonds für Sie zusammenzufassen, um Ihnen die Analyse Ihrer potenziellen Auswahl zu erleichtern.

Zumindest habe ich das getan, als ich auf der Suche nach einem guten Dividenden-ETF war und in der ETF-Datenbank (www.justetf.com) auf einen geeigneten Kandidaten gestoßen bin. Hier meine Anfrage an ChatGPT (die Antwort finden Sie in Abbildung 6.1):

> »Fasse bitte den Inhalt der folgenden Website in weniger als 250 Wörtern zusammen und führe die 10 wichtigsten Punkte in einer nummerierten Aufzählungsliste auf: https://www.justetf.com/de/etf-profile.html?isin=IE00B9CQXS71#uebersicht.«

> 6 Websites durchsucht
>
> Der iShares MSCI EM UCITS ETF (Acc) ist ein börsengehandelter Fonds (ETF), der die Wertentwicklung des MSCI Emerging Markets Index nachbildet. Hier sind die wichtigsten Informationen zu diesem ETF:
>
> 1. **ISIN:** IE00B9CQXS71
> 2. **Ziel:** Der ETF zielt darauf ab, die Performance des MSCI Emerging Markets Index möglichst genau abzubilden. Dieser Index umfasst Aktien aus 24 Schwellenländern.
> 3. **Anlageklasse:** Aktien, Schwellenländer
> 4. **Ausschüttungspolitik:** Thesaurierend, das heißt, Gewinne werden reinvestiert.
> 5. **Fondswährung:** US-Dollar (USD)
> 6. **Gesamtkostenquote (TER):** 0,18% pro Jahr, was den ETF zu einer kostengünstigen Option für Anleger macht.
> 7. **Größe des Fonds:** Der ETF verwaltet ein Volumen von etwa 18,68 Milliarden Euro, was ihn zu einem der größten seiner Art macht.
> 8. **Replikationsmethode:** Der ETF nutzt eine physische Replikation, das bedeutet, er hält die zugrunde liegenden Aktien direkt.
> 9. **Risiko:** Der ETF weist ein höheres Risiko auf, da er in Schwellenländern investiert, die starken Marktschwankungen und politischen Unsicherheiten ausgesetzt sein können.
> 10. **Handelsplätze:** Er ist auf mehreren europäischen Börsen notiert, darunter Xetra, Euronext und die London Stock Exchange.
>
> Dieser ETF ist eine interessante Option für Anleger, die in das Wachstumspotenzial der Schwellenländer investieren möchten, dabei aber gleichzeitig ein gewisses Risiko in Kauf nehmen (ETF portfolios made simple | justETF) (ETF portfolios made simple | justETF) (ETF portfolios made simple | justETF) (ETF portfolios made simple | justETF) (ETF portfolios made simple | justETF).

Abbildung 6.1: So fasst KI Informationen über einen KI-bezogenen ETF zusammen

Klasse – genau das, was ich brauchte! Wie Sie Abbildung 6.1 entnehmen können, war das Ergebnis der Analyse positiv. Alle Informationen wurden sehr schön zusammengefasst und die wichtigsten Fakten und Merkmale des betreffenden ETFs aufgelistet. In Zeiten vor KI mussten Sie sich noch selbst durch tonnenweise Text (auf Papier, online oder als PDF) wühlen; mit der Unterstützung von KI lassen sich die wichtigsten Informationen in Sekundenschnelle extrahieren, sodass Sie (oder Ihr Finanzberater) schneller eine fundierte Entscheidung treffen können.

Ihre nächste Hausaufgabe: Wenn Sie einen längeren Artikel zu einem bestimmten Finanzthema finden, das Sie interessiert, dann nutzen Sie einfach den vorherigen Prompt als Ausgangspunkt für Ihre (wesentlich schnellere!) Recherche.

justETF ist zweifellos eine der besten Online-Quellen für ETF-Finanzbildung, -Analysen und -Daten und seit Jahren meine bevorzugte Anlaufstelle für alle Fragen rund um das Thema ETFs. Es gibt eine kostenlose und eine kostenpflichtige Version, wobei die kostenlose Variante für die meisten Anleger völlig ausreichend ist und in Verbindung mit KI eine ziemlich leistungsstarke Kombination ergibt.

An Copilot habe ich außerdem die folgende Anfrage gestellt:

> »*Welches ist der größte ETF mit KI-Bezug?*«

Die Antwort sehen Sie in Abbildung 6.2. Copilot hat eine knackige Zusammenfassung zum größten KI-bezogenen ETF geliefert und noch ein paar andere empfehlenswerte Optionen zusammen mit Hyperlinks für weitere Details aufgelistet. Im Gegensatz zu ChatGPT (mit seiner zeitlichen Beschränkung auf Daten bis Januar 2022) arbeitet Copilot (fast) in Echtzeit und ist daher so ziemlich auf dem neuesten Stand. Mit diesen Informationen als Ausgangspunkt lässt sich nun gut weiter recherchieren, um alle notwendigen Daten und relevanten Informationen zu dem betreffenden Fonds abzurufen – zum Beispiel, indem man die ETF-Bezeichnung und das Börsenkürzel in die Datenbank justETF (oder auf ähnlichen Suchportalen wie EFTdb.com) eingibt.

Abbildung 6.2: Die Antwort von Copilot auf die Frage nach dem größten ETF mit KI-Bezug

Wenn Sie auf der Suche nach einer attraktiven KI-Aktie sind, in die Sie direkt investieren können, können Sie Ihre Recherche- und Analysezeit ganz einfach verkürzen, indem Sie einen Blick auf die Top-Aktien eines erfolgreichen ETFs werfen. Prüfen Sie zum Beispiel den *Global X Robotics & Artificial Intelligence ETF* (Wertpapierkennnummer *A2QPBW*) unter https://www.justetf.com/de/etf-profile.html?isin=IE00BLCHJB90. Dort können Sie sich zum Beispiel auch die zehn Top-Positionen des ETFs (oder eines anderen ETFs) anzeigen lassen, ebenso wie den prozentualen Anteil einer bestimmten Aktie am Gesamtportfolio des ETF.

Sie können davon ausgehen, dass das ETF-Managementteam im Hinblick auf diese Top-Holdings seine Hausaufgaben gemacht hat (vermutlich mithilfe von KI). Es handelt sich dabei also nicht nur um potenziell attraktive Titel oder um die überbewerteten »Top-Picks« irgendeines Börsengurus, sondern um Gewinneraktien, da der Fonds nachweislich sein Geld darin investiert hat.

Nachdem Sie auf diese Weise einige wirklich attraktive KI-Aktien ausfindig gemacht haben, können Sie diese – nun mithilfe von KI oder eines menschlichen Finanzberaters – eingehender untersuchen.

Investmentfonds mit KI-Bezug unter die Lupe nehmen

Für diejenigen unter Ihnen, die in den kommenden Monaten und Jahren in künstliche Intelligenz investieren möchten, aber das Risiko regulärer Aktieninvestments scheuen, könnte ein KI-bezogener Investmentfonds die bessere Wahl sein. Warum sich die Mühe machen, die besten KI-Aktien selbst auszuwählen, wenn man einfach einen passenden Fonds wählen und die Auswahl und Überwachung der einzelnen Aktien den erfahrenen Portfoliomanagern überlassen kann?

Nachstehend finden Sie eine Liste der bekanntesten KI-bezogenen Investmentfonds:

- ✔ **AlphaCentric Robotics and Automation Fund:** https://mutualfunds.com/funds/gnxcx-alphacentric-global-innovations-fund-c/

- ✔ **BlackRock Technology Opportunities Fund:** https://mutualfunds.com/funds/bstsx-blackrock-technology-opportunities-svc/

- ✔ **BNY Mellon Technology Growth Fund:** https://mutualfunds.com/funds/dtgcx-dreyfus-technology-growth-c/

- ✔ **Fidelity Advisor Technology Fund:** https://mutualfunds.com/funds/fatix-fidelity-advisor-technology-i/

Die Welt der KI-Investmentfonds ist im derzeitigen Umfeld noch ziemlich instabil. Unabhängig davon, ob es in Zukunft mehr explizite KI-Investmentfonds geben wird, werden konventionelle Investmentfonds mit hoher Wahrscheinlichkeit einen Teil ihrer Portfolios in KI-bezogene Positionen umschichten, um ihr Engagement in diesem wachsenden Sektor zu erhöhen.

Weitere Informationen zur Recherche von KI-bezogenen Investmentfonds finden Sie im vorherigen Abschnitt; hier gelten die gleichen Tipps wie bei der Recherche von ETFs mit KI-Bezug.

Ressourcen für die Anlage in ETFs und Investmentfonds prüfen

Zu guter Letzt können Sie Ihre neu erworbenen KI-Kenntnisse in Verbindung mit den folgenden Ressourcen nutzen, um einige gute Anlagestrategien für Fonds auszuarbeiten. Prüfen Sie für ETFs die folgenden Quellen:

- justETF (`www.justetf.com`)
- ETF.com (`www.etf.com`)
- ETFGuide.com (`www.etfguide.com`)
- ETF-Datenbank von VettaFi (`www.etfdb.com`)
- Morningstar ETF-Bewertungen (`www.morningstar.com/5-star-etfs`)
- Seeking Alpha zu ETFs und Fonds (`https://seekingalpha.com/etfs- und-funds`)

Für Investmentfonds versuchen Sie es mit diesen Quellen:

- Börse Frankfurt (`https://www.boerse-frankfurt.de/fonds`)
- Bundesanstalt für Finanzaufsicht (`https://www.bafin.de/DE/PublikationenDaten/Datenbanken/Investmentfonds/investmentfonds_node.html`)
- MutualFunds.com (`www.mutualfunds.com`)
- SEC's Mutual Fund search: (`https://www.sec.gov/edgar/searchedgar/prospectus`)

Weitere Investmentressourcen finden Sie in Anhang C.

> **IN DIESEM KAPITEL**
>
> Die Funktionen sowie die Vor- und Nachteile von Robo-Advisors untersuchen
>
> Zwischen menschlichem Berater und Robo-Advisor wählen (oder beide nutzen)
>
> Die besten Robo-Advisors finden

Kapitel 7
Auf Du und Du mit dem Robo-Advisor

Die Funktionen und Anwendungsbereiche von künstlicher Intelligenz sind vielfältig, und auch innerhalb der einzelnen Fachgebiete gibt es eine größere Bandbreite. So beschränkt sich KI beim Finanzwesen nicht auf die Beantwortung allgemeiner und spezifischer Fragen und die Erstellung von Zusammenfassungen und Analysen, sondern mischt längst auch in den Anlagedepots vieler Anleger kräftig mit.

Neben klassischen Banken experimentieren vor allem sogenannte Robo-Advisors mit KI, um die es in diesem Kapitel geht. Robo-Advisors können schon heute vielfältige Aufgaben im Investmentbereich übernehmen. Zwar können sie den Finanzberater oder Makler häufig (noch) nicht ersetzen, aber menschliche Finanzassistenten sollten sich schon mal warm anziehen (und sich vielleicht bald nach einem neuen Job umsehen).

Was ist ein Robo-Advisor und wofür wird er genutzt?

Keine Frage, als Ergänzung zu Computer, Internet und Smartphone ist KI für die Finanzmärkte der innovative Gamechanger schlechthin. Ein *Robo-Advisor* ist im Wesentlichen eine mit Anlagewissen ausgestattete KI, die für verschiedene Aufgaben von der Anlagerecherche über die Anlageberatung bis hin zur Vermögensverwaltung eingesetzt werden kann beziehungsweise wird. Aber fragen wir doch gleich unseren KI-Freund ChatGPT nach seiner Sicht der Dinge:

> *»Was ist ein Robo-Advisor?«*

Die Antwort von ChatGPT finden Sie in Abbildung 7.1.

 Vergessen Sie nicht, dass Sie (oder ein anderer Mensch) Ihr Aktienportfolio immer noch selbst verwalten. Ein Robo-Advisor ist lediglich so etwas wie ein sehr effizienter Assistent. Ihm die gesamte Verwaltung Ihres Portfolios zu überlassen, wäre vergleichbar mit einer Europareise in einem selbstfahrenden Auto. Sie sollten daher das Ruder nicht aus der Hand geben und alle Vorgänge so weit wie möglich selbst überwachen – zumindest so lange, bis Sie den Umgang mit dem Robo-Advisor sicher beherrschen. Soweit Sie diese Regel beherzigen, kann Ihnen ein Robo-Advisor durchaus nützlich sein. Wichtig ist, dass Sie dieser KI kein autonomes Handeln ermöglichen. Ein Robo-Advisor sollte Sie immer erst darüber informieren, was mit einer bestimmten Position in Ihrem Portfolio geschieht, bevor er tätig wird.

Ein Robo-Advisor ist ein automatisierter Online-Dienst, der algorithmische Systeme nutzt, um Finanzberatung und Anlageverwaltungsdienste bereitzustellen. Diese Plattformen sind darauf ausgelegt, individuelle Anlagestrategien zu erstellen und zu verwalten, basierend auf den Informationen, die ein Kunde bereitstellt, wie z.B. seine Risikobereitschaft, finanzielle Ziele und zeitliche Rahmenbedingungen.

Hier sind einige Hauptmerkmale eines Robo-Advisors:

1. **Automatisierte Vermögensverwaltung**: Robo-Advisors nutzen Algorithmen, um Portfolios zu erstellen, die zu den finanziellen Zielen und dem Risikoprofil des Anlegers passen. Sie berücksichtigen dabei Faktoren wie Alter, Einkommen, Zielrenditen und Risikotoleranz.

2. **Niedrigere Kosten**: Da der Beratungsprozess automatisiert ist und keine menschlichen Berater involviert sind, sind die Gebühren in der Regel niedriger als bei traditionellen Vermögensverwaltungsdiensten.

3. **Diversifizierung und Rebalancing**: Robo-Advisors bauen typischerweise gut diversifizierte Portfolios auf und führen regelmäßiges Rebalancing durch, um die ursprüngliche Asset-Allokation beizubehalten.

4. **Benutzerfreundlichkeit**: Viele dieser Dienste sind über benutzerfreundliche Plattformen oder mobile Apps zugänglich, die es den Nutzern ermöglichen, ihre Investitionen einfach zu überwachen und anzupassen.

5. **Zugänglichkeit**: Robo-Advisors sind oft auch für Kleinanleger zugänglich, die möglicherweise nicht über das Kapital verfügen, um traditionelle Vermögensverwalter zu engagieren.

Ein Robo-Advisor kann eine gute Option für Anleger sein, die eine einfache, kostengünstige und bequeme Möglichkeit suchen, ihr Geld zu investieren, ohne selbst tief in die Finanzmärkte einzutauchen oder einen menschlichen Berater zu konsultieren.

Abbildung 7.1: Die Merkmale eines Robo-Advisors, zusammengefasst von der KI

Die Vor- und Nachteile von Robo-Advisors

Nachdem Sie nun eine Vorstellung davon haben, was Robo-Advisors sind, fragen Sie sich vielleicht, welche konkreten Vor- und Nachteile deren Nutzung bei der Anlage in Aktien und andere Vermögenswerte (traditionelle und KI-bezogene) mit sich bringt. Doch fragen wir erneut ChatGPT:

»*Erstelle bitte eine Aufzählungsliste der Vor- und Nachteile von Robo-Advisors und erläutere jeden einzelnen Punkt.*«

Anmerkung: *Hier überschneiden sich die Antworten von ChatGPT mit einigen aus dem vorherigen Beispiel.*

Robo-Advisor-Pros

Schauen wir uns zunächst die Vorteile an, die ChatGPT in Abbildung 7.2 auflistet.

Einige dieser Punkte deuten darauf hin, dass Robo-Advisors dem Anleger (direkt oder indirekt) Kostenvorteile bringen. Menschlicher Input und Service sind teuer, und das nicht nur in der Welt des Aktienhandels; aber je mehr Aufgaben man – mit Unterstützung von KI – selbst übernimmt, desto kosteneffizienter und optimierter wird das Ganze. Ich bin daher der Ansicht, dass erfahrene Anleger die besten Kandidaten für die Nutzung von Robo-Advisors sind.

Obwohl sich die verschiedenen Robo-Advisors in vielen kleineren Aspekten voneinander unterscheiden, ist die Liste in Abbildung 7.2 im Allgemeinen recht repräsentativ.

Robo-Advisor-Kontras

Wie gewünscht hat ChatGPT auch die Nachteile aufgelistet, die Sie in Abbildung 7.3 sehen.

Mit dem Wegfall des menschlichen Gegenübers entfällt auch die Möglichkeit, differenziertere und komplexere Fragen zu stellen, was in der Interaktion mit KI-gestützter Sprachtechnologie oft nicht möglich ist. Auch ist es nicht ratsam, einem Robo-Advisor – nach dem Motto »aus den Augen, aus dem Sinn« – einmalig bestimmte Parameter für den Handel und die Überwachung Ihres Portfolios vorzugeben und sich dann nicht mehr darum zu kümmern; schließlich können sich Ihre Präferenzen je nach Marktlage und anderen fluktuierenden Faktoren jederzeit ändern.

Ein Robo-Advisor eignet sich hervorragend für die Finanzrecherche und kann gut die Rolle eines virtuellen Finanzassistenten übernehmen, aber Sie sollten sich möglichst nicht auf seine »Anlagefähigkeiten« verlassen.

> **Vorteile von Robo-Advisors:**
>
> 1. **Niedrige Kosten:**
>   - Robo-Advisors bieten oft günstigere Gebühren im Vergleich zu traditionellen Finanzberatern. Dies liegt daran, dass der Großteil der Beratungsprozesse automatisiert ist, wodurch Personal- und Verwaltungskosten gesenkt werden können.
> 2. **Einfache Zugänglichkeit:**
>   - Die Nutzung von Robo-Advisors erfordert in der Regel nur eine Internetverbindung und ein digitales Gerät. Dadurch sind sie für eine breite Zielgruppe zugänglich, unabhängig vom Standort.
> 3. **Benutzerfreundlichkeit:**
>   - Viele Robo-Advisors bieten intuitive und benutzerfreundliche Plattformen, die auch für Anfänger leicht zu bedienen sind. Sie leiten den Nutzer durch den Anlageprozess und bieten einfache Anleitungen.
> 4. **Diversifizierung:**
>   - Robo-Advisors nutzen Algorithmen, um automatisch diversifizierte Portfolios zu erstellen, die auf den individuellen Anlagezielen und Risikobereitschaften der Nutzer basieren. Dies reduziert das Risiko durch Streuung der Investitionen.
> 5. **Transparenz:**
>   - Da die Anlagestrategien oft auf klar definierten Regeln und Algorithmen basieren, sind die Entscheidungsprozesse für den Nutzer nachvollziehbar. Dies ermöglicht eine höhere Transparenz bezüglich der getroffenen Anlageentscheidungen.
> 6. **Automatisierte Anpassungen:**
>   - Robo-Advisors überwachen Portfolios kontinuierlich und nehmen automatische Anpassungen vor, um die Anlagestrategie an veränderte Marktbedingungen oder an die Lebenssituation des Anlegers anzupassen (z. B. Rebalancing).
> 7. **Zeiteffizienz:**
>   - Die automatisierten Prozesse und die einfache Handhabung sparen Zeit, da keine aufwendigen persönlichen Beratungen erforderlich sind. Anleger können Entscheidungen schnell treffen und umsetzen.

Abbildung 7.2: Die Vorteile von Robo-Advisors aus Sicht der KI

Nachteile von Robo-Advisors:

1. **Eingeschränkte Personalisierung:**
   - Obwohl Robo-Advisors eine Grundpersonalisierung basierend auf den Angaben des Nutzers bieten, fehlen oft tiefere Einblicke in die individuelle finanzielle Situation und Ziele des Anlegers. Komplexe persönliche Beratung bleibt dabei außen vor.

2. **Mangel an menschlichem Kontakt:**
   - Robo-Advisors bieten keinen persönlichen Ansprechpartner, was für Anleger, die Wert auf persönliche Interaktion und individuelle Beratung legen, ein Nachteil sein kann. Emotionale und psychologische Aspekte des Investierens werden weniger berücksichtigt.

3. **Begrenztes Anlageuniversum:**
   - Robo-Advisors bieten oft eine begrenzte Auswahl an Anlageprodukten, typischerweise in Form von ETFs. Dies kann die Flexibilität bei der Auswahl spezifischer Anlagestrategien oder -produkte einschränken.

4. **Risiko technischer Probleme:**
   - Da Robo-Advisors vollständig auf Technologie angewiesen sind, können technische Probleme wie Systemausfälle, Cyberangriffe oder Softwarefehler die Nutzung behindern oder zu Verlusten führen.

5. **Keine Berücksichtigung einzigartiger Bedürfnisse:**
   - Spezifische finanzielle Situationen wie steuerliche Optimierung, Nachlassplanung oder die Verwaltung von illiquiden Vermögenswerten können von Robo-Advisors oft nicht adäquat abgedeckt werden.

6. **Eingeschränktes Marktverständnis:**
   - Während Robo-Advisors Daten nutzen, um Entscheidungen zu treffen, fehlt ihnen das menschliche Urteilsvermögen, das auf Erfahrung und Marktkenntnissen basiert. In außergewöhnlichen Marktsituationen könnten sie suboptimale Entscheidungen treffen.

7. **Abhängigkeit von Algorithmen:**
   - Robo-Advisors basieren auf Algorithmen, die auf historischen Daten und statistischen Modellen beruhen. Dies kann zu Problemen führen, wenn sich die Marktbedingungen drastisch ändern und die Algorithmen diese Veränderungen nicht korrekt berücksichtigen.

Zusammengefasst bieten Robo-Advisors eine kosteneffiziente und zugängliche Möglichkeit der Geldanlage, sind jedoch in ihrer Anpassungsfähigkeit und dem persönlichen Beratungsansatz eingeschränkt.

Abbildung 7.3: Die Nachteile von Robo-Advisors aus Sicht der KI

Die wichtigsten Merkmale von Robo-Advisors

Schauen wir uns nun die Hauptmerkmale von Robo-Advisors etwas genauer an. In diesem Fall habe ich die Angaben von ChatGPT mit einigen Kommentare eines menschlichen Finanzexperten (mir selbst!) ergänzt. Hier der entsprechende Prompt:

> »Erstelle bitte eine Aufzählungsliste mit den zwölf Hauptmerkmalen von Robo-Advisors und erläutere jeden Punkt ausführlich.«

Die Antwort von ChatGPT finden Sie im nachfolgenden Text (meine eigenen Anmerkungen zu jedem Punkt sind kursiv gedruckt):

»Hier sind die zwölf wichtigsten Merkmale von Robo-Advisors in Form einer Aufzählungsliste mit detaillierten Erläuterungen zu jedem Punkt:

1. **Automatisiertes Portfoliomanagement**

    Erläuterung: Robo-Advisors verwenden Algorithmen zur Erstellung und Verwaltung von Anlageportfolios, die auf Ihre finanziellen Ziele, Ihre Risikotoleranz und Ihren Anlagehorizont zugeschnitten sind. Der Prozess ist automatisiert, sodass der Mensch nicht ständig eingreifen muss.

    Anmerkung: Lassen Sie es hier bitte zunächst langsam angehen (damit Sie nicht eines Morgens feststellen, dass die Hälfte Ihres Portfolios ohne Ihr Wissen verkauft wurde!). Es gibt zahlreiche Quellen, die Ihnen genau erklären, was Sie wie einstellen müssen, um sicherzustellen, dass Trades erst dann getätigt werden, nachdem Sie Gelegenheit hatten, die Empfehlungen des Robo-Advisors zu prüfen, und grünes Licht dazu gegeben haben.

2. **Risikobewertung und Profiling**

    Erläuterung: Robo-Advisors bewerten Ihre persönliche Risikotoleranz anhand eines Fragebogens und helfen so, eine Vermögensaufteilung zu finden, die Ihrer Komfortzone und Ihren finanziellen Zielen entspricht.

    Anmerkung: Dies ist eine wichtige Überlegung. Erkundigen Sie sich daher zuvor bei menschlichen Finanzberatern, welche Risikotoleranzstufen es gibt, damit Sie eine Option wählen können, die Ihren persönlichen Bedürfnissen entspricht.

3. **Diversifikation**

    Erläuterung: Robo-Advisors verteilen Ihre Anlagen über eine ganze Reihe von Anlageklassen, wie Aktien, Anleihen und ETFs, um das Anlagerisiko zu streuen oder zu begrenzen. Diese Diversifizierung trägt zur Risikostreuung und Renditeoptimierung bei.

    Anmerkung: Erkundigen Sie sich im Vorfeld, wie genau die Diversifizierung im jeweiligen Fall aussieht. Überprüfen Sie außerdem Ihren Diversifizierungsbedarf mithilfe weiterer Ressourcen, wie zum Beispiel Ihrem menschlichen Finanzberater und/oder anderen KI-Tools.

4. Zielgerichtetes Investieren

Erläuterung: Sie können bestimmte finanzielle Ziele festlegen, zum Beispiel ein finanzielles Polster für den Ruhestand, den Kauf eines Hauses oder eine bestimmte Geldsumme für die Ausbildung Ihrer Kinder. Robo-Advisors passen Ihr Portfolio und Ihre Anlagestrategie an diese Ziele an.

Anmerkung: Auch hier ist es wichtig, dass Sie Ihre persönlichen Ziele kennen, bevor irgendein Robo-Advisor Ihnen helfen kann, sie zu erreichen.

5. Automatisches Rebalancing

Erläuterung: Robo-Advisors überprüfen regelmäßig Ihr Portfolio und passen es durch den Kauf oder Verkauf von Vermögenswerten an, um Ihre gewünschte Vermögensaufteilung beizubehalten. So wird sichergestellt, dass Ihre Geldanlagen mit Ihren Zielen übereinstimmen.

Anmerkung: Hier ist Vorsicht geboten, denn wenn Sie einen Robo-Advisor mit der automatischen Neugewichtung Ihres Portfolios beauftragen, könnte dies zu Transaktionen führen, mit denen Sie nicht einverstanden sind. Prüfen Sie, welche Kontrollmöglichkeiten Sie in diesem Fall haben.

6. Steuerliche Optimierung

Erläuterung: Einige Robo-Advisors bieten steuereffiziente Strategien an, wie zum Beispiel *Tax-Loss-Harvesting*, um die Steuerlast zu verringern, indem Kapitalgewinne mit realisierten Verlusten verrechnet werden.

Anmerkung: Für einen langfristig orientierten Anleger bedeutet Steueroptimierung, steuerliche Gewinne mit Verlusten auszugleichen, einen Freistellungsauftrag einzurichten und andere Strategien. Erkundigen Sie sich bei Ihrem Steuerberater.

7. Niedrige Mindestinvestitionen

Erläuterung: Bei vielen Robo-Advisors können Sie schon mit relativ geringen Mindesteinlagen investieren, sodass sie auch für Personen mit kleinerem Budget zugänglich sind.

Anmerkung: Das gefällt mir! Auf diese Weise kann man sich sogar zwei Konten bei zwei verschiedenen Robo-Advisors leisten. Denken Sie nur an die Möglichkeiten …

8. Zugänglichkeit

Erläuterung: Robo-Advisors sind über Websites und mobile Apps zugänglich und ermöglichen es Ihnen, Ihre Investitionen und Finanzplanungstools nach Belieben zu überwachen.

Anmerkung: Da es sich um ein technologiebasiertes System handelt, können Sie es rund um die Uhr über Ihren Laptop oder Ihr Smartphone nutzen. Das macht es einfacher denn je, Ihre Geldanlagen zu überwachen und schnelle Antworten zu erhalten.

9. **Transparenz**

   Erläuterung: Diese Plattformen bieten klare Informationen über Ihre Anlagen, deren Wertentwicklung und Gebühren und sorgen so für Transparenz, was Ihnen wiederum hilft, fundierte Entscheidungen zu treffen.

   Anmerkung: Ein großes Plus!

10. **Personalisierung**

    Erläuterung: Robo-Advisors berücksichtigen Ihre finanziellen Ziele, Ihre Risikotoleranz und Ihre individuellen Lebensumstände und passen die Anlagestrategien an Ihre individuellen Bedürfnisse an.

    Anmerkung: Sie können Einstellungen vornehmen, um den Robo-Advisor an Ihre Präferenzen anzupassen.

11. **Bildungsressourcen**

    Erläuterung: Viele Robo-Advisors bieten Bildungsressourcen an, darunter Artikel, Webinare und Tools, die Anlegern helfen sollen, den Anlageprozess zu verstehen und fundierte Entscheidungen zu treffen.

    Anmerkung: Die riesige Auswahl an Bildungsangeboten ist ein weiterer großer Pluspunkt.

12. **Mobile Zugänglichkeit**
    Erläuterung: Die meisten Robo-Advisors bieten mobile Apps, mit denen Sie Ihre Geldanlagen auch unterwegs verwalten, deren Performance verfolgen und Benachrichtigungen über Ihr Portfolio erhalten können.

    Anmerkung: Dieses Merkmal ergänzt sich gut mit Punkt 10.

Die genannten Eigenschaften machen Robo-Advisors zu einer bequemen und kostengünstigen Möglichkeit Geld anzulegen, insbesondere für Anleger, die automatisierte, zielgerichtete und diversifizierte Anlagelösungen wünschen. Die Anpassungsmöglichkeiten und zusätzlichen Features können bei den verschiedenen Robo-Advisors variieren, daher ist es wichtig, eine Plattform zu wählen, die Ihren individuellen Bedürfnissen und Vorlieben entspricht.«

Da die Technologie immer leistungsfähiger wird, können Sie KI mit der Zeit immer besser für sich nutzen und sowohl Ihr Vertrauen als auch Ihre Anlageergebnisse können sich mit der Zeit ebenfalls verbessern.

Die Qual der Wahl: Menschlicher Finanzberater oder Robo-Advisor (oder beides)?

»Menschlicher Finanzberater oder Robo-Advisor?« Die ehrliche Antwort auf diese Frage lautet: »Es kommt darauf an« – und zwar nicht so sehr auf den jeweiligen menschlichen Berater oder Robo-Advisor, sondern vielmehr darauf, wie gut Sie sich selbst bei der Geldanlage auskennen:

- ✔ Wenn Sie in Sachen Geldanlage noch ziemlich unsicher sind, und sich Sorgen darüber machen, was in den kommenden Wochen, Monaten oder Jahren auf Sie zukommen könnte, dann sollten Sie einen menschlichen Berater in Erwägung ziehen.

- ✔ Wenn Sie ein sehr erfahrener Anleger sind und Ihr Portfolio im Griff haben, es also weitgehend selbst verwalten können, dann ist ein Robo-Advisor durchaus einen Versuch wert.

Und was, wenn Sie noch unschlüssig, aber vom Konzept des Robo-Advisors begeistert sind? Zum Glück müssen Sie sich nicht für eine Option entscheiden. Wenn Sie den Großteil Ihres Anlagevermögens von menschlichen Beratern verwalten lassen, warum nicht noch zusätzlich ein kleines Depot (zum Beispiel mit 5.000 Euro oder auch deutlich weniger) bei einem gut bewerteten Robo-Advisor einrichten?

Falls Sie in Sachen Geldanlage noch unerfahren und die 5.000 Euro Ihr gesamtes Vermögen sind, dann bitte ich Sie, auch von diesem Unterfangen tunlichst Abstand zu nehmen! Wenn Sie hingegen über ein anlagefähiges Vermögen von, sagen wir, einer Million Euro oder mehr verfügen und der potenzielle Verlust von 5.000 Euro Ihren Lebensstil nicht spürbar verändern (oder Sie zu irgendwelchen Kurzschlusshandlungen veranlassen) würde, dann ist diese Herangehensweise gar keine so schlechte Idee.

Abgesehen von einem hoffentlich wachsenden Kontostand liegt der größere Wert eines solchen Testballons mit einem Robo-Advisor meiner Ansicht nach in dem daraus resultierenden Lerneffekt. Der Robo-Advisor könnte sich nämlich durchaus als wertvolle sekundäre Quelle für das Einholen einer Zweitmeinung erweisen und sich damit auch positiv auf die Interaktion mit Ihren menschlichen Finanzberatern auswirken.

Eine Liste mit Top-Robo-Advisors

Mehrere große Finanzportale führen regelmäßig Umfragen über die Nutzung und Beliebtheit von Robo-Advisors bei den Verbrauchern durch. Hier sind einige aktuelle Robo-Advisors und ihre Websites:

- ✔ bevestor (https://bevestor.de)

- ✔ EVERGREEN (https://www.evergreen.de)

- ✔ Gerd Kommer Capital (https://gerd-kommer.de)
- ✔ ginmon (https://www.ginmon.de)
- ✔ Finanzguru (www.finanzguru.de)
- ✔ Finanzen.net Zero (www.finanzen.net/zero)
- ✔ Growney (https://growney.de)
- ✔ JustETF (www.justetf.com/de/)
- ✔ OSKAR (https://www.oskar.de)
- ✔ Quirion (https://www.quirion.de)
- ✔ Scalable Capital (https://de.scalable.capital)
- ✔ Smavesto (https://www.smavesto.de)
- ✔ VisualVest (https://www.visualvest.de)
- ✔ Weltsparen (https://www.weltsparen.de)
- ✔ Whitebox (www.whitebox.eu/digitale-vermoegensverwaltung)

Hinweis: Diese Liste ist natürlich nicht vollständig und kann sich im Laufe der Zeit ändern.

Denken Sie daran, dass die meisten großen Finanzportale ihre eigenen Ratings und Umfragen zu Robo-Advisors und anderen Themen durchführen (unter anderem zu Brokern).

IN DIESEM KAPITEL

Die Grundlagen der Fundamentalanalyse verstehen

Mit der technischen Analyse Zahlen knacken

Kapitel 8
Fundamentalanalyse und technische Analyse

Beim Investieren – und damit meine ich die echte, seriöse und langfristige Geldanlage – kommt es auf die Fundamentaldaten und die langfristige Entwicklung eines Unternehmens an. Trading und spekulative Anlagen sind dagegen auf Kurzfristigkeit ausgelegt (weshalb sich Trader und Spekulanten mehr auf technische Details verlassen). Zusammenfassend lässt sich daher Folgendes festhalten:

- ✔ Langfristig orientierte Anleger sollten sich in erster Linie mit der Fundamentalanalyse befassen.
- ✔ Kurzfristig orientierte Anleger und Spekulanten beschäftigen sich hauptsächlich mit der technischen Analyse.

Mit anderen Worten: Bei der Fundamentalanalyse geht es um das »Was«, während bei der technischen Analyse das »Wann« im Vordergrund steht. Da ich mich in diesem Buch in erster Linie mit dem Thema Investieren, also mit der langfristigen Geldanlage, befasse, empfehle ich Ihnen, die Fundamentalanalyse als primären Ansatz in Betracht zu ziehen.

In diesem Kapitel behandle ich sowohl die Fundamentalanalyse als auch die technische Analyse und gehe in diesem Zusammenhang selbstverständlich auch auf den Einsatz von KI ein.

Die Fundamentalanalyse

Die *Fundamentalanalyse* befasst sich nicht mit der Aktie selbst, sondern mit dem zugrunde liegenden Unternehmen. Sie konzentriert sich auf die Analyse der wichtigsten Finanzkennzahlen des Unternehmens wie Einnahmen und Ausgaben (Gewinn- und Verlustrechnung) Vermögenswerte und Schulden (Bilanz) und Cashflow sowie auf die Analyse der Marktbedingungen (Mitwerber, Branche, Marktanteil und so weiter).

Wenn Sie eine Aktie kaufen, erwerben Sie damit einen Anteil an einem Unternehmen. Geht es dem Unternehmen (gegenwärtig und in absehbarer Zukunft) gut, wird der Kurs der Aktie tendenziell steigen – und umgekehrt. Da Aktieninvestitionen in der Regel langfristig (über mehrere Jahre) angelegt sind, lohnt es sich, die Fundamentaldaten des zugrunde liegenden Unternehmens im Auge zu behalten, um sicherzustellen, dass der Wert Ihrer Aktien weiter steigt.

Wichtige fundamentale Kennzahlen und Faktoren

Wenn Sie KI nutzen möchten, um die finanzielle Gesundheit eines Unternehmens zu bewerten, dann konzentrieren Sie sich am besten auf die in im Folgenden erläuterten Kennzahlen und Aspekte.

Rentabilität

Die *Rentabilität* ist so ziemlich die wichtigste betriebswirtschaftliche Kennzahl in der Welt der Fundamentalanalyse. Die Ertragssituation eines Unternehmens bildet die Grundlage für die Beantwortung entscheidender Fragen, wie zum Beispiel:

- ✔ Wie erfolgreich ist das Unternehmen (gegenwärtig und in absehbarer Zukunft)?

- ✔ Wie wettbewerbsfähig ist das Unternehmen – oder anders ausgedrückt: Wird es in naher Zukunft im Geschäft bleiben?

- ✔ Wie liquide, das heißt zahlungsfähig ist das Unternehmen – oder anders ausgedrückt: Wird es auch in Zukunft seine Rechnungen zahlen und künftiges Wachstum finanzieren können?

Hiervon hängt im Wesentlichen die allgemeine finanzielle Gesundheit eines Unternehmens ab. Der Gewinn beziehungsweise die Rentabilität ist dabei der allerwichtigste Faktor, nicht nur für ein erfolgreiches Unternehmen, sondern meines Erachtens auch für eine erfolgreiche Wirtschaft.

Prüfen Sie also bei der Suche nach profitablen Aktien immer zuerst die Rentabilität des zugrunde liegenden Unternehmens. Stellen Sie der KI Anfragen wie diese: »Wie hoch war die Rentabilität von [Unternehmen Ihrer Wahl] in den letzten drei Jahren? Bitte gib die Antwort als Prozentsatz des Gesamtumsatzes pro Jahr an«.

Liquidität

Während es bei der Gewinn- und Verlustrechnung (Bruttoeinnahmen abzüglich Bruttoausgaben) in erster Linie um die Rentabilität geht, steht bei der Bilanz (Gesamtvermögen abzüglich Gesamtverbindlichkeiten ist gleich Eigenkapital) die Liquidität, das heißt die

Zahlungsfähigkeit des Unternehmens im Vordergrund. Das *Eigenkapital* spiegelt den Nettowert beziehungsweise das Nettovermögen eines Unternehmens wider.

 Die *Liquidität* als Kennzahl gibt an, ob und inwieweit ein Unternehmen jederzeit fähig ist, seine gesamten Verbindlichkeiten (Zahlungsverpflichtungen aus Schulden) zu begleichen. Im Idealfall sollte ein Unternehmen nach der Veräußerung all seiner Vermögenswerte (*Liquidation*), zum Beispiel im Rahmen einer Unternehmensauflösung, in der Lage sein, seine Schulden zu 100 Prozent zurückzuzahlen (wobei auch noch etwas für die Anteilseigner übrig bleiben sollte).

 Wenn die Gesamtverbindlichkeiten (*Passiva*) eines Unternehmens sein Gesamtvermögen (*Aktiva*) übersteigen, dann ist das ein eindeutiges Warnsignal. Langfristig orientierte Anleger halten daher Ausschau nach einer positiven und gesunden Bilanz, bei der die Gesamtaktiva die Gesamtpassiva übersteigen und die Differenz (das Nettoeigenkapital) eine steigende Tendenz aufweist.

Aber was sagt die künstliche Intelligenz dazu? Ein Prompt für den Einstieg könnte folgendermaßen aussehen:

»Analysiere bitte die potenziellen Liquiditätsprobleme von [börsennotiertes Unternehmen Ihrer Wahl] anhand wichtiger Finanz- und Liquiditätskennzahlen.«

 Achten Sie bei Prompts dieser Art darauf, ein KI-Tool zu verwenden, das Zugang zu aktuellen Finanzdaten börsennotierter Unternehmen hat (wie zum Beispiel Copilot oder die KI-Tools in Anhang B.)

Nachhaltige Gewinnentwicklung

Ein gutes, sprich gewinnbringendes Geschäftsjahr ist eine prima Sache, aber drei oder mehr gewinnbringende Geschäftsjahre in Folge sind natürlich noch besser –- viel besser! Das gilt auch für andere Unternehmenskennzahlen. Eine konsistente Geschäftsperformance über mehrere Jahre hinweg hilft Ihnen, zuverlässigere langfristige Anlageentscheidungen zu treffen.

Auch hier sollten Sie mit KI-Tools arbeiten, die aktuelle Daten börsennotierter Unternehmen abrufen können (zum Beispiel Copilot, Robo-Advisors und so weiter). Bitten Sie die KI um Daten aus mindestens drei (besser noch fünf) zurückliegenden Jahren, um ein erkennbares Muster zu erhalten, das für Ihre langfristigen Anlageziele von Nutzen ist.

Marktbedingungen und Wettbewerb

Auch wenn die allgemeinen Marktbedingungen und der Wettbewerb innerhalb der Branche keinen direkten Einfluss auf die finanzielle Situation eines Unternehmens haben, so können sie sich doch erheblich auf dessen langfristige Entwicklung (einschließlich seiner Fähigkeit, sich auf dem Markt zu behaupten) auswirken, und damit indirekt auch auf seine finanzielle Gesundheit.

Es ist daher sinnvoll, sich über die Branche und die wichtigsten Konkurrenten eines Unternehmens zu informieren. So können Sie sich zum Beispiel eine Liste der drei bis sieben größten Unternehmen eines bestimmten Sektors nach Marktanteil geordnet erstellen lassen, etwa mit dem folgenden Prompt:

»Erstelle bitte eine tabellarische Liste der fünf führenden Unternehmen in [Branche/Sektor Ihrer Wahl], geordnet nach Unternehmensgröße und Marktanteil über einen Zeitraum von drei Jahren.«

Bitten Sie die KI außerdem um eine *SWOT-Analyse*. SWOT steht für Strengths (Stärken), Weaknesses (Schwächen), Opportunities (Chancen) und Threats (Gefahren oder Bedrohungen). Sie können die KI selbstverständlich auch zuerst bitten, Ihnen zu erklären, was eine SWOT-Analyse ist und wie man sie durchführt, und diese dann für das betreffende Unternehmen und seine wichtigsten Mitbewerber durchführen lassen, zum Beispiel mit dem folgenden Prompt:

»Erstelle bitte eine SWOT-Analyse der drei größten Unternehmen in [Branche/Sektor Ihrer Wahl], erläutere jeden Punkt und ordne die Unternehmen jeweils in der entsprechenden Rangfolge an.«

Fundamentalanalyse und KI

Die Fundamentalanalyse ist das Herzstück einer soliden, langfristigen Geldanlage. Aber schauen wir uns wieder an, was die KI uns zu diesem Thema zu sagen hat. Diesmal habe ich die folgende Anfrage an ChatGPT gestellt:

»Nenne mir bitte die zehn wichtigsten Kennzahlen für Aktien in der Fundamentalanalyse und erläutere jede einzelne.«

Die Antwort von ChatGPT finden Sie im nachfolgenden Text:

»Bei der Fundamentalanalyse von Aktien werden die finanzielle Gesundheit und Performance eines Unternehmens anhand verschiedener Kennzahlen bewertet. Es folgen zehn der wichtigsten Kennzahlen, die in der Fundamentalanalyse verwendet werden, zusammen mit Erklärungen für jede einzelne:

1. **Gewinn pro Aktie (EPS)**

   Erläuterung: Der *Gewinn pro Aktie* stellt die Rentabilität eines Unternehmens im Hinblick auf jede einzelne Aktie dar. Er errechnet sich aus Nettogewinn des Unternehmens geteilt durch die Anzahl der ausgegebenen Aktien. Das *EPS* ist somit ein grundlegender Maßstab für die Fähigkeit eines Unternehmens, Gewinne für seine Aktionäre zu erzielen.

2. **Kurs-Gewinn-Verhältnis (KGV)**

   Erläuterung: Das *Kurs-Gewinn-Verhältnis (KGV)* setzt den Aktienkurs eines Unternehmens ins Verhältnis zu seinem Gewinn pro Aktie. Es spiegelt wider, wie viel die Anleger bereit sind, für jeden Dollar Gewinn zu zahlen. Ein höheres Kurs-Gewinn-Verhältnis kann auf höhere Wachstumserwartungen, aber auch auf eine Überbewertung der Aktie hinweisen.

3. **Kurs-Buchwert-Verhältnis (KBV)**

    Erläuterung: Das *Kurs-Buchwert-Verhältnis (KBV)* setzt den Aktienkurs eines Unternehmens ins Verhältnis zu seinem Buchwert pro Aktie (Gesamtvermögen minus Gesamtverbindlichkeiten). Diese Kennzahl spiegelt wider, wie der Markt ein Unternehmen in Relation zu seinem Nettovermögen bewertet. Ein niedriges Kurs-Buchwert-Verhältnis kann auf eine potenziell unterbewertete Aktie hindeuten.

4. **Dividendenrendite**

    Erläuterung: Die *Dividendenrendite* stellt die Dividendenerträge, die ein Unternehmen pro Jahr an seine Aktionäre ausschüttet, als Prozentsatz des Aktienkurses dar. Sie ist für einkommensorientierte Anleger von Bedeutung und gibt Aufschluss über die Dividendenpolitik und die finanzielle Stabilität des Unternehmens.

5. **Eigenkapitalrendite (ROE)**

    Erläuterung: Die *Eigenkapitalrendite* misst die Rentabilität eines Unternehmens im Verhältnis zu seinem Eigenkapital. Sie wird berechnet, indem der Nettogewinn durch das Eigenkapital geteilt wird. Eine hohe Eigenkapitalrendite deutet auf einen effizienten Einsatz des Eigenkapitals zwecks Gewinnerzielung hin.

6. **Eigenkapitalüberdeckung (D/E)**

    Erläuterung: Die *Eigenkapitalüberdeckung* setzt die Gesamtverschuldung eines Unternehmens ins Verhältnis zu seinem Eigenkapital, um den *Verschuldungsgrad* eines Unternehmens zu bewerten. Sie zeigt den Anteil der Finanzierung durch Gläubiger im Vergleich zum Eigenkapital. Eine hohe Eigenkapitalüberdeckung kann auf ein höheres finanzielles Risiko hinweisen.

7. **Free Cash Flow (FCF)**

    Erläuterung: Der *Free Cash Flow (FCF)* stellt die durch die Geschäftstätigkeit eines Unternehmens erwirtschafteten Barmittel nach Abzug der Investitionsausgaben dar. Diese Kennzahl misst die Fähigkeit eines Unternehmens, Barmittel für Schuldentilgung, Dividenden und Investitionen zu generieren. Ein positiver FCF ist ein Zeichen für finanzielle Gesundheit.

8. **Operative Marge**

    Erläuterung: Die *operative Marge* misst die Rentabilität eines Unternehmens aus seinem Kerngeschäft. Sie errechnet sich aus den Betriebseinnahmen geteilt durch den Gesamtumsatz. Eine höhere operative Marge deutet auf ein effizientes Kostenmanagement und die Erzielung von Gewinnen hin.

9. **Wachstumsraten (zum Beispiel Umsatzwachstum, Gewinnwachstum)**

    Erläuterung: Die Bewertung der historischen und prognostizierten Wachstumsraten von Umsatz und Gewinn eines Unternehmens gibt Aufschluss über dessen Wachstumsaussichten. Unternehmen mit beständigem Wachstum können für Anleger attraktiver sein.

10. **Liquidität 3. Grades**

Erläuterung: Die *Liquidität 3. Grades* bewertet die kurzfristige Liquidität eines Unternehmens, wobei das Umlaufvermögen (zum Beispiel Bargeld, Forderungen) ins Verhältnis zu den kurzfristigen Verbindlichkeiten (zum Beispiel Verbindlichkeiten aus Lieferungen und Leistungen, kurzfristige Schulden) gesetzt wird. Ein Wert von über 1 zeigt an, dass das Unternehmen seine kurzfristigen Verpflichtungen erfüllen kann.

Diese fundamentalen Kennzahlen helfen Anlegern, die Finanzlage, Rentabilität, Evaluation und allgemeine Gesundheit eines Unternehmens zu beurteilen. Es ist wichtig zu beachten, dass diese Kennzahlen in Verbindung mit einer qualitativen Analyse sowie unter Berücksichtigung der Branche, der Wettbewerbsposition und der zukünftigen Wachstumsaussichten des Unternehmens verwendet werden sollten, um fundierte Anlageentscheidungen zu treffen.«

Sowohl die Fundamentalanalyse als auch die technische Analyse (die später in diesem Kapitel behandelt wird) sind sehr datenintensiv; KI kann Sie hier unterstützen, indem sie die relevanten Daten für Sie extrahiert und so zusammenzufasst, dass sie eine gute Entscheidungsgrundlage bilden. Und weil die Fundamentalanalyse für langfristige Geldanlagen so wichtig ist, gehe ich in meinem Buch *Stock Investing For Dummies* (Wiley) näher darauf ein – leider gibt es das allerdings noch nicht auf Deutsch. Spezielle KI-Tools für die Fundamentalanalyse finden Sie in Anhang B; Robo-Advisors werden in Kapitel 7 behandelt.

Die technische Analyse

Wie eingangs erwähnt, ist die *technische Analyse* auf Kurzfristigkeit ausgerichtet und konzentriert sich in erster Linie auf das *Timing*, also den jeweils besten Zeitpunkt für den Kauf und Wiederverkauf einer Aktie. So ist es für Trader und kurzfristige Spekulanten nicht unüblich, innerhalb eines relativ kurzen Zeitraums (weniger als ein Jahr) mehrmals in eine Aktie ein- und wieder auszusteigen, um vom Auf und Ab des Aktienkurses zu profitieren. Ich bezeichne die technische Analyse daher häufig auch als *Timing-Strategie*.

In den folgenden Abschnitten erläutere ich einige wichtige Punkte, die es bei der technischen Analyse zu beachten gilt.

Ein Blick auf den RSI

Der *Relative Strength Index* (auch *Relative-Stärke-Index*), kurz *RSI*, ist eine Kennzahl der technischen Analyse, die dabei hilft, die allgemeine Richtung des Marktes besser einzuschätzen. Sie gibt Aufschluss darüber, ob der Kurs einer bestimmten Aktie (oder eines anderen handelbaren Vermögenswertes oder Finanzinstruments) in naher Zukunft steigen oder fallen wird. Auf diese Weise lässt sich der optimale Zeitpunkt für den Ein- und Ausstieg (Kauf und Verkauf einer Aktie) leichter bestimmen.

Übersteigt bei einer bestimmten Aktie die Nachfrage das Angebot (zu viele Käufer), und steigt ihr Kurs infolgedessen zu stark und/oder zu schnell, gilt die Aktie als *überkauft*. Es ist dann mit einem baldigen Rückschlag oder einer Kurskorrektur zu rechnen. Übersteigt dagegen das Angebot die Nachfrage (zu viele Verkäufer) und fällt infolgedessen der Kurs der Aktie zu stark und/oder zu schnell, gilt diese als *überverkauft*. Es ist dann mit einer baldigen Gegenbewegung des Kurses nach oben zu rechnen. Der optimale Kaufzeitpunkt ist daher, wenn eine Aktie gerade überverkauft (also günstig zu haben) ist.

Der RSI ist ein guter Indikator dafür, ob eine Aktie überkauft oder überverkauft ist. Er misst die jüngsten Kursbewegungen sowie das *Aktienvolumen* (ein Indikator für die Marktaktivität), um eine (hoffentlich) brauchbare Zahl zu liefern. Als Faustregel gilt: Liegt der RSI einer Aktie bei oder über einem Wert von 70, gilt sie als überkauft (ist also teuer). Liegt er um oder unterhalb von 30, gilt die Aktie als überverkauft (ist also günstig). Diese Kennzahl bietet somit eine gute Orientierungshilfe, wann der beste Zeitpunkt für den Kauf oder Verkauf einer Aktie ist.

Den RSI bei langfristigen Geldanlagen nutzen

Der RSI ist also offensichtlich nützlich, wenn es um kurzfristige Transaktionen geht. Doch wie sieht es bei langfristigen Geldanlagen aus?

Auch hier lohnt sich ein Blick auf den RSI. Angenommen die Fundamentaldaten eines Unternehmens sehen gut aus und Sie möchten als langfristig orientierter Anleger die betreffende Aktie auf jeden Fall kaufen (unabhängig von kurzfristigen Kursschwankungen). Wenn die Aktie gerade als überverkauft gilt (angezeigt durch einen RSI-Wert um oder unter 30), dann können Sie hier ein echtes Schnäppchen machen! Ähnliches gilt bei einer Verkaufsabsicht. Angenommen Sie halten eine Aktie schon seit vielen Jahren und möchten sie nun verkaufen, dann ist der Zeitpunkt besonders günstig, wenn der RSI gerade hoch ist (um oder über 70), die Aktie also als überkauft gilt.

Im Internet gibt es zahlreiche Informationsquellen zum RSI (nicht nur über KI), zum Beispiel bei Investopedia (https://www.investopedia.com/terms/r/rsi.asp) und auch am Ende dieses Kapitels sowie in Anhang C finden Sie einige wertvolle Ressourcen zu diesem Thema.

Technische Analyse und KI

Da die technische Analyse sehr datenbasiert ist (Aktienkurse, Handelsvolumen und so weiter), kann KI hier meiner Meinung nach wertvolle Dienste leisten und ein hervorragendes Hilfsmittel sein. Hier mein erster Prompt:

»Nenne mir bitte die zehn wichtigsten Kennzahlen für Aktien in der technischen Analyse und erläutere jede einzelne.«

Die Antwort von ChatGPT finden Sie im nachfolgenden Text:

»Die technische Analyse von Aktien basiert auf der Auswertung von Kurs- und Volumendaten, mit dem Ziel, Handelsentscheidungen zu treffen. Es folgen zehn der wichtigsten technischen Indikatoren und Messgrößen, die in der technischen Analyse verwendet werden, zusammen mit Erklärungen für jede einzelne Kennzahl:

1. **Gleitender Durchschnitt: zum Beispiel einfacher gleitender Durchschnitt (SMA), exponentieller gleitender Durchschnitt (EMA)**

   Erläuterung: *Gleitende Durchschnitte* glätten die Kursdaten über einen bestimmten Zeitraum hinweg, was hilft, Trends an der Börse zu erkennen. Der *SMA* gewichtet jeden Datenpunkt gleich, während der *EMA* den jüngsten Kursen mehr Gewicht verleiht.

2. **Relative-Stärke-Index (RSI)**

   Erläuterung: Der *RSI* misst das Ausmaß der jüngsten Kursveränderungen, was hilft, zu beurteilen, ob eine Aktie überkauft oder überverkauft ist. Werte über 70 weisen auf eine Überkaufung hin, während Werte unter 30 auf eine Überverkaufung hindeuten.

3. **Gleitende Durchschnitts-Konvergenz/Divergenz (MACD)**

   Erläuterung: Der *MACD* ist ein trendfolgender Momentum-Indikator, der die Differenz zwischen zwei gleitenden Durchschnitten (in der Regel 12 und 26 Perioden) berechnet und eine Signallinie (9 Perioden) grafisch darstellt. Er hilft, Trendänderungen und potenzielle Kauf- oder Verkaufssignale zu erkennen.

4. **Bollinger-Bänder**

   Erläuterung: *Bollinger Bänder* bestehen aus einem mittleren Band (in der Regel der 20-Perioden-SMA) und zwei äußeren Bändern, die für die Volatilität stehen. Die Bänder verändern sich je nach Kursvolatilität und helfen dabei, potenzielle Umkehrungen oder Ausbrüche zu erkennen.

5. **Volumen**

   Erläuterung: Das *Volumen* misst die Anzahl der während eines bestimmten Zeitraums gehandelten Aktien oder Kontrakte. Änderungen des Volumens können Trends bestätigen, auf mögliche Umkehrungen hinweisen oder ein erhöhtes Anlegerinteresse signalisieren.

6. **Stochastischer Oszillator**

   Erläuterung: Der *stochastische Oszillator* identifiziert überkaufte und überverkaufte Marktsituationen auf der Grundlage des Schlusskurses im Verhältnis zur Kursspanne über einen bestimmten Zeitraum hinweg. Er besteht aus zwei Linien: %K und %D.

7. **Average True Range (ATR)**

   Erläuterung: Der *ATR-Indikator* misst die Marktvolatilität, wobei die durchschnittliche Spanne zwischen den Höchst- und Tiefstkursen über einen bestimmten Zeitraum hinweg berechnet wird. Er hilft bei der Einschätzung potenzieller Kursbewegungen.

8. **Fibonacci-Retracement**

    Erläuterung: Das *Fibonacci-Retracement* identifiziert potenzielle Unterstützungs- und Widerstandslinien, die auf wichtigen Fibonacci-Verhältnissen (zum Beispiel 38,2 %, 50 %, 61,8 %) einer früheren Kursbewegung basieren. Händler nutzen diese Linien, um potenzielle Umkehrpunkte zu identifizieren.

9. **Ichimoku-Wolke**

    Erläuterung: Die *Ichimoku-Wolke* ist ein umfassender Indikator, der Informationen über Unterstützungs- und Widerstandslinien, die Trendrichtung und potenzielle Kauf- oder Verkaufssignale liefert. Sie besteht aus fünf Linien und einer Wolke.

10. **Durchschnittlicher Richtungsindex (ADX)**

    Erläuterung: Der *Average Directional Index (ADX)* misst die Stärke eines Trends, unabhängig davon, ob es sich um einen Aufwärts- oder Abwärtstrend handelt. Ein steigender ADX weist auf einen starken Trend hin, während ein fallender ADX auf einen schwachen Trend hindeutet.

Diese technischen Indikatoren und Messgrößen werden von Händlern genutzt, um Aspekte wie Kursentwicklung, Momentum, das heißt die Geschwindigkeit beziehungsweise Stärke einer Kursbewegung, Volatilität und potenzielle Kauf- oder Verkaufssignale zu analysieren. Es empfiehlt sich, die technische Analyse in Verbindung mit anderen Formen der Börsenanalyse anzuwenden und Handelsentscheidungen nicht auf der Grundlage eines einzigen Indikators zu treffen.«

Nachdem Sie sich einen groben Überblick über das Thema verschafft haben, ist es nun an der Zeit, mit Ihren eigenen KI-Prompts und -Recherchen loszulegen. Da sich bei der technischen Analyse alles um Daten (Kurse, Handelsvolumen et cetera) und Muster (Charts et cetera) dreht, kann die KI hier ihre Stärken voll ausspielen. Und da ChatGPT (oder ein anderes KI-Tool) in der Lage ist, sämtliche Aspekte der technischen Analyse sowohl in einfachen Worten als auch mit tiefergehenden Details zu erklären, ist es perfekt geeignet, um Sie durch dieses komplexe Terrain zu lotsen. Im Hinblick auf die obige Liste würde ich die KI wahrscheinlich als Erstes bitten, mir in einfachen Worten zu erklären, was eine »Ichimoku-Wolke« ist!

Ein guter Begleiter für Ihre KI-gesteuerte technische Analyse ist das Buch *Technische Analyse für Dummies* von Barbara Rockefeller (Wiley).

Teil III
Alternativen zu (KI-) Aktieninvestments

IN DIESEM TEIL ...

Während wir uns in Teil II hauptsächlich auf Aktieninvestments (mit und ohne KI-Bezug) konzentriert haben, werfen wir im dritten Teil des Buches einen Blick auf alternative Anlagemöglichkeiten und erörtern, wie Sie diese mithilfe von KI bestmöglich ausschöpfen können. Los geht's mit Sachwerten wie Edelmetallen und Rohstoffen aller Art. Danach widmen wir uns dem Thema Anleihen und anderen Arten von Schuldtiteln (wie Bankeinlagen) und nehmen Kryptowährungen und digitale Zentralbankwährungen unter die Lupe. In Kapitel 11 erfahren Sie, ob Sie das Zeug zum Immobilieninvestor haben, welche Möglichkeiten für Immobilieninvestments es gibt und mit welchen KI-Strategien sie dabei erfolgreich sein können. Abschließend geht es um die Themen Existenzgründung, Unternehmensführung und Karriereförderung vor dem Hintergrund der Auswirkungen von KI auf die heutige und zukünftige Arbeitswelt. Ich zeige Ihnen, wie Sie KI für sich nutzen können, um Ihre Chancen auf dem Arbeitsmarkt zu verbessern und/oder Ihr eigenes Unternehmen zu gründen, um finanziell unabhängig zu werden.

> **IN DIESEM KAPITEL**
>
> Den Unterschied zwischen Investieren und Spekulieren verstehen
>
> Die Risiken von Edelmetallen und anderen Rohstoffen abwägen
>
> Gold- und Silberinvestments ins Visier nehmen
>
> Die Welt der Rohstoffe mithilfe von KI erkunden

Kapitel 9
Edelmetalle und andere Rohstoffe

Halt – nicht weiterblättern! Ein Kapitel über Edelmetalle und andere Rohstoffe in einem Buch über KI-Investments, passt das zusammen? Aber ja!

Praktisch alle finanziellen Vermögenswerte und Finanzinstrumente (Bargeld, Aktien, Anleihen, Kryptowährungen und viele mehr) – einschließlich deren Anlage und Handel – dienen letztendlich dazu, die gegenwärtigen und zukünftigen materiellen Bedürfnisse des Menschen zu befriedigen. Darunter fallen zunächst einmal sämtliche Grundbedürfnisse wie Nahrung, Kleidung, Unterkunft, Mobilität et cetera – aber auch das »Bedürfnis« nach allerlei anderem »Zeug« (das eine immer schneller wachsende Weltbevölkerung mit immer mehr Wünschen zu benötigen glaubt). Befriedigt werden all diese Bedürfnisse durch Verbrauchsgüter, die wiederum auf Rohstoffen basieren. *Sachwerte* (also physisch greifbare Vermögenswerte), darunter auch Rohstoffe, sind ein Sektor, in den jeder Anleger zumindest in gewissem Umfang investieren sollte, da dies dem Grundprinzip des Investierens entspricht: Sie investieren Ihr Geld genau in die Dinge (Angebot), die die Menschen benötigen (Nachfrage), um ihre Bedürfnisse zu befriedigen. Und ja, KI kann Ihnen bei diesem Investitionsansatz von großem Nutzen sein.

Abgesehen von den potenziellen Einsatzmöglichkeiten von KI im Bereich Sachwertanlagen (einschließlich Edelmetallen und anderen Rohstoffen), möchte ich Sie mit diesem Kapitel ganz generell dazu anregen, über eine Diversifizierung jenseits von Aktien, Anleihen und anderen Papier-/Digitalwerten nachzudenken. Warum? Weil ein gut diversifiziertes Portfolio immer auch ein gewisses Engagement in Vermögenswerten aufweisen sollte, die zum einen keinem *Kontrahentenrisiko* (also dem Risiko, dass ein Handelspartner seinen Verpflichtungen nicht nachkommt) unterliegen, und die zum anderen eher der Befriedigung menschlicher Grundbedürfnisse als der Befriedigung menschlicher Wünsche dienen. Mit anderen Worten: In diesem Kapitel geht es um bestimmte solide, anlagefähige Vermögenswerte, die eine gute Ergänzung in einem diversifizierten Portfolio darstellen können.

Wie Sie sehen werden, habe ich das Kapitel in zwei grundlegende Bereiche unterteilt: Edelmetalle wie Gold und Silber (zwei Beispiele für Sachwerte) und den allgemeinen Rohstoffkomplex (Dinge wie Öl, Mais und Kupfer). Und natürlich haben Sie recht – Immobilien zählen ebenfalls zu den Sachwerten; aber auf diesen Anlagesektor gehe ich in Kapitel 11 gesondert und ausführlich ein.

Egal, wie erfolgreich KI und andere Technologien in Zukunft sein werden, auch sie werden immer von Rohstoffen und den daraus hergestellten Konsumgütern abhängig sein. Ob Smartphones, Laptops, Flachbildfernseher oder Elektrofahrzeuge – alles, was mit KI oder überhaupt mit Software funktioniert, erfordert Rohstoffe wie Silber, Industriemetalle, Silizium und so weiter für die Herstellung. Davon abgesehen benötigt der Betrieb all dieser Geräte und Technologien mit moderner Software noch etwas anderes – genau, Strom! Und was braucht man, um Strom zu erzeugen? Natürlich wieder Rohstoffe wie Erdöl, Erdgas, Kohle und so weiter.

Investieren versus Spekulieren

In einem Kapitel wie diesem würden die meisten Finanzexperten darauf hinweisen, dass die behandelten Investmentbereiche – Edelmetalle und Rohstoffe – sehr spekulativ sind, und dem normalen Anleger davon abraten. Das traf auch vor einigen Jahren noch zu, als die gängigste Art, sich an diesen Sachwerten zu beteiligen, noch der Terminmarkt (auch Futures-Markt genannt) war, der in der Tat äußerst riskant und unbeständig ist. Dank Qualitätsaktien, ETFs und Investmentfonds ist die Anlage in Rohstoffe heute jedoch auch für den Otto Normalanleger realistisch und Bestandteil vieler Anlagekonzepte.

Im Hinblick auf die in diesem Kapitel behandelten Finanzinstrumente ist es wichtig, den Unterschied zwischen Investieren und Spekulieren zu kennen und zu verstehen, den ich hier noch einmal deutlich machen möchte (man kann es gar nicht oft genug wiederholen):

- ✔ **Investieren** bedeutet, Ihr Geld in Vermögenswerte und Finanzinstrumente anzulegen, deren Struktur und Funktionsweise Sie verstehen, und die einen hohen Wert haben.

- ✔ **Spekulieren** ist – zumindest was die Ziele und Belange dieses Buches betrifft – eine Form des finanziellen Glücksspiels. Kurz gesagt, wetten Sie dabei auf die kurzfristigen Preisbewegungen eines bestimmten Vermögenswertes.

Grundsätzlich ist gegen das Spekulieren an sich nichts einzuwenden, aber es ist und bleibt eben riskant. Beim Spekulieren geht es außerdem nicht nur um die Investition oder den Vermögenswert an sich, sondern auch um die Person, die spekuliert, genauer gesagt um ihre persönlichen Umstände und Voraussetzungen.

Da ist zum einen der individuelle Wissensstand und die Erfahrung im Umgang mit Geldanlagen. Wenn Sie Ihr Geld in einen Vermögenswert oder ein Finanzinstrument investieren, dessen Funktionsweise Sie nicht vollständig verstehen (insbesondere die Verlustrisiken), dann spekulieren Sie. Wenn Sie sich nicht voll und ganz darüber im Klaren sind, dass ein bestimmter Vermögenswert oder eine bestimmte Anlage auf einem bestimmten Markt ebenso leicht im Wert fallen wie steigen kann, dann spekulieren Sie.

Ein weiterer wichtiger Aspekt ist Ihre finanzielle Situation. Wenn Sie mit 10.000 Euro in Warentermingeschäfte einsteigen und über ein Nettovermögen von einer Million Euro verfügen, dann spekulieren Sie nicht (zumindest nicht existenzgefährdend). Wenn Sie aber mit 2.000 Euro einsteigen und Ihr Nettovermögen nur 10.000 Euro beträgt, dann ist das, nun ja, nicht die beste Idee.

Seien Sie sich also Ihrer persönlichen Grenzen bewusst, vor allem, wenn bei einer bestimmten Geldanlage reale Verluste möglich sind, die schlimmstenfalls Ihre Existenz ruinieren können. Spekulieren ist in Ordnung, sofern Sie genügend Erfahrung haben und den potenziellen Verlust Ihres Einsatzes verschmerzen können. In allen anderen Fällen empfiehlt es sich, von spekulativen Anlageformen und Handelsgeschäften aller Art die Finger zu lassen.

Die Risiken von Edelmetallen und Rohstoffen im Vergleich

Es gibt zahlreiche Bücher und Artikel zum Thema Geldanlage und künstliche Intelligenz, aber die wenigsten davon befassen sich in diesem Zusammenhang mit Sachwerten wie Edelmetallen und Rohstoffen. Warum also beschäftige ich mich hier damit?

Das Ziel der *Diversifizierung* ist es, das allgemeine Anlagerisiko zu verringern. Sie ist daher – insbesondere in Zeiten wie diesen (Krieg, Inflation, Schuldenblasen, geopolitische Krisen und so weiter) – ein unverzichtbarer Bestandteil jeder erfolgreichen Anlagestrategie. Zwar kann man im Leben nicht sämtliche Risiken eliminieren, aber einige, wie zum Beispiel das Finanzrisiko, das Inflationsrisiko und so weiter, lassen sich sehr wohl ausschalten oder zumindest so weit reduzieren, dass man relativ sicher Geld anlegen und dabei sein Vermögen nicht nur erhalten, sondern vermehren kann.

Die folgenden Abschnitte befassen sich mit den verschiedenen Arten von Risiken, die mit der Anlage in Edelmetalle und Rohstoffe einhergehen (oder eben gerade nicht).

Was es bei Edelmetallen nicht gibt: Das Kontrahentenrisiko

Sowohl im Alltag als auch bei der Geldanlage sind wir einer Vielzahl von Risiken ausgesetzt. In diesem Abschnitt möchte ich auf ein Anlagerisiko eingehen, das selbst viele Finanzprofis vernachlässigen, nämlich das sogenannte *Kontrahenten-* oder *Gegenparteirisiko*. Es besteht bei Vermögenswerten, deren Wert von einer involvierten Gegenpartei abhängt, einschließlich aller *Papierwerte* (Aktien, Anleihen, Währungen) und ihrer digitalen Pendants. Einige Beispiele zur Verdeutlichung:

- ✔ **Aktien:** Eine Aktie ist immer nur so rentabel und/oder sicher wie das Unternehmen, das sie ausgibt. Erfahrene und langfristig orientierte Anleger untersuchen daher stets die Fundamentaldaten des zugrunde liegenden Unternehmens (unabhängig davon, ob es sich um herkömmliche oder KI-basierte Aktien handelt (siehe dazu Kapitel 4 und 5). Dazu gehören Kennzahlen und Aspekte wie Gewinne, Vermögen, Cashflow, Marktchancen et cetera. Wenn ein Unternehmen ständig Geld verliert oder bis zum Hals in Schulden steckt, wird es über kurz oder lang in Konkurs gehen und seine Aktie letztendlich wertlos werden. Eine Aktie ist also immer nur so gut wie die involvierte Gegenpartei, in diesem Fall das emittierende Unternehmen.

- ✔ **Anleihen (und andere Formen von Schuldtiteln):** Auch hier ist das Kontrahentenrisiko offensichtlich. Kann die Gegenpartei – der Emittent eines *Schuldtitels* (ein Unternehmen oder eine staatliche Einrichtung) – ihren Verpflichtungen (Zinszahlungen oder Rückzahlung des eingesetzten Kapitals) nicht nachkommen, verliert die Anleihe oder ein anderes schuldenbasiertes Finanzinstrument an Wert oder wird wertlos. Diese Wertpapiere hängen also von der finanziellen Fähigkeit und der Bereitschaft des Schuldners (das heißt des zugrunde liegenden Unternehmens beziehungsweise der zugrunde liegenden Organisation) ab, das eingesetzte Kapital beziehungsweise die dafür fälligen Zinsen auszuzahlen.

- ✔ **Währungen:** Ja, auch bei Währungen gibt es ein Kontrahentenrisiko. Angenommen, Sie besitzen 100 Einheiten einer bestimmten Währung (US-Dollar, Euro, Yen und so weiter), dann gehen Sie natürlich davon aus, dass diese 100 Einheiten einen bestimmten Wert haben (weshalb Sie sie besitzen). Was aber, wenn diese Währung aufgrund einer *monetären Inflation* oder *Hyperinflation* massiv an Wert verliert? Es ist im Laufe der Geschichte nicht nur einmal vorgekommen, dass eine Landesregierung über ihre Zentralbank relativ unkontrolliert Geld drucken ließ, wodurch die Geldmenge stark anstieg, was wiederum zu einem starken oder gar völligen Wertverlust der Landeswährung (und in der Folge zu unerschwinglichen Lebensmittelpreisen) führte. In einem solchen Fall wären Ihre 100 Einheiten der betreffenden Währung ratzfatz wertlos!

Edelmetalle bergen hingegen kein Kontrahentenrisiko. Sie haben ihren eigenen *inneren* Wert (man spricht auch von *intrinsischem Wert*), der nicht von einer dritten Partei (wie einem Unternehmen oder einer Regierungsbehörde) abhängt. Dieser nachhaltige Wert, der auch in Zeiten des wirtschaftlichen Niedergangs oder Chaos erhalten bleibt, macht Edelmetalle zu einer interessanten Anlagemöglichkeit.

Das bedeutet natürlich nicht, dass Edelmetalle frei von Marktrisiken sind. Ihr Preis kann ebenfalls schwanken, aber der springende Punkt ist eben, dass sie ihren Wert nicht einfach so aufgrund einer Gegenpartei vollständig einbüßen können – zumindest ist das im Laufe der Geschichte noch nie passiert. Weitere Einzelheiten und Hinweise zu Edelmetallen finden sich in den weiter hinten in diesem Kapitel aufgeführten Quellen.

Auch bei anderen Rohstoffen gibt es in der Regel kein Kontrahentenrisiko, da zum Beispiel ein Scheffel Mais oder ein Barrel Öl ihren eigenen inneren Wert haben. Je nach Art der Anlage oder des Finanzinstruments können jedoch andere Risiken bestehen. So kann zum Beispiel die Aktie eines Agrarunternehmens, das Sojabohnen produziert, ebenso wie andere Aktien börsennotierter Unternehmen, einem Kontrahentenrisiko unterliegen. Mehr zu Rohstoffen im Allgemeinen finden Sie weiter hinten in diesem Kapitel.

Weitere Risiken bei Aktien und anderen konventionellen Anlageformen

Neben dem Kontrahentenrisiko, das in Büchern und Foren zum Thema Geldanlage eher selten Erwähnung findet, gibt es noch einige weitere Risiken im Zusammenhang mit Aktien und anderen traditionellen Anlageinstrumenten, die Sie als Anleger kennen sollten:

✔ **Finanzielles Risiko:** Dies ist natürlich das offensichtlichste Risiko, das darin besteht, dass das Unternehmen, das Ihre Aktie ausgegeben hat, eines Tages in Konkurs geht. Deshalb ist es auch so wichtig, die Fundamentaldaten eines Unternehmens gründlich zu prüfen (siehe Kapitel 8). Obwohl die Zahl an börsennotierten Unternehmen mit KI-Bezug seit 2023 explosionsartig zugenommen hat, gilt es zu bedenken, dass KI-Aktien keine Garantie für Gewinne sind. Sie werden erleben, dass einige (oder sogar mehrere) dieser Unternehmen im Laufe der Zeit in Konkurs gehen werden. Dasselbe Risiko besteht bei Anleihen.

✔ **Zinsrisiko:** Viele Vermögenswerte und Finanzinstrumente können ein Zinsrisiko beinhalten. Stellen Sie sich vor, Sie besitzen einen Vermögenswert, der mit niedrigen Zinssätzen einhergeht beziehungsweise davon abhängig ist, und die Zinsen steigen. So gerieten im Jahr 2022 einige bekannte Banken nach Erhöhung des Leitzinses in Schieflage, weil ihre niedrig verzinsten Anlagen nur geringe Zinserträge abwarfen, während sie selbst für neue Einlagen und Einlagenzertifikate (CDs) ihrer Kunden höhere Zinsen zahlen mussten, was zu untragbaren Verlusten führte.

Viele Anlagenformen sind von steigenden Zinssätzen betroffen, zum Beispiel festverzinsliche Anleihen, die in einem solchen Szenario an Wert verlieren. Der Grund: Wenn Sie beispielsweise eine mit 3 Prozent verzinste Anleihe besitzen und die Zinssätze auf 4 Prozent (oder höher) steigen, besteht natürlich ein Anreiz, Ihre 3-Prozent-Anleihe zu verkaufen und sich nach einer Anleihe (oder einem anderen Wertpapier) mit höherer Rendite umzusehen. Auch Immobilien (siehe Kapitel 11) sind von Zinsschwankungen betroffen.

✔ **Inflationsrisiko (auch Kaufkraftrisiko genannt):** In Zeiten steigender Inflation sinkt der Wert von Anlagen wie zum Beispiel festverzinslichen Anleihen. Der Grund: Wenn eine Anleihe 3 Prozent Zinsen abwirft und die Inflation, gemessen am *Verbraucherpreisindex (VPI)* (siehe Kapitel 13), bei 4 Prozent oder mehr liegt, dann besteht für Sie als Inhaber dieser 3-Prozent-Anleihe natürlich ein Anreiz, sie zu verkaufen und nach Anlagen mit höherer Rendite Ausschau zu halten.

Es gibt noch weitere Arten von Risiken. Nutzen Sie daher KI-Tools wie ChatGPT (siehe Kapitel 2) und andere, um das Risikoprofil potenzieller Anlagekandidaten zu untersuchen. Falls Sie mit einem menschlichen Finanzberater zusammenarbeiten, dann lassen Sie sich über sämtliche Risiken aufklären, die eine bestimmte Anlageform mit sich bringt.

Risiken bei Edelmetallen

Gibt es also bei der Anlage in Edelmetalle irgendwelche Risiken, und wenn ja welche? Fragen wir wieder ChatGPT:

»*Bitte erstelle eine Aufzählungsliste mit den Risiken bei der Anlage in Edelmetalle und erläutere jeden Punkt.*«

Die Antwort von ChatGPT finden Sie in Abbildung 9.1.

Dies ist eine recht repräsentative Liste potenzieller Risiken im Zusammenhang mit Gold oder Silber als Anlageformen. Wie Sie sehen, ist hier auch das zuvor behandelte »Kontrahentenrisiko« enthalten (das sich jedoch in diesem Fall auf die beteiligten Anbieter oder Emittenten edelmetallbezogener Finanzinstrumente, wie zum Beispiel ETFs, bezieht).

Denken Sie daran, dass Edelmetalle normalerweise nicht dazu gedacht sind, Einkommen zu generieren, sondern als langfristige Vermögensanlage, die ihren Wert bewahrt und gegebenenfalls das Potenzial für Kapitalgewinne bietet (oder Verluste, falls sie in einem fallenden Markt verkauft werden). Insofern besteht also auch ein Marktrisiko.

Der Kauf von physischem Gold und/oder Silber (zum Beispiel in Form von Anlagemünzen wie Gold oder Silber Eagles, die von der US-Münzanstalt unter www.usmint.gov ausgegeben werden) ist die sicherste Art, Edelmetalle zu halten und zu lagern, entweder zu Hause im eigenen Safe oder im Schließfach einer Bank oder eines Edelmetallhändlers. Vergewissern Sie sich im letzteren Fall, dass es sich dabei um einen wirklich seriösen und zuverlässigen Händler handelt.

Risiken bei Rohstoffen

Wenn wir schon dabei sind, fragen wir ChatGPT doch auch gleich nach den Risiken von Anlagen in Rohstoffe, zum Beispiel mit dem folgenden Prompt:

»*Bitte erstelle eine Aufzählungsliste mit den Risiken der Anlage in Rohstoffe und erläutere jeden Punkt.*«

KAPITEL 9 Edelmetalle und andere Rohstoffe

Risiken bei der Anlage in Edelmetalle:

1. **Preisschwankungen:**
   Edelmetallpreise können stark schwanken, beeinflusst durch Angebot und Nachfrage, wirtschaftliche Bedingungen und geopolitische Ereignisse. Diese Volatilität kann zu erheblichen Verlusten führen, wenn die Marktbedingungen ungünstig sind.

2. **Inflationsrisiko:**
   Während Edelmetalle oft als Schutz vor Inflation betrachtet werden, können sie in Zeiten unerwartet niedriger Inflation oder Deflation an Wert verlieren, was das Inflationsrisiko umkehrt.

3. **Liquiditätsrisiko:**
   Edelmetalle können manchmal schwer zu verkaufen sein, insbesondere in Krisenzeiten oder wenn der Markt illiquide ist. Dies kann dazu führen, dass Investoren ihre Bestände nur zu niedrigen Preisen veräußern können.

4. **Lagerkosten und -risiken:**
   Physische Edelmetalle müssen sicher gelagert werden, was mit Kosten verbunden ist. Es besteht auch das Risiko von Diebstahl oder Verlust.

5. **Regulatorisches Risiko:**
   Änderungen in der Gesetzgebung oder in steuerlichen Vorschriften können die Attraktivität von Edelmetallinvestitionen beeinträchtigen. Beispielsweise könnten neue Steuern auf Gewinne oder Besitz eingeführt werden.

6. **Marktrisiko:**
   Der Wert von Edelmetallen kann durch makroökonomische Faktoren, wie Änderungen der Zinssätze oder politische Entscheidungen, beeinflusst werden. Dies kann zu unerwarteten Preisbewegungen führen.

7. **Kontrahentenrisiko:**
   Bei Investitionen in Edelmetall-Derivate oder über Broker besteht das Risiko, dass der Vertragspartner seinen Verpflichtungen nicht nachkommt. Wenn ein Broker oder ein Finanzinstitut insolvent wird, könnten Investoren ihre Anlagen teilweise oder vollständig verlieren.

8. **Wechselkursrisiko:**
   Für Investoren, die in einer anderen Währung als der ihres Heimatlandes in Edelmetalle investieren, kann die Wechselkursvolatilität das Risiko erhöhen und den Wert der Investition beeinflussen.

9. **Nachfrageabhängigkeit:**
   Die Nachfrage nach Edelmetallen kann von industriellen Anwendungen und Verbrauchstrends abhängen. Änderungen in der Technologie oder Verbraucherverhalten können die Nachfrage und damit die Preise beeinflussen.

10. **Manipulationsrisiko:**
    Der Edelmetallmarkt kann anfällig für Manipulationen durch große Marktteilnehmer sein, was zu künstlichen Preisbewegungen führen kann, die nicht den fundamentalen Marktbedingungen entsprechen.

Jeder dieser Punkte stellt ein spezifisches Risiko dar, das Anleger berücksichtigen sollten, bevor sie in Edelmetalle investieren. Ein umfassendes Verständnis dieser Risiken kann helfen, fundierte Anlageentscheidungen zu treffen und potenzielle Verluste zu minimieren.

Abbildung 9.1: Die Risiken bei der Anlage in Edelmetalle nach Einschätzung von KI

Die Antwort von ChatGPT finden Sie im nachfolgenden Text (den ich in diesem Fall wieder durch eigene Kommentare in kursiver Schrift ergänzt habe).

»Rohstoffe als Anlageform können eine wertvolle Ergänzung für ein diversifiziertes Portfolio darstellen, bergen aber auch bestimmte Risiken, die Anleger kennen sollten. Hier sind einige der wichtigsten Risiken, die mit der Anlage in Rohstoffe einhergehen:

1. **Preisvolatilität**

    Rohstoffe sind für ihre Preisvolatilität bekannt. Faktoren wie Ungleichgewichte zwischen Angebot und Nachfrage, geopolitische Ereignisse, Wetterbedingungen und Währungsschwankungen können zu schnellen und erheblichen Preisschwankungen führen.

    Anmerkung: Dieses Risiko bezieht sich in erster Linie auf Spekulationen an den Warenterminbörsen. Anleger können es verringern, indem sie in qualitativ hochwertige, rohstoffbezogene Aktien und ETFs mit hoher Marktkapitalisierung investieren.

2. **Mangelndes Einkommen**

    Im Gegensatz zu Aktien oder Anleihen erwirtschaften Rohstoffe in der Regel keine Erträge in Form von Dividenden oder Zinszahlungen. Die Anleger sind auf Preissteigerungen angewiesen, um potenzielle Erträge zu erzielen.

    Anmerkung: Das ist richtig, aber es gibt Rohstoffaktien und -ETFs, die Dividenden ausschütten.

3. **Potenzielle Lagerkosten**

    Anlagen in physische Rohstoffe, wie Gold oder Öl, können Lagerungslösungen erfordern. Die dabei entstehenden Lagerkosten können die Rendite schmälern, insbesondere bei Anlegern, die große Mengen an physischen Rohstoffen halten.

    Anmerkung: Beachten Sie, dass die Lagerkosten langfristig anfallen können; viele Anleger entscheiden sich daher für eine persönlichere und diskretere Art der Aufbewahrung (zum Beispiel zu Hause im Safe).

4. **Kontrahentenrisiko**

    Beim Handel mit Warenterminkontrakten oder beim Einsatz von rohstoffbezogenen Finanzprodukten sind die Anleger einem Kontrahentenrisiko ausgesetzt. Dieses Risiko entsteht, wenn die Gegenpartei (zum Beispiel ein Futures-Broker oder ein Finanzinstitut) ihren Zahlungsverpflichtungen nicht nachkommen kann.

    Anmerkung: Dies mag in gewissem Maße auf den Terminmarkt zutreffen, ist aber wenig plausibel. Der Handel mit Futures ist ohnehin eine spekulative Angelegenheit, weshalb es sicherer ist, sich an Rohstoff-ETFs zu halten.

5. **Liquiditätsrisiko**

    Einige Rohstoffe können im Vergleich zu traditionelleren Anlagen wie Aktien oder Anleihen eine geringere Liquidität aufweisen. Dies kann es schwierig machen, Positionen zu den gewünschten Preisen einzugehen oder zu verlassen.

Anmerkung: Die geringere Liquidität ist ein Risiko beim Handel mit Futures auf wenig gehandelte Rohstoffe. Anleger (und auch Spekulanten) sollten diese risikoreichen Märkte am besten meiden.

6. **Rollkosten**

Anleger in Warenterminkontrakte müssen ihre Positionen regelmäßig verlängern (oder »rollen«), um eine physische Lieferung zu vermeiden. Die mit dem Rollvorgang verbundenen Kosten, einschließlich der Transaktionsgebühren, können die Rendite schmälern.

Anmerkung: Auch hier gilt: Anleger sollten sich vom Futures-Handel fernhalten. Insbesondere für Einsteiger sind Rohstoff-ETFs die bessere Wahl.

7. **Regulatorische Risiken**

Die Rohstoffmärkte unterliegen staatlichen Vorschriften, die sich im Laufe der Zeit ändern können. Neue Gesetze oder Steuerrichtlinien können sich auf die Kosten und die Einfachheit des Handels mit Rohstoffen auswirken.

8. **Geopolitische Faktoren**

Geopolitische Ereignisse, wie zum Beispiel Handelsstreitigkeiten oder Konflikte in rohstoffproduzierenden Regionen, können die Lieferketten unterbrechen und die Rohstoffpreise beeinflussen.

9. **Währungsrisiko**

Die Preise vieler Rohstoffe werden in US-Dollar angegeben. Wechselkursänderungen können die Kosten und Renditen von Anlagen in Rohstoffe beeinflussen, insbesondere für Anleger, die andere Währungen verwenden.

10. **Wetter und Naturkatastrophen**

Vor allem Agrarrohstoffe sind anfällig für Wetterbedingungen und Naturkatastrophen wie Dürren, Überschwemmungen oder Wirbelstürme. Solche Ereignisse können das Angebot und die Preise erheblich beeinflussen.

11. **Umweltaspekte**

Einige Rohstoffe wie Öl und Kohle stehen aufgrund von Umweltbedenken immer mehr auf dem Prüfstand. Neue Gesetze sowie eine Verschiebung der Verbraucherpräferenzen in Richtung sauberer Energiequellen können die Nachfrage nach bestimmten Rohstoffen beeinflussen.

12. **Ethische und soziale Erwägungen**

Bei der Anlage in Rohstoffe können ethische oder soziale Erwägungen eine Rolle spielen. So können beispielsweise Bedenken hinsichtlich der ökologischen und sozialen Auswirkungen von Bergbauaktivitäten Anlageentscheidungen beeinflussen.

Anmerkung: Dies ist Ihre persönliche Entscheidung.

13. Contango und Backwardation

An den Warenterminmärkten können *Contango* (höhere Terminpreise als die aktuellen Preise) und *Backwardation* (niedrigere Terminpreise als die aktuellen Preise) die Renditen von Anlegern beeinflussen, die Terminkontrakte verlängern.

Anmerkung: Beide Phänomene sind wichtige Konzepte in der Welt der Warenterminmärkte, die Händler und Spekulanten zu ihrem Vorteil nutzen können. Nutzen Sie KI, um mehr darüber zu erfahren.

Um diese Risiken in den Griff zu bekommen, streuen Anleger ihr Portfolio häufig über verschiedene Anlageklassen, darunter Aktien, Anleihen, Immobilien und Bargeld. Für die Anlage in Rohstoffe bieten sich auch Rohstoff-ETFs oder -Investmentfonds an, die ein Engagement in Rohstoffpreisbewegungen ermöglichen, ohne dass der physische Besitz von Rohstoffen erforderlich ist. Darüber hinaus ist es für Anleger in Rohstoffe wichtig, gründliche Recherchen durchzuführen und über die Marktdynamik und globale Ereignisse auf dem Laufenden zu bleiben.

Anmerkung: Ein schönes Fazit – na dann nichts wie los!«

Edelmetalle – ein Sachwert der Extraklasse

Der Begriff *Sachwerte* bezieht sich auf anlagefähige, greifbare Vermögenswerte, die Sie und ich physisch besitzen können, die also nicht nur auf Papier oder in digitaler Form existieren. Sachwerte umfassen eine bunte Auswahl an materiellen Vermögenswerten wie Immobilien, Sammlerstücke und Edelmetalle aller Art, beziehen sich aber in erster Linie auf Gold und Silber.

Obwohl auch Metalle wie Platin und Palladium zu den Edelmetallen zählen, konzentriert sich der Anlagemarkt hauptsächlich auf Gold und Silber, da diese beiden Edelmetalle seit Jahrtausenden als zuverlässige Wertaufbewahrungs- und Tauschmittel gelten . Aufgrund ihrer einzigartigen Geschichte und ihrer Stellung auf dem Weltmarkt werden Gold und Silber in der Regel als separate Rohstoffkategorie behandelt. Dennoch haben sie hinsichtlich ihrer Verwendung Gemeinsamkeiten mit anderen Rohstoffen: Sowohl Gold als auch Silber werden beispielsweise für die Herstellung von Schmuck verwendet, während Silber als Industriemetall Hunderte von Anwendungen hat (zum Beispiel in Solarzellen, Smartphones, Unterhaltungselektronik, im Gesundheitswesen und viele mehr.).

Das Besondere an Gold und Silber ist zudem ihr Geldcharakter – beide dienen seit Jahrtausenden als Wertaufbewahrungs-, Tausch- und Zahlungsmittel. Als Zahlungsmittel haben beide bis dato praktisch alle anderen von Menschen geschaffenen Währungen überdauert, und es ist nicht unwahrscheinlich, dass sie auch heutige (und künftige) Währungen überdauern werden.

In den folgenden Abschnitten erfahren Sie, wie Sie in Edelmetalle investieren können, wie KI Sie dabei unterstützen kann und wo Sie weitere Informationen finden.

Möglichkeiten, in Gold und Silber zu investieren

Falls Sie sich dazu entschließen, Gold und/oder Silber (oder andere Edelmetalle) in Ihr Portfolio aufzunehmen, finden Sie hier die wichtigsten Anlagemöglichkeiten:

✔ **Physische Münzen oder Barren:** Gold und Silber in Form von Münzen, Medaillen oder Barren sind der sicherste Weg, Edelmetalle in Ihr Portfolio aufzunehmen. Bei Münzen gibt es zwei Möglichkeiten: *Anlagemünzen* und *Sammlermünzen* (auch *numismatische Münzen* genannt).

Falls Sie noch keine Erfahrung mit physischem Gold und Silber haben, sollten Sie sich zunächst an Anlagemünzen halten, die von einer Münzprägeanstalt ausgegeben werden. Von Sammlermünzen sollten Sie hingegen Abstand nehmen, bis Sie über mehr Erfahrung und Wissen verfügen. Sammlermünzen bergen aufgrund verschiedener Faktoren wie Zustand der Münze, Echtheit und so weiter ein zu hohes Risiko.

✔ **Termingeschäfte**: Wie für Rohstoffe im Allgemeinen lassen sich auch für Gold und Silber Termingeschäfte abschließen.

Bei Termingeschäften oder *Futures* geht es jedoch nicht ums Investieren, sondern ums Spekulieren. Der Handel mit Futures ist schnelllebig, sehr volatil und sehr riskant – und häufig nur für Profis zugänglich.

✔ **Aktien:** In der Welt der Edelmetalle gibt es eine Menge vielversprechender Aktien. Sie sind weniger riskant als Termingeschäfte, bieten aber dennoch ein langfristiges Wachstumspotenzial und sind daher eine gute Möglichkeit, ein typisches Portfolio mit diesen Vermögenswerten zu diversifizieren. Die in den Kapiteln 4 und 5 vorgestellten Strategien und Ressourcen sind sowohl für traditionelle als auch für KI-basierte Aktien nützlich.

Anfänger und Neulinge in der Welt der Aktienanlagen können von *Börse für Dummies* von Christine Bortenschläger (erschienen bei Wiley) profitieren.

✔ **ETFs und Investmentfonds:** Im Vergleich zu den zuvor genannten Möglichkeiten sind ETFs und Investmentfonds der konservativere, und damit risikoärmerer Anlageansatz, um sich Edelmetalle ins Portfolio zu holen. Weitere Informationen zu diesen beiden Anlageinstrumenten finden Sie in Kapitel 6.

KI-Strategien für Edelmetallinvestments

Im Folgenden finden Sie eine Liste von Möglichkeiten, wie KI Sie bei der Anlage in Gold und Silber unterstützen kann:

✔ **Marktanalyse:** KI kann historische Preisdaten, Markttrends und die Stimmung in den Nachrichten analysieren und so Echtzeit-Marktinformationen für fundierte Anlageentscheidungen liefern.

✔ **Preisprognosen:** KI-Algorithmen können Gold- und Silberpreise vorhersagen und so Anlegern helfen, optimale Ein- und Ausstiegspunkte für den Handel zu finden.

✔ **Risikobewertung:** KI-Modelle können das mit Edelmetallinvestments verbundene Risiko bewerten, indem sie Faktoren wie geopolitische Ereignisse und Wirtschaftsindikatoren berücksichtigen.

✔ **Portfoliodiversifizierung:** Die KI kann eine optimale *Allokation* (das heißt Verteilung) von Edelmetallen innerhalb eines diversifizierten Anlageportfolios empfehlen, um das Risiko zu streuen.

✔ **Mustererkennung (technische Analyse):** KI kann technische Muster in Preischarts identifizieren und so Anlegern helfen, potenzielle Ausbruchs- oder Umkehrpunkte zu erkennen.

✔ **Optimierte Vermögensallokation:** KI kann Anpassungen der Gold- und Silberbestände eines Portfolios auf der Grundlage sich ändernder Marktbedingungen und Risikoprofile empfehlen.

✔ **Marktwarnungen:** KI-gestützte Systeme können Echtzeitwarnungen an Anleger senden, sobald signifikante Preisbewegungen oder Nachrichtenereignisse auftreten.

✔ **Analyse der historischen Wertentwicklung:** KI kann historische Performance-Daten von Edelmetallen analysieren und so Anlegern helfen, das langfristige Potenzial und die Risiken von Edelmetallinvestments besser zu verstehen.

✔ **Nachrichtenzusammenfassung:** KI kann Nachrichtenartikel zum Thema Gold und Silber zusammenfassen und zu priorisieren, sodass Anleger Zeit sparen, wenn sie auf dem Laufenden bleiben wollen.

Sie haben keine Ideen für geeignete Prompts zum Einstieg in das Thema Edelmetallinvestments? Bitten Sie doch einfach ChatGPT (oder ein anderes KI-Tool), Ihnen bei der Erstellung nützlicher Prompts zu helfen, zum Beispiel mit der folgenden Anfrage: »*Bitte liste mir fünf Prompts auf, die für Edelmetall-Anleger nützlich sind.*« Probieren Sie es am besten gleich selbst aus!

Anlaufstellen für Edelmetallinvestments

Weitere Informationen zu Edelmetallen finden Sie unter den folgenden Quellen:

✔ Gold.de (www.gold.de)

✔ Silber.de (www.silber.de)

✔ Precious Metals Investing (www.preciousmetalsinvesting.com)

✔ *Investing in Gold & Silver For Dummies* von Paul Mladjenovic (Wiley)

✔ *Precious Metals Investing For Dummies* von Paul Mladjenovic (Wiley)

✔ *In Sachwerte investieren für Dummies* von Jürgen Nowacki (Wiley)

Die Welt der (anderen) Rohstoffe und des Rohstoffhandels erkunden

Wechseln wir nun von den Edelmetallen (die zwar auch zu den Rohstoffen zählen, aber eine eigene Kategorie bilden) zu den herkömmlichen Rohstoffen, also all den Dingen, die die Grundlage all dessen bilden, was wir zum täglichen Leben brauchen (und von all dem anderen »Zeug«, das wir glauben zu benötigen).

Jeder Mensch braucht Nahrung, Kleidung, Mobilität, Elektrizität – und gefühlte tausend andere »funktionale« Dinge, die uns das Leben leichter und angenehmer machen sollen. Das wiederum macht Rohstoffe zu einem logischen und unverzichtbaren Bestandteil eines jeden Anlageportfolios. Im Folgenden machen wir zunächst einen kleinen Rundgang durch die Welt der Rohstoffe. Anschließend zeige ich Ihnen, wie Sie am besten darin investieren können und wie KI Sie dabei unterstützen kann.

Die meisten denken bei Rohstoffen an *Warentermingeschäfte* beziehungsweise *Futures* (und *Optionen*), bei denen es im Grunde darum geht, mit Rohstoffen zu spekulieren. Sie können sich jedoch an jedem der im Folgenden genannten Rohstoffe auch über Rohstoff-ETFs und -Investmentfonds beteiligen, was ein wesentlich sichererer und seriöserer Ansatz ist. Eine ausführliche Einführung in das Thema Rohstoffe bietet *Commodities for Dummies* von Amine Bouchentouf (Wiley).

Den Zusammenhang zwischen Futures und Rohstoffen verstehen

Sind *Futures* (auch *Terminkontrakte* genannt) und Rohstoffe dasselbe? Sehr oft werden diese beiden Begriffe miteinander gleichgesetzt, doch es gibt einen wichtigen Unterschied, den jeder Anleger kennen sollte. Einfach ausgedrückt: Während es sich bei den Rohstoffen um den eigentlichen »Stoff«, also die tatsächliche physische Ware handelt, repräsentieren *Futures* (bei Rohstoffen auch *Warentermingeschäfte* oder *-kontrakte* genannt) diese Ware lediglich – sozusagen stellvertretend– in einer marktfähigen, also handelbaren Form. Oder anders ausgedrückt: Wenn Sie zum Beispiel einen Scheffel Mais haben, dann ist das ein Rohstoff beziehungsweise eine Ware; Futures auf Mais hingegen repräsentieren diesen Rohstoff beziehungsweise diese Ware in Form eines handelbaren Wertpapiers (zum Beispiel eines *Kontrakts*).

Stellen wir ChatGPT die folgende ganz einfache Frage:

»*Was genau ist der Unterschied zwischen Futures und Rohstoffen?*«

Abbildung 9.2 zeigt, wie ChatGPT die Hauptunterschiede zwischen Rohstoffen und Futures beschreibt.

Der Unterschied zwischen Futures und Rohstoffen liegt in ihrer Natur und ihrer Verwendung im Handel und der Finanzwelt:

Rohstoffe

Rohstoffe (auch Commodities genannt) sind physische Güter, die in der Regel als Grundlage für die Herstellung anderer Waren und Dienstleistungen verwendet werden. Sie sind in der Regel in verschiedene Kategorien unterteilt, wie zum Beispiel:

- **Agrarrohstoffe**: Weizen, Mais, Sojabohnen, Zucker usw.
- **Energierohstoffe**: Rohöl, Erdgas, Heizöl usw.
- **Metalle**: Gold, Silber, Kupfer, Platin usw.
- **Weichwaren**: Kaffee, Kakao, Baumwolle usw.

Rohstoffe haben physische Eigenschaften und werden in der Regel auf Märkten gehandelt, wo sie nach Gewicht oder Volumen gemessen werden.

Futures

Futures hingegen sind Finanzkontrakte, die auf der Grundlage von Rohstoffen (oder anderen Vermögenswerten) erstellt werden. Ein Futures-Kontrakt ist eine Vereinbarung zwischen zwei Parteien, einen bestimmten Rohstoff oder einen anderen Vermögenswert zu einem festgelegten Preis zu einem zukünftigen Zeitpunkt zu kaufen oder zu verkaufen. Einige wichtige Merkmale von Futures sind:

- **Standardisierte Verträge**: Futures sind standardisierte Verträge, die an Futures-Börsen gehandelt werden. Das bedeutet, dass die Menge, Qualität und Lieferzeit des zugrunde liegenden Rohstoffs im Vertrag festgelegt sind.
- **Hebelwirkung**: Futures-Kontrakte ermöglichen es den Händlern, eine große Menge des zugrunde liegenden Rohstoffs zu kontrollieren, ohne den vollen Preis im Voraus bezahlen zu müssen. Dies wird als Hebelwirkung bezeichnet.
- **Spekulation und Absicherung**: Futures werden sowohl von Spekulanten, die auf Preisbewegungen wetten, als auch von Unternehmen genutzt, die sich gegen Preisrisiken absichern möchten (z.B. Landwirte, die den Preis für ihre Ernte im Voraus festlegen wollen).
- **Keine physische Lieferung erforderlich**: Die meisten Futures-Kontrakte werden vor dem Fälligkeitsdatum geschlossen, so dass keine physische Lieferung des Rohstoffs stattfindet. Stattdessen erfolgt eine Barausgleichszahlung.

Zusammengefasst:

- **Rohstoffe** sind physische Güter, die gehandelt und für die Produktion verwendet werden.
- **Futures** sind Finanzinstrumente, die den Kauf oder Verkauf von Rohstoffen (oder anderen Vermögenswerten) zu einem zukünftigen Zeitpunkt und zu einem festgelegten Preis regeln.

Futures bieten eine Möglichkeit, auf die Preisbewegungen von Rohstoffen zu spekulieren oder sich gegen diese abzusichern, ohne dass die physische Ware tatsächlich gehandelt werden muss.

Abbildung 9.2: So erklärt KI den Unterschied zwischen Rohstoffen und Futures

Aus den obigen Antworten wird klar, dass Rohstoffe und Futures zwei grundlegend verschiedene Dinge sind, auch wenn sie im Kern den gleichen Inhalt haben. Dies zeigt auch, dass es auf dem heutigen diversifizierten Markt viele verschiedene Finanzinstrumente und -strategien für ein und denselben Vermögenswert geben kann. Nutzen Sie KI, um die jeweiligen Vor- und Nachteile zu prüfen und Strategien zu entdecken, mit denen Sie einen bestimmten Vermögenswert Ihren Bedürfnissen entsprechend in Ihr Portfolio integrieren können. Sie können sich an Edelmetallen und anderen Rohstoffen entweder direkt über Handelsplätze wie den *Futures-Markt* (*Warenterminbörse*) oder indirekt über Finanzinstrumente wie Aktien, ETFs, Investmentfonds et cetera beteiligen.

Ein Überblick über die verschiedenen Arten von Rohstoffen

In diesem Abschnitt befassen wir uns mit der Bandbreite der verschiedenen handelbaren Rohstoffe, angefangen bei den Rohstoffen zur Deckung des täglichen Grundbedarfs (Nahrung und Kleidung), bis hin zu *Energierohstoffen* und *Industriemetallen*.

Fast alle der im Folgenden aufgeführten Rohstoffe können entweder direkt über Terminmärkte (Futures oder ETFs) oder indirekt (über börsennotierte Unternehmen) gehandelt werden.

Wann immer etwas das Interesse der Anleger weckt, ist es wichtig zu wissen, welche Rohstoffe involviert sind. So sind zum Beispiel Elektrofahrzeuge in den letzten Jahren in den Fokus von Regierungen und Unternehmen gerückt. Der ökologische Nachteil von Elektrofahrzeugen besteht darin, dass für ihre Herstellung große Mengen seltener Metalle benötigt werden. Investments in E-Fahrzeuge können riskant sein, aber eine weniger riskante Möglichkeit, von ihnen zu profitieren, besteht darin, in genau die Rohstoffe zu investieren, die für ihre Herstellung benötigt werden.

Agrarrohstoffe

Pflanzliche Nahrungsmittel werden Tag für Tag konsumiert, und was liegt da näher, als – mithilfe von KI – in sie zu investieren. Hier einige Beispiele:

- ✔ Weizen
- ✔ Mais
- ✔ Sojabohnen
- ✔ Reis
- ✔ Baumwolle
- ✔ Kaffee
- ✔ Zucker
- ✔ Kakao

Zwar gibt es für all diese Agrarrohstoffe und für die meisten der weiter hinten aufgeführten Rohstoffe einen Terminmarkt, aber Sie können auch in sie investieren, ohne den spekulativen Weg über Futures zu gehen, und zwar mithilfe von Rohstoff-ETFs.

Eine gute Möglichkeit besteht darin, sich von der KI einen bestimmten ETF anhand seines Börsenkürzels beschreiben zu lassen, wie zum Beispiel den *Invesco DB Agricultural Fund* mit dem Symbol *DBA*:

»Bitte beschreibe den ETF mit dem Symbol DBA.«

Abbildung 9.3 zeigt die Antwort von ChatGPT.

Vieh und Fleisch

Die folgenden Lebensmittelrohstoffe stehen im Zusammenhang mit Tierhaltung und Fleischproduktion:

- ✔ Rinder
- ✔ Schweine
- ✔ Mastrinder
- ✔ Schweinebäuche

Ölsaaten

Pflanzensamen, die hauptsächlich zur Gewinnung von Pflanzenöl verwendet werden:

- ✔ Sojabohnen
- ✔ Raps
- ✔ Sonnenblumenkerne

Tropische Produkte

Diese Rohstoffe werden in der Regel in tropischen Regionen angebaut:

- ✔ Kaffee
- ✔ Kakao
- ✔ Kautschuk
- ✔ Palmöl

Milcherzeugnisse

Diese Gruppe umfasst verschiedene Arten von Milchprodukten:

- ✔ Milch
- ✔ Butter
- ✔ Käse

Energierohstoffe

Dieser Sektor sollte in keinem gut diversifizierten Portfolio fehlen, da Energie ein wichtiger Faktor für die gesamte nationale und globale Wirtschaft ist:

- ✔ Rohöl
- ✔ Erdgas
- ✔ Heizöl
- ✔ Benzin
- ✔ Kohle
- ✔ Propan

> Der ETF mit dem Symbol DBA ist der **Invesco DB Agriculture Fund**. Dieser ETF verfolgt das Ziel, die Wertentwicklung des **DBIQ Diversified Agriculture Index Excess Return** sowie die Zinsen auf im Portfolio enthaltene liquide Mittel nachzubilden, abzüglich der Aufwendungen des Fonds.
>
> Hier sind einige wesentliche Merkmale des Invesco DB Agriculture Fund (DBA):
>
> 1. **Anlageziel und Strategie**:
>   - Der DBA zielt darauf ab, Anlegern ein Engagement in den Rohstoffmärkten zu bieten, speziell im Bereich der Agrarrohstoffe.
>   - Er investiert in Derivate wie Futures-Kontrakte, die sich auf verschiedene Agrarrohstoffe beziehen, um die Performance des zugrundeliegenden Index nachzubilden.
>
> 2. **Zielindex**:
>   - Der DBIQ Diversified Agriculture Index Excess Return umfasst Futures-Kontrakte auf verschiedene Agrarrohstoffe, darunter Getreide, Vieh und andere landwirtschaftliche Produkte.
>   - Der Index ist darauf ausgelegt, die Wertentwicklung eines diversifizierten Portfolios von Agrarrohstoffen widerzuspiegeln.
>
> 3. **Rohstoffe im Portfolio**:
>   - Typische Rohstoffe, in die der DBA investiert, umfassen Weizen, Mais, Sojabohnen, Zucker, Kaffee, Baumwolle, Lebendrind, Magerschwein, Kakao und andere.
>   - Die Gewichtung dieser Rohstoffe kann variieren, um die Indexstruktur zu replizieren.
>
> 4. **Kostenquote**:
>   - Die Kostenquote des Fonds beträgt etwa 0,85%. Dies umfasst die Verwaltungsgebühren und andere Betriebskosten.
>
> 5. **Risiken**:
>   - Der Fonds ist den typischen Risiken von Rohstoffinvestitionen ausgesetzt, darunter Preisschwankungen, saisonale Muster, Wetterbedingungen, staatliche Regulierungen und globale Nachfrage- und Angebotsfaktoren.
>   - Zusätzlich besteht ein Kontrahentenrisiko durch die Nutzung von Derivaten.
>
> 6. **Handel und Liquidität**:
>   - DBA wird an der NYSE Arca gehandelt, was Anlegern eine bequeme Möglichkeit bietet, in den Agrarsektor zu investieren.
>   - Die Liquidität hängt von den Handelsvolumina der zugrundeliegenden Futures-Kontrakte ab.
>
> 7. **Diversifikation**:
>   - Der Fonds bietet eine Diversifikation innerhalb des Agrarsektors und kann als Teil eines breiteren Rohstoffportfolios oder eines allgemeinen Investmentportfolios genutzt werden, um die Gesamtrendite zu erhöhen und das Risiko zu streuen.
>
> Durch die Investition in den DBA können Anleger an den Preisschwankungen der Agrarrohstoffmärkte partizipieren, was sowohl Chancen als auch Risiken mit sich bringt. Der Fonds eignet sich für Anleger, die ein diversifiziertes Engagement in landwirtschaftlichen Rohstoffen suchen, ohne direkt in Futures-Kontrakte investieren zu müssen.

Abbildung 9.3: Sie können KI gezielt über einen bestimmten Rohstoff-ETF befragen

Industriemetalle (Basismetalle)

Hierbei handelt es sich um unedle Metalle, die hauptsächlich im Bauwesen und für industrielle Zwecke verwendet werden:

- ✔ Kupfer
- ✔ Aluminium
- ✔ Zink
- ✔ Nickel
- ✔ Blei
- ✔ Zinn

Im Gegensatz zu Gold und Silber beruht der Wert dieser Metalle nicht auf ihrem inneren Wert, sondern auf ihrem Nutzen und ihrer Verwendung in der Produktion.

Exotische Metalle

Dazu gehören wertvolle und seltene Metalle, die weniger häufig gehandelt werden:

- ✔ Rhodium
- ✔ Iridium
- ✔ Ruthenium

Obwohl diese Metalle als wertvoll eingestuft werden, zählen sie ebenfalls nicht zu den klassischen Edelmetallen, da sie nicht in dem Maße als Anlageinstrument genutzt werden wie zum Beispiel Gold und Silber.

Seltene Erden (Seltenerdmetalle)

Hierbei handelt es sich um eine Gruppe von 17 Elementen mit speziellen Verwendungszwecken in Technik und Industrie. Beispiele sind Neodym, Dysprosium, Europium und Terbium. Starten Sie einfach eine KI-Recherche, um mehr über diese seltenen Metalle zu erfahren. Ähnlich wie exotische Metalle werden auch Seltenerdmetalle wenig gehandelt, was den Markt für Anleger relativ undurchsichtig macht.

Für alle, die sich dennoch für diesen Sektor interessieren, kann die Welt der Small-Cap-Bergbau- und Minenaktien eine vielversprechende Möglichkeit bieten, und auch hier kann KI natürlich bei der Recherche behilflich sein.

Anlagevehikel für Rohstoffe unter die Lupe nehmen

Nachdem Sie Ihre Hausaufgaben gemacht und sich dazu entschieden haben Rohstoffe in Ihr Portfolio aufzunehmen, sollten Sie als Nächstes prüfen, welche Arten von Finanzinstrumenten in diesem Zusammenhang zur Verfügung stehen und für Sie geeignet sind:

Futures und Optionen: Diese Finanzinstrumente sind als spekulativ einzustufen, und Sie sollten sie nur dann in Betracht ziehen, wenn Sie über genügend Wissen und Erfahrung auf diesem Gebiet verfügen. In der Zwischenzeit können Sie sich mithilfe von KI und Websites wie `www.eurex.com/ex-de/` und `https://www.deltavalue.de/optionen-handeln/` (weitere Quellen finden Sie am Ende des Kapitels) ausführlich über diese Möglichkeiten informieren.

✔ **Rohstoffaktien:** Sie mögen langweilig klingen, aber Rohstoffaktien können mitunter gute Renditen abwerfen. Nehmen wir zum Beispiel Wasser – ein immens wichtiger Rohstoff (Wer würde das bestreiten?). Wasseraktien zählen seit dem Jahr 2000 zu den Spitzenreitern am Aktienmarkt. Viele Rohstoffaktien haben sich im Laufe der Jahre als stabil und zuverlässig erwiesen. Nutzen Sie KI, um stark nachgefragte Large-Cap-Rohstoffaktien zu finden. Weitere allgemeine Informationen zu Aktien finden Sie in den Kapiteln 4 und 5.

✔ **Rohstoff-ETFs und -Investmentfonds:** Sowohl bei Edelmetallen als auch bei Rohstoffen sind ETFs und Investmentfonds die einfachste und risikoärmste Möglichkeit für Anleger, sich in diesen Bereichen zu engagieren. Unter www.justetf.com finden Sie eine Reihe von breitaufgestellten Edelmetall- und Rohstoff-ETFs.

Angesichts der großen Auswahl an Rohstoff-ETFs lohnt es sich, gründlich zu recherchieren (oder mit Ihrem Finanzberater zu sprechen). Einzelheiten zu ETFs finden Sie in Kapitel 6.

Mithilfe von KI in Rohstoffe investieren

Wenn Sie sich ernsthaft im Rohstoffsektor engagieren möchten, sollten Sie unbedingt das Potenzial von KI nutzen. Hier sind einige Beispiele, wie KI Sie beim Rohstoffinvestment unterstützen kann:

✔ **Ausführliche Erläuterungen und Erklärungen:** Dies ist die erste und naheliegendste Einsatzmöglichkeit von KI, um Ihnen als Anleger zu helfen, möglichst viele und detaillierte Informationen über verschiedene Märkte, Anlagestrategien und Finanzinstrumente zu sammeln und sie zu verstehen. Für Anfänger ist dies der beste Einstieg und unerlässlich, um sich das nötige Grundwissen anzueignen.

✔ **Analyse von Angebot und Nachfrage:** Da KI große Datenmengen auf einmal verarbeiten kann, sollten Sie dieses Potenzial nutzen, um die aktuelle Angebots- und Nachfragesituation für einen bestimmten Rohstoff zu bewerten. Angebot und Nachfrage sollten die Grundlage für Ihre Anlageentscheidungen (und gegebenenfalls auch Spekulationsentscheidungen) bilden. Verdeutlicht wird dies durch die folgenden Zusammenhänge:

- Eine steigende Nachfrage bei stabilem oder geringem Angebot treibt den Preis des betreffenden Rohstoffs nach oben (man spricht hier auch von einem »bullischen« oder einem zur Hausse tendierenden Klima).

- Der Preis eines Rohstoffs geht auch dann nach oben, wenn die Nachfrage stabil ist, das Angebot aber sinkt.

- Eine sinkende Nachfrage bei stabilem oder leicht erhöhtem Angebot führt zu fallenden Preisen bei dem betreffenden Rohstoff (man spricht hier auch von einem »bärischen« oder einem zur Baisse tendierenden Klima).

- Das gilt umso mehr, wenn die Nachfrage sinkt, das Angebot aber steigt.

Das Verständnis des Zusammenspiels von Angebot und Nachfrage ist für viele Produkte und Dienstleistungen in der Wirtschaft, aber auch für viele Märkte wie den Aktienmarkt und andere Finanzmärkte von entscheidender Bedeutung. Nutzen Sie KI, um mehr über diesen wichtigen Mechanismus zu erfahren und ein noch erfolgreicherer Anleger zu werden.

✔ **Technische Analyse:** KI kann Ihnen dabei helfen, kurzfristige Preisbewegungen zu verstehen und zu verfolgen. Das Verständnis von Konzepten wie »Überkaufung« und »Überverkaufung« wird Ihren Handelserfolg steigern. Mehr zur technischen Analyse erfahren Sie in Kapitel 8.

✔ **Wettervorhersage:** KI-gesteuerte Wettermodelle können Aufschluss darüber geben, wie sich die Wetterverhältnisse auf Agrarrohstoffe wie Mais und Weizen auswirken, und so bei Handelsentscheidungen helfen.

✔ **Analyse der Marktstimmung:** KI kann Nachrichtenartikel, soziale Medien und Finanzberichte analysieren, um die Marktstimmung und ihre potenziellen Auswirkungen auf die Rohstoffpreise zu ermitteln.

✔ **Entwicklung von Handelsstrategien:** KI kann Handelsstrategien für Rohstoffe entwickeln und optimieren und dabei Faktoren wie technische Indikatoren, Markttrends und Risikotoleranz berücksichtigen.

✔ **Portfoliodiversifizierung:** KI kann die optimale Verteilung von Rohstoffen innerhalb eines diversifizierten Anlageportfolios empfehlen, um das Risiko zu streuen. KI-Tools wie Robo-Advisors sind hierfür gut geeignet (Einzelheiten hierzu finden Sie in Kapitel 7).

✔ **Automatisierter Handel:** KI-gesteuerte Handelsalgorithmen können auf der Grundlage von vordefinierten Kriterien und Marktsignalen automatisch Rohstoffgeschäfte abwickeln.

✔ **Handelswarnungen:** KI-gestützte Systeme können Echtzeitwarnungen an Anleger senden, sobald bestimmte Preisschwellen oder Handelsmöglichkeiten erreicht werden.

✔ **Historische Performance-Analyse:** KI kann historische Performance-Daten für Rohstoffe analysieren und so Anlegern dabei helfen, deren langfristiges Potenzial und Risiko einzuschätzen.

✔ **Korrelationsanalyse:** KI kann die Korrelation zwischen Rohstoffen und anderen Anlageklassen bewerten und so das Risikomanagement und den Portfolioaufbau unterstützen.

✔ **Einblicke in den Energiemarkt:** Bei Energierohstoffen wie Öl kann KI geopolitische Ereignisse, Fördermengen und OPEC-Entscheidungen analysieren, um entsprechende Handelsstrategien zu entwickeln.

✔ **Entwicklung maßgeschneiderter Anlagestrategien:** KI kann personalisierte Anlagestrategien entwickeln, die auf den finanziellen Zielen, der persönlichen Risikotoleranz und dem Zeithorizont des Anlegers basieren, und so die Rohstoffpositionen innerhalb des Gesamtportfolios optimieren.

Wenn Sie möchten, können Sie die obigen Punkte als Grundlage verwenden, um sinnvolle KI-Prompts zu erstellen – oder aber die KI darum bitten, Ihnen geeignete Vorschläge zu machen. Ich habe dies mit der folgenden Anfrage an ChatGPT versucht:

> »Diskutiere bitte die zyklische Natur der Rohstoffmärkte. Untersuche historische Preiszyklen für [Rohstoff Ihrer Wahl] unter Berücksichtigung von Faktoren wie Konjunkturzyklen, saisonale Muster und Branchentrends. Wie können Anleger diese Zyklen, Muster und Trends erkennen und für fundierte Anlageentscheidungen nutzen?«

Ja, das sind ganz schön viele Anfragen auf einmal, aber Sie sehen, worauf ich hinaus will.

KI-gestützte Funktionen bieten Anlegern wertvolle Einblicke, Automatisierung und datengestützte Entscheidungshilfen, um sich auf dem Rohstoffmarkt zurechtzufinden, Risiken zu managen und Anlagechancen effektiv zu nutzen. KI-Tools, die Sie dabei unterstützen können, finden Sie in Anhang B.

Einige Quellen zum Thema Rohstoffinvestments

Sie benötigen noch mehr Informationen zum Thema Rohstoffe? Schauen Sie hier nach:

- ✔ EUREX (https://www.eurex.com/ex-de/). Die Website der deutschen Terminbörse für Futures und Optionen, die über die Regeln des Marktes für Futures und Optionen mit hilfreichen Ressourcen und Informationen informiert.

- ✔ Commodity Futures Trading Commission (www.cftc.gov). Eine andere ausgezeichnete Website über die Regeln des Marktes für Futures und Optionen für angehende Spekulanten.

- ✔ *Commodities For Dummies* von Amine Bouchentouf (Wiley).

> **IN DIESEM KAPITEL**
>
> Anleihen und Bankeinlagen unter die Lupe nehmen
>
> Kryptowährungen mithilfe von KI erforschen
>
> Digitale Zentralbankwährungen (CBDCs) kennenlernen

Kapitel 10
Anleihen, Bankeinlagen und Kryptowährungen

Jeder gute Finanzplaner strebt beim Aufbau eines Portfolios ein ausreichendes Maß an Diversifizierung an. Über die Vorteile von Diversifizierung herrscht in Wissenschaft und Praxis allgemeiner Konsens. Bei einem Portfolio, das zu 100 Prozent aus Aktien besteht, würde man einem umsichtigen Anleger raten, verschiedene Kategorien und/oder Unterkategorien von Aktien zu halten. Wenn Sie beispielsweise stark in Technologiewerte investiert sind und sich obendrein im Rentenalter befinden, wird Ihnen ein erfahrener Anlageberater mit hoher Wahrscheinlichkeit empfehlen, Ihr starkes Engagement im Technologiesektor zu verringern und Ihr Vermögen stattdessen in Branchen wie Versorgungsunternehmen und Basiskonsumgüter umzuschichten. Konkret würde das bedeuten, Ihre wachstumsorientierten Anlagen (wie zum Beispiel Tech-Aktien) zu reduzieren und die frei werdenden Mittel in ertragsstarke Anlagen wie Dividendenaktien, Anleihen und Einlagenzertifikate zu investieren.

In diesem Kapitel befasse ich mich mit Anleihen und Bankeinlagen (für Investoren) und Kryptowährungen (für Spekulanten) sowie mit dem kommenden digitalen Zentralbankgeld. Während Kapitel 9 die physischen Vermögenswerte, genauer gesagt Rohstoffe, behandelt, werden in diesem Kapitel die digitalen und/oder Papierwerte etwas näher beleuchtet.

Anleihen und Bankeinlagen

 Alle Anleihen sind sogenannte *Schuldtitel* oder *Schuldverschreibungen*. Obwohl eine Anleihe für einen Anleger einen Vermögenswert in seinem Portfolio darstellt, ist er technisch gesehen ein Gläubiger des Emittenten, das heißt er hat Anspruch auf Kupon- oder Zinszahlungen aus der Anleihe beziehungsweise auf

Rückzahlung des Nennwertes der Anleihe. Für den Emittenten einer Anleihe (in der Regel ein Unternehmen oder eine staatliche Einrichtung) stellt diese eine Verbindlichkeit dar, sodass er technisch gesehen Schuldner des Anleihenehmers (Anlegers) ist, das heißt er schuldet diesem Zinszahlungen auf die Anleihe beziehungsweise deren Rückzahlung.

Zu den *Bankeinlagen* zählen von einer Bank angebotenen Anlagemöglichkeiten wie Einlagenzertifikate, Spareinlagen (wie Sparkonten, Sparbücher und Sparbriefe) und Geldmarktkonten (wie Tages- und Festgelder). All diese Anlagen unterliegen in der Regel der gesetzlichen *Einlagensicherung*, das heißt die Guthaben sind bis zu einem Höchstbetrag (in Deutschland 100.000 Euro) geschützt, sollte die Bank in Konkurs gehen.

Diese Anlageformen gelten daher im Allgemeinen als ziemlich sicher, und sind überdies auch eine gute Möglichkeit, Bargeld zu halten – sowohl zwecks Diversifizierung (das heißt zur Absicherung gegenüber anderen risikoreicheren Anlageformen wie Aktien und Investmentfonds) als auch als vorübergehender »Parkplatz« für Ihr Geld, bis Sie es für andere Zwecke benötigen (zum Beispiel zur Tilgung von Schulden oder für andere Investitionen).

Sowohl Anleihen als auch Bankeinlagen gelten im Allgemeinen als sichere Diversifizierungsmöglichkeiten im Rahmen Ihrer allgemeinen Anlagestrategie. Lesen Sie weiter, um mehr über diese beiden Anlageformen zu erfahren.

Anleihen

Im Jahr 2023 erlebten die Anleger einen rekordverdächtigen Zinsanstieg. Die Anhebung des Leitzinses war Teil der Bemühungen der Zentralbanken, die Inflation zu bekämpfen. Das Ergebnis: Viele neue Schuldtitel werfen so hohe Renditen ab wie schon lange nicht mehr. Ein völlig anderes Szenario also, als noch vor wenigen Jahren: Wer damals in Anleihen investiert war, musste dank niedriger Verzinsung und steigender Inflationsraten Einbußen hinnehmen.

Gleich nach der Frage »*Was sind Anleihen?*« sollte daher Ihre zweite Frage an KI lauten: »*Welche Auswirkungen haben Zinssätze und Inflationsrate auf die Anlage in Anleihen?*« Wenn Zinssätze und Inflationsrate sinken, steigen die Anleihen in Ihrem Portfolio im Wert und können dann unter Umständen ein Vermögen wert sein.

In den folgenden Abschnitten erörtere ich einige wichtige Punkte im Zusammenhang mit Anleihen und gebe Ihnen Tipps für Prompts, das heißt was und wie Sie KI diesbezüglich fragen können.

Anleihekategorien

Anleihekategorien können nach verschiedenen Gesichtspunkten betrachtet werden:

✔ Nach der Art des Emittenten

✔ Nach der Art der Anleihe

So gibt es zum Beispiel mehrere Arten von Emittenten:

✔ Bund und Länder

✔ Gebietskörperschaften (das heißt Städte und Gemeinden)

✔ Unternehmen

Was die Sicherheit angeht, so gelten Staatsanleihen (also von der Bundesrepublik Deutschland emittierte Anleihen) so ziemlich als die sicherste Kategorie der Welt.

Grundsätzlich gibt es zwei Arten von Anleihen:

✔ Festverzinsliche Anleihen

✔ Variabel verzinsliche Anleihen

Anleihen haben in der Regel einen festen Zinssatz, was in Zeiten steigender Zinsen und Inflation problematisch sein kann, da sich beides negativ auf den Wert festverzinslicher Anleihen auswirkt. In Zeiten steigender Zinsen sind Anleihen mit variablem Zinssatz dagegen die bessere Wahl.

Unterm Strich lohnt es sich, mithilfe von KI herauszuarbeiten, welche Arten von Anleihen für Ihr persönliches Profil am besten geeignet sind. So könnten Ihre Prompts diesbezüglich wie folgt lauten:

✔ »Ich bin im Ruhestand und in Sachen Geldanlagen risikoscheu. Welche Arten von Anleihen sind für mich am besten geeignet?«

✔ »Ich habe 100.000 Euro gespart und möchte in Anleihen investieren, bin mir aber nicht sicher, wie ich meine Käufe strukturieren soll, um möglichst hohe Zinsen zu erhalten und gleichzeitig das Risiko zu minimieren. Erstelle mir bitte ein Musterportfolio mit Erläuterungen zu den einzelnen Aspekten.«

✔ »Was sind die Vor- und Nachteile von Kommunalanleihen (*Anmerkung:* Anleihen der öffentlichen Hand)? Gib mir bitte eine Aufschlüsselung der einzelnen Kategorien von Kommunalanleihen mit genauen Erläuterungen der jeweiligen Vor- und Nachteile.«

Anleihe-Ratings

Emittierte Anleihen werden nach ihrer Qualität eingestuft beziehungsweise bewertet, man spricht hier von *Rating*. Je höher die Qualität einer Anleihe, desto sicherer und besser ist sie für Ihr Portfolio. Doch warum nicht einfach wieder KI dazu befragen, zum Beispiel mit dem folgenden Prompt:

> »*Erstelle bitte eine Aufzählungsliste der verschiedenen Anleihe-Ratings und erläutere jeden Punkt.*«

Die Antwort von ChatGPT sehen Sie in Abbildung 10.1.

Hier ist eine Aufzählung der verschiedenen Anleihe-Ratings, die von den großen Ratingagenturen wie Standard & Poor's (S&P), Moody's und Fitch vergeben werden, zusammen mit einer kurzen Erläuterung jedes Punktes:

1. Investment-Grade-Ratings

- **AAA / Aaa**
  - **Erläuterung:** Dies ist das höchste Rating, das eine Anleihe erhalten kann. Es zeigt an, dass die Emittentin von extrem hoher Qualität ist und ein sehr geringes Ausfallrisiko besteht. Solche Anleihen gelten als äußerst sicher.

- **AA / Aa**
  - **Erläuterung:** Diese Anleihen sind ebenfalls von sehr hoher Qualität, aber mit einem geringfügig höheren Risiko als AAA/Aaa. Sie sind immer noch extrem sicher und werden häufig von starken, etablierten Unternehmen oder Regierungen ausgegeben.

- **A / A**
  - **Erläuterung:** Diese Anleihen gelten als gute Investitionen mit einem geringen Ausfallrisiko, das jedoch etwas höher ist als bei den AA/Aa-Ratings. Die Emittenten dieser Anleihen haben eine starke finanzielle Lage, aber sie könnten empfindlicher auf wirtschaftliche Veränderungen reagieren.

- **BBB / Baa**
  - **Erläuterung:** Anleihen mit diesem Rating gelten als mittelmäßig sicher. Sie gehören zum unteren Bereich des Investment-Grades und weisen ein moderates Risiko auf. Solche Anleihen könnten in wirtschaftlich schwierigen Zeiten anfälliger für Ausfälle sein, aber sie werden noch als akzeptable Investitionen angesehen.

2. Non-Investment-Grade-Ratings (auch bekannt als „Junk Bonds")

- **BB / Ba**
  - **Erläuterung:** Diese Anleihen sind spekulativer und haben ein höheres Risiko eines Ausfalls. Sie bieten in der Regel höhere Zinsen, um das zusätzliche Risiko zu kompensieren, und werden oft von Unternehmen mit weniger stabilen finanziellen Aussichten ausgegeben.

- **B / B**
  - **Erläuterung:** Ein Rating von B/B weist auf ein noch höheres Risiko hin. Die Emittenten haben wahrscheinlich eine angespannte finanzielle Situation, was die Wahrscheinlichkeit eines Ausfalls weiter erhöht. Anleger sollten hier vorsichtig sein, da diese Anleihen deutlich unsicherer sind.

- **CCC / Caa**
  - **Erläuterung:** Anleihen in dieser Kategorie sind hochspekulativ. Sie zeigen an, dass der Emittent bereits erhebliche finanzielle Schwierigkeiten hat und ein sehr hohes Ausfallrisiko besteht. Die Zinsen für solche Anleihen sind hoch, um das enorme Risiko auszugleichen.

> - CC / Ca
>   - **Erläuterung**: Diese Ratings signalisieren eine sehr hohe Wahrscheinlichkeit eines bevorstehenden Ausfalls. Die Emittenten dieser Anleihen stehen oft kurz vor der Zahlungsunfähigkeit oder einem Restrukturierungsprozess.
> - C
>   - **Erläuterung**: Dies ist das niedrigste Rating vor einem Ausfall. Anleihen mit einem C-Rating befinden sich in der Regel in einem sehr schlechten Zustand, und ein Zahlungsausfall wird als nahezu unvermeidlich angesehen.
> - D
>   - **Erläuterung**: Ein Rating von D bedeutet, dass die Anleihe bereits ausgefallen ist. Der Emittent hat seine Zahlungsverpflichtungen nicht erfüllt, und die Anleihe wird als wertlos oder sehr riskant angesehen.
>
> **3. Plus- und Minuszeichen**
>
> - **Erläuterung**: S&P und Fitch verwenden zusätzlich zu den Hauptbuchstaben-Ratings die Symbole „+" und „-", um die spezifische Position einer Anleihe innerhalb einer Ratingkategorie anzuzeigen. Zum Beispiel ist ein BBB+ Rating besser als ein BBB-Rating, obwohl beide zur gleichen Kategorie gehören. Moody's verwendet dagegen die Ziffern „1", „2" und „3", um eine ähnliche Feinabstufung zu erreichen (z. B. Baa1, Baa2, Baa3).
>
> Diese Ratings bieten Anlegern einen schnellen Überblick über das Risiko-Niveau einer Anleihe und helfen bei der Entscheidung, ob eine Investition in diese Anleihe geeignet ist.

Abbildung 10.1: Eine von ChatGPT erstellte Liste der verschiedenen Anleihe-Ratings

Wie Sie sehen, reichen die Ratings bei Anleihen von AAA über AA und A bis hin zu D. Staatsanleihen gelten als die sichersten Anleihen überhaupt (AAA-Rating) und eignen sich somit am besten für Anleger, die sich um die finanzielle Gesundheit und Zahlungsfähigkeit des Emittenten sorgen. Der Nachteil: Staatsanleihen sind in der Regel niedriger verzinst als Unternehmensanleihen. Letztere werfen zwar häufig höhere Zinsen ab, gelten aber im Vergleich zu Staatsanleihen als weniger sicher.

Weitere nützliche Prompts zum Thema Anleihen

Wenn Sie sich dazu entschlossen haben, Anleihen in Ihr Portfolio aufzunehmen, lohnt es sich, KI ausführliche Fragen dazu zu stellen, zum Beispiel zu Qualität, Rating, Kategorie oder Typ beziehungsweise sich entsprechende Informationen auflisten zu lassen. Hier sind einige Beispiele für sinnvolle Prompts:

- ✔ »Erstelle bitte eine aufsteigende Liste der verschiedenen Anleihekategorien, beginnend mit dem geringsten Risiko, und erläutere jeden Punkt.«

- ✔ »Analysiere und vergleiche die Renditen von Staats-, Unternehmens- und Kommunalanleihen, und nenne Faktoren, die sich auf die Rendite auswirken können, sowie potenzielle Kaufgelegenheiten für Anleihe-Investoren.«

✔ »Beurteile die Performance von festverzinslichen Unternehmensanleihen im Vergleich zu variabel verzinsten Spareinlagen im heutigen inflationären Umfeld.«

✔ »Wie haben sich Anleihen von hoher Qualität (*Investment Grade*) im Vergleich zu Schrottanleihen (*Junk Bonds*) in Zeiten hoher Inflation und hoher Zinsen entwickelt?«

Ressourcen für die Anleiheninvestments

Wenn Sie noch mehr über Anlage in Anleihen erfahren möchten, lohnt sich ein Blick auf die folgenden Quellen:

✔ Börse Frankfurt (https://www.boerse-frankfurt.de/anleihen)

✔ Bundesrepublik Deutschland Finanzagentur GmbH (https://www.deutsche-finanzagentur.de/bundeswertpapiere/bundeswertpapierarten/bundesanleihen)

✔ Die besten Blogs und Websites zum Anleihemarkt (https://finance.feedspot.com/bond_market_blogs/)

Bankeinlagen

Die folgenden Anlagemöglichkeiten bei Banken beziehungsweise *Bankeinlagen* können eine Rolle in Ihrer Gesamtstrategie für den Vermögensaufbau spielen:

✔ **Girokonto:** Dieses allseits bekannte Allround-Konto ermöglicht Geldtransaktionen von der einfachen Rechnungsbegleichung über Gehaltseingänge bis hin zur Finanzierung von Investitionen.

✔ **Sparkonto:** Hier können Sie Geld sicher anlegen, um für Anschaffungen oder Notfälle zu sparen.

✔ **Geldmarktkonto:** Zu den klassischen Geldmarktkonten zählen *Tages-* und *Festgeldkonten*. Auch hier können Sie größere Beträge sicher anlegen, erhalten jedoch in der Regel mehr Zinsen auf Ihr Erspartes und damit die Möglichkeit, mehr Geld für die Zukunft anzusparen.

✔ **Einlagenzertifikat und Sparbriefe:** Hierbei handelt es sich um Spareinlagen mit fester Laufzeit (zum Beispiel sechs Monate, ein Jahr oder länger), die Ihnen als Gegenleistung für die mittel- oder längerfristige Anlage eine höhere Verzinsung bieten.

Bankeinlagen sind nicht unbedingt für langfristiges Wachstum geeignet, bieten jedoch eine gute Möglichkeit, Ihr Geld »zwischenzuparken«, während Sie auf bessere Gelegenheiten warten.

Lassen Sie sich von ChatGPT, Copilot oder Google Gemini die zehn besten Anlagemöglichkeiten bei Banken nach den derzeit verfügbaren Zinssätzen auflisten und vergleichen, um sich die besten Renditen zu sichern.

Kryptowährungen

Für alle, die mit *Kryptowährungen* noch nicht so vertraut sind: Sie waren der letzte Schrei, bevor die künstliche Intelligenz auf den Plan trat. Einfach ausgedrückt handelt es sich dabei um dezentralisierte digitale oder »virtuelle« Währungen, bei denen die Sicherheit der Transaktionen unter anderem durch Verschlüsselung (*Kryptografie*) gewährleistet wird. Dabei kommt eine Technologie namens *Blockchain* zum Einsatz, die sichere, transparente und sogenannte *Peer-to-Peer*-Transaktionen (das heißt die Daten werden über eine direkte Verbindung zwischen den verarbeitenden Computern ausgetauscht) außerhalb der traditionellen Bankensysteme ermöglicht. Viele (wenn nicht die meisten) Anleger haben Bedenken in Bezug auf Kryptowährungen, aber diese lassen sich ausräumen, wenn man sich ausreichend informiert (und umsichtig agiert).

Nichtsdestotrotz ist und bleibt der Handel mit und die Anlage in Kryptowährungen eine hochspekulative Angelegenheit. Bitte betrachten Sie diese Option daher lediglich als potenzielle Wachstumschance mit stark erhöhtem Risiko!

Lassen Sie sich dabei von KI leiten. Meine erste einfache Frage zu Kryptowährungen an ChatGPT lautete:

»*Was sind Kryptowährungen?*«

Die Antwort von ChatGPT finden Sie in Abbildung 10.2.

Wie Sie daraus ersehen können, haben Kryptowährungen Vorteile gegenüber normalen Währungen. Ein großer Vorteil ist, dass das Angebot begrenzt ist und Kryptowährungen (noch) nicht überproduziert werden – etwas, das bei konventionellen, von staatlichen Zentralbanken verwalteten (oder fehlverwalteten?) Währungen im Laufe der Geschichte allzu oft vorgekommen ist. Aus Gründen der Diversifizierung ist es daher unter Umständen nicht die schlechteste Idee, einen kleinen Teil (weniger als 5 Prozent) Ihres Depots in Kryptowährungen zu halten.

Angesichts des höheren Risikos sollte die Anlage in Kryptowährungen gut überlegt sein. Informieren Sie sich daher im Vorfeld gründlich und wägen Sie dann ab. Solange Sie noch nicht genügend Wissen und Erfahrung auf diesem Gebiet gesammelt haben, ist ein stärkeres Engagement in traditionellen Anlageinstrumenten vermutlich der bessere Weg.

Weitere Informationen und Hilfestellungen zu diesem Thema finden Sie in der neuesten Ausgabe von *Kryptowährungen für Dummies* von Krijn Soeteman (Wiley). Auch auf den folgenden Websites können Sie stöbern, um mehr über Kryptowährungen zu erfahren:

- ✔ BTC-ECHO (www.btc-echo.de)
- ✔ Coinbase (www.coinbase.com)
- ✔ CoinGecko (www.coingecko.com)
- ✔ CoinMarketCap (www.coinmarketcap.com)

Kryptowährungen sind digitale oder virtuelle Währungen, die Kryptografie verwenden, um Transaktionen zu sichern, die Schaffung neuer Einheiten zu kontrollieren und die Übertragung von Vermögenswerten zu überprüfen. Sie sind dezentralisiert und basieren in der Regel auf der Blockchain-Technologie.

Hier sind die Hauptmerkmale von Kryptowährungen:

1. **Dezentralisierung**: Im Gegensatz zu traditionellen Währungen, die von Regierungen oder Zentralbanken kontrolliert werden, werden Kryptowährungen von einem Netzwerk von Computern (Nodes) verwaltet, das dezentralisiert ist. Es gibt keine zentrale Autorität, die den Wert oder die Ausgabe dieser Währungen kontrolliert.

2. **Blockchain-Technologie**: Die meisten Kryptowährungen nutzen die Blockchain-Technologie, eine Art verteiltes Ledger, das alle Transaktionen in einem Netzwerk aufzeichnet. Eine Blockchain ist im Wesentlichen eine Kette von Blöcken, wobei jeder Block eine Liste von Transaktionen enthält. Diese Technologie sorgt für Transparenz und Sicherheit, da jede Transaktion dauerhaft aufgezeichnet und schwer zu manipulieren ist.

3. **Kryptografie**: Kryptographie ist der Einsatz von Techniken zur Sicherung von Informationen und Kommunikation. In Kryptowährungen wird Kryptografie verwendet, um Transaktionen zu sichern, um die Identität der Benutzer zu schützen und um das Problem der Doppelausgaben zu verhindern, bei dem dasselbe digitale Token mehrmals ausgegeben wird.

4. **Anonymität und Pseudonymität**: Viele Kryptowährungen bieten ein gewisses Maß an Anonymität oder Pseudonymität. Während alle Transaktionen öffentlich auf der Blockchain aufgezeichnet werden, sind die Identitäten der Benutzer oft nicht direkt mit den Transaktionen verbunden.

5. **Transaktionen und Mining**: Transaktionen mit Kryptowährungen erfolgen direkt zwischen den Parteien ohne Zwischenhändler. Bei vielen Kryptowährungen, wie Bitcoin, gibt es ein Konzept des "Minings", bei dem Miner komplexe mathematische Probleme lösen, um neue Währungseinheiten zu schaffen und Transaktionen zu bestätigen.

6. **Volatilität**: Kryptowährungen sind bekannt für ihre Volatilität. Der Wert einer Kryptowährung kann in kurzer Zeit stark schwanken, was sie zu einem spekulativen Investitionsmittel macht.

7. **Beispiele für Kryptowährungen**: Die bekannteste Kryptowährung ist Bitcoin, aber es gibt viele andere, wie Ethereum, Ripple (XRP), Litecoin und viele mehr. Jede hat ihre eigenen einzigartigen Merkmale und Anwendungen.

Kryptowährungen werden oft als eine neue Form des Geldes betrachtet, das unabhängig von traditionellen Finanzsystemen existiert. Ihre Akzeptanz wächst in vielen Bereichen, aber sie stehen auch vor regulatorischen Herausforderungen und Bedenken hinsichtlich Sicherheit und Betrug.

Abbildung 10.2: So definiert ChatGPT Kryptowährungen

Digitale Zentralbankwährungen (CBDC)

Seit einiger Zeit wird viel über *digitale Zentralbankwährungen* beziehungsweise *digitales Zentralbankgeld* (*Central Bank Digital Currency*, kurz *CBDC*) spekuliert. Sowohl Verbraucher als auch Anleger sind gut beraten, sich damit vertraut zu machen beziehungsweise skeptisch zu sein), da diese Art von Zahlungsmittel in Zukunft vermutlich eine größere Rolle spielen dürfte und daher eine ernsthafte Auseinandersetzung verdient.

Digitales Zentralbankgeld ist die digitale Form einer offiziellen Währung, die von der jeweiligen Zentralbank herausgegeben wird und eine digitale Alternative zu physischem Geld (Bargeld) darstellt.

Aber befragen wir doch einmal mehr KI dazu:

»*Was sind digitale Zentralbankwährungen?*«

Abbildung 10.3 zeigt die Antwort von ChatGPT.

Digitale Zentralbankwährungen (Central Bank Digital Currencies, CBDCs) sind digitale Formen von staatlich ausgegebenem Geld, das von einer Zentralbank geschaffen und kontrolliert wird. Sie stellen eine elektronische Version von Bargeld dar und werden direkt von der Zentralbank eines Landes oder einer Währungsunion herausgegeben, ähnlich wie physisches Geld (Münzen und Banknoten).

Hier sind die wichtigsten Merkmale und Überlegungen zu CBDCs:

1. **Zentralisierte Kontrolle**: CBDCs werden von der Zentralbank kontrolliert und verwaltet. Im Gegensatz zu Kryptowährungen wie Bitcoin, die dezentralisiert sind, stehen CBDCs unter der Aufsicht einer zentralen staatlichen Institution.

2. **Ziel und Funktionen**:
   - **Effizienz im Zahlungsverkehr**: CBDCs können den Zahlungsverkehr effizienter gestalten, indem sie schnelle, sichere und kostengünstige Transaktionen ermöglichen.
   - **Finanzielle Inklusion**: Sie könnten dazu beitragen, Menschen ohne Zugang zu traditionellen Bankdienstleistungen in das Finanzsystem zu integrieren.
   - **Geldpolitik und Finanzstabilität**: CBDCs könnten es Zentralbanken ermöglichen, Geldpolitik direkter und effizienter umzusetzen, zum Beispiel durch sofortige Anpassungen von Zinsen oder durch die direkte Übertragung von Mitteln an Bürger.

3. **Unterschiede zu Bargeld und Giralgeld**: Während Bargeld anonym und physisch ist und Giralgeld (Buchgeld) über Banken verwaltet wird, sind CBDCs eine digitale Währung, die direkt in elektronischer Form existiert und von der Zentralbank ausgegeben wird. Sie könnten theoretisch sowohl anonym wie Bargeld als auch rückverfolgbar wie Giralgeld gestaltet werden.

4. **Technologie**: CBDCs können auf verschiedenen technologischen Plattformen basieren, einschließlich Blockchain oder anderen Distributed-Ledger-Technologien (DLT). Jedoch ist es nicht zwingend erforderlich, dass CBDCs auf einer Blockchain basieren.

> 5. **Herausforderungen und Risiken:**
>   - **Datenschutz:** Ein Hauptanliegen bei CBDCs ist der Schutz der Privatsphäre der Nutzer. Da CBDCs potenziell jede Transaktion nachvollziehbar machen könnten, gibt es Bedenken hinsichtlich der Überwachung und des Datenschutzes.
>   - **Finanzielle Stabilität:** Wenn CBDCs weit verbreitet wären, könnten sie das bestehende Bankensystem beeinflussen, indem sie die Nachfrage nach Bankeinlagen reduzieren.
>   - **Technologische Risiken:** Wie bei jeder digitalen Technologie gibt es auch bei CBDCs Risiken wie Cyberangriffe und technische Störungen.
> 6. **Beispiele und Status:** Einige Länder haben bereits Pilotprojekte oder Versuche mit CBDCs gestartet. Die "Digital Yuan" in China und die "E-Krona" in Schweden sind bekannte Beispiele. Die Europäische Zentralbank (EZB) untersucht ebenfalls die Möglichkeit eines digitalen Euro.
>
> CBDCs sind also eine potenziell transformative Innovation im Bereich des Geldwesens, die weitreichende Auswirkungen auf das Finanzsystem, die Geldpolitik und die Gesellschaft haben könnte. Die genaue Ausgestaltung und Umsetzung hängen jedoch stark von den politischen und regulatorischen Entscheidungen der jeweiligen Zentralbank und Regierung ab.

Abbildung 10.3: So definiert ChatGPT digitale Zentralbankwährungen

Ich finde es gut, dass ChatGPT über eine bloße Definition hinausgegangen ist und gleich eine ganze Liste von Eigenschaften und Besonderheiten der digitalen Währung zur Verfügung gestellt hat, damit man sich ein umfassendes Bild machen kann.

Wenn ich mir diese Liste so anschaue, dann scheint mir, dass es nicht allzu viele Vorteile für den Verbraucher gibt. Sollte diese Art von Zahlungsmittel in größerem Umfang eingeführt und von der Gesellschaft genutzt werden (müssen), lohnt es sich schon jetzt, so viel wie möglich darüber zu lernen, um später den größtmöglichen Nutzen daraus ziehen zu können. (Entsprechende Informationsquellen finden sich am Ende des Kapitels.)

Abbildung 10.3 zeigt einige Vorteile von CBDCs. Natürlich musste ich ChatGPT dafür noch eine weitere Frage stellen:

»*Was sind die Risiken und Nachteile von digitalem Zentralbankgeld für Verbraucher und Anleger?*«

Die Antwort sehen Sie in Abbildung 10.4.

Wie man sieht, sind die hier aufgezählten Punkte vor allem für den Staat von Nutzen, während die Vorteile für den Verbraucher relativ vage bleiben.

Auch wenn der Staat es als nützlich erachtet, den gesamten Zahlungsverkehr zu überwachen (und möglicherweise zu kontrollieren), ist es nicht unbedingt im Interesse der Verbraucher, dass jeder Cent digital nachverfolgt werden kann (zumindest hat niemand von uns darum gebeten!). Bleiben Sie also wachsam und informieren Sie sich so gut wie möglich über das digitale Zentralbankgeld (entweder mithilfe von KI oder mit den Ressourcen am Ende des Kapitels.)

Die Einführung von digitalem Zentralbankgeld (Central Bank Digital Currencies, CBDCs) birgt sowohl Chancen als auch Risiken und potenzielle Nachteile für Verbraucher und Anleger. Hier sind einige der wichtigsten Risiken und Nachteile:

1. Datenschutz und Überwachung

- **Verlust der Anonymität**: Im Gegensatz zu Bargeld, das anonym verwendet werden kann, könnte die Nutzung von CBDCs zu einer umfassenden Nachverfolgbarkeit von Transaktionen führen. Dies könnte Bedenken hinsichtlich des Datenschutzes und der Privatsphäre aufwerfen, da Regierungen oder Behörden potenziell jede Transaktion überwachen könnten.

- **Überwachungsstaat**: Die Möglichkeit, Transaktionen zentral zu überwachen, könnte zu einer verstärkten Kontrolle durch den Staat führen, was in autoritären Regimen missbraucht werden könnte.

2. Finanzielle Inklusion und Zugang

- **Digital Divide**: Personen ohne Zugang zu digitalen Geräten oder dem Internet, insbesondere in ländlichen Gebieten oder ärmeren Bevölkerungsgruppen, könnten Schwierigkeiten haben, CBDCs zu nutzen. Dies könnte bestehende Ungleichheiten verschärfen.

- **Technologische Hürden**: Ältere Menschen oder Personen mit geringen digitalen Kompetenzen könnten Schwierigkeiten haben, sich an die neuen Systeme anzupassen.

3. Finanzielle Stabilität

- **Banken-Disintermediation**: Wenn Verbraucher in großem Umfang auf CBDCs umsteigen und traditionelle Bankeinlagen abziehen, könnte dies die Stabilität von Geschäftsbanken gefährden. Banken könnten Liquiditätsprobleme bekommen, was die Kreditvergabe beeinträchtigen könnte.

- **Flucht in CBDCs**: In Krisenzeiten könnten Verbraucher ihre Ersparnisse von Geschäftsbanken in CBDCs umschichten, was zu Bank-Runs und einer Destabilisierung des Bankensystems führen könnte.

4. Negative Zinssätze und Geldpolitik

- **Erosion von Ersparnissen**: CBDCs könnten theoretisch negative Zinssätze ermöglichen, bei denen Verbraucher für das Halten von Geld zahlen müssen. Dies könnte das Sparen unattraktiv machen und zu einem Anreiz führen, Geld auszugeben oder in risikoreichere Anlagen zu investieren.

- **Direkte Geldpolitik**: Die Zentralbank könnte durch CBDCs direktere Eingriffe in die Geldpolitik vornehmen, wie z.B. durch die Kontrolle über Transaktionen oder das Erzwingen bestimmter Ausgabenmuster, was als Eingriff in die wirtschaftliche Freiheit empfunden werden könnte.

> **5. Sicherheitsrisiken**
>
> - **Cyberangriffe:** CBDCs, die auf digitalen Plattformen basieren, könnten Ziel von Cyberangriffen oder technischen Ausfällen werden. Ein erfolgreicher Angriff auf die Infrastruktur einer CBDC könnte verheerende Auswirkungen auf das Finanzsystem haben.
> - **Betrug und Missbrauch:** Wie bei jeder digitalen Technologie besteht auch hier das Risiko von Betrug, Phishing und anderen Formen des Missbrauchs.
>
> **6. Unklare rechtliche Rahmenbedingungen**
>
> - **Rechtliche Unsicherheiten:** Da CBDCs relativ neu sind, gibt es viele unklare rechtliche Fragen, etwa in Bezug auf die Haftung bei technischen Ausfällen, den Datenschutz oder die grenzüberschreitende Nutzung. Dies könnte Unsicherheiten und rechtliche Komplikationen für Verbraucher und Anleger schaffen.
>
> **7. Veränderung der Geldnutzung und wirtschaftlichen Gewohnheiten**
>
> - **Reduzierung von Bargeldnutzung:** Die Einführung von CBDCs könnte den Einsatz von Bargeld weiter verringern, was insbesondere für Menschen, die auf Bargeld angewiesen sind, nachteilig sein könnte.
> - **Verlust der Wahlfreiheit:** Verbraucher könnten sich gezwungen fühlen, CBDCs zu nutzen, wenn andere Formen von Geld allmählich verdrängt werden, was zu einem Verlust der Wahlfreiheit führen könnte.
>
> Zusammenfassend lässt sich sagen, dass die Einführung von CBDCs zwar viele potenzielle Vorteile bietet, jedoch auch eine Reihe von Risiken und Herausforderungen für Verbraucher und Anleger mit sich bringt. Eine sorgfältige Gestaltung und Regulierung sind notwendig, um diese Risiken zu minimieren und die Vorteile von CBDCs voll ausschöpfen zu können.

Abbildung 10.4: So definiert ChatGPT die Risiken und Nachteile von digitalem Zentralbankgeld für Verbraucher und Anleger

Einige Ressourcen zum Thema digitales Zentralbankgeld

Zusammenfassend lässt sich festhalten, dass CBDCs für Verbraucher und Anleger gleichermaßen besondere Risiken bergen. Es ist daher sinnvoll, sich – mithilfe von KI – näher mit diesem Thema zu beschäftigen, um diese Risiken zu verstehen und zu lernen, wie man damit umgeht. Die folgenden Quellen können dabei hilfreich sein:

✔ Der digitale Euro der Europäischen Zentralbank (https://www.ecb.europa.eu/euro/digital_euro/html/index.de.html)

✔ Monatsbericht des Bundesministeriums der Finanzen zu digitalem Zentralbankgeld (https://www.bundesfinanzministerium.de/Monatsberichte/2023/04/Inhalte/Kapitel-3-Analysen/3-1-digitales-zentralbankgeld-und-digitaler-euro.html)

✔ CBDC-FAQs der Federal Reserve (www.federalreserve.gov/cbdc-faqs.htm)

> **IN DIESEM KAPITEL**
>
> Herausfinden, ob Immobilieninvestments das Richtige für Sie sind
>
> Zwei wichtige Aspekte beim Immobilieninvestment berücksichtigen
>
> Mithilfe von KI direkt oder indirekt in Immobilien investieren
>
> REITs und REIT-ETFs eine Chance geben
>
> Prompts und Quellen zum Thema Immobilieninvestments prüfen

Kapitel 11
Immobilien als Geldanlage

Ganz gleich, ob Sie eine Immobilie besitzen oder zur Miete wohnen, Immobilien können ein wichtiger Bestandteil Ihres Portfolios sein. Neben Edelmetallen wie Gold und Silber (siehe Kapitel 9) gelten Immobilien als klassisches Sachwertinvestment, das häufig zur Diversifizierung genutzt wird. Unabhängig davon, ob Sie bereits Immobilieninvestor sind oder es werden wollen, kann Ihnen die künstliche Intelligenz selbstverständlich auch auf diesem Gebiet eine wertvolle Unterstützung bieten.

In diesem Kapitel erfahren Sie, welche Möglichkeiten es gibt, in Immobilien zu investieren, und wie KI Ihnen helfen kann herauszufinden, ob und welche Immobilieninvestments für Sie geeignet sind.

Haben Sie das Zeug zum Immobilieninvestor?

So wie manche Menschen die richtigen Eigenschaften und Voraussetzungen mitbringen, um ein erfolgreicher Unternehmer zu werden, gibt es erfolgreiche und ... nun ja ... weniger erfolgreiche Immobilieninvestoren. Die bloße Tatsache, dass Sie sich für Immobilien interessieren, reicht sehr wahrscheinlich nicht aus, um als Immobilieninvestor erfolgreich zu sein. Indem Sie jedoch das Potenzial von KI nutzen, können Sie Ihre Erfolgschancen erheblich verbessern.

Stellen wir ChatGPT in unserem ersten immobilienbezogenen Prompt gleich die folgenden beiden Fragen:

»Was sind die wichtigsten Eigenschaften eines erfolgreichen Immobilieninvestors? Für welchen Personenkreis ist die Anlage in Immobilien weniger geeignet?«

Abbildung 11.1 zeigt die Antwort von ChatGPT auf die erste Frage – eine Liste der wichtigsten Voraussetzungen, die ein erfolgreicher Immobilieninvestor mitbringen sollte. Gehen Sie sie einfach durch, um zu sehen, in welchen Bereichen Sie noch Schwächen haben, und nutzen Sie anschließend die KI als Recherche-Tool, um mehr zu den betreffenden Punkten herauszufinden und so Ihre Defizite auszugleichen und sich besser vorzubereiten.

Ein erfolgreicher Immobilieninvestor benötigt eine Vielzahl von Eigenschaften und Fähigkeiten, um in diesem komplexen und oft risikoreichen Markt erfolgreich zu sein. Hier sind die wichtigsten Eigenschaften:

1. Marktkenntnis
- **Tiefes Verständnis des Marktes:** Ein erfolgreicher Immobilieninvestor muss die Markttrends, Nachfrage, Preise, und potenzielle Entwicklungen in den relevanten Regionen genau verstehen.
- **Lokale Expertise:** Kenntnis über spezifische Standorte, z.B. Infrastruktur, demografische Entwicklungen und geplante Bauprojekte, ist entscheidend.

2. Finanzielle Kompetenz
- **Solide Finanzierungskenntnisse:** Immobilieninvestoren sollten ein gutes Verständnis von Finanzierungsoptionen, Zinsentwicklung, und Finanzierungskosten haben.
- **Kapitalstärke:** Ein ausreichendes Startkapital und Liquidität sind wichtig, um Investitionen tätigen zu können und unvorhergesehene Kosten abzudecken.
- **Risikomanagement:** Erfolgreiche Investoren wissen, wie sie Risiken streuen und Rücklagen für Notfälle aufbauen.

3. Langfristige Planung und Geduld
- **Langfristige Perspektive:** Immobilieninvestitionen sind in der Regel langfristig angelegt. Geduld und die Fähigkeit, langfristige Trends zu erkennen, sind daher unerlässlich.
- **Strategisches Denken:** Die Fähigkeit, eine klare Investitionsstrategie zu entwickeln und umzusetzen, ist von zentraler Bedeutung.

4. Netzwerkfähigkeiten
- **Kontakte in der Branche:** Ein gutes Netzwerk zu Maklern, Banken, Handwerkern, und anderen relevanten Akteuren kann den Zugang zu besseren Deals und Unterstützung in verschiedenen Phasen der Investition bieten.
- **Verhandlungsfähigkeiten:** Gute Verhandlungsfähigkeiten sind entscheidend, um günstige Kaufpreise und vorteilhafte Finanzierungsbedingungen zu erzielen.

5. Technische und juristische Kenntnisse
- **Bausubstanz und Renovierung:** Grundkenntnisse in Bauwesen und Renovierung helfen, den Zustand einer Immobilie realistisch einzuschätzen und Kosten korrekt zu kalkulieren.
- **Rechtliche Kenntnisse:** Ein Verständnis von Mietrecht, Baurecht und steuerlichen Aspekten ist unerlässlich, um rechtliche Risiken zu minimieren.

> **6. Flexibilität und Anpassungsfähigkeit**
>
> - **Reaktionsfähigkeit auf Marktentwicklungen:** Erfolgreiche Investoren müssen in der Lage sein, sich an sich ändernde Marktbedingungen anzupassen.
> - **Kreativität:** Manchmal sind kreative Lösungen erforderlich, um aus einer Investition das Maximum herauszuholen.
>
> **7. Fähigkeit zur Selbstdisziplin**
>
> - **Kontrolliertes Wachstum:** Disziplin beim Kauf und bei der Verwaltung von Immobilien ist wichtig, um Überinvestitionen zu vermeiden.
> - **Systematische Arbeitsweise:** Eine systematische Herangehensweise bei der Bewertung, dem Kauf, der Verwaltung und dem Verkauf von Immobilien ist essenziell.

Abbildung 11.1: Diese Qualitäten sollte ein erfolgreicher Immobilieninvestors laut KI mitbringen

Abbildung 11.2 zeigt die Antwort von ChatGPT auf die zweite Frage. Nein, nicht jeder hat das Zeug zum erfolgreichen Immobilieninvestor. Künstliche Intelligenz nimmt hier kein Blatt vor den Mund und zeigt Ihnen schonungslos die potenziellen »Problemzonen« auf. Sie können diese Hinweise natürlich persönlich nehmen – oder einfach die Krone zurechtrücken und sich eingestehen, dass Ihre Stärken eben woanders liegen und Ihnen daher andere Investmentbereiche bessere Erfolgschancen bieten.

> Sie fragen sich angesichts dieser Antworten, ob Sie der Aufgabe als Immobilieninvestor gewachsen sind? Die gute Nachricht: Wenn Ihnen nur ein oder zwei Voraussetzungen fehlen, kann KI Ihnen helfen, diese Schwächen auszugleichen, da Sie ihr Potenzial gezielt nutzen können, um sich – im wahrsten Sinne des Wortes – weiterzubilden (und das sogar völlig kostenlos!). In vielen Fällen lässt sich das eine oder andere Defizit schon durch ein Mehr an Wissen ausgleichen, und KI ist dabei Ihr unmittelbarer Lehrmeister.

> **Für welchen Personenkreis ist die Anlage in Immobilien weniger geeignet?**
>
> **1. Menschen mit geringer Risikobereitschaft**
>
> - Immobilieninvestitionen können volatil sein und erfordern eine gewisse Risikobereitschaft. Wer starke Aversion gegen Verlustrisiken hat, sollte sich eher zurückhalten.
>
> **2. Personen mit geringer Liquidität**
>
> - Immobilien erfordern oft einen erheblichen Kapitalaufwand, und es kann Zeit brauchen, bis sich eine Investition auszahlt. Wer nicht über ausreichende finanzielle Reserven verfügt, sollte sich eher für liquider investierbare Anlageformen entscheiden.
>
> **3. Kurzfristig orientierte Anleger**
>
> - Immobilieninvestitionen sind in der Regel langfristiger Natur. Personen, die schnell Rendite sehen wollen, könnten ungeduldig werden und aufgrund der mangelnden Liquidität Schwierigkeiten haben.

> **4. Personen ohne ausreichendes Fachwissen**
> - Der Immobilienmarkt ist komplex und birgt viele Fallstricke. Wer kein fundiertes Wissen und keine Bereitschaft hat, dieses Wissen aufzubauen, kann leicht teure Fehler machen.
>
> **5. Menschen ohne Interesse an Verwaltungsaufgaben**
> - Die Verwaltung von Immobilien, insbesondere von vermieteten Objekten, erfordert Zeit, Einsatz und Interesse. Wer nicht bereit ist, diese Aufgaben selbst zu übernehmen oder an zuverlässige Dritte zu delegieren, könnte Schwierigkeiten bekommen.

Abbildung 11.2: Wer laut KI besser kein Immobilieninvestor sein sollte

Die beiden wichtigsten Aspekte beim Immobilieninvestment

Bevor ich auf die Feinheiten des Immobilieninvestments eingehe und Ihnen zeige, wie KI Sie dabei unterstützen kann, möchte ich Sie an die beiden wichtigsten Dinge erinnern, die Sie bei Immobilieninvestments beachten sollten, sei es beim Kauf einer Immobilie oder einer Immobilienaktie:

✔ **Die Lage der Immobilie:** Sie haben es sicher schon vermutet – unabhängig von der Art der Immobilie ist der Standort ein sehr wichtiger Faktor. Stadtteile und Städte sind einem ständigen Wandel unterworfen – ehemals »bessere« Wohngegenden gehen den Bach runter, während zuvor heruntergekommene Viertel plötzlich wieder» in sind. Daher ist die Lage einer Immobilie mit das Erste, was Sie mithilfe von KI näher untersuchen sollten.

✔ **Die Art der Immobilie:** Der Immobiliensektor ist sehr vielfältig; es gibt alle möglichen Arten von Immobilien. Die erfolgreichsten Immobilieninvestoren haben sich auf eine bestimmte Immobiliensorte spezialisiert und bleiben bei dieser vertikalen Investition. Sie waren bisher mit Eigentumswohnungen erfolgreich? Dann bleiben Sie dabei! Eignen Sie sich in diesem (oder einem anderen) Immobiliensegment so viel Fachwissen wie nur möglich an, und der Erfolg wird nicht lange auf sich warten lassen.

> Immobilieninvestoren geraten immer dann in Schwierigkeiten, wenn sie ihre Hausaufgaben nicht gemacht haben, sowohl was den Standort als auch die Art der Immobilie betrifft. Ein Beispiel: Ein Anleger, der bislang nur in Eigentumswohnungen investiert hat, entschließt sich, in eine Fabrik zu investieren – ohne sich darüber im Klaren zu sein, dass es sich dabei um eine völlig andere Art von Investment handelt, die mehr Fachwissen erfordert. Fazit: Schuster bleib bei deinen Leisten!

Auf direktem Wege in Immobilien investieren

Die gängigste beziehungsweise traditionelle Art, in Immobilien zu investieren, ist natürlich der direkte Erwerb einer Immobilie (in der Regel mit einem Darlehen und etwas Eigenkapital), um sie anschließend zu vermieten. Auf diese Weise zahlt sich das Darlehen im Laufe der Zeit praktisch von selbst ab, und auch andere Immobilienkosten wie Steuern, Versicherungen, Reparaturen, Abschreibungen und so weiter werden durch die Mieteinnahmen gedeckt.

 Gleichzeitig gelten direkte Immobilieninvestments als der risikoreichste Weg. Man braucht Fachwissen und natürlich das nötige Eigenkapital, um Schulden in Form eines Darlehens aufnehmen zu können.

Aber fragen wir doch unseren Freund, die KI, nach den Vor- und Nachteilen direkter Immobilieninvestments, zum Beispiel mit dem folgenden Prompt:

»*Erstelle bitte eine Aufzählungsliste mit den Vor- und Nachteilen direkter Immobilieninvestments und erläutere jeden Punkt.*«

In Abbildung 11.3 finden Sie zunächst die Vorteile laut ChatGPT. Hier sehen Sie auf einen Blick, ob direkte Immobilieninvestments mit Ihren persönlichen Zielen in Sachen Vermögensaufbau harmonieren. Die Nachteile laut ChatGPT sind in Abbildung 11.4 dargestellt.

Vorteile von direkten Immobilien-Investments:

1. **Stabile Einkommensquelle:**
   - Direkte Immobilien-Investments bieten regelmäßige Mieteinnahmen, die eine stabile Einkommensquelle darstellen können. Diese Erträge sind oft weniger volatil im Vergleich zu Aktien oder Anleihen.

2. **Wertsteigerungspotenzial:**
   - Immobilien haben das Potenzial, im Laufe der Zeit an Wert zu gewinnen. Durch strategisches Management und Investitionen in Renovierungen oder Verbesserungen kann der Immobilienwert erhöht werden, was zu Kapitalgewinnen bei einem späteren Verkauf führen kann.

3. **Inflationsschutz:**
   - Immobilieninvestitionen bieten einen natürlichen Schutz gegen Inflation. Wenn die Lebenshaltungskosten steigen, neigen auch die Immobilienpreise und Mieteinnahmen dazu, zu steigen, was den realen Wert der Investition schützt.

4. **Steuerliche Vorteile:**
   - In vielen Ländern gibt es steuerliche Anreize für Immobilieninvestoren, wie z.B. Abschreibungen, die die Steuerlast mindern können. Diese Vorteile können die Gesamtrendite der Investition verbessern.

5. **Sachwert mit geringem Risiko:**
   - Immobilien gelten als relativ sichere Anlageklasse, da sie einen physischen Wert darstellen. Selbst in wirtschaftlich schwierigen Zeiten behält eine Immobilie oft einen gewissen Grundwert.

6. **Kontrolle und Einfluss:**
   - Bei direkten Immobilien-Investments hat der Investor die vollständige Kontrolle über die Immobilie. Entscheidungen über Mietpreise, Renovierungen und andere Managementaspekte liegen in der Hand des Eigentümers.

Abbildung 11.3: Die Vorteile direkter Immobilieninvestments laut KI

Nachteile von direkten Immobilien-Investments:

1. **Hoher Kapitalbedarf:**
   - Der Erwerb von Immobilien erfordert eine erhebliche Anfangsinvestition, was den Zugang zu dieser Anlageform für viele Anleger einschränkt. Zudem sind die laufenden Kosten für Instandhaltung, Steuern und Versicherungen zu berücksichtigen.

2. **Geringe Liquidität:**
   - Immobilien sind im Vergleich zu anderen Anlageformen wie Aktien oder Anleihen weniger liquide. Der Verkauf einer Immobilie kann Zeit in Anspruch nehmen und es kann schwierig sein, schnell auf Marktveränderungen zu reagieren.

3. **Managementaufwand:**
   - Direkte Immobilien-Investments erfordern ein hohes Maß an Management, sei es in Form von Vermietung, Instandhaltung oder der Verwaltung von Mietern. Dies kann zeitaufwändig und stressig sein, insbesondere ohne professionelle Unterstützung.

4. **Marktrisiken:**
   - Immobilienmärkte können starken Schwankungen unterliegen, die durch wirtschaftliche Bedingungen, Zinsänderungen oder andere externe Faktoren beeinflusst werden. Ein Marktrückgang kann zu erheblichen Verlusten führen.

5. **Konzentriertes Risiko:**
   - Bei direkten Immobilien-Investments liegt ein Großteil des Kapitals in einem oder wenigen Objekten, was zu einem hohen Konzentrationsrisiko führt. Ein Wertverlust einer Immobilie kann erhebliche Auswirkungen auf das gesamte Anlageportfolio haben.

> 6. **Regulatorische Risiken:**
> - Immobilien sind oft stark reguliert, und Änderungen in den Gesetzen oder Vorschriften (z.B. Mieterschutzgesetze, Steueränderungen) können die Rentabilität einer Investition negativ beeinflussen.
>
> Diese Vor- und Nachteile zeigen, dass direkte Immobilien-Investments sowohl attraktive Möglichkeiten als auch bedeutende Herausforderungen bieten. Anleger sollten ihre individuelle Situation und Risikobereitschaft sorgfältig abwägen, bevor sie in Immobilien investieren.

Abbildung 11.4: Die Nachteile direkter Immobilieninvestments laut KI

Künstliche Intelligenz kann Ihnen helfen, die Fallstricke bei direkten (und indirekten) Immobilieninvestments zu erkennen und zu vermeiden. So kann sie Sie beispielsweise bei rechtlichen und regulatorischen Herausforderungen unterstützen, indem sie relevante juristische Dokumente und Gesetzestexte für Sie zusammenfasst und die wichtigsten Punkte erläutert. Beispielsweise kann das Tool *ChatPDF* (www.chatpdf.com) komplette PDF-Dokumente aller Art im Handumdrehen für Sie durchsuchen, analysieren und zusammenfassen.

Wenn man sich tiefergehend mit einer bestimmten mehr oder weniger komplexen Materie befasst, kann es vorkommen, dass man zunächst einmal vor lauter Bäumen den Wald nicht sieht – und vor allem die negativen Aspekte leicht übersieht (oder nicht einplant). Dies lässt sich vermeiden, indem man sich Schritt für Schritt vorarbeitet.

Angenommen, Sie sind sich unsicher, wie Sie die steuerlichen Vorteile von Immobilieninvestments am besten nutzen können. Der erste logische Schritt wäre natürlich, KI nach den Steuervorteilen bei Immobilieninvestments zu befragen, zum Beispiel mit dem folgenden Prompt:

> »*Erstelle bitte eine Aufzählungsliste mit den spezifischen Steuervorteilen direkter Immobilieninvestments und erläutere jeden Punkt.*«

Anschließend können Sie KI bitten, das Bundessteuergesetzbuch nach Informationen zu relevanten Steuerfragen zu durchsuchen und sie zusammenzufassen. In diesem Fall habe ich KI gezielt zu den Abschreibungsmethoden für Immobilien befragt:

> »*Welche gesetzlichen Abschreibungsmethoden gibt es für Immobilien?*«

Wenn Sie bereits eine bestimmte Immobilie im Auge haben, können Sie KI mit den Immobiliendaten füttern und sie beispielsweise bitten, den Abschreibungsaufwand für die Immobilie zu berechnen und einen Abschreibungsplan für den Zeitraum zu erstellen, in dem Sie sie voraussichtlich halten werden.

Die Antworten von ChatGPT in Abbildung 11.3 und Abbildung 11.4 bieten eine gute Grundlage für den Einstieg. Recherchieren und vertiefen Sie mithilfe von KI die einzelnen

Punkte, insbesondere die, bei denen Sie sich noch unsicher sind. Wenn Sie diese Zeilen lesen, wird es vermutlich schon KI-Tools geben, die auf den Immobiliensektor spezialisiert sind. Da der Immobilienmarkt größtenteils auf Daten basiert, ist KI das perfekte Werkzeug für jeden Immobilieninvestor.

Solange Sie noch kein für Ihre Zwecke geeignetes immobilienbezogenes KI-Tool gefunden haben (nutzen Sie die Ressourcen in Anhang B), können Sie auch auf Echtzeit-KI-Tools wie Copilot oder Google Gemini zurückgreifen, um Immobilienangebote zu prüfen, geografische Standorte zu recherchieren und Berechnungen zum Zielobjekt durchzuführen.

Auf indirektem Wege in Immobilien investieren

Wie wir den Antworten von ChatGPT weiter vorne im Kapitel entnehmen können, sind direkte Immobilieninvestments nicht für jedermann geeignet. Zum Glück gibt es mehrere Möglichkeiten, indirekt in Immobilien zu investieren, von denen ich Ihnen im Folgenden die wichtigsten vorstellen und (mithilfe von KI) näher erläutern möchte.

Doch fragen wir die KI zunächst wieder nach den Vor- und Nachteilen indirekter Immobilieninvestments im Allgemeinen:

»*Erstelle bitte eine Aufzählungsliste mit den Vor- und Nachteilen indirekter Immobilieninvestments und erläutere jeden Punkt.*«

Die Antworten von ChatGPT sehen Sie in Abbildung 11.5 und Abbildung 11.6.

⚙ **Vorteile indirekter Immobilien-Investments:**

1. **Diversifikation**: Indirekte Immobilien-Investments, wie z.B. Immobilienfonds oder REITs (Real Estate Investment Trusts), ermöglichen es Anlegern, in eine Vielzahl von Immobilien gleichzeitig zu investieren. Dies reduziert das Risiko, da es weniger wahrscheinlich ist, dass alle Immobilien gleichzeitig an Wert verlieren.

2. **Liquidität**: Im Gegensatz zu Direktinvestitionen in Immobilien, die oft schwer und zeitaufwändig zu verkaufen sind, bieten indirekte Investments wie börsengehandelte REITs eine höhere Liquidität. Anleger können ihre Anteile einfach und schnell über die Börse kaufen oder verkaufen.

3. **Geringer Kapitaleinsatz**: Während der Kauf einer Immobilie hohe Eigenkapitalanforderungen mit sich bringt, erfordern indirekte Immobilien-Investments deutlich weniger Kapital. Anleger können bereits mit kleinen Beträgen in den Immobilienmarkt einsteigen.

4. **Professionelles Management**: Indirekte Immobilien-Investitionen werden oft von professionellen Managern verwaltet, die über Fachwissen und Erfahrung verfügen. Dies entlastet den Anleger von der Notwendigkeit, sich selbst um das Management der Immobilien zu kümmern.

> 5. **Steuervorteile**: In einigen Ländern bieten REITs und andere Immobilienfonds bestimmte Steuervorteile, wie z.B. die Befreiung von der Körperschaftsteuer auf Fondsebene. Dies kann zu einer höheren Rendite für den Anleger führen.
>
> 6. **Einkommensstrom**: Viele indirekte Immobilien-Investments bieten regelmäßige Dividendenausschüttungen, die aus den Mieteinnahmen der zugrundeliegenden Immobilien generiert werden. Dies kann eine attraktive Einkommensquelle für Investoren sein.

Abbildung 11.5: Die Vorteile indirekter Immobilieninvestments laut KI

> **Nachteile indirekter Immobilien-Investments:**
>
> 1. **Marktvolatilität**: Indirekte Immobilien-Investments, insbesondere solche, die an der Börse gehandelt werden, können stark von der allgemeinen Marktentwicklung beeinflusst werden. Dies kann zu größerer Volatilität und kurzfristigen Wertschwankungen führen.
>
> 2. **Weniger Kontrolle**: Anleger haben wenig bis keine Kontrolle über die spezifischen Immobilien, in die investiert wird, oder über Managemententscheidungen. Dies kann problematisch sein, wenn der Anleger andere Ansichten über die beste Vorgehensweise hat.
>
> 3. **Gebühren und Kosten**: Indirekte Immobilien-Investments sind oft mit Verwaltungsgebühren, Fondsmanagementkosten und anderen Ausgaben verbunden, die die Gesamtrendite des Anlegers schmälern können.
>
> 4. **Abhängigkeit von Management**: Der Erfolg eines indirekten Immobilien-Investments hängt stark von den Fähigkeiten und Entscheidungen des Managements ab. Schlechte Managemententscheidungen können die Rendite beeinträchtigen und das Risiko erhöhen.
>
> 5. **Keine persönliche Nutzung**: Im Gegensatz zu einer Direktinvestition in eine Immobilie, die möglicherweise auch selbst genutzt werden kann, bieten indirekte Investments keinen direkten Nutzen für den Anleger in Form von Wohnraum oder Gewerbeflächen.
>
> 6. **Steuerliche Komplexität**: Obwohl es potenzielle Steuervorteile gibt, kann die steuerliche Behandlung von Erträgen aus indirekten Immobilien-Investments kompliziert sein, insbesondere bei internationalen Investitionen. Anleger müssen möglicherweise spezielle steuerliche Ratschläge einholen, was zusätzliche Kosten verursachen kann.

Abbildung 11.6: Die Nachteile indirekter Immobilieninvestments laut KI

Real Estate Limited Partnership (RELP)

Sie scheuen die Verantwortung und potenziellen Schwierigkeiten im Zusammenhang mit dem direkten Eigentum einer Immobilie? Dann könnte die Beteiligung an einer Immobilien-Kommanditgesellschaft (englisch: Real Estate Limited Partnership, kurz RELP) genau das Richtige für Sie sein. Auf diese Weise können Sie von den Vorteilen eines Immobilieninvestments profitieren, ohne sich um die Immobilienverwaltung kümmern zu müssen. Ähnliches gilt für die Anlage in REITs sowie Immobilienfonds und -ETFs, die wir weiter hinten im Kapitel näher beleuchten.

Fragen wir KI gezielt nach den Vor- und Nachteilen von RELPs:

»Erstelle bitte eine Aufzählungsliste mit den Vor- und Nachteilen der Beteiligung an einer Immobilien-Kommanditgesellschaft und erläutere jeden einzelnen Punkt.«

Das Ergebnis von ChatGPT finden Sie in den Abbildungen 11.7 und 11.8 (***Hinweis:*** Die einzelnen Punkte können sich mit den Antworten auf den vorherigen Prompt überschneiden).

»Anlagen in Immobilien-Kommanditgesellschaften können eine effektive Möglichkeit sein, sich an Immobilien zu beteiligen, ohne die volle Verantwortung für das Eigentum an einer Immobilie übernehmen zu müssen. Es ist jedoch wichtig, dass Anleger die Struktur der Kommanditgesellschaft, den Ruf und die Erfolgsbilanz des Komplementärs sowie die spezifischen Bedingungen der Anlage sorgfältig prüfen, bevor sie Kapital einsetzen.«

Die Beteiligung an Immobilien-Kommanditgesellschaften (RELPs) kann für erfahrene Anleger mit umfangreichen Portfolios enorme Vorteile bieten. Das Rendite- und Wertsteigerungspotenzial kann hier beträchtlich sein, allerdings sind auch bei dieser Anlageform Fachwissen und Erfahrung unerlässlich. RELP-Investoren können und sollten bei Themen wie Marktforschung, Immobilienrecht und Steuerfragen definitiv auf KI zurückgreifen.

```
Vorteile der Beteiligung an einer Immobilien-Kommanditgesellschaft (KG):

1. Begrenzte Haftung:
   Als Kommanditist haftet man nur mit der Höhe der Einlage, die man in die Gesellschaft
   eingebracht hat. Das bedeutet, dass im Falle von Verlusten oder Insolvenz der
   Gesellschaft das persönliche Vermögen des Kommanditisten weitgehend geschützt ist.

2. Steuerliche Vorteile:
   Durch die Beteiligung an einer Immobilien-KG können steuerliche Vorteile wie die
   Abschreibung von Immobilienwerten und die Verrechnung von Verlusten mit anderen
   Einkünften genutzt werden. Dies kann die Steuerlast insgesamt reduzieren.

3. Passives Einkommen:
   Die Beteiligung ermöglicht es, regelmäßige Ausschüttungen in Form von
   Mieteinnahmen zu erhalten, ohne aktiv in das Management der Immobilie involviert
   sein zu müssen. Dies bietet eine Möglichkeit für ein passives Einkommen.

4. Diversifikation:
   Eine Investition in eine Immobilien-KG bietet die Möglichkeit, in den Immobilienmarkt
   zu investieren, ohne eine Immobilie direkt zu erwerben. Dadurch können Anleger ihr
   Portfolio diversifizieren und das Risiko streuen.

5. Professionelles Management:
   Die Immobilien-KG wird in der Regel von erfahrenen Managern geführt, die sich um die
   Verwaltung der Immobilien und die Optimierung der Renditen kümmern. Dies erspart
   den Kommanditisten den Aufwand der aktiven Verwaltung und Entscheidungen.
```

Abbildung 11.7: Die Vorteile von RELPs laut KI

> **Nachteile der Beteiligung an einer Immobilien-Kommanditgesellschaft (KG):**
>
> 1. **Geringer Einfluss:**
>   Kommanditisten haben nur eingeschränkte Mitspracherechte in der Gesellschaft, da die Geschäftsführung allein dem Komplementär obliegt. Dadurch haben die Anleger nur begrenzte Kontrolle über Entscheidungen, die die Gesellschaft betreffen.
>
> 2. **Eingeschränkte Liquidität:**
>   Anteile an einer Immobilien-KG sind oft schwer handelbar, was bedeutet, dass das Kapital über einen längeren Zeitraum gebunden ist. Ein vorzeitiger Ausstieg kann schwierig und mit finanziellen Verlusten verbunden sein.
>
> 3. **Risiko von Kapitalverlusten:**
>   Obwohl die Haftung begrenzt ist, besteht immer noch das Risiko, dass die Investition an Wert verliert, z. B. durch sinkende Immobilienpreise oder unerwartete Kosten für Reparaturen und Instandhaltung.
>
> 4. **Abhängigkeit von Marktbedingungen:**
>   Der Erfolg einer Immobilien-KG hängt stark von den Entwicklungen auf dem Immobilienmarkt ab. Schwankungen der Immobilienpreise, Zinsänderungen und wirtschaftliche Faktoren können die Rendite erheblich beeinflussen.
>
> 5. **Komplexität und Kosten:**
>   Die Struktur einer Immobilien-KG kann komplex sein, was zusätzlichen Verwaltungsaufwand und Kosten verursachen kann. Zudem können Steuern und rechtliche Aspekte zusätzliche Herausforderungen darstellen.

Abbildung 11.8: Die Nachteile von RELPs laut KI

Kleinanleger hingegen sind mit REITs sowie REIT-basierten ETFs und Investmentfonds (die beide weiter hinten im Kapitel behandelt werden) wesentlich besser beraten. Auch sie können KI nutzen, um diese börsennotierten Wertpapiere zu recherchieren, und müssen sich nicht mit den komplexen und kostspieligen Aspekten von RELPs herumschlagen.

Künstliche Intelligenz kann Dokumente (einschließlich PDFs) in Sekundenschnelle scannen und die wichtigsten Punkte analysieren sowie zusammenfassen. Informieren Sie sich über ChatPDF (www.chatpdf.com) und andere KI-Tools, die Sie in Anhang B finden.

Fazit: Die Beteiligung an Immobilien-Kommanditgesellschaften kann eine gute Sache sein, aber da ich persönlich eher zu Aktien und ETFs tendiere, setze ich bei Immobilieninvestments lieber auf REITs. Lesen Sie einfach weiter, um zu erfahren, was es mit dieser ominösen Abkürzung auf sich hat.

Real Estate Investment Trusts (REITs)

Real Estate Investment Trusts (REITs) sind, wie gesagt, meine bevorzugte Art, in Immobilien zu investieren, da sie die Vorteile von Immobilieninvestments mit der Transaktionsfreundlichkeit und dem Komfort von Aktieninvestments verbinden. Fast jeder hat schon einmal Horrorgeschichten über Immobilieninvestments gehört – Probleme mit Mietern, hohe Erwerbsnebenkosten, Schwierigkeiten beim Kauf oder Verkauf der Immobilie und so weiter. In einem schwachen Markt kann es unter Umständen Monate dauern, eine Immobilie zu verkaufen.

All dies entfällt bei REITs, weshalb sie für Immobilieninvestoren so attraktiv sind. Schon mit ein paar Klicks lassen sich Anteile online kaufen und verkaufen. Schauen wir uns diese Anlageform also ein wenig genauer an, indem wir die folgende Anfrage an ChatGPT stellen:

> »*Erstelle bitte eine Aufzählungsliste mit den Vor- und Nachteilen börsennotierter REITs und erläutere jeden Punkt.*«

Die Antwort von ChatGPT finden Sie hier im nachfolgenden Text (inklusive Anmerkungen von mir in kursiver Schrift) (**Hinweis:** Auch hier gibt es unter Umständen Überschneidungen mit den vorherigen Antworten von ChatGPT):

»Börsennotierte Real Estate Investment Trusts (REITs) sind Anlageinstrumente, die es Einzelpersonen ermöglichen, über an der Börse gehandelte Anteile in immobilienbezogene Vermögenswerte zu investieren. Im Folgenden werden die Vor- und Nachteile von Anlagen in börsennotierte REITs in Form einer Aufzählungsliste einschließlich Erläuterungen zu den einzelnen Punkten dargestellt:

Vorteile

1. Liquidität

Erläuterung: REIT-Anteile werden an der Börse gehandelt, was den Anlegern Liquidität sowie die Möglichkeit bietet, Anteile problemlos zu kaufen oder zu verkaufen.

Anmerkung: *Während die Liquidität bei direkten Immobilieninvestments ein Problem darstellt, sind REITs aufgrund ihrer Handelbarkeit an der Börse ebenso liquide wie herkömmliche Aktien und ETFs.*

2. Diversifizierung

Erläuterung: REITs investieren in der Regel in ein diversifiziertes Portfolio von Immobilien oder immobilienbezogenen Vermögenswerten, wodurch das Risiko durch einzelne Immobilien reduziert wird.

Anmerkung: *REIT-Portfolios enthalten in der Regel eine Vielzahl von Immobilien an unterschiedlichen Standorten, sodass Ihr Vermögen (und damit Ihr Anlageerfolg) nicht an einer einzigen Immobilie hängt.*

3. Passives Einkommen

Erläuterung: REITs sind gesetzlich verpflichtet, mindestens 90 Prozent ihres steuerpflichtigen Einkommens in Form von Dividenden an die Aktionäre auszuschütten, wodurch ein regelmäßiger Einkommensstrom entsteht.

Anmerkung: *Warum sich als Immobilienbesitzer mit Dingen wie Mieteinnahmen und Instandhaltungskosten herumschlagen, wenn es auch viel einfacher geht? Bei einem REIT erhalten Sie Ihr Geld in Form von Dividende, meist vierteljährlich, manchmal sogar monatlich.*

4. **Professionelles Management**

   Erläuterung: REITs werden von erfahrenen Fachleuten verwaltet, die sich um die Verwaltung, den Erwerb und den Betrieb von Immobilien kümmern und so den Anlegern die direkten Verwaltungsaufgaben abnehmen.

   Anmerkung: Das Managementteam des Unternehmens ist für den gesamten Betrieb der Immobilie(n) zuständig. Niemand wird Sie also je anrufen und Sie darum bitten, einen tropfenden Wasserhahn oder ein undichtes Dach zu reparieren.

5. **Dividendenrendite**

   Erläuterung: REITs bieten oft attraktive Dividendenrenditen, was sie zu einer attraktiven Option für einkommensorientierte Anleger macht.

   Anmerkung: Aufgrund ihres steuerbegünstigten Status sind REITs verpflichtet, mindestens 90 Prozent ihrer Erträge an die Anteilseigner auszuschütten. Dies bedeutet in der Regel überdurchschnittlich hohe Dividenden.

6. **Transparenz**

   Erläuterung: Börsennotierte REITs unterliegen der aufsichtsrechtlichen Berichtspflicht, was ein hohes Maß an Transparenz hinsichtlich der finanziellen Leistungsfähigkeit und der Geschäftstätigkeit gewährleistet.

   Anmerkung: Anhand des Geschäftsberichts und anderer Informationen über den REIT (zum Beispiel auf dessen Website) können Sie sich einen Überblick über die Performance und die Geschäftstätigkeit des Unternehmens verschaffen.

7. **Zugänglichkeit**

   Erläuterung: REITs sind für ein breites Spektrum von Anlegern zugänglich, einschließlich solcher mit begrenztem Kapital, da wenige oder sogar nur Bruchteile von Anteilen erworben werden können.

   Anmerkung: Sie benötigen keine großen Summen, um in einen REIT zu investieren. Sie können so viele Anteile (oder sogar Bruchteile von Anteilen) kaufen, wie Sie möchten oder sich leisten können.

8. **Wertsteigerung des Portfolios**
   Erläuterung: REITs haben das Potenzial für ein Wertwachstum des Portfolios, da sie im Laufe der Zeit zusätzliche Immobilien oder Immobilienvermögen erwerben, was potenziell zu einer Wertsteigerung der enthaltenen Immobilien und somit höheren Erträgen führen kann.

   Anmerkung: Ihre Anlage kann in dem Maße wachsen, wie der REIT sein Immobilienportfolio ausbaut.

Nachteile

1. **Marktvolatilität**

   Erläuterung: Die Kurse von REITs können der Volatilität des Aktienmarktes unterliegen, und ihre Performance korreliert nicht immer mit den Bedingungen auf dem Immobilienmarkt.

   Anmerkung: Obwohl die Kurse von REIT-Aktien mit dem allgemeinen Aktienmarkt schwanken können, sind ihre Kursbewegungen im Vergleich zu herkömmlichen Aktien stärker von den Bedingungen auf dem Immobilienmarkt abhängig.

2. **Zinssensitivität**

   Erläuterung: Steigende Zinssätze können sich negativ auf REIT-Kurse auswirken, da höhere Zinssätze die Kreditkosten erhöhen und die relative Attraktivität von REIT-Dividenden verringern können.

   Anmerkung: Steigende Zinssätze wirken sich nicht nur auf REITs, sondern auf die meisten Immobilieninvestments negativ aus.

3. **Managementgebühren**

   Erläuterung: REITs erheben häufig Verwaltungsgebühren, die die Rendite der Anleger schmälern können.

   Anmerkung: Die Verwaltungsgebühren werden aus dem operativen Geschäft des Unternehmens gezahlt, was sich unter anderem auf das Nettoergebnis (Jahresüberschuss) und die Dividendenausschüttung des REITs auswirkt.

4. **Fehlende Kontrolle**

   Erläuterung: Anleger in börsennotierte REITs haben nur begrenzte Kontrolle über die Immobilien und Vermögenswerte, in die der REIT investiert, da die Entscheidungen von der Geschäftsführung des REITs getroffen werden.

   Anmerkung: Als REIT-Anleger haben Sie nur begrenzte Eigentumsrechte. Sie haben keine Entscheidungsbefugnis in Bezug auf die Geschäftstätigkeit des Unternehmens oder die Immobilien, die gekauft, verkauft und verwaltet werden.

5. **Steuerliche Erwägungen**

   Erläuterung: Obwohl REIT-Dividenden in manchen Ländern steuerlich begünstigt sind, müssen Anleger nationale steuerliche Aspekte berücksichtigen, wie zum Beispiel mögliche Kapitalertragsteuern beim Verkauf von Anteilen.

   Anmerkung: Selbstverständlich werden auch Erträge aus REITs besteuert. Die Besteuerung erfolgt in Deutschland in der Regel durch die Abgeltungssteuer, die aktuell 25 Prozent beträgt, plus Solidaritätszuschlag und gegebenenfalls Kirchensteuer.

6. **Marktabhängigkeit**

   Erläuterung: Die Wertentwicklung börsennotierter REITs ist eng mit dem allgemeinen Aktienmarkt verbunden, der durch makroökonomische Faktoren und die Stimmung der Anleger beeinflusst werden kann.

Anmerkung: REIT-Aktien können im Rahmen des täglichen Börsenhandels schwanken.

7. **Unterschiede in der Managementqualität**

   Erläuterung: Die Qualität des Managements kann von REIT zu REIT variieren, und die Anleger müssen das Fachwissen und die Erfolgsbilanz des Managementteams eines REITs sorgfältig bewerten.

   Anmerkung: Wenn Sie Zweifel am Management eines REITs haben, können Sie Ihre REIT-Aktien natürlich jederzeit verkaufen – oder aber mit Schutzmaßnahmen wie Stop-Loss-Orders und/oder Trailing-Stops arbeiten

8. **Konzentrationsrisiko**

   Erläuterung: Einige REITs können sich auf bestimmte Immobilienarten spezialisieren (zum Beispiel Einzelhandels-, Büro- oder Wohngebäude), was die Anleger einem Konzentrationsrisiko aussetzen kann, sollte der betreffende Sektor unter Druck geraten.

   Anmerkung: Dies gilt in beide Richtungen: Läuft es in dem betreffenden Immobiliensektor gut, können Sie mit guten Renditen rechnen; entwickelt sich der betreffende Immobilienmarkt dagegen schlecht, schneidet auch Ihr REIT-Investment schlecht ab. Deshalb ist es, wie weiter vorne im Kapitel erläutert, auch so wichtig, sich im Vorfeld mit dem Immobilientyp zu beschäftigen, in den Sie investieren möchten.

Investitionen in börsennotierte REITs können eine bequeme Möglichkeit sein, sich an den Immobilienmärkten zu engagieren und gleichzeitig von Liquidität und Dividendeneinnahmen zu profitieren. Dennoch sollten Anleger die potenziellen Risiken und Vorteile bestimmter REITs kennen und verstehen, um zu beurteilen, ob und wie sie in ihre Gesamtanlagestrategie passen.«

Anmerkung: Insgesamt eine gute Zusammenfassung!

Die folgenden Beispiel-Prompts können Ihnen bei der Recherche zu REITs von Nutzen sein:

✔ »Erstelle bitte eine Aufzählungsliste mit den sichersten Arten und Kategorien von REITs und erläutere jeden Punkt.«

✔ »Erstelle bitte eine Aufzählungsliste der negativen Aspekte von REITs, die sich auf [Kategorie Ihrer Wahl] spezialisiert haben und in ländlichen Gebieten angesiedelt sind.«

✔ »Erstelle bitte eine Zusammenfassung des Inhalts der Website von [REIT Ihrer Wahl] unter [URL des REITs].«

Immobilien-ETFs

Sie möchten also in Immobilien investieren, finden aber die Vorstellung, eine eigene Immobilie zu besitzen und zu verwalten, eher abschreckend, und auch REITs sind Ihnen zu unsicher? Keine Sorge, Sie müssen trotzdem nicht auf Immobilieninvestments verzichten! Es gibt eine Möglichkeit, die ebenso einfach ist wie die Anlage in REITs und gleichzeitig die wohl sicherste Art, in Immobilien zu investieren, darstellt. Die Rede ist von Immobilien-ETFs. Beginnen wir gleich mit einem Prompt für ChatGPT:

»*Erstelle bitte eine Aufzählungsliste der Vor- und Nachteile von Immobilien-ETFs und erläutere jeden Punkt.*«

Die Antwort von ChatGPT finden Sie in den Abbildungen 11.9 und 11.10 (**Hinweis:** Auch hier gibt es Überschneidungen mit den vorherigen Antworten von ChatGPT):

Denken Sie daran, dass die künstliche Intelligenz bei der Interaktion mit Ihnen in der Lage ist, alle weiteren Eingaben, die Sie nach dem ersten Prompt tätigen, ähnlich wie bei einem menschlichen Gespräch im direkten Kontext zu erfassen. Sie können also mit Prompts fortfahren wie »*Erstelle bitte anhand der obigen Positionen eine tabellarische SWOT-Analyse von REIT XYZ.*« oder »*Welche REITs haben das gleiche Profil und gehören zur gleichen Kategorie wie REIT XYZ, und sind daher mit REIT XYZ vergleichbar?*«.

Weitere Informationen und Ressourcen zu ETFs finden Sie in Kapitel 6.

Vorteile von Immobilien-ETFs:

1. **Diversifikation:**
   - Immobilien-ETFs investieren in eine breite Palette von Immobilienunternehmen oder Immobilienarten (Wohn-, Gewerbe-, Industrieimmobilien). Dadurch wird das Risiko, das mit der Investition in eine einzelne Immobilie verbunden ist, deutlich reduziert.

2. **Liquidität:**
   - Im Gegensatz zu physischen Immobilien, die schwer zu kaufen und zu verkaufen sind, können Immobilien-ETFs einfach an der Börse gehandelt werden. Das bietet Anlegern eine hohe Flexibilität, ihre Positionen schnell zu veräußern.

3. **Geringere Einstiegskosten:**
   - Der Kauf einer physischen Immobilie erfordert oft eine große Menge Kapital. Bei Immobilien-ETFs können Anleger bereits mit kleineren Beträgen einsteigen und trotzdem in den Immobilienmarkt investieren.

4. **Professionelles Management:**
   - Immobilien-ETFs werden von professionellen Fondsmanagern verwaltet, die das Portfolio aktiv betreuen und auf Marktveränderungen reagieren. Dies nimmt dem Anleger die Verantwortung für das Management der Immobilien ab.

5. **Stetige Erträge:**
   - Viele Immobilien-ETFs investieren in REITs (Real Estate Investment Trusts), die gesetzlich verpflichtet sind, einen Großteil ihres Gewinns als Dividenden auszuschütten. Das kann für Anleger regelmäßige Einkünfte bedeuten.

6. **Steuerliche Vorteile:**
   - Je nach Land können Immobilien-ETFs steuerliche Vorteile bieten, insbesondere wenn sie in steuerlich begünstigte REITs investieren.

Abbildung 11.9: Die Vorteile von Immobilien-ETFs laut KI

> **Nachteile von Immobilien-ETFs:**
>
> 1. **Marktrisiken.**
>   - Wie andere Aktien-ETFs sind auch Immobilien-ETFs dem Marktrisiko ausgesetzt. Schwankungen am Aktienmarkt oder wirtschaftliche Abschwünge können den Wert eines Immobilien-ETFs erheblich beeinflussen.
> 2. **Geringere Kontrolle.**
>   - Anleger haben keine direkte Kontrolle über die Auswahl der Immobilien oder über das Management der Objekte. Alle Entscheidungen werden vom Fondsmanager getroffen.
> 3. **Kostenstruktur:**
>   - Immobilien-ETFs erheben Verwaltungskosten, die die Rendite schmälern können. Obwohl diese Kosten in der Regel niedriger sind als bei aktiv verwalteten Immobilienfonds, können sie dennoch einen Einfluss auf die Gesamtrendite haben.
> 4. **Potenzielle Korrelation mit dem Aktienmarkt:**
>   - In Zeiten von Marktturbulenzen kann die Korrelation von Immobilien-ETFs mit dem allgemeinen Aktienmarkt zunehmen. Das bedeutet, dass sie in wirtschaftlichen Krisenzeiten ähnlich stark fallen können wie andere Aktien.
> 5. **Eingeschränkte Renditechancen.**
>   - Die Renditen von Immobilien-ETFs können durch ihre Struktur begrenzt sein, insbesondere im Vergleich zu direkten Investitionen in Immobilien, bei denen Anleger potenziell von einer stärkeren Wertsteigerung profitieren könnten.
> 6. **Dividendenabhängigkeit:**
>   - Da ein Großteil der Erträge von Immobilien-ETFs aus Dividenden stammt, sind diese Erträge stark von den Gewinnen und Ausschüttungen der im Fonds enthaltenen Immobilienunternehmen abhängig. Wenn diese Unternehmen unter Druck geraten, könnten die Dividenden gekürzt werden.

Abbildung 11.10: Die Nachteile von Immobilien-ETFs laut KI

Weitere Prompts zum Thema Immobilieninvestments

Künstliche Intelligenz kann im Bereich Immobilieninvestments einiges für Sie tun. Um Sie effektiv unterstützen zu können, bedarf es jedoch der richtigen Fragen. Hier sind einige Vorschläge für sinnvolle Prompts:

✔ »Erstelle bitte einen Mietvertrag mit den folgenden Bedingungen [Bedingungen Ihrer Wahl], und zwar in Form von durchnummerierten Abschnitten mit jeweils einer zusammenfassenden Überschrift.«

✔ »Erstelle bitte eine Checkliste für Reparaturen, die bei einer zwangsversteigerten Immobilie anfallen können.«

- »Verfasse bitte ein juristisches Schreiben an einen säumigen Mieter unter Nennung folgender Sanktionen [Sanktionen Ihrer Wahl].«

- »Ich plane eine Hausbesichtigung für eine Immobilie, die ich verkaufen möchte. Erstelle bitte eine Checkliste mit allen Dingen, die es dabei zu beachten gilt, um einen erfolgreichen Ablauf zu gewährleisten. Wähle als Form eine Aufzählungsliste und erläutere, warum jeder einzelne Punkt wichtig ist und wie er am besten erledigt werden kann.«

Bei der Erstellung von Prompts für den Bereich Immobilieninvestments (und generell zu jedem anderen Thema) sollten Sie wie folgt vorgehen:

- Formulieren Sie Ihre Fragen und Wünsche so präzise und detailliert wie nur möglich.

- Geben Sie in Ihrer Anfrage Beispielszenarien mit Zahlen und Details an.

- Bitten Sie die KI, ihren Antwortstil an Ihren persönlichen Wissensstand anzupassen, damit Sie den Ausführungen problemlos folgen können, zum Beispiel so: *»Bitte formuliere die Antwort so, als wäre ich ein Gymnasiast«* oder *»Bitte formuliere die Antwort in einfacher Sprache.«*

Weitere Ideen für sinnvolle Prompts finden Sie in Kapitel 18.

Einige empfehlenswerte Ressourcen zum Thema Immobilieninvestments

Zu guter Letzt möchte ich Ihnen noch ein paar meiner Favoriten unter den besten verfügbaren Ressourcen zum Thema Immobilieninvestments mit auf den Weg geben:

- In der *Für-Dummies*-Buchreihe (www.dummies.com) finden Sie mehrere Bücher rund um das Thema Immobilien und Immobilieninvestments.

- Um Immobilien im ganzen Land zu finden und zu analysieren, besuchen Sie Immobilienportale wie www.immoscout24.de, www.immowelt.de oder www.immonet.de.

- Für direkte Immobilieninvestments besuchen Sie zum Beispiel Bergfürst (https://de.bergfuerst.com/ratgeber/immobilien-investment) oder Exporo (https://exporo.de).

- Die Website des Zentralverbands der Deutschen Haus-, Wohnungs- und Grundeigentümer e.V. (https://www.hausundgrund.de) ist die führende Seite mit Informationen über den Immobilienbesitz.

IN DIESEM KAPITEL

Die Vorteile eines eigenen Unternehmens betrachten

Ein eigenes Business auf die Beine stellen

Ihr Unternehmen mithilfe von KI (noch) erfolgreich(er) führen

Die eigene Karriere in die Hand nehmen

Kapitel 12
Existenzgründung, Unternehmensführung und Karrierechancen

Business und Beruf sind naturgemäß mehr oder weniger eng mit der allgemeinen Finanzwelt verknüpft. Egal, ob Sie Existenzgründer sind oder anderweitig an Ihrer beruflichen Karriere basteln – früher oder später werden Sie mit Dingen wie Steuererklärungen, Bilanzen, Zinsen, Geldanlagen und so weiter konfrontiert. Während Sie sich früher die dafür nötigen Informationen selbst beschaffen mussten (sei es durch Recherche oder Weiterbildung) und/oder auf einen menschlichen Berater angewiesen waren, können Sie heute auf das unterstützende Potenzial von KI zurückgreifen, um Ihr Wissen zu erweitern und fundierte Entscheidungen zu treffen. Und das kann nur von Vorteil sein, denn es ist in jedem Fall eine Investition in Ihre Zukunft.

Da KI als ultimativer Gamechanger auch die Unternehmens- und Arbeitswelt auf den Kopf stellt und gleichzeitig ungeahnte Möglichkeiten bietet, macht es nur Sinn, dass auch Sie Ihre Strategien in diesen Bereichen ändern, und dieses Kapitel soll Ihnen dabei als Orientierungshilfe dienen.

Meine Tipps für den Anfang (für alle, die noch keine Existenzgründer sind), die ich im Laufe des Kapitels noch genauer ausführen werde:

✔ **Denken Sie darüber nach, Ihr eigenes kleines Business zu gründen.** Es kann (und sollte) ruhig etwas sein, das Sie in Teilzeit von zu Hause aus ausüben können, schon alleine, um die Kosten und Risiken gering zu halten, und um Ihrem Berufsprofil und Ihren Fähigkeiten zum Vermögensaufbau eine weitere Dimension hinzuzufügen.

✔ **Stellen Sie Ihre aktuelle berufliche Situation auf den Prüfstand.** Nutzen Sie KI, um persönliche Strategien zu entwickeln, wie Sie sich in Ihrem derzeitigen (oder zukünftigen) Hauptberuf so wertvoll und unentbehrlich wie nur möglich machen können.

Die Vorteile eines eigenen Unternehmens

Im Folgenden nenne ich Ihnen eine Reihe von Gründen, warum Sie die Gründung eines eigenen Unternehmens in Erwägung ziehen sollten. Lesen Sie einfach weiter!

Der möglichen Bedrohung Ihres Jobs durch KI entgegenwirken

Je nachdem in welchem Bereich Sie tätig sind, müssen Sie als Arbeitnehmer unter Umständen ständig auf der Hut sein, um nicht von KI untergraben – oder schlimmer noch – vollständig ersetzt zu werden. Wenn Sie hingegen Ihr eigener Chef (im richtigen Business) sind, ist die Wahrscheinlichkeit, dass Ihr Job durch KI wegrationalisiert wird, wesentlich geringer. Ihre Motivation, Ihr eigenes Unternehmen zu gründen, besteht also darin, sicherzustellen, dass KI *für* Sie und nicht gegen Sie arbeitet – und darüber hinaus so etwas wie Ihr erster digitaler Mitarbeiter wird.

Höhere Einkünfte erzielen

Dies ist in der Regel ein wichtiger Anreiz, sich selbstständig zu machen. Schließlich bedeutet ein höheres Einkommen auch mehr Möglichkeiten in Ihrem Leben. Wenn Sie wollen, können Sie das zusätzliche Geld natürlich einfach verjubeln – wesentlich sinnvoller ist es jedoch, einen Teil davon als Notgroschen für schlechte Zeiten zu sparen und einen weiteren Teil zu investieren, um Ihren Weg zur finanziellen Unabhängigkeit zu beschleunigen.

Steuervorteile genießen

Schon als Arbeitnehmer können Sie unter Umständen einige Steuervorteile genießen, wenn Sie gelegentlich im Homeoffice arbeiten. Mit einem von zu Hause aus betriebenen kleinen Unternehmen lassen sich Jahr für Jahr mitunter Tausende von Euro an Steuern sparen. Homeoffice

Um Ihren Appetit auf etwaige Steuerersparnisse noch weiter zu wecken – wenn Sie Ihr eigenes Business offiziell von zu Hause aus betreiben und das Homeoffice den Mittelpunkt Ihres Betriebes darstellt, können Sie unter Umständen die Kosten für Ihr Arbeitszimmer und andere betrieblich benötigte Räume teilweise oder sogar vollständig von der Steuer absetzen. Als Mieter können Sie zum Beispiel die Kosten für Miete, Strom und Heizung absetzen, als Hauseigentümer können Sie zusätzlich die Grundsteuer und bestimmte Instandhaltungskosten anteilig absetzen beziehungsweise Abschreibungskosten geltend machen. Auch andere Nebenkosten, zum Beispiel für Reinigung und Reparaturen, können unter Umständen anteilig geltend gemacht werden.

Mehr Spaß an der Arbeit

Wenn Sie schon ein Unternehmen gründen, dann wählen Sie auf jeden Fall eine Tätigkeit, die Ihnen Freude bereitet, egal, ob es sich um die Herstellung eines Produktes oder die Erbringung einer Dienstleistung handelt. Nicht wenige machen ihr Hobby oder eine andere besondere Leidenschaft zu Ihrem – selbstständigen – Beruf.

Der Vorteil: Wenn Sie eine Tätigkeit gerne ausüben, geht sie Ihnen wesentlich leichter von der Hand. Sie werden schneller besser darin und es wird Ihnen in der Regel auch viel leichter fallen, sie langfristig auszuüben. So gesehen ist der Spaß an der Arbeit ganz essenziell für den langfristigen Erfolg Ihres Unternehmens!

Der Spaßfaktor ist außerdem wichtig, um Ihrem Unternehmen die finanziellen Flügel zu verleihen, die es braucht, um sich von einem Teilzeit- zu einem Vollzeitunternehmen zu entwickeln (wenn das Ihr Ziel ist). Fast alle erfolgreichen Unternehmer, die es von einem kleinen Nebenerwerbsbetrieb in ihrer Küche oder Garage zu einem bekannten Großunternehmen gebracht haben, nennen als treibende Kraft dahinter die Leidenschaft für die jeweils ausgeübte Tätigkeit.

Vermögensaufbau mit einem maßgeschneiderten Altersvorsorgeplan

Natürlich sollten Sie so viel wie möglich für Ihren Ruhestand sparen, sowohl über Ihre Rentenbeiträge als Arbeitnehmer als auch über eine private Altersvorsorge.

Denken Sie, daran dass ein eigenes Unternehmen, selbst wenn Sie es nur in Teilzeit von zu Hause aus betreiben, Ihnen die Möglichkeit bieten kann, mehr für Ihren Ruhestand zurückzulegen.

Gewinne aus dem Verkauf Ihres Unternehmens einstreichen

Nach all der Zeit, Mühe und dem Herzblut, die Sie in Ihr Kleinunternehmen investiert haben, kommt irgendwann der Zeitpunkt, an dem Sie es nicht mehr weiterführen können oder wollen. Warum es dann nicht verkaufen und kräftig absahnen? Gibt es eine bessere Möglichkeit, Ihren Notgroschen aufzustocken, als mit einem fünf-, sechs- oder siebenstelligen Betrag aus dem Verkauf Ihres eigenen Unternehmens?

Wenn Sie ein Unternehmen gründen und führen, schaffen und verwalten Sie damit einen potenziell hohen Vermögenswert. Falls Sie sich also irgendwann mit dem Gedanken tragen, Ihr Unternehmen zu verkaufen, lohnt sich ein Blick auf die folgenden Websites, auf denen täglich Unternehmen ge- und verkauft werden:

- ✔ nexxt-change (www.nexxt-change.org)
- ✔ Deutsche Unternehmerbörse (https://www.dub.de)

Um später einmal einen guten Preis für Ihr Unternehmen zu erzielen, können Sie die KI schon jetzt fragen, was Sie dafür tun müssen, etwa mit dem folgenden Prompt:

> »Was muss ich tun, um mein von zu Hause aus betriebenes Kleinunternehmen [Name Ihres Unternehmens] in circa fünf Jahren für eine Million Euro verkaufen zu können? Was muss ich tun, um denselben Preis nach nur einem Betriebsjahr zu erzielen? Erstelle mir bitte einen detaillierten Plan.«

Die Antworten der KI sollten Ihnen zumindest eine Orientierungshilfe bieten können, wie Sie Ihr Unternehmen zu dem Preis verkaufen können, den es später einmal wert sein wird.

Existenzgründung – wie Sie Ihr eigenes Unternehmen auf die Beine stellen

Sie planen die Gründung eines eigenen Unternehmens oder sind bereits Existenzgründer? Dann kann KI Sie dabei in vielerlei Hinsicht unterstützen – von der Recherche bis zur Erstellung der notwendigen Geschäftsunterlagen. Die folgenden Abschnitte geben Ihnen einen Überblick über die einzelnen Schritte.

Nachforschungen anstellen

Vor allem bei der Suche nach Informationen können Sie das Potenzial von KI zu Ihrem Vorteil nutzen, und das mit sehr überschaubarem Aufwand. Sie können praktisch jede Frage und jedes Anliegen ganz einfach in einen sinnvollen Prompt umwandeln, um die gewünschten Informationen abzufragen. Verwenden Sie dazu zum Beispiel die in diesem Kapitel und in Anhang B genannten KI-gestützten Suchmaschinen. Hier sind einige Beispiele für Prompts, um Ihnen den Einstieg zu erleichtern:

- ✔ »Ich möchte als selbstständiger Webdesigner von zu Hause aus arbeiten. Erstelle mir bitte einen kompletten Marketingplan mit den notwendigen Handlungsschritten in Form einer Aufzählungsliste einschließlich Erklärungen und Beispielen für jeden Schritt.«

- ✔ »Ich bin selbstständiger Handwerker mit Fachkenntnissen als Schreiner. Nenne mir bitte 15 konkrete Dinge, die ich heute tun kann, um noch in dieser Woche Aufträge zu erhalten.«

- ✔ »Ich mache mir Sorgen um meine Finanzen. Nenne mir bitte zehn Ideen für Aktivitäten, mit denen ich sofort Geld verdienen kann, und zwar in meinem Interessengebiet [Gebiet Ihrer Wahl].«

Einen Businessplan erstellen

Solange Sie ihre selbstständige Tätigkeit nur nebenberuflich ausüben, brauchen Sie nicht zwingend einen Geschäftsplan. Für alle größeren Unternehmen ist ein guter Businessplan jedoch unerlässlich und steht verpflichtend am Anfang jeder Existenzgründung.

Eine sinnvolle Hausaufgabe für Sie – in Kooperation mit KI – ist die Erstellung einer SWOT-Analyse für Ihr Unternehmen und/oder Ihre Mitbewerber. In den meisten Businessplanvorlagen ist eine SWOT-Analyse in der einen oder anderen Form enthalten, ebenso wie ein Marketingplan (siehe dazu die beiden folgenden Abschnitte).

Wenn Sie mehr zum Thema Existenzgründung, Selbstständigkeit und Businessplan erfahren möchten, dann lesen Sie die neueste Ausgabe von *Businessplan für Dummies* von Paul Tiffany und Steven D. Peterson (Wiley).

SWOT-Analyse

Die Abkürzung *SWOT* steht für die englischen Begriffe *Strengths* (Stärken), *Weaknesses* (Schwächen), *Opportunities* (Chancen) und *Threats* (Bedrohungen oder Gefahren). Eine Analyse dieser Punkte kann bei der Entwicklung einer Strategie zur Erreichung Ihrer Unternehmensziele äußerst hilfreich sein. Hier ein Beispiel-Prompt für ChatGPT:

»Ich plane, mich als Unternehmensberater im Bereich ›Technologie für das Gesundheitswesen‹ selbstständig zu machen. Erstelle bitte dazu eine SWOT-Analyse in Tabellenform.«

Eine SWOT-Analyse Ihres Unternehmens hilft Ihnen, sich einen kompakten Überblick zu verschaffen, der sowohl Ihre Stärken und Chancen aufzeigt, als auch potenzielle Schwächen und Gefahren, die Sie möglicherweise übersehen haben.

Marketingplan

Jedes Unternehmen, egal wie groß, klein oder ungewöhnlich, durchläuft im Allgemeinen die beiden folgenden Entwicklungsphasen:

- ✔ **Phase I** ist die »Aufbauphase« und der einfachere Teil. In dieser Phase richten Sie Ihr Unternehmen ein und bereiten alles für den Geschäftsbetrieb vor. Sie wählen die Produkte und/oder Dienstleistungen aus, die Sie anbieten wollen, melden Ihren Betrieb ordnungsgemäß an (Inhaberschaft, Rechtsform und so weiter) und kümmern sich um Ihr »Erscheinungsbild« nach außen (Visitenkarte, Broschüren, Website und so weiter). Diese Phase war schon in Zeiten vor der künstlichen Intelligenz im Allgemeinen recht einfach und ist heute noch viel einfacher zu bewerkstelligen.

- ✔ **Phase II** ist der schwierigere Teil. Denn nachdem Sie Ihr Geschäft aufgebaut haben, geht es um Marketing und Kundenakquise, also darum, Kunden zu gewinnen und langfristig einen festen Kundenstamm aufzubauen.

Phase I, also die Aufbauphase, muss natürlich schon aus rein funktionaler Sicht an erster Stelle stehen. Aber ein Unternehmen ist nichts ohne Kunden, die ihm Einnahmen bringen, und genau hier kommt der Marketingplan (als wichtigster Teil des Businessplans) ins Spiel. Es stimmt schon, wenn verschiedene Berater und Business-Gurus Ihnen sagen, dass die »Kunst«, Kunden zu gewinnen (und an sich zu binden), ein essenzieller Aspekt der Unternehmensführung ist. Man kann sogar mit Fug und Recht behaupten, dass sie das Herzstück des Marketings ist.

Um Hinweise zum Aufbau eines Marketingplans für ein neu zu gründendes Unternehmen zu erhalten, habe ich ChatGPT die folgende Frage gestellt, (wobei ich erneut das Beispiel eines Unternehmensberaters für Technologie gewählt habe):

> *»Was sind die wichtigsten Elemente eines effektiven Marketingplans für einen Technologieberater, der von zu Hause aus arbeitet?«*

Die Antwort von ChatGPT war sehr umfangreich, weshalb ich die wichtigsten Punkte in einer kompakten Liste zusammengefasst habe. (Selbstverständlich können Sie die KI auch hier wieder bitten, jeden einzelnen Punkt zu erläutern):

- ✔ **Marktforschung:** Verstehen Sie Ihren Zielmarkt.

- ✔ **Einzigartiges Nutzenversprechen** (*Unique Value Proposition, UVP*): Was unterscheidet Sie von Ihren Mitbewerbern?

- ✔ **Zielgruppensegmentierung:** Identifizieren und segmentieren Sie Ihre Zielgruppe und passen Sie Ihre Ansprache an die jeweilige/n Gruppe/n an.

- ✔ **Ziele und Vorgaben:** Setzen Sie sich klare, messbare und erreichbare Ziele.

- ✔ **Budgetzuweisung:** Stellen Sie Ihr Budget zusammen.

- ✔ **Online-Präsenz:** Erstellen Sie einen Blog und/oder eine Website.

- ✔ **Inhaltsmarketing (Content-Marketing):** Nutzen Sie hochwertige Inhalte, um potenzielle Kunden zu gewinnen.

- ✔ **Social-Media-Marketing:** Nutzen Sie die sozialen Medien, um mit potenziellen Kunden in Kontakt zu treten.

- ✔ **E-Mail-Marketing:** Bauen Sie einen E-Mail-Verteiler mit den Kontakten von Interessenten/Kunden auf.

- ✔ **Networking und Partnerschaften:** Mit wem können Sie ein *Joint Venture* eingehen, sprich zusammenarbeiten?

- ✔ **Online-Werbung:** Werden Sie auch Online-Werbung schalten?

- ✔ **Referenzen und Fallstudien:** Präsentieren Sie Ihre zufriedenen Kunden.

- ✔ **Empfehlungsprogramm:** Können Sie ein Empfehlungsprogramm für die Produkte und/oder Dienstleistungen Ihres Unternehmens einrichten?

✔ **Verfolgung (Tracking) und Analyse:** Überwachen Sie, wie gut Ihre Marketingstrategien funktionieren.

✔ **Feedback und Verbesserung:** Fragen Sie Ihre Kunden, wie Sie Ihr Angebot noch verbessern können.

✔ **Langfristige Planung:** Entwickeln Sie einen Plan für das weitere Wachstum Ihres Unternehmens.

All diese Punkte bieten viel Stoff für weitere Recherchen. Hier noch ein paar Anregungen für Prompts zum Thema Marketing:

✔ »Ich möchte ein Dropshipping-Geschäft auf Amazon starten; erstelle bitte einen detaillierten Marketingplan, der die dafür notwendigen Schritte in Stichpunkten darlegt.«

✔ »Ich möchte einen Online-Videokurs auf meiner Website anbieten; nenne mir bitte 20 kostenlose oder kostengünstige Marketingstrategien, die mir helfen, mehr Besucher auf meine Kurs-Webseite zu locken.«

✔ »Ich habe einen benzinbetriebenen Elefantenfuß-Regenschirmständer erfunden und möchte ihn an Hotels und Motels verkaufen; erstelle bitte einen vollständigen Marketingplan mit konkreten und detaillierten Schritt-für-Schritt-Anleitungen und Strategien.«

Ihr Start-up finanzieren

Ich persönlich bin der Meinung, dass jeder sein eigenes kleines Unternehmen gründen sollte, zumal man dafür – im Gegensatz zu früher – nicht mehr viel Startkapital braucht. Viele Arten von Unternehmen können von zu Hause aus mit minimalen (oder sogar gar keinen) finanziellen Mitteln betrieben werden. Falls Sie jedoch eine Finanzierung benötigen, können Sie selbstverständlich auch dazu die KI befragen, zum Beispiel mit dem folgenden Prompt:

»Ich plane, ein Unternehmen im Bereich [Branche Ihrer Wahl] zu gründen und benötige möglicherweise [Eurobetrag Ihrer Wahl] an Finanzierungsmitteln. Nenne mir bitte zehn konkrete und kreative Möglichkeiten, wie ich diese Finanzierung erhalten könnte.«

Auch die folgenden praktischen Websites können Sie für Ihr Unterfangen zurate ziehen:

✔ Die Bundesregierung stellt unter `www.existenzgruendungsportal.de` umfangreiche Materialien und Inhalte zur Verfügung, und das völlig kostenlos (schließlich haben Sie diesen Service mit Ihren Steuern bezahlt). Sie finden dort unter anderem wichtige Informationen für Ihren Businessplan und können sich Checklisten herunterladen. Künstliche Intelligenz kann Sie bei der Durchsicht und Analyse dieser Dokumente unterstützen und Ihre Fragen dazu beantworten.

✔ *Deutschland startet* (unter www.deutschland-startet.de) ist eine Initiative für Existenzgründer, Start-ups und bestehende Unternehmen. Die Website bietet umfangreiche Informationen und kostenloses Download-Material rund ums Thema Existenzgründung; unter www.deutschland-startet.de/beratungsfoerderung/ können Sie außerdem eine staatlich geförderte Unternehmensberatung beantragen.

Ihr Start-up mithilfe von KI auf den richtigen Weg bringen

Damit Ihr Unternehmen ein Erfolg wird, benötigen Sie zunächst einen finanziellen und anderweitigen Fahrplan, der Sie sicher an Ihr profitables Ziel führt. Sie brauchen Hilfe beim Erstellen oder Entziffern eines entsprechenden Leitfadens? Keine Sorge – KI steht Ihnen auch hier zur Seite. Wie wäre es für den Anfang mit diesem Prompt:

»*Ich möchte mein eigenes Unternehmen gründen. Nenne mir bitte mindestens zehn konkrete Möglichkeiten, wie KI mich dabei unterstützen kann.*«

Abbildung 12.1 zeigt die Antwort von ChatGPT. Allein die Tatsache, dass Sie damit einen sofort nutzbaren Aktionsplan parat haben, ist ein großes Plus und kann Ihnen ein Stück weit Sicherheit für Ihr Vorhaben geben. Ganz gleich, ob Sie Ideen für die Unternehmensgründung, Ressourcen oder eine komplette Lektion für das Erlernen bestimmter Fertigkeiten benötigen (zum Beispiel wie man eine Kaltakquise-E-Mail schreibt) – dank KI können Sie heute innerhalb von Minuten mit Ihrem Projekt loslegen, während es vor nicht allzu langer Zeit noch Tage dauerte, um die entsprechende Vorarbeit (selbst) zu leisten.

Mir gefällt, dass die künstliche Intelligenz Sie bei der Erledigung Ihrer täglichen Aufgaben nicht nur unterstützen, sondern wirklich enorm entlasten kann. Sie benötigen eine Website? Kein Problem für KI – sofern Sie sie mit den passenden Daten und Inhalten füttern. Sie benötigen einen Businessplan, eine Datenanalyse in Excel oder eine Pressemitteilung? All das können Sie jetzt ohne großen Arbeits- und Kostenaufwand (und unter Umständen sogar völlig kostenlos) im Handumdrehen erledigen beziehungsweise erledigen lassen.

Ich habe die Liste in Abbildung 12.1 bewusst etwas kürzer gehalten (ursprünglich hatte ich nach 25 konkreten Möglichkeiten gefragt, wie KI bei der Unternehmensgründung helfen kann). Darüber hinaus hat jeder Existenzgründer Stärken und Schwächen – finden Sie Ihre heraus und bitten Sie KI, Ihnen diesbezüglich auf die Sprünge zu helfen.

KAPITEL 12 Existenzgründung, Unternehmensführung und Karrierechancen

> Künstliche Intelligenz (KI) kann auf vielfältige Weise dazu beitragen, dein eigenes Unternehmen erfolgreicher zu machen. Hier sind zehn konkrete Möglichkeiten:
>
> 1. **Marktforschung und Trendanalyse:** KI kann große Datenmengen aus verschiedenen Quellen analysieren, um Markttrends, Kundenpräferenzen und Wettbewerbslandschaften zu erkennen. Dies hilft dir, fundierte Entscheidungen zu treffen und deine Geschäftsidee zu optimieren.
> 2. **Automatisierte Kundenbetreuung:** Mit KI-gesteuerten Chatbots und virtuellen Assistenten kannst du rund um die Uhr Kundenanfragen beantworten, ohne zusätzliche Personalressourcen zu benötigen.
> 3. **Personalisierung von Marketingmaßnahmen:** KI kann Kundenverhalten analysieren und personalisierte Marketingkampagnen erstellen, die gezielt auf die Bedürfnisse und Interessen einzelner Kunden zugeschnitten sind.
> 4. **Optimierung von Geschäftsprozessen:** KI-gestützte Tools können Prozesse wie Bestandsmanagement, Buchhaltung oder Lieferkettenlogistik automatisieren und optimieren, wodurch Effizienz und Genauigkeit gesteigert werden.
> 5. **Vorhersage von Verkaufszahlen:** KI kann historische Daten und externe Faktoren analysieren, um genaue Verkaufsprognosen zu erstellen. Dies hilft bei der Planung von Beständen, Personal und Marketingaktivitäten.
> 6. **Produktentwicklung:** KI kann durch Analyse von Kundenfeedback, Markttrends und Wettbewerbsprodukten helfen, neue Produkte zu entwickeln oder bestehende Produkte zu verbessern.
> 7. **Wettbewerbsanalyse:** Mit KI können Wettbewerberdaten in Echtzeit analysiert werden, um deren Strategien zu verstehen und entsprechende Gegenmaßnahmen zu ergreifen.
> 8. **Preisgestaltung:** KI-Algorithmen können optimale Preispunkte ermitteln, indem sie Faktoren wie Nachfrage, Konkurrenzpreise und Produktionskosten berücksichtigen. Dies führt zu einer besseren Preisstrategie und erhöhten Gewinnen.
> 9. **Rekrutierung und Talentmanagement:** KI kann den Rekrutierungsprozess automatisieren, indem sie Lebensläufe durchsucht, Bewerber vorsortiert und Interviews plant. Sie kann auch bei der Mitarbeiterbindung und Leistungsbewertung helfen.
> 10. **Kundensegmentierung:** KI kann deine Kundenbasis analysieren und in verschiedene Segmente unterteilen, um gezieltere Marketing- und Verkaufsstrategien zu entwickeln.
>
> Diese Einsatzmöglichkeiten von KI können dir helfen, dein Unternehmen effizienter, kostengünstiger und wettbewerbsfähiger zu machen.

Abbildung 12.1: Möglichkeiten, wie KI angehende Unternehmer unterstützen kann

Unternehmensführung mithilfe von KI

Sobald Sie die Start-up-Phase hinter sich haben, kann KI Ihnen auch die weitere Führung Ihres Unternehmens in vielerlei Hinsicht enorm erleichtern, da sie Sie, wie gesagt, bei einer ganzen Reihe von Aufgaben unterstützen kann – angefangen bei der Erstellung von Inhalten aller Art über Analyse- und Rechenaufgaben bis hin zu Verwaltungsaufgaben und vielem mehr. Lesen Sie einfach weiter.

Den Umgang mit Software meistern

Viele Unternehmen, große wie kleine, verwenden nach wie vor gängige Softwarelösungen wie Microsoft Excel, Word, Outlook und PowerPoint sowie Google Apps und andere beliebte und weitverbreitete Software- und Online-Anwendungen. Künstliche Intelligenz kann Ihnen helfen, diese noch effizienter zu nutzen. Hier ein paar Beispiel-Prompts (je nachdem, welches Softwareproblem Sie lösen müssen):

- »Ich habe eine Microsoft-Excel-Datei mit drei Spalten, in der die vollständigen Namen (Vor- und Nachname) all meiner Kunden in Spalte A aufgelistet sind. Wie kann ich diese Daten am einfachsten und schnellsten so aufgliedern, dass in Spalte B jeweils der Vorname und in Spalte C jeweils der Nachname steht? Erkläre mir bitte Schritt für Schritt, wie ich dabei vorgehen muss.«

- »Erstelle bitte für [Produkt Ihrer Wahl] eine Produktbeschreibung, die für Amazon SEO-optimiert ist und die Vorteile und Merkmale des Produktes, nämlich [A, B, C und D], kurz und bündig darstellt. Bitte erkläre mir auch, wie ich diese Datei am schnellsten in ein Microsoft-Word-Dokument umwandle.«

- »Ich benötige eine PowerPoint-Präsentation für ein Zoom-Meeting. Teile bitte den folgenden Text sinnvoll auf zehn verschiedene Folien auf: [Text Ihrer Wahl].«

Verschiedene Arten von Content erstellen

Einer der größten Vorteile von KI ist ihre bemerkenswerte Fähigkeit, Inhalte aller Art – insbesondere Texte, aber auch Bilder, Grafiken und sogar Videos – in Sekundenschnelle zu generieren. Damit eröffnen sich zahlreiche Möglichkeiten für Ihr Unternehmen. Hier ein paar Dinge, bei deren Umsetzung KI Sie tatkräftig unterstützen kann:

- **Website-Content:** Sie benötigen einen aussagekräftigen Blogartikel oder eine (Auto-)Biografie für Ihre Website? Kein Problem für KI, sofern Sie sie mit den entsprechenden Daten versorgen.

- **Digitale Assistenz:** Sie können zum Beispiel GetResponse (www.getresponse.com) oder Mailytica (https://mailytica.com) als digitalen Antwortassistenten für allgemeine Kundenanfragen und/oder TextCortex (https://textcortex.com) als Autoresponder für Marketingkampagnen einsetzen.

- **Online-Werbung:** Füttern Sie Ihr KI-Tool mit Informationen über Ihr Produkt oder Ihre Dienstleistung, um automatisch Werbeanzeigen auf Google, Facebook, Instagram und anderen sozialen Medien zu schalten.

- ✓ **Pressemitteilungen:** Pressemitteilungen sind ein wichtiges Instrument für Unternehmen aller Art, da sie der Kommunikation mit dem Kunden dienen und praktisch kostenlose Werbung darstellen. Sie können Ihre Pressemitteilung entweder auf Ihrer eigenen Website veröffentlichen oder eines der zahlreichen Online-Presseportale (zum Beispiel www.PRnewswire.com) nutzen. Eine gut geschriebene Pressemitteilung muss jedoch bestimmte Kriterien erfüllen – zum Glück weiß KI, welche das sind!

- ✓ **Produktbeschreibungen:** Sie möchten SEO-optimierte Produktbeschreibungen wie ein Amazon-Profi erstellen? Wie praktisch jede andere textbasierte Aufgabe kann die KI selbstverständlich auch das im Handumdrehen für Sie erledigen.

- ✓ **Kundenkommunikation:** Sie möchten eine Kaltakquise-E-Mail oder eine Zahlungserinnerung an einen säumigen Kunden schreiben? Auch dabei kann KI Ihnen behilflich sein.

- ✓ **Bilder und Grafiken:** Sie benötigen ein Foto oder eine Grafik für Social Media oder für Ihren Blog? Oder ein Buchcover für Ihr neues Kindle-E-Book oder ein passendes Bild für Ihren neuen Online-Kurs? Kein Problem! KI-Tools zur Bildgenerierung wie MyEdit (https://myedit.online/de), DALL-E 2 (https://openai.com/dall-e-2) und so weiter können eine kostengünstige Alternative zum Profidesigner sein. Während Sie als Unternehmer noch vor nicht allzu langer Zeit viel Geld für Bilder, Markenlogos, Broschüren und Ähnliches berappen mussten, kann die KI heute all diese Dinge in Rekordzeit für Sie erstellen – und zwar so oft und so lange, bis Sie mit dem Endergebnis voll und ganz zufrieden sind!

Entsprechende KI-Tools finden Sie unter den in Anhang B aufgelisteten Ressourcen.

Weitere Möglichkeiten, wie KI Sie bei der Unternehmensführung unterstützen kann

Die Liste der Möglichkeiten, wie KI Sie bei der Führung Ihres kleinen (oder großen) Unternehmens unterstützen kann, ist beinahe endlos. Ich habe mich daher im Folgenden auf einige wenige nützliche Funktionen beschränkt, um Ihnen den Einstieg zu erleichtern: Zunächst habe ich die folgende Anfrage an ChatGPT gestellt:

> »Erstelle bitte eine Aufzählungsliste mit 25 konkreten Funktionen, die KI für Kleinunternehmer übernehmen kann, und erläutere jeden Punkt ausführlich.«

Die Antwort von ChatGPT ist in Abbildung 12.2 dargestellt, wobei die Punkte dieser umfangreichen Liste sich zum Teil mit den in vorherigen Absätzen genannten Möglichkeiten überschneiden.

Ich finde die Tatsache, dass KI Sie in derart vielen Bereichen tatkräftig unterstützen und meist auch sofort brauchbare Inhalte liefern kann, einfach großartig. Schreibblockaden aller Art gehören somit der Vergangenheit an. Auch Möglichkeiten wie die Erstellung personalisierter Marketingkampagnen sind von unschätzbarem Wert, zumal die Vermarktung eigener Produkte und Dienstleistungen mit zu den schwierigsten Aufgaben für frischgebackene Unternehmer zählt.

Hier sind 25 konkrete Funktionen, die Künstliche Intelligenz (KI) für Kleinunternehmer übernehmen kann, zusammen mit einer ausführlichen Erläuterung jeder Funktion:

1. **Automatisierung der Buchhaltung:**
   KI kann Transaktionen automatisch erfassen, kategorisieren und Buchhaltungsberichte erstellen, wodurch der Aufwand für manuelle Eingaben reduziert wird.

2. **Kundenservice-Chatbots:**
   Chatbots, die auf KI basieren, können häufige Kundenanfragen rund um die Uhr beantworten, einfache Probleme lösen und Kunden an den richtigen Ansprechpartner weiterleiten.

3. **Personalisierte Marketing-Kampagnen:**
   KI kann Kundendaten analysieren und individuelle Marketingbotschaften erstellen, um die Conversion-Rate zu erhöhen.

4. **Prognose von Verkaufszahlen:**
   Durch die Analyse historischer Verkaufsdaten und externer Faktoren kann KI zukünftige Verkaufszahlen vorhersagen, was bei der Bestandsplanung und Budgetierung hilft.

5. **Optimierung von Werbebudgets:**
   KI kann Werbekampagnen überwachen und das Budget automatisch so anpassen, dass es auf den Kanälen mit der höchsten Rentabilität ausgegeben wird.

6. **Automatische Generierung von Inhalten:**
   KI-Tools können Blogposts, Produktbeschreibungen oder Social-Media-Posts basierend auf vorgegebenen Themen erstellen, was den Content-Erstellungsprozess beschleunigt.

7. **Social-Media-Management:**
   KI kann Social-Media-Beiträge planen, veröffentlichen und die Performance analysieren, um die Strategie kontinuierlich zu verbessern.

8. **Kundensegmentierung:**
   KI kann Kunden in verschiedene Gruppen basierend auf ihrem Verhalten, Demografie oder anderen Merkmalen einteilen, was zielgerichtetes Marketing ermöglicht.

9. **Produktempfehlungen:**
   KI kann durch die Analyse von Kundendaten personalisierte Produktempfehlungen geben, was zu höheren Verkaufszahlen führt.

10. **Automatisierte E-Mail-Kampagnen:**
    KI kann E-Mails basierend auf Kundenverhalten und -präferenzen personalisieren und zu optimalen Zeiten versenden.

11. **Optimierung der Preisgestaltung:**
    KI kann Preise dynamisch anpassen, um den Umsatz zu maximieren, indem sie Marktbedingungen und Wettbewerbsdaten in Echtzeit analysiert.

12. **Supply-Chain-Management:**
    KI kann den gesamten Lieferkettenprozess optimieren, indem sie Bestellungen, Lagerbestände und Lieferzeiten analysiert und vorausschauende Entscheidungen trifft.

13. **Recruiting und Bewerbermanagement:**
    KI kann Lebensläufe analysieren, geeignete Kandidaten identifizieren und den Bewerbungsprozess durch automatisierte Kommunikation effizienter gestalten.

14. **Betrugserkennung:**
    KI kann ungewöhnliche Aktivitäten in Echtzeit überwachen und potenziellen Betrug erkennen, was besonders im Online-Zahlungsverkehr von Vorteil ist.

15. **Predictive Maintenance:**
    Für Unternehmen mit Maschinenparks kann KI Vorhersagen über den Wartungsbedarf treffen, um Ausfallzeiten zu minimieren und die Lebensdauer von Anlagen zu verlängern.

16. **Wettbewerbsanalyse:**
    KI kann Wettbewerber überwachen, Markttrends analysieren und Berichte erstellen, die strategische Entscheidungen unterstützen.

17. **Sprachübersetzung:**
    Für internationale Geschäfte kann KI Dokumente, Webseiten und Kundenkommunikation in verschiedene Sprachen übersetzen, um die Reichweite zu erhöhen.

18. **Rechnungsstellung und Zahlungsmanagement:**
    KI kann Rechnungen automatisch erstellen, versenden und Zahlungseingänge verfolgen, wodurch der Verwaltungsaufwand reduziert wird.

19. **Qualitätskontrolle:**
    In der Produktion kann KI eingesetzt werden, um Produkte auf Fehler oder Mängel zu überprüfen und so die Qualitätssicherung zu verbessern.

20. **Zeit- und Aufgabenmanagement:**
    KI kann Aufgaben priorisieren, Fristen überwachen und Zeitpläne optimieren, um die Effizienz im Arbeitsalltag zu steigern.

21. **Customer Relationship Management (CRM):**
    KI kann Interaktionen mit Kunden analysieren, um personalisierte Erfahrungen zu schaffen und die Kundenbindung zu stärken.

22. **Automatisierte rechtliche Beratung:**
    KI-Tools können häufige rechtliche Fragen beantworten, einfache Verträge erstellen und rechtliche Risiken identifizieren, was für Kleinunternehmer besonders nützlich ist.

23. **Einsatz von Virtual Assistants:**
    KI-gesteuerte virtuelle Assistenten können Routineaufgaben wie Terminplanung, E-Mail-Verwaltung und Datenrecherche übernehmen, wodurch Unternehmer mehr Zeit für strategische Aufgaben haben.

24. **Lead-Generierung:**
    KI kann potenzielle Kunden identifizieren, basierend auf ihrer Online-Aktivität und früheren Interaktionen, was die Effizienz der Vertriebsteams erhöht.

25. **Lagerbestandsmanagement:**
    KI kann den Lagerbestand überwachen, Bestellungen automatisch auslösen und die Lagerhaltung optimieren, um Kosten zu senken und Lieferengpässe zu vermeiden.

Diese Funktionen zeigen, wie vielseitig und nützlich KI für Kleinunternehmer sein kann, indem sie Aufgaben automatisiert, die Effizienz steigert und bessere Entscheidungsgrundlagen bietet.

Abbildung 12.2: Eine Reihe von Möglichkeiten, wie KI Sie bei der Unternehmensführung unterstützen kann

KI als Karriere-Booster

Sich anpassen oder untergehen – das ist es, was KI-Experten jedem Arbeitnehmer da draußen seit geraumer Zeit eintrichtern. Was also tun? Keine Frage – sich anpassen natürlich! (Vor diesem Hintergrund wird auch klar, warum ich Unternehmensführung und Berufskarriere im Zusammenhang mit KI in ein und dasselbe Kapitel gepackt habe.)

Unabhängig davon, ob Ihr derzeitiger Job durch KI bedroht ist oder nicht, empfiehlt es sich wärmstens, nebenbei (zunächst nur in Teilzeit) Ihr eigenes kleines Unternehmen zu betreiben. Dadurch, dass Sie zumindest in einem Teilbereich Ihres Erwerbslebens Ihr eigener Chef sind, haben Sie automatisch mehr Kontrolle. Sie werden zum Entscheidungsträger und potenziellen Arbeitgeber. Und das Wichtigste dabei: Ihr Einkommen kommt nicht mehr nur von einem einzigen Arbeitgeber, sodass Sie die Unsicherheiten und potenziellen Nachteile eines regulären Arbeitsverhältnisses besser ausgleichen können.

Seit jeher warnen Wirtschaftsexperten, dass Automatisierung und Robotik vor allem die Existenz von Fabrikarbeitern bedrohen – und tatsächlich sind im Laufe der Zeit schon etliche Arbeitsplätze in Handwerk und Industrie der Modernisierung zum Opfer gefallen. Heute, im Jahr 2024, müssen mit dem Einzug von KI plötzlich auch Büro- und Verwaltungsangestellte ebenso wie Designer, Publizisten und viele andere Berufsgruppen – egal, ob angestellt oder selbstständig – um ihren Job bangen.

Aber ganz egal, ob Sie als Arbeitnehmer nur einen Kunden (den Arbeitgeber) oder als Unternehmer viele Kunden zu bedienen haben, in beiden Fällen müssen Sie am Ende jemanden mit Ihrer Dienstleistung überzeugen. Richtig eingesetzt, kann KI Sie in jedem Fall unterstützen und Ihnen helfen, Ihre Arbeit aufzuwerten, sodass Sie letztendlich von ihrem Potenzial profitieren können, anstatt sie nur als Jobkiller zu sehen.

Lesen Sie weiter, um zu erfahren, wie Sie KI für sich nutzen können, um Ihre Karrierestrategien an das sich wandelnde Arbeitsumfeld anzupassen.

Die besten Jobs für Ihr Profil finden

Bevor Sie sich auf den Arbeitsmarkt begeben, sollten Sie zunächst sich selbst und Ihr Potenzial richtig einschätzen. Stellen Sie eine Liste mit Ihren wichtigsten Fähigkeiten und Berufserfahrungen zusammen und bitten Sie die KI um eine kurze Analyse. Dazu eignen sich Prompts wie die folgenden:

- ✔ Ich besitze die folgenden Fähigkeiten [Liste Ihrer Fähigkeiten] und verfüge über jahrelange Erfahrung im Bereich [Bereich Ihrer Wahl]. Für welchen Job bin ich am besten qualifiziert?

- ✔ Welche Art von Job passt am besten zu Arbeitnehmern mit den folgenden Fähigkeiten und Referenzen [Liste Ihrer Fähigkeiten und Referenzen]?

- ✔ Ich gehe gerne den folgenden Aktivitäten und Hobbys nach [Liste Ihrer Aktivitäten und Hobbys]. Welche Jobs passen am besten zu mir?

Seien Sie kreativ mit Ihren Fragen! Sie werden mit Sicherheit aussagekräftige Antworten erhalten, die Sie durch weitere Prompts noch vertiefen können, um Ihr Berufsprofil möglichst genau zu definieren.

Keine Frage, ein gut bezahlter Job ist Gold wert, aber Geld ist nicht alles. So kann es auf Dauer erfüllender sein, einer Tätigkeit nachzugehen, die Ihnen Spaß macht und in der Sie wirklich gut sind, selbst wenn Sie dabei weniger verdienen. Übrigens eignen sich die vorhergehenden Prompts auch gut, um herauszufinden, welche Art von Unternehmen Sie aufgrund Ihrer Fähigkeiten gründen sollten. (Mehr über Existenzgründung und wie KI Ihnen dabei helfen kann, erfahren Sie weiter vorne im Kapitel.)

Ihre Jobperspektive verbessern

Die Frage, die derzeit viele Arbeitnehmer umtreibt, wenn sie über die rasante Entwicklung und das Potenzial von KI nachdenken, können Sie auch der KI selbst stellen:

»*Was rätst du einem Arbeitnehmer mit Vollzeitjob, der das Gefühl hat, dass sein Arbeitsplatz durch KI bedroht ist? Erstelle bitte eine Aufzählungsliste mit Ratschlägen.*«

Die Antwort von ChatGPT sehen Sie in Abbildung 12.3 (durch die Bank ziemlich gute Ratschläge!):

Keine schlechte Liste und ein guter Anfang für Ihre Jobsuche oder Karriereplanung.

Neue Betätigungsfelder finden

Immer mehr Zeitungs- und Blogartikel oder ganze Websites beschäftigen sich mit den potenziellen oder bereits eingetretenen Auswirkungen von künstlicher Intelligenz auf die Arbeitswelt und informieren darüber, inwieweit sich KI schon jetzt auf bestimmte Arten von Jobs auswirkt oder in naher Zukunft auswirken wird. Betroffen sind Analysen zufolge Berufe wie Kommunikationsmanager, Datenerfasser, Call-Center-Mitarbeiter und Kundenberater, deren Aufgaben schon heute bis zu 90 Prozent oder mehr von KI übernommen werden können beziehungsweise werden. Aber auch Buchhalter, Übersetzer, Lagerarbeiter (ja, richtig gehört), Taxifahrer, Bankangestellte, Rechtsanwälte, Mathematiker, Programmierer und viele mehr sind zunehmend betroffen. Und da die KI – und dafür gibt es in diesem Buch genügend Beispiele – blitzschnell Texte und Bilder aller Art liefern kann, stehen inzwischen auch kreative Berufe wie Designer, Schriftsteller und Künstler auf der virtuellen Abschussliste.

Im Umkehrschluss bedeutet dies, dass die – noch verbleibenden – Angehörigen dieser Berufsgruppen stark gefährdet sind beziehungsweise dass durch den Einsatz von KI in den betroffenen Unternehmen neun von zehn Mitarbeitern (zum Beispiel bei der Datenerfassung) ihren Job verlieren würden. Laut einer Wirtschaftsstudie der Investmentbank Goldman Sachs von März 2023 sind zwei Drittel aller Arbeitsplätze von der Automatisierung durch KI betroffen, und sogar bis zu einem Viertel (!) davon könnten in Zukunft durch KI ersetzt werden.

> Wenn ein Arbeitnehmer mit einem Vollzeitjob das Gefühl hat, dass sein Arbeitsplatz durch KI bedroht ist, gibt es mehrere Schritte, die er unternehmen kann, um sich besser abzusichern und auf die Zukunft vorzubereiten. Hier sind einige Ratschläge:
>
> 1. **Weiterbildung und Umschulung:**
>   - Erwerbe neue Fähigkeiten und Kenntnisse, die in deinem Berufsfeld gefragt sind, besonders in Bereichen, die weniger automatisierbar sind, wie kreatives Denken, Problemlösung und komplexe Entscheidungsfindung.
>   - Nutze Online-Kurse, Webinare oder Schulungen, um dich über KI und ihre Auswirkungen auf die Arbeitswelt zu informieren.
>
> 2. **Anpassung der eigenen Rolle:**
>   - Überlege, wie du KI in deinem Arbeitsbereich nutzen kannst, um deine Effizienz zu steigern und dich auf anspruchsvollere Aufgaben zu konzentrieren.
>   - Suche nach Möglichkeiten, deine Aufgaben umzugestalten, sodass sie von KI schwerer zu ersetzen sind.
>
> 3. **Branchenwechsel in Betracht ziehen:**
>   - Falls dein Berufsfeld besonders stark von der Automatisierung bedroht ist, könntest du überlegen, in ein anderes Berufsfeld zu wechseln, das weniger anfällig für KI ist.
>   - Informiere dich über Zukunftsbranchen und Berufe, die durch KI sogar wachsen könnten, wie etwa im Bereich KI-Entwicklung, Datenanalyse oder Pflegeberufe.
>
> 4. **Netzwerkpflege:**
>   - Stärke dein berufliches Netzwerk, um von neuen Jobmöglichkeiten oder Weiterbildungsangeboten zu erfahren.
>   - Tausche dich mit Kollegen aus, die ähnliche Bedenken haben, und sucht gemeinsam nach Lösungen.
>
> 5. **Aktive Mitgestaltung am Arbeitsplatz:**
>   - Beteilige dich an Diskussionen über die Einführung von KI in deinem Unternehmen und bringe Vorschläge ein, wie KI sinnvoll genutzt werden kann, ohne Arbeitsplätze zu gefährden.
>   - Setze dich für Schulungsprogramme innerhalb des Unternehmens ein, die es Mitarbeitern ermöglichen, sich an die neuen Technologien anzupassen.
>
> 6. **Finanzielle Vorsorge:**
>   - Überlege, ob es sinnvoll ist, ein finanzielles Polster aufzubauen, um für den Fall einer Kündigung oder eines Berufswechsels abgesichert zu sein.
>   - Informiere dich über mögliche staatliche Unterstützung oder Umschulungsprogramme, die dir in einem Übergang helfen könnten.
>
> 7. **Achtsamkeit und mentale Gesundheit:**
>   - Der Gedanke an Arbeitsplatzverlust kann Stress verursachen. Achte darauf, deine mentale Gesundheit zu pflegen und such dir Unterstützung, wenn du sie brauchst.
>   - Praktiziere Achtsamkeit oder andere Techniken zur Stressbewältigung, um ruhig und fokussiert zu bleiben.
>
> 8. **Aktualisierung des Lebenslaufs und der Online-Profile:**
>   - Halte deinen Lebenslauf und deine beruflichen Profile (z.B. auf LinkedIn) aktuell, um im Falle eines Jobverlustes schnell reagieren zu können.
>   - Präsentiere deine Anpassungsfähigkeit und Bereitschaft, neue Fähigkeiten zu erlernen, um dich für potenzielle Arbeitgeber attraktiver zu machen.
>
> Durch eine proaktive Haltung und kontinuierliches Lernen kann man sich besser gegen die Bedrohung durch KI absichern und sich möglicherweise sogar neue Chancen eröffnen.

Abbildung 12.3: Das rät ChatGPT einem Arbeitnehmer, der befürchtet durch KI ersetzt zu werden

KAPITEL 12 Existenzgründung, Unternehmensführung und Karrierechancen   175

Der Punkt liegt auf der Hand: Wenn Ihr aktueller Job leicht durch KI ersetzt werden kann, müssen Sie sich nach Möglichkeit rechtzeitig anpassen oder notfalls sogar den Beruf wechseln. Nur so können Sie vermeiden, irgendwann KI-bedingt auf der Strecke zu bleiben.

Andererseits ist es wichtig, zu erkennen, dass sich mit dem Einzug von KI auch neue Betätigungsfelder ergeben, und herauszufinden, welche das sind und wo man sie findet. Hier ein entsprechender Prompt, den ich in diesem Fall an Copilot gerichtet habe:

»*In welchen Bereichen des aktuellen Arbeitsmarktes gibt es KI-bezogene Beschäftigungsmöglichkeiten? Antworte bitte in Form einer Aufzählungsliste und beschreibe jeden Punkt ausführlich.*«

Die Antwort von Copilot (zum Zeitpunkt der Fragestellung) finden Sie in Abbildung 12.4.

Auch in der Arbeitswelt entscheiden Angebot und Nachfrage über Erfolg und Misserfolg. Sie brauchen einen neuen Job? Dann strecken Sie Ihre Fühler am besten in den Bereichen aus, die gerade besonders gefragt sind. Folgende (und andere) KI-gestützte Suchmaschinen und Chatbots können Ihnen bei der Suche helfen:

- ✔ Microsoft Copilot (https://copilot.microsoft.com)
- ✔ Google Gemini (ehemals Bard; https://gemini.google.com)
- ✔ ChatGPT (https://chatopenai.de)
- ✔ Phind (www.phind.com)
- ✔ You.com (www.you.com)

Weitere KI-gestützte Suchmaschinen finden Sie in Anhang B.

Professionelle Bewerbungsunterlagen erstellen

Sie benötigen Hilfe bei der Erstellung eines überzeugenden Lebenslaufs (oder einer Biografie, wenn es um Ihr Unternehmen geht)? Ein Klacks für KI, sofern Sie sie mit den richtigen Daten füttern und ein paar Regeln beim Formulieren von Prompts beachten. Und das Beste dabei – es kostet Sie keinen Cent! So gehen Sie vor:

> **Copilot**
> ✓ Antworten für Sie werden generiert...
> Hier sind einige Bereiche des aktuellen Arbeitsmarktes, in denen es KI-bezogene Beschäftigungsmöglichkeiten gibt:
>
> 1. **Datenwissenschaft und maschinelles Lernen:**
>   - **Beschreibung**: Datenwissenschaftler und Machine Learning Engineers entwickeln Algorithmen und Modelle, um große Datenmengen zu analysieren und Vorhersagen zu treffen. Sie arbeiten oft mit Programmiersprachen wie Python und R sowie mit Tools wie TensorFlow und PyTorch.
>   - **Anwendungsbereiche**: Gesundheitswesen, Finanzdienstleistungen, Marketing, E-Commerce und mehr.
>
> 2. **Robotik und Automatisierung:**
>   - **Beschreibung**: Ingenieure und Entwickler in diesem Bereich entwerfen und programmieren Roboter sowie automatisierte Systeme, die in der Fertigung, Logistik und anderen Industrien eingesetzt werden.
>   - **Anwendungsbereiche**: Automobilindustrie, Elektronikfertigung, Lagerhaltung und Lieferkettenmanagement.
>
> 3. **Natürliche Sprachverarbeitung (NLP):**
>   - **Beschreibung**: Experten für NLP arbeiten an der Entwicklung von Systemen, die menschliche Sprache verstehen und verarbeiten können. Dies umfasst Sprachassistenten, Chatbots und Übersetzungstools.
>   - **Anwendungsbereiche**: Kundenservice, Übersetzungsdienste, Content-Moderation und mehr.
>
> 4. **Computer Vision:**
>   - **Beschreibung**: Fachleute in diesem Bereich entwickeln Technologien, die es Computern ermöglichen, visuelle Informationen aus der realen Welt zu interpretieren. Dies umfasst Bild- und Videoanalyse, Gesichtserkennung und autonome Fahrzeuge.
>   - **Anwendungsbereiche**: Sicherheitsüberwachung, Gesundheitswesen, Einzelhandel und autonome Fahrzeuge.
>
> 5. **KI-Ethik und -Regulierung:**
>   - **Beschreibung**: Spezialisten in diesem Bereich befassen sich mit den ethischen und rechtlichen Aspekten der KI-Entwicklung und -Anwendung. Sie arbeiten daran, Richtlinien und Standards zu entwickeln, um sicherzustellen, dass KI-Systeme verantwortungsvoll und fair eingesetzt werden.
>   - **Anwendungsbereiche**: Regierungsbehörden, Nichtregierungsorganisationen, Unternehmen und Forschungseinrichtungen.
>
> 6. **KI-Produktmanagement:**
>   - **Beschreibung**: KI-Produktmanager koordinieren die Entwicklung und Markteinführung von KI-basierten Produkten und Dienstleistungen. Sie arbeiten eng mit Ingenieuren, Designern und Marketingteams zusammen, um sicherzustellen, dass die Produkte den Bedürfnissen der Nutzer entsprechen.
>   - **Anwendungsbereiche**: Technologieunternehmen, Start-ups, Beratungsfirmen und mehr.
>
> 7. **Cybersecurity:**
>   - **Beschreibung**: Experten für KI in der Cybersicherheit entwickeln Systeme, die Bedrohungen erkennen und abwehren können. Sie nutzen maschinelles Lernen, um Anomalien zu identifizieren und Sicherheitsvorfälle zu verhindern.
>   - **Anwendungsbereiche**: Finanzdienstleistungen, Gesundheitswesen, Regierungsbehörden und mehr.
>
> Diese Bereiche bieten vielfältige Möglichkeiten für Fachkräfte mit unterschiedlichen Hintergründen und Fähigkeiten. Hast du Interesse an einem bestimmten Bereich?

Abbildung 12.4: In diesen Branchen finden sich – laut Copilot – KI-bezogene Tätigkeitsfelder

1. Erstellen Sie in Ihrem Textverarbeitungsprogramm eine Liste Ihrer Fähigkeiten und Berufserfahrungen, ordnen Sie diese möglichst chronologisch und geben Sie zu jedem Punkt die wichtigsten Details an.

2. Kopieren Sie die Liste und fügen Sie sie in das Textfeld eines KI-Tools Ihrer Wahl ein (zum Beispiel ChatGPT).

3. Geben Sie direkt im Anschluss eine passende Anfrage ein, in der Sie die KI zum Beispiel um die Erstellung eines optimalen Lebenslaufs oder um Hinweise zum weiteren Vorgehen bitten.

Hier ein paar Beispiel-Prompts:

- ✔ »Ich bin seit zehn Jahren als Datenerfasserin in der Automobilbranche tätig. Erstelle mir bitte einen Lebenslauf, der auf meinen folgenden Fähigkeiten basiert: [Liste Ihrer Fähigkeiten].«

- ✔ »Angenommen, du bist ein Personalvermittler, der mich bei der Suche nach einer neuen Stelle berät. Erstelle bitte auf der Grundlage meines Lebenslaufs einen Schritt-für-Schritt-Plan für eine effektive Stellensuche innerhalb der nächsten 30 Tage.«

- ✔ »Ich arbeite als Verwaltungsassistentin in einem Krankenhaus und möchte in eine Führungsposition befördert werden. Nenne mir bitte 20 konkrete Schritte, die ich in den nächsten 60 Tagen unternehmen muss, um mein Ziel zu erreichen.«

Die Art und Weise, wie Sie Ihre Prompts formulieren, ist entscheidend, um nützliche und umsetzbare Vorschläge und Strategien von ChatGPT und anderen KI-Tools zu erhalten. Seien Sie konkret und geben Sie so viele Details wie möglich an. Verwenden Sie Techniken wie die Zuweisung von Rollen (zum Beispiel »*Angenommen, du bist der Personalleiter und ...*«). Stellen Sie nicht einfach nur eine Frage, sondern geben Sie auch gleich an, welche Art von Antwort Sie erwarten, indem Sie entsprechende Anweisungen geben (zum Beispiel »*Gib mir eine ausführliche Schritt-für-Schritt-Anleitung*«). Kapitel 2 bietet eine kurze Einführung in die Erstellung von KI-Prompts.

Sich auf Vorstellungsgespräche vorbereiten

Die interaktive Natur von KI-Tools macht sie zum perfekten Partner fürs Bewerbungstraining, insbesondere wenn es darum geht, sich auf Vorstellungsgespräche vorzubereiten. Mit den richtigen Fragen und Anweisungen kann KI Ihnen wertvolle Informationen und Denkanstöße geben, damit Sie mit den richtigen Antworten und Reaktionen glänzen, und so Ihre Mitbewerber ausstechen können. Hier sind ein paar Beispiele für geeignete Prompts:

✔ »Ich wurde von der Firma [betreffendes Unternehmen], die im Bereich [betreffende Branche] tätig ist, zum Vorstellungsgespräch eingeladen. Mit welchen Fragen muss ich rechnen? Was sollte ich über das Unternehmen und die Branche wissen? Welche Fragen sollte ich stellen?«

✔ »Angenommen, du bist Personalchef und siehst dir meinen Lebenslauf an. Welche Fragen würdest du mir in einem Vorstellungsgespräch stellen? Hier ist mein Lebenslauf [Ihr Lebenslauf].«

✔ »Ich habe eine Lücke in meinem Lebenslauf zwischen Stelle A und Stelle B. Wie kann ich diese Lücke am besten erklären?«

✔ »Hier ist der Link zum LinkedIn-Profil meines Gesprächspartners in einem bevorstehenden Vorstellungsgespräch. Nenne mir bitte die wichtigsten Aspekte über diese Person.«

✔ »Ich möchte ein professionelles E-Mail-Dankesschreiben an meinen Gesprächspartner eines zurückliegenden Vorstellungsgesprächs verfassen. Mache mir bitte ein paar Vorschläge zu Inhalt und Aufbau.«

Sicher hatten Sie beim Lesen dieser Beispiel-Prompts schon gefühlte hundert weitere Einfälle, welche Fragen und Wünsche Sie zu diesem Thema an die KI richten könnten. Nur zu – KI ist allzeit bereit für all Ihre Anliegen! (Weitere Informationen über KI-Tools finden Sie in Anhang B.)

Teil IV
Investment und Finanzplanung mit Köpfchen

IN DIESEM TEIL ...

In Teil IV dreht sich alles um Anlagestrategien und Finanzplanung. Als Erstes widmen wir uns dem Thema Wirtschaftsanalyse. Dabei lernen Sie die wichtigsten Konjunkturindikatoren kennen und erfahren, wie Sie diese – mithilfe von KI – nutzen können, um Ihren Anlageerfolg zu verbessern. In diesem Zusammenhang erläutere ich auch, welchen Einfluss die Entscheidungen der Zentralbanken und der Politik auf Ihre persönliche Geldanlage haben können. Danach geht es um das Thema Finanzplanung. In Kapitel 14 schauen wir uns an, wie Sie – mithilfe von KI – einen persönlichen Finanzplan erstellen und Ihr Budget verwalten können. Außerdem geht es um die Finanzierung wichtiger Lebensabschnitte und -ereignisse, wobei das Thema Ausbildung und Studium im Vordergrund steht. In Kapitel 15 erfahren Sie, wie KI Ihnen die Ruhestands- und Nachlassplanung erleichtern kann. In diesem Kontext zeige ich Ihnen, wie Sie – mithilfe von KI – eine persönliche Bilanz und nützliche Checklisten erstellen können und stelle Ihnen ein Anlagekonzept für den Ruhestand vor.

> **IN DIESEM KAPITEL**
>
> Die wichtigsten Konjunkturindikatoren (einschließlich steuerlicher Aspekte) beleuchten
>
> Die Strategien der Zentralbanken (und ihre Auswirkungen auf Ihre Geldanlagen) sondieren
>
> Politische Aspekte berücksichtigen

Kapitel 13
Wirtschaftsanalyse mit KI

Die Mechanismen von Wirtschaft und Finanzmärkten zu verstehen, scheint ein schwieriges Unterfangen zu sein, vor allem, wenn man mit dem damit verbundenen Fachchinesisch konfrontiert wird. Dennoch ist es wichtig, einige Schlüsselaspekte (die in diesem Kapitel behandelt werden) zu verstehen. Schließlich können die Entwicklungen in diesen Bereichen – positive wie negative – und die Art und Weise, wie Sie damit umgehen, nicht nur Ihre finanzielle Situation und Ihre Anlagetätigkeiten, sondern auch Ihre Karriere, Ihr Unternehmen, Ihre Altersvorsorge und viele andere Lebensbereiche erheblich beeinflussen.

Zum Glück gibt es heute KI, und damit eine ganze Reihe attraktiver Tools und Möglichkeiten, von denen Sie profitieren können. Stellen Sie sich vor, Sie hätten sich als Anleger bereits im Jahr 2007 mithilfe von KI umfassend über die damalige wirtschaftliche Entwicklung informieren können und daraufhin vermutlich ein paar Maßnahmen ergriffen, die Ihre Verluste im Rahmen der Finanzkrise 2008 begrenzt hätten.

Die wichtigsten Konjunkturindikatoren im Überblick

Um Prognosen über die wirtschaftliche Entwicklung eines Landes oder einer Region treffen zu können, greifen Wirtschaftsexperten auf bestimmte wirtschaftliche (*konjunkturelle*) *Kennzahlen* zurück, die auch als *Konjunktur-* oder *Wirtschaftsindikatoren* bezeichnet werden. Da die wirtschaftliche Lage (*Konjunktur*), wie bereits erwähnt, großen Einfluss auf Ihre persönliche finanzielle Situation haben kann, möchte ich im Folgenden die wichtigsten dieser Indikatoren und ihre Auswirkungen ein wenig näher beleuchten.

Bruttoinlandsprodukt (BIP)

 Das *Bruttoinlandsprodukt (BIP)* spiegelt im Wesentlichen die Menge an Gütern und Dienstleistungen wider, die eine Volkswirtschaft innerhalb eines bestimmten Zeitraums, in der Regel ein Quartal oder ein Jahr, erwirtschaftet. Wächst diese Kennzahl, ist das ein positives Ergebnis für die Wirtschaft und ein gutes Zeichen für die Aktienmärkte; stagniert oder schrumpft sie hingegen, ist das Gegenteil der Fall. Das BIP ist somit ein wichtiger Indikator für die Gesundheit und Leistungsfähigkeit einer Volkswirtschaft.

Eine ausführliche Definition laut KI

Aber fragen wir doch einfach wieder die KI nach einer ausführlichen Definition (ich habe ChatGPT verwendet), zum Beispiel mithilfe des folgenden Prompts:

> »Was ist das BIP und was sind die wichtigsten Punkte, die Anleger darüber wissen sollten? Bitte antworte in Form einer detaillierten Aufzählungsliste und erläutere jeden Punkt.«

Die Antwort von ChatGPT finden Sie in Abbildung 13.1 (Trommelwirbel bitte!).

Das Bruttoinlandsprodukt (BIP) ist eine der wichtigsten makroökonomischen Kennzahlen, die den Gesamtwert aller Waren und Dienstleistungen misst, die innerhalb eines bestimmten Zeitraums (in der Regel ein Jahr) in einer Volkswirtschaft produziert werden. Es gibt mehrere Aspekte, die Anleger über das BIP wissen sollten:

1. **Definition und Berechnung des BIP:**
   - **Definition:** Das BIP ist der Gesamtwert aller im Inland produzierten Waren und Dienstleistungen, abzüglich der Vorleistungen, zu Marktpreisen bewertet.
   - **Berechnung:** Es gibt drei Ansätze zur Berechnung des BIP: den Produktionsansatz (Wertschöpfung in verschiedenen Sektoren), den Verwendungsansatz (Konsum, Investitionen, Staatsausgaben und Nettoexporte) und den Einkommensansatz (Summierung der Einkommen aus Arbeit und Kapital).

2. **Wachstumsrate des BIP:**
   - **Bedeutung:** Die Wachstumsrate des BIP zeigt an, wie schnell eine Volkswirtschaft wächst oder schrumpft. Ein positives BIP-Wachstum deutet auf eine expandierende Wirtschaft hin, während negatives Wachstum eine Rezession signalisiert.
   - **Auswirkungen auf den Markt:** Anleger achten auf BIP-Wachstumsraten, da sie Hinweise auf die wirtschaftliche Gesundheit geben und Einfluss auf Aktienkurse, Zinssätze und Währungswerte haben können.

3. **Real vs. Nominales BIP:**
   - **Nominales BIP:** Misst den Gesamtwert der produzierten Güter und Dienstleistungen zu den aktuellen Marktpreisen, ohne Anpassungen an die Inflation.
   - **Reales BIP:** Berücksichtigt die Inflation und gibt den Wert der Produktion zu konstanten Preisen an, was einen besseren Vergleich über die Zeit ermöglicht.
   - **Wichtigkeit für Anleger:** Das reale BIP gibt einen genaueren Überblick über das tatsächliche Wirtschaftswachstum und ist für Investitionsentscheidungen

4. **Pro-Kopf-BIP:**
   - **Definition:** Das Pro-Kopf-BIP ist das BIP geteilt durch die Bevölkerung eines Landes und gibt einen Durchschnittswert für das Einkommen pro Person an.
   - **Indikator für Lebensstandard:** Ein höheres Pro-Kopf-BIP deutet auf einen höheren Lebensstandard hin, was für Anleger in Bezug auf Konsumkraft und Marktpotenzial relevant ist.

5. **BIP als Wirtschaftsindikator:**
   - **Makroökonomischer Indikator:** Das BIP wird oft als wichtigster Indikator für die wirtschaftliche Leistungsfähigkeit eines Landes angesehen. Es beeinflusst die Wirtschaftspolitik, einschließlich Entscheidungen über Zinsen, Steuern und Staatsausgaben.
   - **Vorhersage von Markttrends:** Ein steigendes BIP deutet auf eine wachsende Wirtschaft hin, was tendenziell positiv für Aktienmärkte ist. Ein schrumpfendes BIP kann auf bevorstehende Probleme hinweisen, was Anleger dazu veranlassen könnte, vorsichtiger zu agieren.

6. **BIP und Geldpolitik:**
   - **Zentralbanken:** Zentralbanken, wie die Europäische Zentralbank (EZB) oder die Federal Reserve (Fed), nutzen das BIP als einen wichtigen Faktor bei der Festlegung der Geldpolitik, insbesondere bei Entscheidungen über Zinssätze.
   - **Einfluss auf Zinssätze:** Ein stark wachsendes BIP kann zu Zinserhöhungen führen, um Inflation zu kontrollieren, während ein stagnierendes oder rückläufiges BIP Zinssenkungen zur Ankurbelung der Wirtschaft nach sich ziehen könnte.

7. **BIP und internationale Vergleiche:**
   - **Globaler Kontext:** Das BIP wird häufig verwendet, um die wirtschaftliche Leistungsfähigkeit von Ländern zu vergleichen. Investoren nutzen diese Vergleiche, um attraktive Märkte für Investitionen zu identifizieren.
   - **Relative Bedeutung:** Ein großes BIP bedeutet nicht automatisch eine hohe Lebensqualität oder ein hohes Potenzial für Investitionen. Es ist wichtig, das BIP in Verbindung mit anderen Indikatoren wie der Inflationsrate, Arbeitslosenquote und dem Handelsbilanzsaldo zu betrachten.

8. **Schwächen des BIP:**
   - **Keine Berücksichtigung der Einkommensverteilung:** Das BIP misst nicht, wie das Einkommen in einer Gesellschaft verteilt ist, was wichtig für das Verständnis sozialer Ungleichheiten ist.
   - **Ignoriert nicht-marktliche Aktivitäten:** Aktivitäten wie Hausarbeit oder Schwarzarbeit werden nicht im BIP erfasst, obwohl sie zur wirtschaftlichen Leistung beitragen.
   - **Nachhaltigkeit:** Das BIP berücksichtigt nicht die Umweltkosten oder die Erschöpfung natürlicher Ressourcen, was langfristig wichtige Faktoren für die Wirtschaft sein können.

Indem Anleger das BIP und seine Komponenten verstehen, können sie besser einschätzen, wie makroökonomische Trends ihre Investitionen beeinflussen könnten. Es ist jedoch wichtig, das BIP immer im Kontext mit anderen wirtschaftlichen Indikatoren und qualitativen Informationen zu betrachten.

Abbildung 13.1: Eine ausführliche Erklärung des BIP von der KI

Die Aufschlüsselung des BIP in Abbildung 13.1 ist recht gut. Hier eine kurze Zusammenfassung der wichtigsten Punkte.

✔ Das BIP ist eine gesamtwirtschaftliche Größe, die angibt, was und wie viel eine Volkswirtschaft innerhalb eines bestimmten Zeitraums produziert.

✔ Das BIP ist ein sogenannter *vorlaufender Wirtschaftsindikator*, das heißt wenn die Wirtschaft heute wächst, ist dies ein gutes Zeichen für mehr Wachstum und potenziellen Wohlstand in der Zukunft.

In diesem Zusammenhang ist ein wachsendes Bruttoinlandsprodukt in der Regel auch ein positiver Indikator für den Aktienmarkt. Warum? Wenn die Wirtschaft wächst, wachsen im Allgemeinen auch die Unternehmen und werden profitabler. Und wenn die Rentabilität eines börsennotierten Unternehmens steigt, steigt auch sein Wert, was sich wiederum in der Regel positiv auf den Aktienkurs des betreffenden Unternehmens auswirkt.

Tiefer ins Detail gehen

Wenn Sie das Gesamtkonzept des BIP erst einmal verstanden haben, fällt es Ihnen leichter, Ihre Anlageziele zu präzisieren und Ihre Suche nach geeigneten Anlagestrategien einzugrenzen. Hier ein Beispiel-Prompt:

> »Nenne mir bitte fünf konkrete Geldanlagen, die sich bei steigendem BIP gut entwickeln, und erkläre für jede, warum dies der Fall ist.«

Abbildung 13.2 gibt Ihnen einen Überblick über die Antworten von ChatGPT.

Bei einem steigenden Bruttoinlandsprodukt (BIP) verbessert sich in der Regel die wirtschaftliche Lage eines Landes, was sich positiv auf verschiedene Geldanlagen auswirken kann. Hier sind fünf konkrete Geldanlagen, die sich bei einem steigenden BIP gut entwickeln, sowie eine Erklärung, warum dies der Fall ist:

1. Aktien

Aktien repräsentieren Unternehmensanteile und profitieren direkt von einem wachsenden BIP. Wenn das BIP steigt, bedeutet dies, dass die Wirtschaft insgesamt wächst, was oft zu höheren Umsätzen und Gewinnen für Unternehmen führt. Dies erhöht den Wert der Unternehmen, was wiederum den Aktienkurs steigen lässt. Anleger profitieren also durch Kursgewinne und möglicherweise steigende Dividenden.

2. Zyklische Aktien

Zyklische Aktien gehören zu Unternehmen, deren Geschäftserfolg stark von der allgemeinen Wirtschaftslage abhängt, wie z.B. Unternehmen aus der Automobil-, Bau- oder Luxusgüterbranche. In Zeiten eines steigenden BIP wächst die Nachfrage nach ihren Produkten und Dienstleistungen, was ihre Umsätze und Gewinne antreibt. Dadurch steigen in der Regel auch die Aktienkurse dieser Unternehmen.

3. Rohstoffe

Rohstoffe wie Öl, Kupfer oder Stahl werden oft vermehrt nachgefragt, wenn das BIP wächst, da eine steigende wirtschaftliche Aktivität in der Regel mehr Produktion und Bauaktivitäten nach sich zieht. Diese gesteigerte Nachfrage treibt die Preise für Rohstoffe in die Höhe, was sich positiv auf Rohstoffinvestitionen auswirkt.

> **4. Immobilien**
>
> Ein steigendes BIP geht oft mit einer höheren Beschäftigung und wachsendem Wohlstand einher. Dies führt zu einer höheren Nachfrage nach Wohn- und Gewerbeimmobilien. Dadurch steigen in der Regel sowohl die Miet- als auch die Kaufpreise von Immobilien, was Immobilieninvestments attraktiver macht und zu Wertsteigerungen führt.
>
> **5. Unternehmensanleihen**
>
> Unternehmensanleihen werden von Unternehmen ausgegeben, um Kapital zu beschaffen. Wenn das BIP steigt, verbessert sich oft die Bonität der Unternehmen, da sie höhere Umsätze und Gewinne erzielen. Dadurch sinkt das Ausfallrisiko der Anleihen, was sie zu einer sichereren Anlageform macht und ihre Attraktivität steigert. Dies kann wiederum zu Kursgewinnen bei Unternehmensanleihen führen.
>
> Diese Anlageklassen profitieren jeweils auf unterschiedliche Weise von einem wachsenden BIP, da sie entweder direkt durch höhere Unternehmensgewinne, steigende Nachfrage oder verbesserte wirtschaftliche Rahmenbedingungen unterstützt werden.

Abbildung 13.2: Anlagen, die von einem steigenden BIP profitieren

Wie bereits erwähnt, entwickeln sich alle Dinge, die von einem steigenden Bruttoinlandsprodukt, also von einer wachsenden Wirtschaft, profitieren (wie börsennotierte Unternehmen und deren Aktien), in Zeiten des wirtschaftlichen Aufschwungs tendenziell gut. Daher gelten Aktien in Phasen des Wirtschaftswachstums, und damit eines steigenden BIP, im Allgemeinen als empfehlenswerte Anlageform.

Doch ChatGPT weist in diesem Zusammenhang auch auf eine Unterkategorie von Aktien hin, die als *zyklische* Aktien bezeichnet werden. Dabei handelt es sich um Aktien von Unternehmen, die besonders konjunkturabhängig sind, und vor allem dann gut abschneiden, wenn die Wirtschaft beziehungsweise das BIP wächst, wie zum Beispiel Reiseveranstalter, Hotels und Gaststätten. Die Logik dahinter ist einfach: Wenn die Wirtschaft brummt, haben die Verbraucher mehr Geld in der Tasche und geben dieses vermehrt für Freizeitaktivitäten wie Restaurantbesuche, Unterhaltung und so weiter aus, wovon wiederum die entsprechenden börsennotierten Unternehmen und deren Aktien profitieren.

Da in der Wirtschafts- und Finanzwelt fast alles, was steigt, irgendwann auch wieder fällt, konfrontieren wir ChatGPT analog zum obigen Prompt mit der folgenden, gegenteiligen Anfrage:

»*Nenne mir bitte fünf konkrete Geldanlagen, die sich bei sinkendem BIP gut entwickeln, und erkläre für jede, warum dies der Fall ist.*«

Die Antwort von ChatGPT finden Sie in Abbildung 13.3.

> Bei einem sinkenden Bruttoinlandsprodukt (BIP) sind bestimmte Anlageformen oft widerstandsfähiger oder sogar begünstigt, da sie entweder defensiv ausgerichtet sind oder von den wirtschaftlichen Entwicklungen profitieren können. Hier sind fünf konkrete Geldanlagen, die sich in solchen Szenarien oft gut entwickeln, zusammen mit einer Erklärung:
>
> 1. **Staatsanleihen (insbesondere von sicheren Ländern wie Deutschland oder den USA):**
>   - **Warum?** In Zeiten wirtschaftlicher Unsicherheit flüchten viele Investoren in als sicher geltende Staatsanleihen, was deren Preise steigen lässt und die Renditen sinken. Diese Anlageform wird als "sicherer Hafen" angesehen, da Staaten wie Deutschland und die USA als sehr kreditwürdig gelten. Selbst in Krisenzeiten zahlen sie ihre Schulden in der Regel zuverlässig zurück.
>
> 2. **Gold:**
>   - **Warum?** Gold ist ein traditioneller Wertspeicher, der in Zeiten wirtschaftlicher Unsicherheit und sinkendem BIP oft an Wert gewinnt. Investoren sehen Gold als Inflationsschutz und sichere Anlage in unsicheren Zeiten, da es nicht von der wirtschaftlichen Lage eines bestimmten Landes oder Unternehmens abhängt.
>
> 3. **Versorgeraktien (Utilities):**
>   - **Warum?** Unternehmen im Versorgungssektor (z.B. Strom, Wasser, Gas) bieten oft stabile Erträge, da ihre Dienstleistungen auch in wirtschaftlich schwierigen Zeiten konstant nachgefragt werden. Ihre Einnahmen sind weniger konjunkturabhängig, und sie bieten häufig attraktive Dividenden, was sie in Zeiten eines sinkenden BIP attraktiver macht.
>
> 4. **Defensive Aktien (z.B. aus dem Konsumgüterbereich):**
>   - **Warum?** Unternehmen, die Konsumgüter des täglichen Bedarfs herstellen (z.B. Lebensmittel, Hygieneprodukte), verzeichnen auch in wirtschaftlich schwachen Zeiten stabile Umsätze, da ihre Produkte unabdingbar sind. Diese Unternehmen sind daher weniger stark von einem Rückgang des BIP betroffen und ihre Aktien zeigen oft relative Stärke.
>
> 5. **Immobilien (insbesondere Wohnimmobilien in guten Lagen):**
>   - **Warum?** Wohnimmobilien in gefragten Lagen sind oft weniger anfällig für wirtschaftliche Abschwünge. Während in wirtschaftlich schwierigen Zeiten die Nachfrage nach Gewerbeimmobilien sinken kann, bleibt der Bedarf an Wohnraum relativ stabil. Zudem bieten Immobilien einen physischen Wert und können als Inflationsschutz dienen, was sie bei sinkendem BIP attraktiv macht.
>
> Diese Anlagen bieten in einem wirtschaftlichen Abschwung potenziell mehr Sicherheit und Stabilität als wachstumsabhängige Investitionen wie zyklische Aktien oder Rohstoffe.

Abbildung 13.3: Anlagen, die von einem rückläufigen BIP profitieren

Im Rahmen der allgemeinen *Konjunkturschwankungen*, also des Auf und Ab der Wirtschaft, steigt das BIP nicht kontinuierlich. Stagniert oder schrumpft es, herrschen andere Marktbedingungen, an die Investoren ihre Strategien entsprechend anpassen müssen. Wenn die Wirtschaft sich auf Talfahrt befindet (*Rezession*), schränken die Verbraucher ihre Ausgaben in der Regel stärker ein und kaufen gegebenenfalls nur noch lebensnotwendige Dinge, wie Nahrungsmittel und Energie, weshalb Branchen wie Versorger und Hersteller von Basiskonsumgütern (sogenannte *defensive Sektoren*) als relativ krisensicher gelten. Anleger können darauf reagieren, indem sie ihr Engagement im Bereich *zyklische Konsumgüter*, das heißt nicht lebensnotwendige Produkte und Freizeitaktivitäten, reduzieren, und sich stattdessen auf den Bereich der *nicht zyklischen Konsumgüter* konzentrieren, also auf Anlagen, die von den anhaltenden Ausgaben für *Grundbedarfsgüter* (das heißt Waren zur Befriedigung von Grundbedürfnissen) profitieren, wie Versorger und Hersteller von Basiskonsumgütern.

Natürlich hätte ich das KI-Tool auch um 47 Anlagemöglichkeiten (einschließlich Tipps für entsprechende Anlagestrategien) bitten können, aber das hätte dann wohl den Rahmen dieses Buches gesprengt (und die Nerven der Redaktion unnötig strapaziert!). Sie selbst müssen sich natürlich keine Grenzen setzen – nur zu, fragen Sie die KI ruhig was und so viel Sie wollen! Lassen Sie sich zum Beispiel zehn oder mehr Anlagemöglichkeiten für ein bestimmtes wirtschaftliches Szenario vorschlagen. Dann haben Sie nicht nur Gesprächsstoff für den nächsten Termin mit Ihrem Finanzberater, sondern auch eine gute Checkliste, die Sie mit Ihren Portfolioentscheidungen abgleichen können. Darüber hinaus können Sie die Vorschläge der KI nutzen, um Ihren persönlichen Anlagestil weiterzuentwickeln.

Variieren Sie Ihre Prompts. Anstatt einfach nur nach guten Anlagemöglichkeiten in Zeiten von allgemeinem Wirtschaftswachstum (steigendes BIP) zu fragen, können Sie ruhig auch einige persönliche Informationen einfließen lassen:

>»Ich bin 55 Jahre alt, berufstätig, und möchte in sieben Jahren in Rente gehen. In Sachen Geldanlage bin ich eher risikoscheu. Nenne mir bitte zehn konservative einkommensorientierte Anlageformen, die sich bei steigendem BIP gut entwickeln, und ordne sie nach dem Anlagerisiko.«

Zusammenfassend lässt sich sagen, dass Ihre Anlagestrategien in Zeiten eines steigenden BIP im Allgemeinen offensiver (*bullisch*) und wachstumsorientierter sein können, während Sie in Zeiten eines sinkendem BIP defensiver, das heißt vorsichtiger (*bärisch*) agieren sollten.

Arbeitsmarktsituation

Eine florierende Wirtschaft wirkt sich auch positiv auf den Arbeitsmarkt aus – es entstehen mehr neue Arbeitsplätze, was wiederum sowohl die Wirtschaft als auch die Finanzmärkte belebt. Doch lassen wir uns den Zusammenhang zwischen Arbeitsmarkt und Geldanlagen von ChatGPT etwas genauer erklären, indem wir explizit nach geeigneten Anlagestrategien für einen boomenden beziehungsweise schwächelnden Arbeitsmarkt fragen, zum Beispiel mit diesem Prompt:

>»Welche Anlagestrategien sind in Zeiten eines starken Arbeitsmarktes generell geeignet? Welche Anlagestrategien sollte man in Betracht ziehen, wenn der Arbeitsmarkt schwach und die Arbeitslosigkeit hoch ist? Bitte gib die Antworten in Form einer Aufzählungsliste an und erläutere jeden Punkt.«

Die Antwort von ChatGPT auf die erste Frage ist in Abbildung 13.4 dargestellt.

> **Anlagestrategien in Zeiten eines starken Arbeitsmarktes**
>
> 1. **Aktienmarkt-Investitionen:**
>   - Erklärung: Ein starker Arbeitsmarkt deutet oft auf ein gesundes Wirtschaftswachstum hin. Unternehmen profitieren von steigender Konsumnachfrage, was ihre Gewinne und Aktienkurse ankurbeln kann. Investitionen in Aktien von Unternehmen mit solidem Wachstumspotenzial können daher attraktiv sein.
>
> 2. **Konsumgüter- und Dienstleistungssektor:**
>   - Erklärung: Mit steigender Beschäftigung und Einkommen steigt auch die Nachfrage nach Konsumgütern und Dienstleistungen. Investitionen in Unternehmen dieser Sektoren, wie Einzelhandels- oder Technologieunternehmen, können in einem starken Arbeitsmarkt besonders lohnend sein.
>
> 3. **Zyklische Aktien:**
>   - Erklärung: Zyklische Unternehmen, wie diejenigen im Automobil- oder Industriebereich, profitieren besonders von einem wachsenden Arbeitsmarkt. Diese Unternehmen sind in der Regel stark von der Konjunktur abhängig und können in Boomphasen überdurchschnittlich gut abschneiden.
>
> 4. **Small-Cap-Aktien:**
>   - Erklärung: Kleine und mittelständische Unternehmen (Small Caps) neigen dazu, in Zeiten eines starken Arbeitsmarktes schneller zu wachsen, da sie stärker auf das Inlandsgeschäft fokussiert sind und von der gesteigerten Binnennachfrage profitieren können.
>
> 5. **Dividendenaktien:**
>   - Erklärung: Auch wenn das Hauptziel Dividendenrenditen sind, bieten stabile Dividendenaktien in einem starken Markt die Möglichkeit, sowohl Einkommen als auch Kapitalzuwachs zu erzielen, da die Unternehmen in einem robusten wirtschaftlichen Umfeld gut performen.

Abbildung 13.4: Geldanlagen, die von einem starken Arbeitsmarkt profitieren

 Die Arbeitsmärkte sind auch stark mit dem Immobiliensektor verbunden. Ist der Arbeitsmarkt robust, floriert auch der Wohnungssektor, sodass sich Immobilieninvestments zu solchen Zeiten in der Regel gut entwickeln. Ein starker Arbeitsmarkt wirkt sich außerdem positiv auf Aktien im Allgemeinen aus, da mehr Menschen in Arbeit mehr konsumieren, wovon wiederum die produzierenden Unternehmen und in Folge deren Aktien profitieren.

Abbildung 13.5 zeigt ChatGPTs Antwort auf die zweite Frage. Auch hier kann man etwas über die Wechselwirkungen zwischen miteinander verflochtenen Finanz- und Wirtschaftsbereichen lernen.

Anlagestrategien in Zeiten eines schwachen Arbeitsmarktes

1. **Defensive Aktien:**
   - Erklärung: In einem schwachen Arbeitsmarkt performen Unternehmen in defensiven Sektoren, wie Versorger, Gesundheitswesen und Basiskonsumgüter, besser, da ihre Produkte und Dienstleistungen unabhängig von der Konjunktur konstant nachgefragt werden.

2. **Staatsanleihen:**
   - Erklärung: Wenn der Arbeitsmarkt schwach ist und die Wirtschaft unsicher erscheint, flüchten viele Anleger in sichere Häfen wie Staatsanleihen. Diese bieten Stabilität und eine sichere Rendite, auch wenn die Zinsen niedrig sind.

3. **Gold und andere Edelmetalle:**
   - Erklärung: In wirtschaftlich unsicheren Zeiten und bei einem schwachen Arbeitsmarkt suchen Anleger oft nach Vermögenswerten, die als sicherer Hafen gelten. Gold und andere Edelmetalle sind traditionell wertstabil und eine Absicherung gegen wirtschaftliche Risiken.

4. **High-Quality Unternehmensanleihen:**
   - Erklärung: Investitionen in Anleihen von Unternehmen mit hoher Bonität sind eine sicherere Option, wenn der Arbeitsmarkt schwach ist. Diese Unternehmen haben in der Regel stabilere Einnahmequellen, was das Risiko eines Zahlungsausfalls verringert.

5. **Inflationsgeschützte Wertpapiere (TIPS):**
   - Erklärung: In Zeiten hoher Arbeitslosigkeit und wirtschaftlicher Unsicherheit können inflationsgeschützte Wertpapiere (TIPS) eine attraktive Option sein, da sie Schutz vor Inflation bieten und gleichzeitig sichere Renditen ermöglichen.

6. **Investitionen in Immobilien:**
   - Erklärung: Immobilien können eine stabile Anlageoption sein, besonders in Zeiten eines schwachen Arbeitsmarktes, da Mieteinnahmen eine konstante Einkommensquelle darstellen. In manchen Regionen kann jedoch auch der Immobilienmarkt unter einem schwachen Arbeitsmarkt leiden, was bei der Wahl der Objekte berücksichtigt werden muss.

Diese Anlagestrategien sind allgemeine Richtlinien, die sich je nach spezifischer wirtschaftlicher Situation und individuellen Anlagezielen anpassen lassen sollten.

Abbildung 13.5: Geldanlagen, die von einem schwachen Arbeitsmarkt profitieren

Ein schwacher Arbeitsmarkt ist in der Regel die Folge einer stagnierenden oder schrumpfenden Wirtschaft, da ein geringeres Wirtschaftswachstum letztlich auch weniger Arbeitsplätze bedeutet. Sind sowohl die Konjunktur als auch der Arbeitsmarkt schwach, sinkt die Nachfrage nach zyklischen Konsumgütern (nicht lebensnotwendige Waren und Dienstleistungen), während die Nachfrage nach nicht-zyklischen Konsumgütern (Waren des täglichen Bedarfs) konstant bleibt.

Die Antworten von ChatGPT in Abbildung 13.4 und Abbildung 13.5 sind recht repräsentativ und dürften für die meisten Anleger nützlich sein. Trotz ihres allgemeingültigen Charakters basieren diese Informationen jedoch auf dem Wissensstand der KI zum Zeitpunkt der Fragestellung, und da sich die KI ständig weiterentwickelt, kann es durchaus sein, dass Sie, wenn Sie dieselben Fragen zu einem späteren Zeitpunkt stellen, abweichende Antworten erhalten. Darüber hinaus können die Antworten verschiedener KI-Tools zu ein und demselben Thema mitunter recht unterschiedlich ausfallen.

Da praktisch täglich neue spezialisierte KI-Tools auf den Markt kommen, ist es ratsam, sich jeweils die Bewertungen dazu anzusehen und sich an Tools zu halten, die auf Finanzthemen zugeschnitten sind, da hier eine größere Anzahl von Experten durch ihre Beiträge die Basis für nützliche Antworten geschaffen hat.

Steuern

Auch wenn Steuern als solche nicht zu den offiziellen Wirtschaftsindikatoren zählen, gilt es zu bedenken, dass sich die Steuerpolitik eines Landes nicht nur auf dessen Volkswirtschaft als Ganzes, sondern auch auf Ihre persönlichen Geldangelegenheiten und Ihren finanziellen Erfolg auswirkt. Im Einzelnen können folgende Sektoren und Bereiche von Steuern – wie Einkommen-, Kapitalertrag- und Umsatz- beziehungsweise Mehrwertsteuer – beeinträchtigt werden:

Wirtschaft und Finanzmärkte im Allgemeinen

- ✔ Ganze Industriezweige und Branchen (und alle damit verbundenen Unternehmen und Fonds – ETFs oder Investmentfonds –, in die Sie investieren)

- ✔ Ihre persönliche finanzielle Situation (Anlageerfolg, die Fähigkeit, Einkommen zu erzielen, langfristige Anlageziele wie Altersvorsorge, Nachlass und so weiter)

Hohe Steuern, insbesondere die Einkommensteuer, haben einen spürbar negativen Effekt auf die allgemeine Wirtschaftslage. Einigen der größten Wirtschaftsabschwünge (sowohl in den Vereinigten Staaten als auch weltweit) gingen höhere Steuern voraus, die dazu führten, dass Verbrauchern und Unternehmen weniger Geld für ihre persönlichen Prioritäten zur Verfügung stand – ein Zusammenhang, den Anleger (ebenso wie Finanz- und Wirtschaftsexperten) verstehen sollten.

Hier kann ChatGPT (oder eine andere KI) mit einem Blick in die Vergangenheit Abhilfe schaffen. So hatten wir in den letzten hundert Jahren ausreichend Gelegenheit zu lernen, dass niedrige oder sinkende Steuersätze sich tendenziell positiv auf das allgemeine Wirtschaftswachstum auswirken, während hohe oder steigende Steuersätze das Gegenteil bewirken. Sowohl die Steuersenkungen durch Kennedy Anfang der 1960er-Jahre als auch die Steuersenkungen der Reagan-Administration im Jahr 1981 führten zu kräftigem Wirtschaftswachstum und steigenden Aktienmärkten. Umgekehrt wirkten sich die Steuererhöhungen Anfang der 1930er- und 1940er-Jahre sowohl auf die Wirtschaft (Weltwirtschaftskrise der 1930er-Jahre) als auch auf die Finanzmärkte negativ aus.

Anhang A enthält einige allgemeine Ressourcen mit Bewertungen und Benutzerinformationen zu verschiedenen KI-Tools (die entsprechenden KI-Tools finden Sie dann in Anhang B). Anhang C umfasst eine Liste allgemeiner Investmentressourcen, die häufig auch finanzbezogene KI-Tools testen und bewerten.

Das Wissen um die Wechselwirkungen zwischen Steuern, Wirtschaft und Finanzmärkten kann Anlegern dabei helfen, effektive Gesamtanlagestrategien zu entwickeln. Fragen Sie die KI nach cleveren Steuerstrategien im Allgemeinen und vor dem Hintergrund der aktuellen Wirtschaftslage (geeignete Ressourcen finden Sie unter anderem in Anhang C).

Zinssätze

Die Entwicklung der Zinssätze hat einen großen Einfluss sowohl auf die Wirtschaft als auch auf die Finanzmärkte:

- ✔ Steigende Zinsen können die Kreditkosten erhöhen, damit größere Anschaffungen erschweren und sich negativ auf den Aktienmarkt und einige Arten von Anleihen (zum Beispiel festverzinsliche, langfristige Anleihen) auswirken.

- ✔ Fallende Zinsen heben einen positiven Effekt auf die Wirtschaft und die Finanzmärkte, da Kredite billiger sind und somit mehr Anschaffungen getätigt werden.

Angesichts der starken Auswirkungen des Zinsniveaus auf die Märkte ist es keine schlechte Idee, die KI zu fragen, was genau diese Auswirkungen sind, um bessere Anlageentscheidungen zu treffen. Hier ein Vorschlag:

»Was sollten Anleger über Zinssätze wissen? Bitte gib die Antworten in Form einer detaillierten Aufzählungsliste an und erläutere jeden Punkt«.

Ich überlasse es Ihnen als Hausaufgabe, diese Frage an ChatGPT oder ein anderes KI-Tool zu stellen und sich die Antworten auflisten zu lassen. In meinem Fall wurden zwölf Punkte aufgeführt, darunter dieser:

»Niedrige Zinssätze können Aktienmärkte unterstützen, da sie die Kosten für Unternehmensfinanzierungen senken und höhere Gewinne ermöglichen«.

Fragen wir noch etwas konkreter nach:

»Welche fünf Anlagestrategien sollte man in Zeiten steigender Zinsen in Betracht ziehen?«

Die Antwort von ChatGPT in Abbildung 13.6 umfasst einige Finanzinstrumente, die von steigenden Zinsen profitieren können. Besonders geeignet sind kurzfristige Anleihen (zum Beispiel Geldmarktfonds) und variabel verzinsliche Anlagen (zum Beispiel EE-Sparbriefe). Bitten Sie die KI um eine umfassende Liste von entsprechenden Geldanlagen und/oder Fonds, die diese Arten von Finanzinstrumenten widerspiegeln.

In Zeiten steigender Zinsen ändern sich die Marktbedingungen erheblich, was sich auf verschiedene Anlageklassen auswirkt. Hier sind fünf Anlagestrategien, die in solchen Phasen sinnvoll sein können:

1. Kurzfristige Anleihen bevorzugen

- **Warum:** Steigende Zinsen führen in der Regel zu fallenden Anleihepreisen. Langfristige Anleihen sind besonders anfällig für Zinserhöhungen, da ihr Wert stärker sinkt, wenn die Zinsen steigen. Kurzfristige Anleihen hingegen sind weniger volatil und können schneller an höhere Zinsen angepasst werden.
- **Strategie:** Investieren Sie in kurzfristige Staats- und Unternehmensanleihen oder in Geldmarktfonds.

2. Aktien von Unternehmen mit starker Preissetzungsmacht

- **Warum:** Unternehmen, die ihre Preise leicht anpassen können, um höhere Kosten auszugleichen, sind in einem Umfeld steigender Zinsen besser positioniert. Diese Unternehmen können ihre Gewinnmargen schützen, selbst wenn die Kosten für Kredite steigen.
- **Strategie:** Fokussieren Sie sich auf Unternehmen mit starker Marktposition, insbesondere in Branchen wie Gesundheitswesen, Konsumgüter und Technologie.

3. Dividendenstarke Aktien

- **Warum:** In Zeiten steigender Zinsen könnten Anleger von festverzinslichen Anlagen zu dividendenstarken Aktien wechseln, da diese eine stabile Einkommensquelle bieten können. Unternehmen, die konsistente und steigende Dividenden zahlen, zeigen oft eine solide finanzielle Gesundheit.
- **Strategie:** Investieren Sie in dividendenstarke Unternehmen oder ETFs, die sich auf solche Aktien konzentrieren.

4. Rohstoffe und inflationsgeschützte Anlagen

- **Warum:** Steigende Zinsen gehen oft mit höherer Inflation einher. Rohstoffe, wie Gold und Öl, sowie inflationsgeschützte Anleihen (z.B. TIPS in den USA) können als Absicherung gegen Inflation dienen.
- **Strategie:** Diversifizieren Sie Ihr Portfolio durch Rohstoffe und inflationsgeschützte Wertpapiere.

5. Immobilieninvestitionen mit Bedacht tätigen

- **Warum:** Immobilien sind oft als Schutz gegen Inflation angesehen, da Mietpreise und Immobilienwerte tendenziell mit der Inflation steigen. Allerdings können steigende Zinsen auch die Finanzierungskosten für Immobilien verteuern.
- **Strategie:** Investieren Sie in Immobilienfonds (REITs) mit einem Fokus auf hochwertige, gut positionierte Immobilien, die auch in einem Umfeld höherer Finanzierungskosten rentabel bleiben.

Diese Strategien können Ihnen helfen, in einem Umfeld steigender Zinsen die richtigen Anlageentscheidungen zu treffen und Ihr Portfolio zu schützen. Eine umfassende Analyse Ihrer persönlichen Risikotoleranz und finanziellen Ziele ist dabei essenziell.

Abbildung 13.6: Geldanlagen, die von hohen Zinsen profitieren

Stellen wir nun die gleiche Frage für ein Szenario mit niedrigen Zinssätzen:

»*Welche fünf Anlagestrategien sollte man in Zeiten fallender Zinsen in Betracht ziehen?*«

Die Antwort von ChatGPT sehen Sie in Abbildung 13.7.

> In Zeiten fallender Zinsen kann es sinnvoll sein, verschiedene Anlagestrategien in Betracht zu ziehen, um von den veränderten Marktbedingungen zu profitieren und Risiken zu minimieren. Hier sind fünf Anlagestrategien, die in einem Umfeld niedriger oder fallender Zinsen sinnvoll sein können.
>
> 1. **Aktien und Dividendenwerte**: Wenn die Zinsen sinken, können Aktien attraktiver werden, da die Renditen von Anleihen und anderen festverzinslichen Anlagen sinken. Unternehmen, die stabile und wachsende Dividenden zahlen, können besonders interessant sein, da sie regelmäßige Einkommensströme bieten, die im Niedrigzinsumfeld wertvoll sein können.
> 2. **Immobilieninvestitionen**: Niedrigere Zinsen können zu niedrigeren Hypothekenzinsen führen, was Investitionen in Immobilien attraktiver macht. Immobilien können sowohl durch Mieteinnahmen als auch durch mögliche Wertsteigerungen Renditen bieten. In Zeiten fallender Zinsen können auch Immobilienfonds oder REITs (Real Estate Investment Trusts) eine Option sein.
> 3. **Langfristige Anleihen**: In einem Umfeld fallender Zinsen können langfristige Anleihen von Kursgewinnen profitieren, da ihre Kupons im Vergleich zu neueren Anleihen attraktiver werden. Es ist jedoch wichtig, die Duration und Zinsrisiken zu berücksichtigen, da steigende Zinsen in der Zukunft zu Kursverlusten führen können.
> 4. **Wachstumsorientierte Anlagen**: Niedrigere Zinsen können das Wachstum von Unternehmen ankurbeln, da die Kosten für Kapitalbeschaffung sinken. Wachstumsaktien oder Investitionen in aufstrebende Sektoren wie Technologie oder erneuerbare Energien könnten besonders von den günstigen Finanzierungsbedingungen profitieren.
> 5. **Alternative Investments**: In Zeiten fallender Zinsen können alternative Anlagen wie Rohstoffe, Hedgefonds, Private Equity oder Infrastrukturprojekte interessante Renditen bieten. Diese Anlagen können von der Zinsentwicklung unabhängig sein und eine Diversifizierung des Portfolios ermöglichen.
>
> Bei der Wahl der richtigen Strategie sollte man immer die eigene Risikobereitschaft, Anlagedauer und individuellen finanziellen Ziele berücksichtigen. Eine diversifizierte Anlagestrategie kann helfen, das Risiko zu streuen und von verschiedenen Chancen im Markt zu profitieren.

Abbildung 13.7: Geldanlagen, die von niedrigen Zinsen profitieren

Wer oder was profitiert von niedrigen Zinssätzen? Da niedrigere Zinsen günstigere Kredite bedeuten, was wiederum die Wirtschaft und die Finanzmärkte belebt, neigen Anleger auf der Suche nach alternativen Finanzinstrumenten (die von niedrigen Zinsen profitieren) dazu, ihr Geld vermehrt in Aktien

umzuschichten. Auch Dividendenaktien entwickeln sich in einem Niedrigzinsklima in der Regel gut, da Dividenden eine attraktive Alternative zu niedrig verzinsten Geldanlagen bieten.

Alle Punkte in Abbildung 13.6 und Abbildung 13.7 sind stichhaltige Konzepte, die Sie mit Ihrem Finanzberater (oder Ihrem Ehepartner) besprechen sollten. Alternativ können Sie der KI noch weitere Fragen stellen, um alle Details zu den einzelnen Anlagemöglichkeiten zu erfahren.

Leading Economic Index (LEI)

Anleger sollten stets die Zukunft im Blick haben. Dazu gehört es, die wirtschaftliche, soziale und finanzielle Landschaft zu beobachten, um anhand bestimmter Indikatoren Trends – gute wie schlechte – frühzeitig zu erkennen und so bei der Geldanlage immer einen Schritt voraus zu sein.

Es gibt, wie gesagt, eine Vielzahl von wertvollen Konjunkturindikatoren – einige davon habe ich bereits in den vorangegangenen Abschnitten näher erläutert; sie alle hier aufzulisten, würde den Rahmen dieses Buches sprengen. Dennoch möchte ich an dieser Stelle noch auf einen der meistbeachteten *Frühindikatoren* eingehen, der als zuverlässiger Gradmesser für die Entwicklung der Gesamtwirtschaft gilt – den *Index of Leading Economic Indicators* oder *Leading Economic Index* (deutsch: Index der führenden Wirtschaftsindikatoren), kurz LEI. Was genau ist nun der LEI? Bitten wir einfach wieder ChatGPT um eine Definition:

> »Was ist der Leading Economic Index (LEI)?«

Die Antwort von ChatGPT in Abbildung 13.8 beschreibt den LEI als einen der meistbeachteten und vielversprechendsten Wirtschaftsindikatoren für Anleger (die natürlich schon heute ihr Portfolio so aufbauen möchten, dass sie von den zukünftigen wirtschaftlichen Bedingungen profitieren können). Der LEI ist also, kurz gesagt, eine besonders effiziente Zusammenfassung von ökonomischen Frühindikatoren, die jeder Anleger kennen sollte.

> Der Leading Economic Index (LEI) ist ein wirtschaftlicher Indikator, der von der Conference Board, einer unabhängigen Forschungseinrichtung, veröffentlicht wird. Er dient dazu, zukünftige wirtschaftliche Entwicklungen abzuschätzen, indem er eine Reihe von Indikatoren kombiniert, die typischerweise vor einer wirtschaftlichen Expansion oder Rezession ihren Trend ändern.
>
> Der LEI setzt sich aus mehreren Komponenten zusammen, darunter:
>
> 1. **Arbeitsmarktdaten:** Zum Beispiel die Zahl der neu geschaffenen Arbeitsplätze.
> 2. **Neue Aufträge in der Industrie:** Etwa die Anzahl neuer Bestellungen für langlebige Güter.
> 3. **Bauaufträge:** Neue Bauaufträge oder Baugenehmigungen.
> 4. **Aktienkurse:** Ein Index von Aktienkursen kann ein Hinweis auf zukünftige wirtschaftliche Bedingungen sein.
> 5. **Zinssätze:** Die Differenz zwischen kurzfristigen und langfristigen Zinssätzen.

> Diese Daten werden zusammengefasst, um einen zusammengesetzten Index zu erstellen, der Hinweise auf zukünftige wirtschaftliche Trends geben soll. Wenn der LEI steigt, deutet das oft auf eine bevorstehende wirtschaftliche Expansion hin. Ein Rückgang des LEI kann auf eine bevorstehende Rezession hindeuten.
>
> Es ist wichtig zu beachten, dass der LEI nur ein Werkzeug unter vielen ist und nicht immer perfekt vorhersagen kann, wie sich die Wirtschaft entwickeln wird. Wirtschaftliche Prognosen können durch unvorhergesehene Ereignisse oder externe Faktoren beeinflusst werden.

Abbildung 13.8: ChatGPT: Einzelheiten zum Leading Economic Index (LEI)

Die Quintessenz aus der Antwort von ChatGPT ist, dass ein steigender LEI im Allgemeinen ein zuverlässiger positiver Indikator sowohl für die Wirtschaft als auch für den Aktienmarkt ist. Das Gegenteil ist natürlich ein schlechtes Omen – ein fallender LEI deutet auf eine bevorstehende Rezession oder einen wirtschaftlichen Abschwung hin.

Inflation

Als ich ChatGPT aus reiner Neugier fragte: »*Was ist Inflation?*«, staunte ich nicht schlecht, als ich die folgende Antwort erhielt: »*Es handelt sich um eine Periode allgemein steigender Preise für Waren und Dienstleistungen.*« Als langjähriger Lehrer und Pädagoge war ich von dieser knappen und zugegebenermaßen recht unpräzisen Antwort doch ein wenig überrascht. Ausführlichere Antworten konnte ich der KI schließlich entlocken, als ich sie mit gezielteren Prompts konfrontierte, wie zum Beispiel:

> »*Erkläre bitte den Unterschied zwischen monetärer Inflation und Preisinflation.*«

Aber um ehrlich zu sein, kann man weder ChatGPT noch anderen KI-Tools einen Vorwurf machen, wenn sie solche Antworten ausspucken, frei nach dem Motto: »Wo man Müll hineinwirft, kommt auch Müll heraus.«

Die *Preisinflation* (Anstieg des allgemeinen Preisniveaus) ist unter anderem eine Folge der *monetären Inflation* (Anstieg der Geldmenge). In diesem Fall ist die Ursache ganz einfach die Überproduktion einer bestimmten Währung (entweder durch physisches Drucken oder virtuelle Geldschöpfung), man spricht hier auch von einer *Geld-* oder *Geldmengeninflation*.

Nun stellt sich die Frage, *wohin* dieses überschüssige Geld fließt, was im weiteren Sinne durch Geldangebot und Geldnachfrage bestimmt wird. Fließt es in den Bereich der Konsumgüter und Dienstleistungen, dann haben wir eine *Verbraucherpreisinflation (VPI)*, also die Art von Inflation, die die meisten Leute meinen, wenn sie sich beim Kaffeeklatsch über zu hohe Preise beschweren.

Und noch einmal: »Wohin fließt das Geld?« Fließt es nämlich in den Aktien-, Immobilien- oder Edelmetallmarkt oder in andere Vermögenswerte, dann haben wir eine *Vermögens(preis)inflation*! Und nein, kaum jemand beschwert sich über diese Art von Inflation! Anleger, die dieses Phänomen bei ihren Altersvorsorgeplänen wahrnehmen, werden sich sicher nicht darüber beklagen, da sich die Vermögenspreisinflation hier positiv auswirkt.

In den letzten Jahren hat sich die Geldmengeninflation insbesondere auf die Preise von Konsumgütern (Lebensmittel, Energie und so weiter) negativ ausgewirkt (aus Gründen, die ich in meinen Online-Videos näher erläutere), was ein Problem darstellt, da es das Budget der Verbraucher belastet und sich negativ auf viele Wirtschaftsbereiche auswirkt. Was also sollten Sie als Anleger tun?

Richtig! Fragen Sie ChatGPT nach Taktiken und Strategien in einem inflationären Umfeld. Hier sind einige Prompt-Vorschläge für inflationsgeplagte Anleger:

✔ »Welche Arten von Geldanlagen entwickeln sich in Zeiten hoher Inflation gut?«

✔ »Welche Anlagestrategien eignen sich am besten, um die Inflationsrate auszugleichen oder zu übertreffen?«

✔ »Welche Kostensenkungsstrategien können Verbraucher in Zeiten hoher Inflation anwenden?«

In der Vergangenheit haben sich Sachwerte (wie Immobilien und Edelmetalle) und Rohstoffe in inflationären Zeiten immer gut entwickelt. Mehr dazu erfahren Sie in Kapitel 9; Tipps zum Sparen für Verbraucher finden Sie in Kapitel 14.

Die Strategien der Zentralbanken – und wie sie sich auf die Finanzmärkte (und Ihre Geldanlagen) auswirken

Die wichtigste Aufgabe von *Zentralbanken*, wie der US-Notenbank *Federal Reserve* (kurz *Fed*) und der *Europäischen Zentralbank (EZB)* ist die Steuerung der Geldmenge. Die Zentralbankpolitik spielt sowohl für die Wirtschaft als auch für die Finanzmärkte eine entscheidende Rolle, da sie einen massiven (und ich meine *massiven*) Einfluss nicht nur auf die nationale, sondern auch auf die weltweite Wirtschafts- und Finanzlandschaft hat. Für Anleger sind die Zentralbanken daher wichtige Akteure, die man im Auge behalten sollte, um fundierte Anlageentscheidungen treffen zu können.

Das *Federal Reserve System*, wie die US-Notenbank Fed voll ausgeschrieben heißt, ist das *Zentralbanksystem* der Vereinigten Staaten, bestehend aus den *Federal-Reserve*-Mitgliedsnotenbanken von zwölf Bezirken (»Mini-Feds« sozusagen). Als zentrale Einrichtung der Wirtschafts- und Währungsunion bildet die *Europäische Zentralbank (EZB)* zusammen mit den Zentralbanken der einzelnen EU-Mitgliedstaaten das *Europäische System der Zentralbanken (ESZB)*.

Hier die wichtigsten Aufgaben der Zentralbanken im Überblick:

✔ Steuerung der Geldmenge

✔ Steuerung der Leitzinsen

✔ An- und Verkauf von Staatsanleihen

✔ Festlegung und Umsetzung der allgemeinen Geldpolitik

✔ Ausgabe von Banknoten und Sicherstellung von Zahlungssystemen

✔ Durchführung von Devisengeschäften

✔ Verwaltung der Währungsreserven

Ihre Hausaufgabe? Informieren Sie sich mithilfe Ihres bevorzugten KI-Tools über die Maßnahmen der Zentralbanken und ihre Auswirkungen auf das Investitionsklima im Allgemeinen und auf Ihr Portfolio im Besonderen. Hier sind einige Prompt-Vorschläge für den Anfang:

✔ »Stelle bitte die Leitzinsanpassungen der Federal Reserve und die Entwicklung des S&P 500 zwischen 1990 und 2024 in einer Zeitleiste gegenüber.«

✔ »Untersuche bitte die jüngsten Maßnahmen der Federal Reserve und erläutere, wie sich diese Entscheidungen auf die Aktienmärkte und die Anlegerstimmung auswirken könnten.«

✔ »Untersuche bitte die Auswirkungen der jüngsten Entscheidungen der EZB und diskutiere deren Auswirkungen auf bestimmte Mitgliedstaaten und Sektoren (wie Technologie, Bank- oder Gesundheitswesen). Welche potenziellen Chancen und Risiken ergeben sich daraus?«

Wählen Sie für solche Anfragen am besten ein Echtzeit-KI-Tool, das Zugriff auf aktuelle Finanznachrichten und -daten sowie Expertenmeinungen hat, wie zum Beispiel Microsofts Copilot, Googles Chat-KI Gemini oder eines der spezialisierten KI-Tools für den Finanzbereich (siehe Anhang B). ChatGPT kann leider keine Echtzeit-Marktinformationen liefern, sondern lediglich Daten und Ereignisse bis zu einem bestimmten Datum berücksichtigen (bei Drucklegung dieses Buches war der Stand Januar 2022).

Hier ein weiterer sinnvoller Beispiel-Prompt:

»Was sind die fünf wichtigsten Punkte, die Anleger über die Federal Reserve wissen sollten?«

Abbildung 13.9 zeigt die Antwort von ChatGPT. Gehen Sie die einzelnen Punkte durch und fragen Sie die KI, wie sie sich jeweils auf Ihr aktuelles Portfolio auswirken. Ein Beispiel:

»Welche geldpolitischen Instrumente werden sich langfristig stärker auf Wachstumsaktien auswirken und warum? Gib bitte eine ausführliche Erklärung.«

> Die Federal Reserve, auch Fed genannt, ist die Zentralbank der Vereinigten Staaten und spielt eine entscheidende Rolle in der US-Wirtschaft und globalen Finanzmärkten. Hier sind fünf wichtige Punkte, die Anleger über die Federal Reserve wissen sollten:
>
> 1. **Zielsetzung und Mandat:**
>   Die Fed hat zwei Hauptziele: Preisstabilität (Kontrolle der Inflation) und maximale Beschäftigung (Reduzierung der Arbeitslosigkeit). Diese Ziele beeinflussen ihre geldpolitischen Entscheidungen, einschließlich der Festlegung der Zinssätze und der Durchführung von Offenmarktgeschäften.
>
> 2. **Zinspolitik:**
>   Die Fed beeinflusst die Wirtschaft durch die Anpassung der Leitzinsen, insbesondere des Federal Funds Rate, der Zinssatz, zu dem Banken einander kurzfristige Kredite gewähren. Zinssatzänderungen haben Auswirkungen auf Kreditzinsen, Konsumausgaben, Investitionen und die allgemeine wirtschaftliche Aktivität.
>
> 3. **Geldpolitik und Offenmarktoperationen:**
>   Die Fed verwendet Offenmarktoperationen, um die Geldmenge in der Wirtschaft zu steuern. Durch den Kauf oder Verkauf von Staatsanleihen kann die Fed die Liquidität im Bankensystem beeinflussen und so die Zinsen und die wirtschaftliche Aktivität steuern.
>
> 4. **FOMC-Sitzungen und Kommunikation:**
>   Das Federal Open Market Committee (FOMC) trifft sich regelmäßig, um die Geldpolitik zu überprüfen und Entscheidungen zu treffen. Die Kommunikation der Fed über ihre Beschlüsse und wirtschaftlichen Einschätzungen kann große Auswirkungen auf die Finanzmärkte haben, da sie Erwartungen und Marktpsychologie beeinflusst.
>
> 5. **Makroökonomische Indikatoren:**
>   Die Fed berücksichtigt eine Vielzahl von wirtschaftlichen Daten, darunter Inflation, Arbeitslosigkeit, Wirtschaftswachstum und Finanzmarktbedingungen. Diese Indikatoren helfen der Fed bei der Bewertung der Wirtschaftslage und der Festlegung geeigneter geldpolitischer Maßnahmen.
>
> Anleger sollten sich der Rolle der Fed und ihrer Auswirkungen auf die Wirtschaft bewusst sein, da geldpolitische Entscheidungen erhebliche Auswirkungen auf Investitionen, Zinsen und den gesamten Finanzmarkt haben können.

Abbildung 13.9: Das Wichtigste über die Federal Reserve laut KI

Auch die Zentralbanken selbst (beziehungsweise deren Websites) können eine wertvolle Informationsquelle für Anleger sein. Nirgendwo sonst findet man mehr Wirtschafts- und Finanzdaten. Vor der Einführung der künstlichen Intelligenz waren diese Daten jedoch aufgrund ihres Umfangs nur schwer zugänglich, sodass sich die meisten Anleger gar nicht erst die Mühe machten, sie zu durchforsten. Auch wenn die Zentralbanken diese Daten inzwischen übersichtlicher bereitstellen, ist es natürlich ein enormer Vorteil, dass die KI all diese Informationen blitzschnell für Sie zusammenfassen, analysieren und Ihnen quasi auf dem Silbertablett präsentieren kann.

Besuchen Sie bei Gelegenheit FRED unter https://fred.stlouisfed.org/. FRED steht für *Federal Reserve Economic Data* (Wirtschaftsdaten der Federal Reserve); die Website bietet eine Fülle von Nachrichten und Informationen – die KI selbstverständlich für Sie durchsuchen, erklären und zusammenfassen kann. Weitere Informationen zu KI-Tools speziell für den Finanzsektor finden Sie in den Anhängen B und C.

Die Strategien der Politik – und wie sie sich auf die Finanzmärkte (und Ihre Geldanlagen) auswirken

Auch die Politik, genauer gesagt, das, was die Politiker entscheiden, hat einen starken Einfluss auf die Wirtschaft. Mit anderen Worten: Was und wen Sie wählen, hat nicht nur erhebliche Auswirkungen auf die Wirtschaft als Ganzes, sondern in der Folge auch – sowohl indirekt als auch direkt – auf Sie und Ihre finanziellen Angelegenheiten. Und genau hier kommt die KI ins Spiel, wenn es darum geht abzuschätzen, wie sich bestimmte politische Entscheidungen in Zukunft auf die Wirtschaft (und auf Sie!) auswirken könnten, und eine entsprechende Wahlentscheidung zu treffen.

Lassen Sie sich nicht von Äußerlichkeiten wie griffigen Wahlkampfslogans oder dem Charisma einzelner Kandidaten blenden, sondern prüfen Sie immer das Wahlprogramm der jeweiligen Partei auf dessen gesamtwirtschaftliche Auswirkung – am besten auch mithilfe von KI. Fragen Sie die KI aber nicht einfach nur: »*Welcher Kandidat ist besser für die Wirtschaft, A oder B?*«, sondern fragen Sie detaillierter, zum Beispiel: »*Was sind die drei wichtigsten wirtschaftspolitischen Strategien von Kandidat X, und was sind die jeweiligen Vor- und Nachteile dieser Strategien?*« Und weiter: »*Welche politischen Maßnahmen hat Kandidat Z für [Branche Ihrer Wahl] durchgesetzt?*«

Hier sind einige Fragen, die Sie der KI stellen können:

- »Wie wird sich Gesetz X auf Unternehmen Y und seine Branche oder seinen Sektor auswirken?«
- »Welche Gesetze werden sich direkt negativ auf meine Aktienanlage auswirken?«
- »Welche Gesetze könnten sich auf die Branche oder den Sektor Y auswirken?«
- »Welche aktuellen oder künftig geplanten Gesetze könnten sich auf die Einnahmequellen von Unternehmen Z auswirken?«
- »Welche aktuellen oder künftig geplanten Gesetze könnten sich auf die Ausgaben und Betriebsmittel von Unternehmen X auswirken?«
- »Werden Aspekte wie Überregulierung, Preiskontrollen oder neue Steuern einen negativen Effekt auf bestimmte Branchen (und wenn ja, welche) und damit auf mein Portfolio haben?«

Nicht zuletzt sollten Sie sich selbst fragen: »*Wie gut bin ich über politische und wirtschaftliche Themen informiert, die sich möglicherweise negativ auf mein Portfolio auswirken könnten?*« und anschließend – mithilfe von KI – eventuelle Wissenslücken schließen.

Unabhängig von den (positiven oder negativen) Errungenschaften der aktuellen Regierung sollten Sie als Anleger die politische Landschaft immer auch unter dem Aspekt wirtschaftlicher Ursache-Wirkungs-Beziehungen betrachten. So können Sie besser abschätzen, ob und welche Unternehmen und deren Aktien – und damit unter Umständen Ihr Portfolio – von bestimmten politischen Entscheidungen (positiv oder negativ) betroffen sein könnten, und auf dieser Grundlage gegebenenfalls schon jetzt entscheiden, wem Sie bei der nächsten Wahl Ihre Stimme geben werden.

IN DIESEM KAPITEL

Einen Finanzplan aufstellen

Ihr Budget verwalten

Ausbildung, Studium und andere Wünsche finanzieren

Kapitel 14
Finanzplanung und andere finanzielle Fragen

Der Schwerpunkt dieses Buches liegt ganz klar auf dem Einsatz von künstlicher Intelligenz im Zusammenhang mit Geldanlagen. Letztere sind jedoch nur ein Aspekt der allgemeinen Finanzplanung; zusammen mit den anderen Komponenten Ihrer finanziellen Gesamtsituation bilden sie die Grundlage, um Ihre finanziellen Ziele zu erreichen und sich und Ihrer Familie ein möglichst sorgenfreies Leben zu ermöglichen.

Die Finanzplanung ist also sozusagen das Universum, in dem die Geldanlage eine primäre Galaxie darstellt. Wer sich ausschließlich auf den Anlageerfolg konzentriert, ohne sich auch um mögliche Schwachstellen in der finanziellen Gesamtsituation zu kümmern, läuft Gefahr, seine Träume und Wünsche nicht verwirklichen zu können. Was nützen die besten Anlagestrategien, wenn man einen unsicheren Arbeitsplatz, übermäßige Ausgaben oder gar Schulden hat?

In diesem Kapitel zeige ich Ihnen, wie Sie mithilfe von KI eine detaillierte Momentaufnahme Ihrer allgemeinen finanziellen Situation und Ihres Budgets erstellen, und sich so einen umfassenden Überblick über Ihre persönlichen Finanzen verschaffen können.

Mir ist bewusst, dass Finanzplanung und verwandte Themen leicht ein ganzes Buch füllen können (und Sie können sicher sein, dass Sie unter www.dummies.com gute Bücher zu diesem Thema finden). Ich hoffe jedoch, dass die Ausführungen und Hinweise in diesem Kapitel Ihnen dabei helfen werden zu erkennen, dass die clevere Nutzung von KI praktisch jeden Aspekt Ihres finanziellen und beruflichen Lebens positiv beeinflussen kann.

Schritt für Schritt einen Finanzplan erstellen

Sie wissen nicht, wo und wie Sie mit Ihrer Finanzplanung anfangen sollen? Auch hier kann Ihnen KI eine erste Orientierungshilfe bieten, sofern Sie die richtigen Anfragen stellen, zum Beispiel diese:

> »Wie erstelle ich einen detaillierten Finanzplan? Bitte gib die einzelnen Schritte in Form einer Aufzählungsliste an, ordne sie chronologisch nach den Lebensabschnitten einer Person und erläutere jeden Punkt im Detail.«

Die Antwort von ChatGPT finden Sie im folgenden Fließtext (einschließlich meiner Kommentare in kursiver Schrift):

»Der Prozess der Finanzplanung ist ein strukturierter Ansatz für die Verwaltung der eigenen Finanzen während des gesamten Lebens. Er besteht in der Regel aus mehreren Phasen, von der Festlegung finanzieller Ziele bis hin zur Ruhestandsplanung.

Im Folgenden finden Sie eine chronologische Aufschlüsselung des gesamten Finanzplanungsprozesses mit Erläuterungen zu den einzelnen Phasen:

Phase 1: Finanzielle Ziele setzen (frühes Erwachsenenalter)

1. **Finanzielle Ziele festlegen**

   Legen Sie kurz- und langfristige finanzielle Ziele fest, zum Beispiel den Kauf eines Hauses, die Abzahlung von Studienkrediten oder das Sparen für den Ruhestand.

   Anmerkung: Was auch immer Sie tun oder planen, stellen Sie sich immer die Frage, welches Ergebnis Sie erzielen möchten. Studien der letzten Jahre haben gezeigt, dass zum Beispiel Hochschulabsolventen ihre Ziele für die Altersvorsorge häufig verfehlen. Jüngste Studien zeigen, dass etwa die Hälfte der Amerikaner weniger als 1.000 US-Dollar an Ersparnissen hat und/oder nur einen Gehaltsscheck von finanziellen Schwierigkeiten entfernt ist. Die Vermittlung von Finanzwissen, zum Beispiel wie man sich finanzielle Ziele setzt (und sie auch erreicht), sollte Teil der Ausbildung junger Erwachsener während der Schul- und Studienzeit sein, damit es mehr finanzielle Happy Ends gibt. Nutzen Sie das Potenzial von KI, um sich finanzielle Ziele zu stecken und herauszufinden, wie Sie sie erreichen können.

2. **Ein Haushaltsbuch führen: Erstellen Sie ein Haushaltsbuch, um Einnahmen, Ausgaben und Sparziele darzustellen. Dies hilft Ihnen, die Ressourcen so zu verteilen, dass Sie Ihre finanziellen Ziele erreichen.**

   Anmerkung: Wenn Sie schon Ihre allgemeinen Finanzen (Einnahmen und Ausgaben) nicht im Griff haben, werden Sie auch Schwierigkeiten haben, Ihre Geldanlagen zu verwalten und Ihr Vermögen zu vermehren. Für diese logische Schlussfolgerung brauchen Sie keine KI. Mehr über Budgetierung finden Sie weiter hinten in diesem Kapitel.

Phase 2: Aufbau eines finanziellen Fundaments (frühes Erwachsenenalter)

3. **Einen Notfallfonds einrichten:** Legen Sie einen Notfallfonds an, um unerwartete Ausgaben zu decken, in der Regel in der Höhe der Lebenshaltungskosten von 3–6 Monaten.

   Anmerkung: Bevor Sie irgendwelche Investitionen tätigen, sollten Sie sich mit diesem Thema auseinandersetzen. Der berühmte Notgroschen hat nicht nur einen finanziellen, sondern auch einen psychologischen Wert. Wer 10.000 Euro auf dem Sparkonto hat, steht weniger unter finanziellem Druck und kann so überlegtere, und damit bessere finanzielle Entscheidungen treffen. Wem fällt es wohl leichter, kluge und rationale Finanzentscheidungen zu treffen – jemandem mit einem soliden finanziellen Polster, der in der Lage ist, regelmäßigen Zahlungen nachzukommen, oder jemandem, der keinerlei Ersparnisse hat und von der Hand in den Mund lebt? Nutzen Sie KI, um Strategien zur Vermehrung Ihres Vermögens zu entwickeln, und zu erfahren, wie Sie einen für Ihre Situation maßgeschneiderten Notfallfonds einrichten.

4. **Schuldenmanagement:** Verwalten und reduzieren Sie hoch verzinste Schulden, wie zum Beispiel Kreditkartenschulden und Studiendarlehen.

   Anmerkung: Während ich diesen Text schreibe, liegt die Verschuldung in sämtlichen Kategorien (Konsumenten, Unternehmen, Staat und so weiter) so hoch wie nie zuvor. Unabhängig vom Zinsniveau ist die Schuldenlast kaum mehr tragbar. Verbraucher sind daher gut beraten, insbesondere hoch verzinsliche Schulden möglichst vor der nächsten Finanzkrise abzubauen. Nutzen Sie KI, um Strategien zu entwickeln, wie Sie Ihre Gesamtverschuldung (und andere Verbindlichkeiten) Stück für Stück reduzieren können.

5. **Versicherungen:** Schließen Sie einen angemessenen Versicherungsschutz ab, einschließlich Kranken-, Kfz-, Hausrats- und Lebensversicherung, um sich gegen unerwartete Ereignisse zu schützen.

Anmerkung: Allzu oft messen Verbraucher und Anleger dem Thema Versicherungen keine besonders hohe Priorität bei, und das, obwohl sie dazu beitragen, unvorhergesehene finanzielle Belastungen zu vermeiden oder zumindest abzufedern, die ansonsten die allgemeine Finanzplanung völlig über den Haufen werfen und/oder das Budget sprengen könnten. Beispiele hierfür sind der Tod des Hauptverdieners oder die Arbeitsunfähigkeit eines wesentlich zum Unterhalt beitragenden Familienmitglieds. Nutzen Sie KI, um Ihren Versicherungsbedarf zu analysieren, und sprechen Sie anschließend mit einem Versicherungsexperten.

Phase 3: Vermögensaufbau (mittleres Erwachsenenalter)

6. **Investieren**

   Entwickeln Sie eine Anlagestrategie, die auf Ihrer individuellen Risikotoleranz und Ihren finanziellen Zielen basiert. Ziehen Sie Vermögenswerte wie Aktien, Anleihen, Immobilien und Altersvorsorgepläne in Betracht.

Anmerkung: Dieser Punkt bedarf eigentlich keines Kommentars – all diese Investmentthemen werden mit den Kapiteln und Ressourcen dieses Buches abgedeckt.

7. **Ruhestandsplanung**

   Leisten Sie Beiträge zu privaten Altersvorsorgeplänen, um einen komfortablen Ruhestand zu gewährleisten. Berücksichtigen Sie dabei auch Arbeitgeberzuschüsse (Stichwort Vermögenswirksame Leistungen (VWL)).

   Anmerkung: Dieses Thema wird in Kapitel 15 behandelt, allgemeine Investmentressourcen finden Sie in Anhang C. Es liegt auf der Hand: Je mehr Geld Sie zurücklegen können, um Ihr Vermögen zu vermehren, desto besser werden Sie später im Ruhestand dastehen. Wenn es dann so weit ist, werden Sie sich auf die Erzielung von Einkommen, das heißt auf einkommensorientierte Anlagen konzentrieren.

8. **Steuerplanung**

   Optimieren Sie Ihre steuerliche Situation, indem Sie Steuerfreibeträge, -abzüge und -gutschriften sowie steuereffiziente Anlageformen nutzen.

   Anmerkung: In der Welt des Cashflow-Managements, in der Geld (in Form von Einnahmen und Gewinnen) hereinkommt und (in Form von Ausgaben und Schulden) abfließt, sind Steuern ein wichtiger Kostenfaktor. Je mehr Sie sie reduzieren können, desto mehr Mittel stehen Ihnen für Ihren aktuellen und zukünftigen Finanzbedarf zur Verfügung.

Phase 4: Wichtige Lebensereignisse (verschiedene Lebensabschnitte)

9. **Heirat und Familie**

   Passen Sie Ihre Finanzpläne an wichtige lebensverändernde Ereignisse an, wie Heirat, die Geburt eines Kindes oder die Ausbildung oder das Studium Ihrer Kinder.

   Anmerkung: Ihre finanziellen Mittel sollten nicht nur dazu dienen, sich bestimmte Träume zu erfüllen und/oder größere Anschaffungen zu tätigen, sondern in erster Linie dazu, sich selbst und Ihre Angehörigen finanziell abzusichern. Solide Finanzen tragen auch dazu bei, Ihr Eheglück zu stärken und Ihre Kinder und andere Angehörige zu unterstützen. Wichtige Lebensereignisse wie Heirat, Ausbildung und Studium (die später in diesem Kapitel behandelt werden) sowie Beerdigungen sind in der Regel kostspielige Angelegenheiten, weshalb Sie entsprechend vorausplanen sollten, um finanzielle Engpässe zu vermeiden. Nutzen Sie die KI, um sich über diese Themen zu informieren und Strategien zu entwickeln, wie Sie Ihre finanzielle Situation in diesem Bereich verbessern können.

10. **Nachlassplanung**

    Setzen Sie ein Testament auf, setzen Sie Begünstigte ein, erteilen Sie Vollmachten und Verfügungen, um Ihr Vermögen zu verwalten und Entscheidungen bezüglich Gesundheitsvorsorge bzw. -versorgung zu treffen.

Anmerkung: Die Nachlassplanung ist leider eine Notwendigkeit und kann kompliziert sein. Nutzen Sie die KI, um Checklisten zu erstellen und sich über Testamente, Treuhandstiftungen und so weiter. zu informieren. Mehr zu diesem Thema lesen Sie in Kapitel 15.

Phase 5: Anpassungen in der Lebensmitte (mittleres Erwachsenenalter)

11. **Finanzierung von Ausbildung und Studium**

    Sparen Sie für die Bildungsausgaben Ihrer Kinder.

    Anmerkung: Ja, das ist ein wichtiger Punkt. Zunächst ist zu entscheiden, ob ein klassisches Hochschulstudium überhaupt infrage kommt. In den letzten Jahren ist die Gesamtrentabilität, und damit die Attraktivität einer klassischen Hochschulausbildung aufgrund steigender Kosten deutlich gesunken. Immer mehr Menschen suchen daher nach Alternativen, um die zum Teil enormen Ausbildungskosten im Rahmen zu halten und gleichzeitig ihre Berufsaussichten zu verbessern. (Auf die Planung der Finanzierung von Ausbildung und Studium gehe ich weiter hinten in diesem Kapitel näher ein.)

12. **Schuldenabbau**

    Konzentrieren Sie sich auf die Begleichung von Verbindlichkeiten aller Art, damit Sie schuldenfrei sind, wenn der Ruhestand näher rückt.

    Anmerkung: Siehe dazu Punkt 4 »Schuldenmanagement« einschließlich meiner Anmerkung weiter vorne in dieser Liste.

Stufe 6: Vorbereitung auf den Ruhestand (spätes Erwachsenenalter)

13. **Gesetzliche Rente und Sozialleistungen**

    Planen Sie die Inanspruchnahme von gesetzlicher Rente und sonstigen Sozialleistungen sowie möglicher Betriebsrenten zur Ergänzung Ihres Ruhestandseinkommens.

    Anmerkung: Normalerweise rate ich meinen Klienten, ihre Altersvorsorge so zu planen, als gäbe es keine gesetzliche Rente. Obwohl ich natürlich hoffe, dass das Renten- und Sozialversicherungssystem auch in Zukunft funktionieren wird, bin ich mir diesbezüglich nicht hundertprozentig sicher. Wenn Sie es schaffen, weitgehend oder sogar vollständig unabhängig von staatlichen Leistungen zu sein, dann ist das natürlich das bestmögliche Szenario, und Sie können Ihre spätere gesetzliche Rente als Sahnehäubchen betrachten. Nutzen Sie die KI, um herauszufinden, welche staatlichen Leistungen Ihnen zustehen und wie Sie sie beantragen können – und das möglichst frühzeitig.

14. **Gesundheitskosten**

    Berücksichtigen Sie die Gesundheitskosten im Ruhestand und prüfen Sie die Möglichkeit von Krankenzusatzversicherungen.

Anmerkung: Egal, ob Sie schon in Rente sind oder noch im Berufsleben stehen, Ihre Gesundheit ist ein hohes Gut, und Erkrankungen aller Art können nicht nur körperliche, sondern auch finanzielle Probleme nach sich ziehen. Nutzen Sie die KI, um sich über Gesundheitsfragen, Kranken(zusatz)versicherungen und so weiter zu informieren.

15. **Langzeitpflege**

    Planen Sie für mögliche Pflegekosten, indem Sie geeignete Versicherungsoptionen und Anlagestrategien prüfen.

    Anmerkung: Dieser Punkt überschneidet sich mit Punkt 14 »Gesundheitskosten«. Prüfen Sie, ob eine Langzeitpflege gegebenenfalls für Sie finanziell tragbar wäre. Auch hier können Sie die KI konsultieren, sollten sich aber auf jeden Fall zusätzlich von einem Experten zu diesem Thema beraten lassen.

Stufe 7: Ruhestand (spätes Erwachsenenalter)

16. **Vermögensallokation**

    Verlagern Sie Ihre Anlagestrategie von Wachstum hin zu Einkommensgenerierung und Kapitalerhalt.

    Anmerkung: Ein wichtiges Anlagethema! Spezialisierte KI-Tools (wie zum Beispiel Robo-Advisors, die in Kapitel 7 und an anderen Stellen des Buches behandelt werden) können hier weiterhelfen. In diesem Lebensabschnitt liegt der Schwerpunkt Ihrer Anlagetätigkeit auf dem Kapitalerhalt mithilfe konservativer, dividendenstarker Aktien, Staatsanleihen, Einlagenzertifikate und so weiter.

17. **Entnahmestrategie**

    Entwickeln Sie einen systematischen Entnahmeplan für Ihr Ruhestandskonto, um sicherzustellen, dass Ihre Ersparnisse bis zum Ende reichen.

    Anmerkung: Hier geht es unter anderem um Empfehlungen für Mindestentnahmen. Sie haben Ihr ganzes Arbeitsleben lang Geld für diesen Zweck angespart – jetzt können (und sollten) Sie die Früchte Ihrer Arbeit genießen!

18. **Nachlassverteilung**

    Prüfen und aktualisieren Sie Ihre Nachlasspläne, um eine reibungslose Übertragung von Vermögenswerten an Erben oder wohltätige Organisationen zu gewährleisten.

    Anmerkung: Dies ist Teil Ihrer Nachlassplanung (siehe dazu auch Punkt 10 sowie die Punkte 19 und 20 unter Phase 8 im folgenden Abschnitt). Weitere Informationen zu diesem Thema finden Sie in Kapitel 15.

Phase 8: Nachlassplanung (spätes Erwachsenenalter)

19. **Wohltätige Spenden**

    Planen Sie Spenden für wohltätige Zwecke und entwickeln Sie Strategien, um der Gesellschaft etwas zurückzugeben.

Anmerkung: Für Menschen, die mehr Geld auf der hohen Kante haben, als sie für ihren Lebensabend benötigen, ist es sinnvoll, wohltätige Spenden zu tätigen, um das zu versteuernde Nachlassvermögen zu reduzieren.

20. **Erbe und Nachlasserhaltung**

    Erkundung von Möglichkeiten zur Minimierung der Erbschaftssteuer und zur Erhaltung des Vermögens für künftige Generationen.

    Anmerkung: Sorgen Sie dafür, dass ein möglichst großer Teil Ihres Nachlasses in den Händen derer landet, die Sie begünstigen möchten (Familienangehörige, Freunde, gemeinnützige Organisationen und so weiter).

✔ Die Finanzplanung ist ein dynamischer Prozess, und es kann sein, dass Sie die einzelnen Phasen und Schritte mehrmals durcharbeiten müssen, wenn sich Ihre Lebensumstände ändern. Die Zusammenarbeit mit einem zertifizierten Finanzplaner kann wertvolle Unterstützung bieten und sicherstellen, dass Ihre finanziellen Ziele mit den neuesten Strategien und Anlagemöglichkeiten im Einklang sind.

Anmerkung: Schöne Zusammenfassung! Und da ich im Laufe meiner Karriere selbst als zertifizierter Finanzplaner tätig war, sage ich an dieser Stelle »Danke für die nette Schleichwerbung!«

Okay, los geht's – starten Sie Ihre KI-Tools und machen Sie sich an Ihre persönliche Finanzplanung. Hier sind einige Vorschläge für geeignete Prompts:

✔ »Was sind die rechtlichen Eigentumsformen? Erläutere bitte jede Eigentumsform und gib ein Beispiel dazu an.« (Dies ist besonders wichtig für die Nachlassplanung, die in Kapitel 15 behandelt wird).

✔ »Wie beantrage ich staatliche Leistungen (Rente und andere Sozialleistungen)? Gib mir bitte eine Schritt-für-Schritt-Anleitung und nenne mir zehn Möglichkeiten, wie ich die mir zustehenden Sozialleistungen erhöhen kann.«

✔ »Nenne mir bitte zehn Möglichkeiten, wie ich in naher Zukunft nur mit meinem Laptop und/oder Smartphone ein zusätzliches Einkommen erzielen kann. Erläutere jeden Punkt und nenne mir Online-Ressourcen, die mir bei meinem Vorhaben helfen können.«

Ihr Budget in den Griff kriegen

Bei der *Budgetierung* oder *Haushaltsplanung* geht es um die Verwaltung Ihrer Geldein- und -ausgaben, in der Geschäftswelt auch *Mittelzufluss* und *Mittelabfluss (Cash Inflow* und *Cash Outflow)* genannt. Ein Haushaltsplan gibt Ihnen einen Überblick darüber, woher Ihr Geld kommt und wohin es geht – und zwar bis auf den letzten Cent (oder zumindest fast).

Die Ziele eines Haushaltsplans sind einfach:

✔ Steigerung Ihrer Einnahmen und Verringerung Ihrer Ausgaben

✔ Sparen und Anlegen der Differenz zwischen Einnahmen und Ausgaben (und zwar so lange, bis Sie Ihre finanziellen Ziele erreicht haben).

Wenn finanzielle Unabhängigkeit und ein komfortabler Lebensstil zu Ihren langfristigen Zielen gehören, dann wissen Sie, was zu tun ist. Beginnen wir damit, indem wir die KI um Vorschläge zur Erhöhung Ihrer Einnahmen bitten, zum Beispiel mit dem folgenden Prompt:

»*Nenne mir bitte fünf konkrete Strategien, wie ich in meine Einnahmen in den nächsten zwölf Monaten erhöhen kann.*«

Die Antwort von ChatGPT finden Sie in Abbildung 14.1.

> Hier sind fünf konkrete Strategien, um deine Einnahmen in den nächsten 12 Monaten zu erhöhen:
>
> 1. **Erweitere dein Angebot oder deine Dienstleistungen:**
>   - Identifiziere zusätzliche Produkte oder Dienstleistungen, die du deinen bestehenden Kunden anbieten kannst. Beispielsweise könntest du Premium-Versionen deines aktuellen Angebots einführen oder Zusatzleistungen anbieten. Das Upselling an bestehende Kunden ist oft einfacher und kostengünstiger als die Akquise neuer Kunden.
>
> 2. **Erhöhe deine Preise:**
>   - Analysiere den Markt und evaluiere, ob eine Preiserhöhung gerechtfertigt ist. Wenn du qualitativ hochwertige Produkte oder Dienstleistungen anbietest, könntest du einen höheren Preis verlangen. Eine moderate Preiserhöhung kann deine Einnahmen steigern, ohne deine Kundenzahl signifikant zu reduzieren.
>
> 3. **Skaliere dein Geschäft durch Automatisierung und Outsourcing:**
>   - Nutze Automatisierungstools und outsource wiederholbare Aufgaben, um mehr Zeit für strategische Tätigkeiten zu gewinnen. Durch Skalierung kannst du mehr Kunden bedienen, ohne proportional mehr Arbeit investieren zu müssen, was zu höheren Einnahmen führt.
>
> 4. **Diversifiziere deine Einkommensquellen:**
>   - Entwickle neue Einkommensströme, die deine bestehenden ergänzen. Beispielsweise könntest du ein Online-Kurs anbieten, digitale Produkte verkaufen oder in Affiliate-Marketing einsteigen. Diese zusätzlichen Einnahmequellen können deine Gesamteinnahmen stabilisieren und erhöhen.
>
> 5. **Investiere in Marketing und Vertrieb:**
>   - Steigere deine Investitionen in gezielte Marketing- und Vertriebsstrategien, um deine Reichweite zu erhöhen und mehr Kunden zu gewinnen. Nutze soziale Medien, SEO, bezahlte Anzeigen oder Partnerschaften, um mehr Aufmerksamkeit auf dein Angebot zu lenken und dadurch deine Umsätze zu steigern.

Abbildung 14.1: Tipps von ChatGPT, wie Sie Ihre Einnahmen erhöhen können

Während meiner fast vierzigjährigen Tätigkeit als Finanzplaner und Anlageberater war ich immer der festen Überzeugung, dass jeder (wirklich jeder!) in seiner Freizeit von zu Hause aus ein eigenes kleines Unternehmen betreiben sollte. Heutzutage ist die Vielfalt an Möglichkeiten, auf diese und andere Weise ein zusätzliches Einkommen zu erzielen, größer denn je. (Anregungen und Hinweise in Bezug auf Geschäfts- und Karrieremöglichkeiten finden Sie in Kapitel 12).

 Ein guter Einstieg ist der Verkauf von nicht mehr benötigten Dingen aller Art auf eBay, Amazon und ähnlichen Anbietern. Löchern Sie die KI ruhig mit Fragen rund um potenzielle Geschäftsideen, Nebenjobs und Teilzeitbeschäftigungen im Homeoffice oder anderweitig.

Ebenso können Sie sich von der KI Tipps für die Reduzierung Ihrer Ausgaben geben lassen, zum Beispiel mit dem folgenden Prompt:

»Nenne mir bitte fünf konkrete Strategien, wie ich meine Ausgaben in den nächsten zwölf Monaten reduzieren kann.«

Die Antwort von ChatGPT finden Sie in Abbildung 14.2.

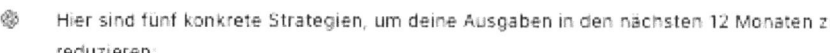

> Hier sind fünf konkrete Strategien, um deine Ausgaben in den nächsten 12 Monaten zu reduzieren:
>
> 1. **Erstellung und Überwachung eines Budgets:**
>   - Setze dir ein monatliches Budget, das alle wesentlichen Ausgaben wie Miete, Lebensmittel und Transport abdeckt. Plane zusätzlich einen festen Betrag für Sparmaßnahmen ein. Verfolge deine Ausgaben regelmäßig, um sicherzustellen, dass du innerhalb des Budgets bleibst und identifiziere Bereiche, in denen du möglicherweise zu viel ausgibst.
>
> 2. **Reduzierung von Abonnements und wiederkehrenden Kosten:**
>   - Überprüfe deine laufenden Abonnements (Streaming-Dienste, Zeitschriften, Fitnessstudio) und kündige diejenigen, die du selten nutzt. Für notwendige Abonnements kannst du nach günstigeren Alternativen suchen oder überlegen, ob ein gemeinsames Abo mit Freunden oder Familie möglich ist.
>
> 3. **Geplante Einkäufe und Vermeidung von Impulskäufen:**
>   - Erstelle für größere Anschaffungen oder Lebensmitteleinkäufe eine detaillierte Einkaufsliste und halte dich strikt daran. Vermeide es, spontan Dinge zu kaufen, indem du dir Bedenkzeit gibst (z.B. 24 Stunden Regel) und nur das kaufst, was du wirklich benötigst.
>
> 4. **Energie- und Ressourceneffizienz:**
>   - Senke deine Nebenkosten, indem du bewusst Energie und Wasser sparst. Verwende energiesparende Geräte, achte auf das Ausschalten von Lichtern und Geräten, wenn sie nicht gebraucht werden, und ziehe in Erwägung, auf einen günstigeren Energieanbieter umzusteigen. Eine effizientere Nutzung von Ressourcen kann langfristig erhebliche Einsparungen bringen.

> 5. **Kochen zu Hause und bewusste Ernährung:**
>   - Reduziere Ausgaben für Restaurants und Lieferdienste, indem du häufiger zu Hause kochst. Plane deine Mahlzeiten im Voraus, kaufe gezielt ein und nutze Reste, um Verschwendung zu vermeiden. Selbstgekochte Mahlzeiten sind oft gesünder und kostengünstiger als auswärts zu essen.
>
> Durch die konsequente Umsetzung dieser Strategien kannst du im Laufe der nächsten 12 Monate deine Ausgaben deutlich senken und möglicherweise auch langfristige finanzielle Vorteile erzielen.

Abbildung 14.2: Tipps von ChatGPT, wie Sie Ihre Ausgaben reduzieren können

Kurzfristig dürfte es einfacher sein, Ihre Ausgaben zu reduzieren, als Ihre Einnahmen zu erhöhen. Oft kaufen wir Dinge, die wir eigentlich gar nicht brauchen. So haben sich zum Beispiel meine Nachbarn ein Wohnmobil gekauft, obwohl sie vermutlich besser beraten gewesen wären, sich bei Bedarf eines zu mieten und sich so einige Tausend Euro zu sparen. Ganz zu schweigen davon, dass so ein Wohnmobil mit der Zeit an Wert verliert. Fragen Sie sich also immer, ob Ihnen eine bestimmte Anschaffung in den kommenden Monaten einen psychologischen oder materiellen Mehrwert bringt. Welche geplanten Anschaffungen lassen sich noch eine Weile aufschieben oder gegebenenfalls günstiger erwerben?

Die Kosten für Ausbildung und Studium in den Fokus nehmen

In der Regel sind es die Meilensteine in unserem Leben, wie Heirat, die Geburt eines Kindes, Kindererziehung, Ausbildung oder Studium, Weiterbildung und Beerdigung, die mit den höchsten Kosten zu Buche schlagen. Bei all diesen Ausgaben kann KI Ihnen viel Recherchearbeit abnehmen und Ihnen jede Menge Tipps liefern.

Auf der Liste der wichtigsten Ausgaben im Leben stehen Ausbildung und Studium oft mit Abstand an erster Stelle, schon allein deshalb, weil sie sich über mehrere Jahre erstrecken und so leicht Kosten in fünfstelliger Höhe verursachen können. Und auch wenn die Studiengebühren für ein zügiges Erststudium an deutschen Hochschulen Mitte der 2000er-Jahre abgeschafft wurden, so steigen doch die Kosten für zusätzliche Ausgaben (wie Semester- und Verwaltungsgebühren sowie Lebenshaltungskosten) und weitere Studiengänge (zum Beispiel an privaten Hochschulen) stetig an. In den USA, wo sich der tertiäre Bildungssektor im Umbruch befindet, liegen die Kosten für ein Studium vergleichsweise deutlich höher – im sechsstelligen Bereich – und die Aufnahme von Studienkrediten ist dort häufig unumgänglich. Hinzu kommt, dass amerikanischen Verbraucher (in der Regel die Eltern!) immer mehr Geld für immer weniger Bildung bezahlen.

Wenn Sie sich also für ein traditionelles Studium für Ihren Nachwuchs entscheiden, dann viel Glück dabei! Aber bevor Sie diesen teuren Schritt wagen, sollten Sie unbedingt die Alternativen prüfen. Vielleicht wird Ihr Sprössling auch mit anderen Optionen glücklich – und Sie müssen deutlich weniger Geld auf den Tisch legen. Hier ein Beispiel-Prompt:

»Nenne mir bitte zehn praktische Alternativen zu einem teuren klassischen Hochschulstudium und begründe jede Option.«

Die Antwort von ChatGPT finden Sie in Abbildung 14.3.

Hier sind zehn praktische Alternativen zu einem teuren klassischen Hochschulstudium, zusammen mit einer Begründung für jede Option:

1. **Berufsausbildung (Lehre):**
   Eine Berufsausbildung bietet praxisnahe Erfahrung in einem bestimmten Berufsfeld, oft verbunden mit einem Gehalt. Sie ist eine kostengünstige Möglichkeit, wertvolle Fähigkeiten zu erlernen und schnell in den Arbeitsmarkt einzutreten.

2. **Online-Kurse und Zertifikate:**
   Plattformen wie Coursera, edX oder Udemy bieten spezialisierte Kurse und Zertifikate zu einem Bruchteil der Kosten eines Hochschulstudiums. Diese Kurse können flexibel nebenberuflich belegt werden und ermöglichen es, sich in bestimmten Fachgebieten weiterzubilden.

3. **Selbststudium:**
   Mit dem Zugang zu einer Fülle von Online-Ressourcen, Büchern und kostenlosen Lernplattformen können motivierte Einzelpersonen eigenständig ein hohes Niveau an Wissen in einem bestimmten Bereich erreichen. Diese Option erfordert Selbstdisziplin und Eigeninitiative.

4. **Praktika und Volontariate:**
   Durch ein Praktikum oder Volontariat können praktische Erfahrungen gesammelt und Kontakte in der Branche geknüpft werden. Oft bieten solche Programme eine Einstiegsmöglichkeit in eine feste Anstellung.

5. **Unternehmerische Tätigkeit:**
   Für diejenigen mit einer Geschäftsidee kann das Gründen eines eigenen Unternehmens eine Alternative sein. Dies erfordert zwar Risikobereitschaft und Durchhaltevermögen, bietet jedoch die Chance auf Unabhängigkeit und finanzielle Belohnung.

6. **Technische Schulen und Bootcamps:**
   Diese Programme bieten spezialisierte und intensive Schulungen in Bereichen wie Programmierung, Design oder Technik. Sie sind kürzer und kostengünstiger als ein Hochschulstudium und bereiten die Teilnehmer gezielt auf den Arbeitsmarkt vor.

7. **Staatliche Weiterbildung und Umschulungsprogramme:**
   Viele Länder bieten staatlich geförderte Weiterbildungs- und Umschulungsprogramme für Erwachsene an. Diese Programme sind oft kostenlos oder stark subventioniert und zielen darauf ab, die Beschäftigungsfähigkeit in neuen oder gefragten Bereichen zu erhöhen.

8. **Arbeitserfahrung sammeln und dann weiterbilden:**
   Einige entscheiden sich, zunächst in den Arbeitsmarkt einzutreten und Berufserfahrung zu sammeln. Später können sie sich durch gezielte Weiterbildung, Zertifikate oder Teilzeitstudiengänge weiterqualifizieren, oft mit Unterstützung des Arbeitgebers.

> 9. **Berufliche Netzwerke und Mentoring:**
>   Der Aufbau eines beruflichen Netzwerks und die Zusammenarbeit mit Mentoren können wertvolle Einblicke und Möglichkeiten zur beruflichen Weiterentwicklung bieten. Dies erfordert keine formelle Ausbildung, sondern basiert auf Beziehungen und persönlicher Entwicklung.
> 10. **Auslandsaufenthalte und Freiwilligenarbeit:**
>   Ein Aufenthalt im Ausland oder die Teilnahme an Freiwilligenprogrammen kann wertvolle interkulturelle Kompetenzen und Lebenserfahrung vermitteln. Diese Erfahrungen können berufliche Türen öffnen und Fähigkeiten vermitteln, die in einer globalisierten Arbeitswelt gefragt sind.
>
> Jede dieser Alternativen kann je nach individueller Situation und Zielen eine lohnenswerte und kostengünstige Alternative zu einem klassischen Hochschulstudium darstellen.

Abbildung 14.3: Alternativen zu klassischen Hochschulabschlüssen

Bei allen größeren Investitionen (Studium, Hauskauf und so weiter) sollten Sie immer den *Return on Investment (ROI)*, also die *Gesamtrentabilität* im Auge behalten. Das bedeutet, dass das Geld, das Sie investieren, Ihnen einen finanziellen oder anderweitigen Nutzen bringen sollte, der insgesamt größer ist als der investierte Gesamtbetrag.

Um diesen Punkt für sich herauszuarbeiten und eine fundierte Entscheidung zu treffen, können Sie sich beispielsweise von der KI eine Tabelle mit den finanziellen Vor- und Nachteilen einer bestimmten Investition (in diesem Fall Ausbildung und Studium) inklusive Kostenvergleich erstellen lassen. (Als Grundlage könnten die von ChatGPT aufgelisteten Punkte als Alternativen zu klassischen Hochschulabschlüssen dienen.)

Natürlich gibt es nach wie vor Berufsabschlüsse, die man am besten über ein klassisches Hochschulstudium erreicht. Beispiele hierfür sind Ingenieurwissenschaften und medizinische Berufe. Zum Glück gibt es für die Finanzierung eines Studiums auch immer noch staatliche Hilfen in Form von Zuschüssen (zum Beispiel BAföG) und Stipendien (zum Beispiel Deutschlandstipendium). Fragen Sie die KI danach – hier ist ein Beispiel-Prompt für den Einstieg:

> *»Nenne mir bitte sieben Quellen für Zuschüsse und Stipendien, die es einem Studierenden aus einer Familie mit mittlerem Einkommen ermöglichen, ein traditionelles Studium an einer Hochschule zu finanzieren. Bitte erläutere die einzelnen Punkte und gib entsprechende Online-Quellen an.«*

Wenn ein klassisches Hochschulstudium dazu beitragen kann, einen lukrativen Job zu finden, der obendrein mit beruflicher Zufriedenheit einhergeht, dann haben sich der Einsatz von KI und die gezahlten Studiengebühren am Ende gelohnt.

> **IN DIESEM KAPITEL**
>
> Mithilfe von KI Ihren Ruhestand planen
>
> KI für die Nachlassplanung einspannen

Kapitel 15
Ruhestands- und Nachlassplanung

Obwohl die Ruhestands- und Nachlassplanung auf dem Radarschirm eines jeden Erwachsenen sein sollte, zählt sie für Menschen jenseits der 50 (plus/minus ein Jahrzehnt) zu den wichtigsten Aspekten der persönlichen Finanzplanung. Die komplexere und unangenehmere Aufgabe von beiden ist für viele eindeutig die Nachlassplanung. Glücklicherweise kann Ihnen die künstliche Intelligenz auch hier als willkommener und leistungsfähiger Assistent dienen, um diesem sensiblen und herausfordernden Bereich der Finanzplanung den Schrecken zu nehmen.

Ruhestandsplanung im Detail

Ganz gleich, ob Sie mit 20, 40, 55 oder später in den Ruhestand gehen wollen – Teil eins Ihrer Ruhestandsplanung ist ganz einfach: Geben Sie nach Möglichkeit weniger aus als Sie einnehmen und sparen und investieren Sie so viel wie möglich von der Differenz zwischen Einnahmen und Ausgaben, und zwar bis an Ihr Lebensende. Teil zwei Ihres Plans sieht folgendermaßen aus: Ermitteln Sie Ihren Einkommensbedarf für das Alter, in dem Sie in Rente gehen wollen oder können, damit Sie bis dahin genügend Vermögen aufbauen können, um das später benötigte Einkommen zu erwirtschaften. Die folgenden Abschnitte können Ihnen bei der Umsetzung Ihres Vorhabens helfen.

 Lassen Sie sich bei Ihrer Ruhestandsplanung auf jeden Fall von einem Experten beraten.

Eine persönliche Bilanz erstellen

Am Anfang Ihrer Ruhestandsplanung steht eine Bestandsaufnahme Ihrer finanziellen Situation, bei der Sie all Ihrer Vermögenswerte (*Aktiva*) und all Ihrer Verbindlichkeiten (*Passiva*), sprich Schulden, in Form einer persönlichen Bilanz auflisten. Auch diese Aufgabe können Sie sich mithilfe von KI erleichtern, zum Beispiel mit dem folgenden Prompt:

»*Ich benötige eine persönliche Bilanz für meine Ruhestandsplanung. Erstelle bitte eine ausführliche persönliche Bilanz mit jedem Posten als Aufzählungspunkt und einer Erklärung zu jeder Position.*«

Die Antwort von ChatGPT finden Sie in Abbildung 15.1.

Eine persönliche Bilanz für die Ruhestandsplanung ist eine Übersicht über Ihre Vermögenswerte und Verbindlichkeiten, die Ihnen hilft, ein klares Bild Ihrer finanziellen Situation zu erhalten. Dies ist besonders wichtig, um den Ruhestand gut planen zu können. Hier ist ein Beispiel für eine ausführliche persönliche Bilanz:

Aktiva (Vermögenswerte)

1. **Bargeld und Bankguthaben:**
   - Erklärung: Hierzu gehören alle liquiden Mittel, die Sie sofort zur Verfügung haben. Dazu zählen Bargeld, Girokonten und Tagesgeldkonten. Diese Mittel sind schnell verfügbar und bieten eine hohe Flexibilität.

2. **Wertpapiere (Aktien, Anleihen, Fonds):**
   - Erklärung: Wertpapiere umfassen Aktien, Anleihen, Investmentfonds und ETFs. Diese Investitionen bieten potenzielles Wachstum, bergen aber auch Risiken. Sie sollten Ihre Risikobereitschaft und den Anlagehorizont berücksichtigen.

3. **Renten- und Pensionsansprüche:**
   - Erklärung: Dazu gehören Ihre Ansprüche aus staatlichen Rentenversicherungen, betrieblichen Altersvorsorgen und privaten Rentenversicherungen. Diese Ansprüche stellen eine wichtige Einkommensquelle im Ruhestand dar.

4. **Immobilien (Eigentum):**
   - Erklärung: Immobilienvermögen umfasst Ihr Eigenheim, Ferienhäuser oder vermietete Immobilien. Diese Vermögenswerte können entweder Einkommen generieren (Mieteinnahmen) oder als Eigenkapital dienen.

5. **Lebensversicherungen:**
   - Erklärung: Kapitalbildende Lebensversicherungen oder Rentenversicherungen mit Auszahlungsoptionen im Ruhestand sind wichtige Bausteine Ihrer Altersvorsorge. Der Rückkaufswert oder der zukünftige Auszahlungsbetrag sollten hier erfasst werden.

6. **Kfz und andere wertvolle Sachgüter:**
   - Erklärung: Hierzu gehören Autos, Boote, Kunstwerke, Schmuck und andere wertvolle Gegenstände. Diese Vermögenswerte können im Notfall verkauft werden, sollten aber mit ihrem aktuellen Marktwert erfasst werden.

7. **Unternehmensbeteiligungen:**
   - Erklärung: Falls Sie Anteile an einem Unternehmen besitzen, sei es ein eigenes oder Beteiligungen an anderen Unternehmen, sollten diese ebenfalls erfasst werden. Der Wert hängt von der Bewertung des Unternehmens ab.

8. **Sonstige Vermögenswerte:**
   - **Erklärung:** Alle anderen Vermögenswerte, die nicht in die oben genannten Kategorien passen, z. B. Sammlungen, Edelmetalle (wie Gold oder Silber) oder andere Investitionen.

Passiva (Verbindlichkeiten)

1. **Hypotheken und Immobilienkredite:**
   - **Erklärung:** Dies sind Kredite, die Sie für den Erwerb oder die Renovierung von Immobilien aufgenommen haben. Die Restschuld sollte hier erfasst werden, da sie Ihre Eigenkapitalposition mindert.

2. **Verbraucherkredite (z. B. Autokredite):**
   - **Erklärung:** Darunter fallen Kredite für den Kauf von Konsumgütern, wie Autos oder Möbel. Diese Kredite sollten so schnell wie möglich abgebaut werden, um die finanzielle Freiheit im Ruhestand zu erhöhen.

3. **Kreditkartenschulden:**
   - **Erklärung:** Kreditkartenschulden sind in der Regel hochverzinsliche Verbindlichkeiten und sollten möglichst vor dem Ruhestand beglichen werden.

4. **Private Darlehen:**
   - **Erklärung:** Falls Sie private Darlehen von Familienmitgliedern, Freunden oder anderen Personen aufgenommen haben, sollten diese ebenfalls berücksichtigt werden.

5. **Steuerschulden:**
   - **Erklärung:** Noch offene Steuerschulden, z. B. aus Einkommensteuer oder Grundsteuer, sollten ebenfalls berücksichtigt werden, da sie kurzfristig beglichen werden müssen.

6. **Sonstige Verbindlichkeiten:**
   - **Erklärung:** Alle anderen Schulden, die nicht unter die obigen Kategorien fallen, wie z. B. offene Rechnungen, Ratenzahlungen oder Verpflichtungen aus laufenden Verträgen.

Nettovermögen

- **Erklärung:** Das Nettovermögen ergibt sich aus der Differenz zwischen den Aktiva und den Passiva. Es zeigt, wie viel Vermögen Ihnen nach Abzug aller Verbindlichkeiten zur Verfügung steht und gibt einen guten Überblick über Ihre finanzielle Situation im Hinblick auf den Ruhestand.

Diese Bilanz gibt Ihnen einen Überblick über Ihre aktuelle finanzielle Lage und hilft Ihnen, fundierte Entscheidungen für Ihre Ruhestandsplanung zu treffen. Es ist wichtig, diese Bilanz regelmäßig zu aktualisieren, um Veränderungen in Ihrer finanziellen Situation zu berücksichtigen.

Abbildung 15.1: Definition und Aufbau einer persönlichen Bilanz laut ChatGPT

Für die meisten Menschen ist eine finanzielle Bestandsaufnahme der erste und wichtigste Schritt bei der Ruhestandsplanung. Ihr gesamtes Vermögen (oder zumindest so viel davon wie möglich) sollte auf Wachstumskurs sein, und Sie sollten alles in Ihrer Macht Stehende tun, um Ihre Schulden abzubauen. Im Idealfall sollte Ihr Vermögen so angelegt sein, dass Sie im Ruhestand das nötige Einkommen (Dividenden, Zinsen und so weiter für einen komfortablen Lebensabend erwirtschaften können.

Der »5-10-Ansatz« und ein Realitätscheck

In meinen Seminaren und Workshops zur Ruhestandsplanung stelle ich unter anderem ein Konzept vor, das ich den »5-10-Ansatz« nenne. Es basiert auf der Annahme von 5 Prozent Einkommen und 10 Prozent Wachstum. Da man bei der Ruhestandsplanung zwangsläufig weit in die Zukunft vorausplanen muss, kommt man nicht umhin, mit Annahmen und Schätzungen zu arbeiten, denn wie die ferne Zukunft aussieht, weiß man erst, wenn man sie erreicht hat.

Gehen wir also einfach davon aus, dass Sie im Ruhestand eine Rendite von 5 Prozent auf Ihr zukünftiges Vermögen erzielen können (vorausgesetzt, Sie haben Ihr Portfolio entsprechend umstrukturiert). Gehen wir außerdem davon aus, dass Sie zwischen heute und dem Zeitpunkt, an dem Sie in den Einkommensmodus wechseln, einen durchschnittlichen Vermögenszuwachs von 10 Prozent erzielen können.

Nehmen wir zum Beispiel an, dass Sie bei Eintritt in den Ruhestand 25.000 Euro an Kapitalerträgen benötigen (vielleicht als Ergänzung zu Ihrer künftigen staatlichen und/oder betrieblichen Rente). Wenn diese 25.000 Euro Einkommen 5 Prozent Ihres Vermögens entsprechen, müssten Sie in diesem Fall über mindestens 500.000 Euro an anlagefähigem Vermögen verfügen, um diesen Betrag zu erwirtschaften (25.000 Euro entsprechen 5 Prozent von 500.000 Euro). Auf diese Weise könnten Sie ein Einkommen erzielen, ohne auf Ihr Grundkapital zurückgreifen zu müssen (das heißt ohne sich einen Teil der 500.000 Euro auszahlen lassen zu müssen).

Da Sie also zu besagtem Zeitpunkt in der Zukunft 500.000 Euro benötigen, brauchen Sie einen Finanzrechner (oder eine künstliche Intelligenz), um herauszufinden, wie Sie von Ihrem derzeitigen Finanzstatus (Ihrem Nettovermögen aus Ihrer persönlichen Bilanz, die wir weiter vorne in diesem Kapitel behandelt haben) dorthin gelangen können.

Zu diesem Zweck habe ich die folgende Anfrage an die KI gestellt (zuerst an ChatGPT und dann an Copilot):

> »Ich habe 150.000 Euro an Anlagevermögen, das ich auf 500.000 Euro anwachsen lassen möchte. Wie viele Jahre wird das bei einer durchschnittlichen jährlichen Verzinsung von 10 Prozent dauern?«

Nach einer langen Erklärung und der Darstellung und Berechnung der entsprechenden Formel kam ChatGPT zu folgendem Ergebnis:

> »Es wird etwa 12,63 Jahre dauern, bis Ihr Anlagevermögen von 150.000 Euro auf 500.000 Euro anwächst, wenn Sie eine durchschnittliche jährliche Verzinsung von 10 % erzielen.«

Interessant ist, dass Copilot, dem ich genau die gleich Frage gestellt habe, die Werte in die Gleichung einsetzt und diese Schritt für Schritt löst (Abbildung 15.2).

> **Copilot**
>
> ✓ Antworten für Sie werden generiert...
>
> Um zu berechnen, wie lange es dauert, bis dein Anlagevermögen von 150.000 Euro auf 500.000 Euro bei einer jährlichen Verzinsung von 10 % anwächst, kannst du die Formel für den Zinseszins verwenden:
>
> $$A = P\left(1 + \frac{r}{100}\right)^t$$
>
> Hierbei ist:
>
> - (A) das Endkapital (500.000 Euro)
> - (P) das Anfangskapital (150.000 Euro)
> - (r) der Zinssatz (10 %)
> - (t) die Anzahl der Jahre
>
> Um (t) zu berechnen, stellst du die Formel um:
>
> $$t = \frac{\log\left(\frac{A}{P}\right)}{\log\left(1 + \frac{r}{100}\right)}$$
>
> Setzen wir die Werte ein:
>
> $$t = \frac{\log\left(\frac{500.000}{150.000}\right)}{\log\left(1 + \frac{10}{100}\right)}$$
>
> $$t = \frac{\log\left(\frac{500.000}{150.000}\right)}{\log(1.1)}$$
>
> $$t \approx \frac{\log(3.3333)}{\log(1.1)}$$
>
> $$t \approx \frac{0.5229}{0.0414}$$
>
> $$t \approx 12.63$$
>
> Es wird also ungefähr 12,63 Jahre dauern, bis dein Anlagevermögen bei einer jährlichen Verzinsung von 10 % auf 500.000 Euro anwächst.

Abbildung 15.2: Eine von mehreren KI-Antworten in Bezug auf das Erreichen eines bestimmten Anlageziels

 Bei komplexeren finanzmathematischen Problemen ist die künstliche Intelligenz (trotz ihres Namens) noch weit davon entfernt, perfekt zu sein! Achten Sie daher darauf, welche Art von KI Sie für solch sensible Berechnungen heranziehen – greifen Sie vorzugsweise auf eine auf den Finanzbereich spezialisierte KI zurück (siehe Anhang B) oder nutzen Sie am besten gleich einen ganz normalen, bewährten Finanzrechner. Bei besonders wichtigen Berechnungen oder Anfragen ist es ohnehin ratsam, mehr als eine Quelle zurate zu ziehen – und im Zweifelsfall auch einen kompetenten und erfahrenen menschlichen Berater zu konsultieren.

Hier müssen Sie also wirklich Vorsicht walten lassen und sollten sich nicht zu sehr auf die Fähigkeiten der KI verlassen, wie auch das folgende Beispiel zeigt. Basierend auf den Zahlen des vorherigen Beispiels, bin ich diesmal einen Schritt weitergegangen und habe zwei – wie ich dachte – »einfache« Variablen hinzugefügt. Hier ist der überarbeitete Prompt:

»*Ich habe 150.000 Euro an Anlagevermögen, das ich innerhalb von 9 Jahren auf 500.000 Euro anwachsen lassen möchte. Wie hoch sollte mein regelmäßiger monatlicher Beitrag bei einer jährlichen Wachstumsrate von 10 % sein?*«

Nach einer kurzen Erklärung sowie Darstellung der Formel und Berechnung kam ChatGPT auf 760,87 Euro monatlich. Die Herleitung von ChatGPT finden Sie in Abbildung 15.3.

> Um herauszufinden, wie hoch Ihr regelmäßiger monatlicher Beitrag sein sollte, um Ihr Anlagevermögen von 150.000 Euro innerhalb von 9 Jahren auf 500.000 Euro anwachsen zu lassen, benötigen wir die Formel für die zukünftige Wertentwicklung einer Investition mit regelmäßigen Beiträgen:
>
> $$FV = PV \cdot (1+r)^n + PMT \cdot \frac{((1+r)^n - 1)}{r}$$
>
> Dabei ist:
> - FV das zukünftige Vermögen (500.000 Euro),
> - PV das aktuelle Vermögen (150.000 Euro),
> - r der monatliche Zinssatz (jährlich 10 % oder 0,10 / 12 in Dezimalform),
> - n die Gesamtzahl der Monate (9 Jahre * 12 Monate),
> - PMT der monatliche Beitrag.
>
> Ich berechne das für dich.
>
> Um Ihr Anlagevermögen von 150.000 Euro innerhalb von 9 Jahren auf 500.000 Euro anwachsen zu lassen, sollten Sie regelmäßig etwa **760,87 Euro** pro Monat investieren, bei einer jährlichen Wachstumsrate von 10 %. [...]

Abbildung 15.3: Antwort von ChatGPT in Bezug auf das Erreichen eines bestimmten Anlageziels

Copilot hat hingegen einen monatlichen Beitrag von etwa 1.850 Euro ausgerechnet. Die Herleitung von Copilot finden Sie in Abbildung 15.4.

> **Copilot**
>
> ✓ Antworten für Sie werden generiert...
>
> Um dein Ziel zu erreichen, können wir die Formel für den zukünftigen Wert einer Investition verwenden, die regelmäßige Beiträge beinhaltet. Die Formel lautet:
>
> $$FV = PV \cdot (1+r)^n + PMT \cdot \frac{((1+r)^n - 1)}{r}$$
>
> Dabei steht:
>
> - (FV) für den zukünftigen Wert (500.000 Euro)
> - (PV) für den aktuellen Wert (150.000 Euro)
> - (r) für die monatliche Wachstumsrate (10 % jährlich, also etwa 0,0083 monatlich)
> - (n) für die Anzahl der Monate (9 Jahre, also 108 Monate)
> - (PMT) für den monatlichen Beitrag, den wir berechnen möchten
>
> Umgestellt nach (PMT) ergibt sich:
>
> $$PMT = \frac{FV - PV \cdot (1+r)^n}{\frac{((1+r)^n - 1)}{r}}$$
>
> Setzen wir die Werte ein:
>
> $$PMT = \frac{500.000 - 150.000 \cdot (1 + 0{,}0083)^{108}}{\frac{(1 + 0{,}0083)^{108} - 1}{0{,}0083}}$$
>
> Nach Berechnung ergibt sich ein monatlicher Beitrag von etwa 1.850 Euro.
>
> Möchtest du noch weitere Details oder Berechnungen zu anderen Szenarien?

Abbildung 15.4: Antwort von Copilot in Bezug auf das Erreichen eines bestimmten Anlageziels

Während bei ChatGPT der regelmäßige monatliche Betrag bei 760,87 Euro lag, kam Copilot auf »etwa« 1.850 Euro. In diesem Fall hat Copilot zwar wieder detailliert erklärt, wie das Ergebnis zustande kommt, hat aber falsch gerechnet. Ein (nicht KI-gestützter) Online-Finanzrechner (ich habe den Sparplanrechner auf `https://www.finanzen-rechner.net/sparrechner.php` verwendet) kam auf 754,59 Euro. Das Ergebnis finden Sie in Abbildung 15.5. Meine persönliche Einschätzung aufgrund meiner langjährigen Erfahrung als Finanzplaner ist, dass Sie hier dem nicht KI-gestützten Online-Finanzrechner vertrauen sollten.

 Wie gesagt, ist die künstliche Intelligenz noch alles andere als ausgereift, weshalb Sie sich nie zu 100 Prozent auf sie verlassen sollten – schon gar nicht, wenn es sich um ernsthafte Anliegen oder Problemstellungen handelt, bei denen etwas auf dem Spiel steht und die somit ein hohes Maß an Präzision erfordern. Denn knapp vorbei ist auch daneben, und dieses Risiko sollten Sie bei allen wichtigen Aspekten Ihres Lebens, wie Gesundheit und Finanzen, auf keinen Fall eingehen.

Konditionen Sparplan

- Was soll berechnet werden? **Sparrate**
- Startkapital: **150000 €**
- Intervall Sparrate: **Monatlich**
- Zinssatz: **10 % p.a.**
- Zinsgutschrift / Zinsperiode: **Monatlich**
- Laufzeit: **9 Jahre**
- Endkapital: **500000 €**

Berechnen

Ergebnisse:

Das passende Depotkonto. Jetzt im Depotvergleich auf dieser Seite!

Startkapital:	150.000,00 €
Sparrate monatlich:	754,59 €
Sparraten Gesamt:	81.495,21 €
Einzahlung Gesamt:	231.495,21 €
Endkapital inkl. Zinsen:	500.000,00 €
Zinsen Gesamt:	268.504,79 €
Laufzeit:	9 Jahr(e)
Zinssatz:	10,00 % p.a.
Zinsgutschrift erfolgt	Monatlich

Abbildung 15.5: Antwort eines nicht KI-gestützten Online-Finanzrechners in Bezug auf einen monatlichen Anlagebetrag

Die gute Nachricht: Alle, die derzeit befürchten, dass die künstliche Intelligenz schon bald die Weltherrschaft an sich reißen könnte, können erst einmal aufatmen – zuvor muss sie (unter anderem) erst einmal richtig rechnen lernen.

In der Zwischenzeit sollten Sie für Ihre Recherchen und Berechnungen immer verschiedene Quellen heranziehen, sowohl menschliche Berater als auch KI. Die in Anhang C aufgelisteten Ressourcen decken ebenfalls viele Themen und Fragen zur Ruhestandsplanung ab.

Eine hilfreiche Checkliste für die Ruhestandsplanung erstellen

Nachdem Sie Ihre persönliche Bilanz aufgestellt haben, geht es nun an die Planung. Auch hierfür können Sie wieder die Hilfe von KI in Anspruch nehmen, zum Beispiel mit dem folgenden Prompt:

»*Erstelle bitte eine umfassende Checkliste mit den notwendigen Schritten und Dokumenten für die Ruhestandsplanung und erläutere jeden Punkt.*«

Die Antwort von ChatGPT finden Sie in Abbildung 15.6.

> Die Ruhestandsplanung ist ein wichtiger Prozess, der eine sorgfältige Planung und Vorbereitung erfordert, um sicherzustellen, dass du im Ruhestand finanziell abgesichert bist und deinen Lebensstandard halten kannst. Hier ist eine umfassende Checkliste mit den notwendigen Schritten und Dokumenten, die du beachten solltest.
>
> ### 1. Aktuelle finanzielle Situation analysieren
> - **Einkommen und Ausgaben**: Erfasse dein aktuelles Einkommen und deine monatlichen Ausgaben. Dazu gehören auch Schulden und Verbindlichkeiten.
> - **Vermögenswerte und Verbindlichkeiten**: Erstelle eine Liste aller Vermögenswerte (Immobilien, Bankkonten, Investments) und Verbindlichkeiten (Hypotheken, Kredite).
> - **Dokumente**: Kontoauszüge, Kreditverträge, Gehaltsabrechnungen, Versicherungsverträge.
>
> ### 2. Zukünftige Ausgaben abschätzen
> - **Lebenshaltungskosten im Ruhestand**: Schätze die monatlichen Ausgaben im Ruhestand. Berücksichtige Inflation und potenzielle Veränderungen in deinem Lebensstil.
> - **Gesundheitskosten**: Plane für erhöhte Gesundheitsausgaben im Alter. Berücksichtige auch mögliche Pflegekosten.
> - **Dokumente**: Lebenshaltungskostenplanung, Kranken- und Pflegeversicherungsunterlagen.
>
> ### 3. Ruhestandseinkünfte ermitteln
> - **Gesetzliche Rente**: Überprüfe deine Rentenansprüche und projiziere die zu erwartende Rente.
> - **Betriebliche Altersvorsorge (BAV)**: Informiere dich über deine Ansprüche aus der betrieblichen Altersvorsorge.
> - **Private Altersvorsorge**: Berücksichtige private Rentenversicherungen, Lebensversicherungen, Pensionspläne, etc.
> - **Investitionen und passive Einkommensquellen**: Analysiere, wie deine Investments im Ruhestand Einkommen generieren können.
> - **Dokumente**: Renteninformationen, BAV-Verträge, Versicherungsunterlagen, Investitionsübersicht.

4. Steuerliche Aspekte berücksichtigen

- **Steuern auf Ruhestandseinkommen:** Überprüfe, wie deine Renten- und Pensionszahlungen besteuert werden.
- **Erbschafts- und Schenkungssteuer:** Plane für die Weitergabe deines Vermögens und informiere dich über steuerliche Auswirkungen.
- **Dokumente:** Steuererklärungen der letzten Jahre, Steuerbescheide, Rentenbescheide.

5. Budget und Liquiditätsplanung

- **Liquiditätsreserve:** Stelle sicher, dass du eine ausreichende Liquiditätsreserve für unerwartete Ausgaben hast.
- **Ausgabenkontrolle:** Erstelle ein detailliertes Budget für die Ruhestandsjahre.
- **Dokumente:** Budgetplan, Liquiditätsübersicht.

6. Absicherung durch Versicherungen

- **Krankenversicherung:** Überprüfe deine Krankenversicherung und plane für eine mögliche Umstellung auf eine private Versicherung.
- **Pflegeversicherung:** Prüfe, ob du ausreichend gegen Pflegebedürftigkeit abgesichert bist.
- **Lebens- und Unfallversicherung:** Aktualisiere deine Versicherungen und passe sie an die neue Lebensphase an.
- **Dokumente:** Versicherungspolicen, Versicherungsbedingungen.

7. Erbrecht und Nachlassregelung

- **Testament und Erbvertrag:** Erstelle oder aktualisiere dein Testament, um sicherzustellen, dass dein Nachlass gemäß deinen Wünschen verteilt wird.
- **Vorsorgevollmacht und Patientenverfügung:** Stelle sicher, dass diese Dokumente auf dem neuesten Stand sind, um deine Wünsche in medizinischen und rechtlichen Angelegenheiten zu regeln.
- **Dokumente:** Testament, Erbvertrag, Vorsorgevollmacht, Patientenverfügung.

8. Immobilien und Wohnen

- **Wohnsituation überprüfen:** Überlege, ob deine aktuelle Wohnsituation für den Ruhestand geeignet ist. Eventuell ist eine Verkleinerung oder ein Umzug sinnvoll.
- **Immobilienplanung:** Falls du Immobilien besitzt, plane deren Nutzung oder Verkauf im Ruhestand.
- **Dokumente:** Grundbuchauszüge, Immobilienbewertungen, Mietverträge.

9. Freizeit und Lebensgestaltung im Ruhestand

- **Hobbys und Interessen:** Überlege, wie du deine freie Zeit gestalten möchtest, und plane entsprechende Aktivitäten.
- **Reiseplanung:** Falls du im Ruhestand reisen möchtest, plane die Kosten und Logistik im Voraus.
- **Soziale Kontakte:** Sorge dafür, dass du soziale Kontakte pflegst und ein Netzwerk im Ruhestand hast.
- **Dokumente:** Reisepläne, Mitgliedschaften in Vereinen oder Clubs.

> **10. Beratung und Unterstützung in Anspruch nehmen**
> - Finanzberater: Ziehe in Erwägung, einen unabhängigen Finanzberater zurate zu ziehen, um deine Ruhestandsplanung zu optimieren.
> - Rechtsberatung: Konsultiere einen Anwalt für erbrechtliche und notarielle Angelegenheiten.
> - Dokumente: Beratungsprotokolle, Verträge mit Beratern.
>
> **11. Zeitplan für die Ruhestandsplanung**
> - Meilensteine setzen: Setze dir klare Meilensteine, bis wann welche Schritte abgeschlossen sein sollten.
> - Regelmäßige Überprüfung: Plane regelmäßige Überprüfungen deiner Ruhestandsplanung und passe sie an veränderte Lebensumstände an.
> - Dokumente: Zeitplan, Checklisten für regelmäßige Überprüfungen.

Abbildung 15.6: Eine Checkliste von ChatGPT für die Ruhestandsplanung

An dieser Liste ist generell nichts auszusetzen, aber lassen wir KI noch ein wenig mehr für uns arbeiten. Lesen Sie einfach weiter!

Noch mehr KI-Anregungen für die Ruhestandsplanung

Egal, ob Sie bereits im Ruhestand sind oder noch ein paar Arbeitsjahre vor sich haben, für eine sorgfältige Ruhestandsplanung benötigen Sie mehr als nur ein paar gute allgemeine Empfehlungen. Oft gibt es Lösungen, die Sie so gar nicht auf dem Schirm hatten, doch dazu müssen Sie der KI auch die richtigen Fragen stellen. Wie gut, dass KI-Tools wie ChatGPT nicht nur Antworten auswerfen, sondern Ihnen auch bei der Formulierung der richtigen Fragen unter die Arme greifen können. Hier ein Beispiel-Prompt:

> »Bitte erstelle eine Liste von Prompts für ChatGPT, die für die Ruhestandsplanung relevant sind. Formuliere die einzelnen Prompts als Frage oder Bitte und erläutere, warum der jeweilige Prompt sinnvoll ist.«

Die Antwort von ChatGPT finden Sie in Abbildung 15.7.

> Hier ist eine Liste von Prompts für ChatGPT, die für die Ruhestandsplanung relevant sind, zusammen mit einer Erklärung, warum jeder Prompt sinnvoll ist:
>
> 1. "Wie berechne ich, wie viel Geld ich für den Ruhestand sparen muss?"
>   - Erläuterung: Diese Frage hilft, einen Überblick über die finanziellen Anforderungen für den Ruhestand zu erhalten, einschließlich Faktoren wie Lebenshaltungskosten, Inflation und erwartete Rentenbezugsdauer.
> 2. "Welche Anlagestrategien eignen sich für die Ruhestandsplanung?"
>   - Erläuterung: Dieser Prompt führt zu einer Diskussion über sichere und renditestarke Investitionsmöglichkeiten, die den langfristigen Aufbau eines Ruhestandsvermögens unterstützen.

3. "Welche staatlichen Rentenleistungen stehen mir im Ruhestand zur Verfügung?"
   - **Erläuterung**: Es ist wichtig, die Höhe und Verfügbarkeit staatlicher Renten zu kennen, um sie in die Gesamtruhestandsplanung einzubeziehen.
4. "Wie kann ich sicherstellen, dass meine medizinischen Kosten im Ruhestand gedeckt sind?"
   - **Erläuterung**: Die Gesundheitskosten können im Ruhestand erheblich sein. Dieser Prompt hilft, die notwendigen Maßnahmen zu verstehen, um im Ruhestand abgesichert zu sein.
5. "Welche steuerlichen Überlegungen sollte ich bei der Ruhestandsplanung beachten?"
   - **Erläuterung**: Steuern können einen erheblichen Einfluss auf das Ruhestandseinkommen haben. Es ist wichtig, steuerliche Vorteile und Pflichten zu verstehen.
6. "Wie kann ich meine Ausgaben im Ruhestand planen und kontrollieren?"
   - **Erläuterung**: Diese Frage führt zu Ratschlägen über die Erstellung eines realistischen Budgets, das sich an den veränderten Ausgabenmustern im Ruhestand orientiert.
7. "Wann ist der richtige Zeitpunkt, um in den Ruhestand zu gehen?"
   - **Erläuterung**: Der Zeitpunkt des Ruhestands beeinflusst sowohl das verfügbare Einkommen als auch die Rentenleistungen. Diese Frage hilft, persönliche und finanzielle Überlegungen zu diesem wichtigen Zeitpunkt zu klären.
8. "Wie kann ich mein Vermögen im Ruhestand schützen?"
   - **Erläuterung**: Es ist wichtig, Maßnahmen zu ergreifen, um das eigene Vermögen vor Inflation, Marktvolatilität und unerwarteten Ausgaben zu schützen.
9. "Welche Möglichkeiten gibt es, im Ruhestand zusätzliches Einkommen zu erzielen?"
   - **Erläuterung**: Viele Menschen möchten im Ruhestand aktiv bleiben und zusätzliches Einkommen erzielen. Dieser Prompt untersucht alternative Einkommensquellen wie Teilzeitarbeit, Beratungen oder Investitionen.
10. "Welche rechtlichen Dokumente sollte ich vor meinem Ruhestand vorbereiten?"
    - **Erläuterung**: Die Vorbereitung von Testamenten, Vorsorgevollmachten und Patientenverfügungen ist entscheidend, um sicherzustellen, dass die eigenen Wünsche im Falle von Krankheit oder Tod respektiert werden.
11. "Wie kann ich die Wohnsituation im Ruhestand optimal planen?"
    - **Erläuterung**: Ob man im eigenen Haus bleibt, sich verkleinert oder in eine betreute Einrichtung zieht – die Wohnsituation hat einen großen Einfluss auf das Wohlbefinden und die Finanzen im Ruhestand.
12. "Wie plane ich für einen Ruhestand im Ausland?"
    - **Erläuterung**: Ein Ruhestand im Ausland kann attraktive Vorteile bieten, erfordert aber auch sorgfältige Planung bezüglich Visa, Gesundheitsversorgung, Steuern und Lebenshaltungskosten.

> 13. "Welche Schritte sollte ich unternehmen, um mein Erbe zu planen?"
>   - Erläuterung: Die Planung des Erbes stellt sicher, dass Vermögen und Besitztümer nach den eigenen Wünschen an die Erben weitergegeben werden.
> 14. "Wie kann ich sicherstellen, dass mein Partner im Ruhestand abgesichert ist?"
>   - Erläuterung: Es ist wichtig, die Absicherung des Partners zu berücksichtigen, insbesondere wenn ein signifikanter Einkommensunterschied oder Altersunterschied besteht.
> 15. "Welche emotionalen und psychologischen Aspekte sollte ich bei der Ruhestandsplanung berücksichtigen?"
>   - Erläuterung: Der Übergang in den Ruhestand kann emotional herausfordernd sein. Dieser Prompt hilft, sich auf die Veränderungen in der Identität und im täglichen Leben vorzubereiten.
>
> Diese Prompts decken die wichtigsten Bereiche der Ruhestandsplanung ab und helfen dabei, sowohl finanzielle als auch persönliche Aspekte gründlich zu durchdenken.

Abbildung 15.7: Vorschläge von ChatGPT für Prompts zum Thema Ruhestandsplanung

Fazit: Bei der Erstellung eines übersichtlichen Aktionsplans konnte die KI durchaus punkten, bei wichtigen Berechnungen (siehe Abbildung 15.3 und Abbildung 15.4) – etwas, von dem man meinen sollte, dass es gerade für eine KI ein Kinderspiel ist – lag sie hingegen etwas daneben. Auch wenn sich die Rechenkünste von KI im Laufe der Zeit sicher noch verbessern werden (zumindest hoffe ich das!), ist es dennoch ratsam, einstweilen andere Quellen, Tools und Dienste (sowohl KI als auch Nicht-KI) einschließlich menschlicher Finanzberater in Anspruch zu nehmen, um ein genaueres Bild Ihrer finanziellen Zukunft zu erhalten.

Über die Nachlassplanung nachdenken

Angenommen, Ihre Ruhestandsplanung war erfolgreich, das heißt Sie können Ihren Lebensunterhalt im Ruhestand voraussichtlich bestreiten und haben am Ende sogar noch etwas Geld übrig (Glückwunsch!). Doch nun müssen Sie entscheiden, was mit Ihrem verbleibenden Vermögen, Ihrem *Nachlass*, geschehen soll, das heißt Sie müssen sich wohl oder übel mit der unangenehmen Aufgabe der Nachlassplanung auseinandersetzen.

Was genau bedeutet »Nachlassplanung«?

Lassen Sie uns zunächst den Begriff der Nachlassplanung klären. Fragen wir einfach die KI mit dem folgenden Prompt:

> »Erkläre mir bitte, was Nachlassplanung bedeutet und warum ich sie durchführen sollte.«

Die Antwort von ChatGPT finden Sie in Abbildung 15.8.

> Nachlassplanung, auch bekannt als **Erbschaftsplanung** oder **Vorsorgeplanung**, bezieht sich auf die strategische Organisation und Verwaltung des eigenen Vermögens und anderer persönlicher Angelegenheiten, um sicherzustellen, dass diese nach dem Tod gemäß den eigenen Wünschen verteilt werden. Es geht dabei nicht nur um die Verteilung von materiellen Gütern wie Immobilien, Geld oder Wertpapieren, sondern auch um andere Aspekte wie die Bestimmung von Vormündern für minderjährige Kinder, Regelungen für den eigenen medizinischen Willen oder die Festlegung von Maßnahmen zur Minimierung von Erbschaftssteuern.
>
> **Wichtige Elemente der Nachlassplanung:**
>
> 1. **Testament**: Ein Dokument, das festlegt, wie das Vermögen nach dem Tod verteilt werden soll.
> 2. **Vorsorgevollmacht**: Eine Vollmacht, die einer Person die Befugnis gibt, im Falle einer Geschäftsunfähigkeit im Namen des Vollmachtgebers zu handeln.
> 3. **Patientenverfügung**: Ein Dokument, das Anweisungen über medizinische Behandlungen enthält, die man erhalten oder ablehnen möchte, wenn man nicht mehr in der Lage ist, selbst Entscheidungen zu treffen.
> 4. **Erbvertrag**: Eine vertragliche Vereinbarung, die Erbfolgeregelungen bindend festlegt und oft im Zusammenhang mit Unternehmen verwendet wird.
> 5. **Trusts**: Treuhandvereinbarungen, die das Vermögen für Begünstigte halten und verwalten, oft um Steuern zu minimieren oder den Zugang zu bestimmten Vermögenswerten zu regeln.
>
> **Warum sollte man Nachlassplanung durchführen?**
>
> 1. **Kontrolle über das Erbe**: Mit einer sorgfältigen Planung stellt man sicher, dass das Vermögen nach den eigenen Wünschen verteilt wird. Ohne Nachlassplanung tritt die gesetzliche Erbfolge in Kraft, die möglicherweise nicht den eigenen Vorstellungen entspricht.
> 2. **Verminderung von Erbschaftssteuern**: Durch die Planung können steuerliche Belastungen für die Erben minimiert werden, was den Wert des Nachlasses für die Begünstigten erhöht.
> 3. **Schutz von Familienmitgliedern**: Insbesondere bei minderjährigen Kindern ist es wichtig, Vorkehrungen für ihre Betreuung und finanzielle Unterstützung zu treffen.
> 4. **Vermeidung von Streitigkeiten**: Klare Anweisungen und Regelungen können Familienstreitigkeiten und rechtliche Auseinandersetzungen über das Erbe verhindern.
> 5. **Sicherstellung von Unternehmensfortführungen**: Für Unternehmer ist die Nachlassplanung entscheidend, um die Zukunft des Unternehmens zu sichern und eine geordnete Nachfolge zu gewährleisten.
> 6. **Persönliche Wünsche respektieren**: Die Nachlassplanung erlaubt es auch, persönliche Wünsche, wie die Organisation der Bestattung oder die Verteilung bestimmter Erbstücke, festzuhalten.
>
> Insgesamt bietet die Nachlassplanung eine Möglichkeit, den eigenen Nachlass verantwortungsvoll zu verwalten, den Hinterbliebenen Klarheit zu geben und sicherzustellen, dass der eigene Wille respektiert wird.

Abbildung 15.8: Die Ausführungen von KI zum Thema Nachlassplanung

Ich weiß nicht, wie es Ihnen geht, aber für mich sind all diese Fachbegriffe ein bisschen wie böhmische Dörfer. Dennoch ist es unerlässlich, die Grundlagen zu verstehen, und die KI kann Sie bei diesem wichtigen ersten Schritt auf jeden Fall unterstützen. Besonders vorteilhaft finde ich in diesem Zusammenhang die Möglichkeit, bereits im ersten Prompt festzulegen, auf welchem Wissens- und Sprachniveau ChatGPT (oder eine andere KI) antworten soll. Beispielsweise könnte man den obigen Prompt folgendermaßen umformulieren: »*Erkläre mir bitte, was Nachlassplanung bedeutet und warum ich sie durchführen sollte, und zwar so, als wäre ich ein Gymnasiast*« (oder alternativ »*ein Achtklässler*« und so weiter) oder »*Erkläre mir bitte in einfacher Sprache, was Nachlassplanung ist und warum sie für mich wichtig ist.*« ChatGPT passt dann seine Antworten an das gewünschte Sprach- und Wissensniveau an. Auf diese Weise lässt sich sicherstellen, dass alle Inhalte verstanden werden – eine wichtige Voraussetzung für den Erfolg eines jeden Projekts.

Kurz gesagt, besteht die Hauptaufgabe bei der Nachlassplanung darin, alle Vermögenswerte (Finanzen, Immobilien, persönliche Gegenstände und so weiter) zu erfassen, und dann festzulegen, wer später was erhalten soll. Die KI kann Ihnen dabei eine große Hilfe sein.

Die einzelnen Schritte der Nachlassplanung im Überblick

Grundsätzlich gehört die Nachlassplanung in die Hände eines erfahrenen Anwalts oder Notars. Die Tatsache, dass Sie sich KI-Unterstützung holen können, bedeutet nicht, dass Sie das Ganze im Alleingang durchziehen sollten. Dennoch kann die KI Ihnen helfen, sich einen Überblick zu verschaffen, und so den Prozess erleichtern und beschleunigen. Hier ein Prompt für den Einstieg:

»*Erstelle bitte eine umfassende Checkliste mit allen notwendigen Schritten und Dokumenten für die Nachlassplanung und erläutere jeden Punkt.*«

Die Antwort von ChatGPT finden Sie in Abbildung 15.9.

> Hier ist eine umfassende Checkliste für die Nachlassplanung, inklusive einer Erläuterung jedes Schrittes und der benötigten Dokumente:
>
> **1. Inventar des Vermögens und der Schulden**
> - Zweck: Überblick über das gesamte Vermögen, Schulden und sonstige finanzielle Verpflichtungen.
> - Dokumente:
>   - Bankkonten, Investmentportfolios, Immobilienbesitz, Versicherungen
>   - Kredite, Hypotheken, sonstige Schulden
> - Erläuterung: Erstellen Sie eine detaillierte Liste aller Vermögenswerte (Bargeld, Immobilien, Wertpapiere, Fahrzeuge, Kunstwerke, Schmuck) und Schulden, um den gesamten Wert des Nachlasses zu erfassen. Diese Liste dient als Grundlage für die Nachlassplanung und ist essenziell für die gerechte Verteilung und Steuerberechnung.

2. Erstellung eines Testaments

- **Zweck:** Festlegung der Verteilung des Vermögens und der Bestimmung von Erben.
- **Dokumente:**
  - Testament
- **Erläuterung:** Ein Testament ist ein rechtlich bindendes Dokument, in dem Sie festlegen, wie Ihr Vermögen nach Ihrem Tod verteilt werden soll. Hier können Sie auch Vormünder für minderjährige Kinder benennen und besondere Anweisungen für die Erben hinterlassen. Ein Testament sollte regelmäßig aktualisiert werden, um Änderungen in Ihrem Leben (z.B. Geburt eines Kindes, Scheidung) zu berücksichtigen.

3. Benennung eines Testamentsvollstreckers

- **Zweck:** Bestimmung einer Person, die die Umsetzung des Testaments überwacht.
- **Dokumente:**
  - Testament mit Benennung des Testamentsvollstreckers
- **Erläuterung:** Der Testamentsvollstrecker (auch „Executor" genannt) ist dafür verantwortlich, das Testament umzusetzen, Schulden zu begleichen und das Vermögen entsprechend den Anweisungen im Testament zu verteilen. Diese Person sollte vertrauenswürdig und in der Lage sein, rechtliche und finanzielle Angelegenheiten zu regeln.

4. Erstellung einer Vorsorgevollmacht

- **Zweck:** Sicherstellung der Vertretung in rechtlichen und finanziellen Angelegenheiten bei Geschäftsunfähigkeit.
- **Dokumente:**
  - Vorsorgevollmacht
- **Erläuterung:** Die Vorsorgevollmacht ermächtigt eine vertrauenswürdige Person, in Ihrem Namen zu handeln, wenn Sie selbst nicht mehr in der Lage sind, Entscheidungen zu treffen. Dies kann bei einer schweren Krankheit oder einem Unfall notwendig werden. Diese Vollmacht umfasst in der Regel finanzielle Angelegenheiten, medizinische Entscheidungen und rechtliche Fragen.

5. Erstellung einer Patientenverfügung

- **Zweck:** Regelung medizinischer Behandlungen im Falle einer Geschäftsunfähigkeit.
- **Dokumente:**
  - Patientenverfügung
- **Erläuterung:** Die Patientenverfügung ist ein Dokument, in dem Sie festlegen, welche medizinischen Maßnahmen Sie wünschen oder ablehnen, wenn Sie nicht mehr in der Lage sind, darüber zu entscheiden. Dies kann lebenserhaltende Maßnahmen betreffen oder die Art und Weise, wie Sie medizinisch versorgt werden möchten.

6. Erstellung eines Erbvertrags (optional)

- **Zweck:** Rechtlich bindende Regelung von Erbansprüchen, insbesondere in komplexen Fällen.
- **Dokumente:**
  - Erbvertrag
- **Erläuterung:** Ein Erbvertrag ist ein Vertrag zwischen dem Erblasser und den Erben, der oft zur Regelung von Unternehmensnachfolgen oder besonderen Erbsituationen verwendet wird. Er ist bindend und kann nicht einseitig geändert werden. Ein Notar muss diesen Vertrag beurkunden.

7. Einrichtung von Trusts (optional)

- **Zweck**: Verwaltung und Schutz von Vermögenswerten, insbesondere bei komplexen Vermögensstrukturen.
- **Dokumente**:
  - Trust-Dokumente
- **Erläuterung**: Ein Trust ist ein rechtliches Konstrukt, bei dem Vermögenswerte treuhänderisch für bestimmte Begünstigte verwaltet werden. Dies kann dazu dienen, Vermögen vor Erbschaftssteuern zu schützen, sicherzustellen, dass Erben zu einem bestimmten Zeitpunkt Zugriff auf das Vermögen erhalten, oder andere spezifische Wünsche des Erblassers zu erfüllen.

8. Benennung von Begünstigten

- **Zweck**: Festlegung, wer bestimmte Vermögenswerte erhalten soll.
- **Dokumente**:
  - Begünstigtenformulare für Versicherungen, Rentenkonten, Investmentkonten
- **Erläuterung**: Für viele Vermögenswerte wie Lebensversicherungen, Rentenkonten oder bestimmte Bankkonten können Sie Begünstigte benennen. Diese Personen erhalten die Vermögenswerte direkt, ohne dass sie durch das Nachlassverfahren gehen müssen. Es ist wichtig, diese Benennungen regelmäßig zu überprüfen und sicherzustellen, dass sie mit dem Testament übereinstimmen.

9. Regelung der Bestattung

- **Zweck**: Festlegung von Wünschen bezüglich der Bestattung und der Zeremonie.
- **Dokumente**:
  - Bestattungsverfügung
- **Erläuterung**: In einer Bestattungsverfügung können Sie festlegen, wie und wo Sie bestattet werden möchten. Dies umfasst die Wahl zwischen Erd- oder Feuerbestattung, die Art der Zeremonie und eventuell die Wahl des Grabes. Dies hilft den Hinterbliebenen, Ihre Wünsche zu respektieren und Unklarheiten zu vermeiden.

10. Erstellen eines digitalen Nachlasses

- **Zweck**: Verwaltung von Online-Konten, digitalen Vermögenswerten und sozialen Medien.
- **Dokumente**:
  - Liste der digitalen Konten und Zugangsdaten
- **Erläuterung**: In der heutigen Zeit ist es wichtig, auch den digitalen Nachlass zu regeln. Das umfasst E-Mail-Konten, soziale Medien, Online-Banking, Abonnements und digitale Vermögenswerte wie Kryptowährungen. Erstellen Sie eine Liste aller wichtigen Konten und Zugangsdaten und legen Sie fest, wie diese nach Ihrem Tod verwaltet werden sollen.

11. Steuerliche Aspekte prüfen

- **Zweck**: Minimierung von Erbschafts- und Schenkungssteuern.
- **Dokumente**:
  - Steuerliche Gutachten, Schenkungsverträge, Steuererklärungen
- **Erläuterung**: Überprüfen Sie die steuerlichen Implikationen Ihres Nachlasses und ziehen Sie in Betracht, Vermögenswerte zu Lebzeiten zu verschenken, um Erbschaftssteuern zu minimieren. Ein Steuerberater kann hierbei wertvolle Unterstützung bieten, um die steuerliche Belastung für Ihre Erben zu reduzieren.

> **12. Regelmäßige Überprüfung und Aktualisierung**
>
> - **Zweck:** Sicherstellen, dass alle Dokumente und Regelungen aktuell und rechtlich wirksam sind.
> - **Dokumente:**
>   - Alle zuvor genannten Dokumente, regelmäßig überprüft und ggf. aktualisiert
> - **Erläuterung.** Die Nachlassplanung ist kein einmaliger Vorgang. Sie sollte regelmäßig überprüft und angepasst werden, insbesondere bei größeren Lebensereignissen wie Heirat, Geburt eines Kindes, Scheidung oder dem Erwerb neuer Vermögenswerte. Dies gewährleistet, dass alle Regelungen und Wünsche immer noch Ihren aktuellen Vorstellungen entsprechen.
>
> **13. Kommunikation mit den Erben und Bevollmächtigten**
>
> - **Zweck:** Vermeidung von Missverständnissen und Konflikten nach dem Tod.
> - **Dokumente:**
>   - Kein spezifisches Dokument, jedoch eine schriftliche Zusammenfassung der Nachlassplanung kann hilfreich sein.
> - **Erläuterung:** Es ist ratsam, offen mit den betroffenen Personen über Ihre Nachlassplanung zu sprechen. Dies umfasst insbesondere die Erben, den Testamentsvollstrecker und andere Bevollmächtigte. Durch klare Kommunikation können Missverständnisse vermieden und der Nachlassprozess für alle Beteiligten erleichtert werden.
>
> **Zusammenfassung:**
>
> Die Nachlassplanung ist ein umfassender und detaillierter Prozess, der sowohl finanzielle als auch rechtliche und persönliche Aspekte abdeckt. Eine sorgfältige Planung schützt Ihre Erben vor unnötigen Belastungen und stellt sicher, dass Ihre Wünsche respektiert werden. Es ist ratsam, sich regelmäßig Zeit zu nehmen, um diese Checkliste durchzugehen und bei Bedarf anzupassen.

Abbildung 15.9: Eine Checkliste zur Nachlassplanung von ChatGPT

Keine Frage, die Nachlassplanung kann kompliziert und aufwendig sein, doch zum Glück gibt es heute KI-Tools, die Sie dabei entlasten können. Es ist nicht auszuschließen, dass es in naher Zukunft KI-Tools speziell für das Thema Nachlassplanung geben wird (siehe dazu auch die Ressourcen in Anhang B).

Wie bei der Ruhestandsplanung sollten Sie auch bei der Nachlassplanung die KI nutzen, um die einzelnen Punkte zu vertiefen, und sie zusätzlich mit Ihrem Finanzberater (am besten einem auf Nachlassplanung spezialisierten Anwalt) besprechen. Weitere Informationen zum Thema Nachlassplanung finden Sie in den Ressourcen in Anhang C.

Teil V
Der Top-Ten-Teil

Weitere Bücher aus der Reihe finden Sie unter
www.facebook.de/fuerdummies.

> **IN DIESEM TEIL …**
>
> Wie alle *Für-Dummies*-Bücher umfasst auch der letzte Teil dieses Buches einige Listen mit jeweils zehn (oder mehr) Punkten. Darin greife ich einige der zuvor behandelten Themen noch einmal auf, um Sie auf weitere besonders wichtige Aspekte aufmerksam zu machen. Zunächst nenne ich Ihnen zehn mögliche Gefahren im Umgang mit künstlicher Intelligenz und verrate Ihnen, wie Sie sich davor schützen können. Danach erläutere ich zehn Prompting-Strategien, die Ihnen helfen können, Ihre Interaktion mit der KI zu verbessern und so den größtmöglichen Nutzen daraus zu ziehen. Anschließend stelle ich Ihnen zehn Tools und Ressourcen (KI und andere) vor, die jeder Anleger und KI-Novize kennen sollte. Zum krönenden Abschluss gebe ich Ihnen noch zehn Strategien mit auf den Weg, die Ihre KI-gestützten Anlagebemühungen ergänzen und Ihnen darüber hinaus helfen können, Ihr Portfolio und Ihre Finanzen im Allgemeinen in wirtschaftlichen Krisenzeiten und anderen Notfällen ausreichend abzusichern.

IN DIESEM KAPITEL

Potenzielle KI-Probleme verstehen ...

... und in den Griff bekommen

Kapitel 16
Zehn potenzielle Gefahren und Fallstricke im Umgang mit KI

In der bekannten US-Serie »Lost in Space« aus dem Jahr 1965 (Neuauflage 2018) schlug ein kleiner Roboter (schlicht »Robot« genannt) bei drohender Gefahr Alarm mit der Meldung: »*Danger, Will Robinsons!*« (deutsch: »Gefahr, Will Robinson!«). Und auch ich fühle mich verpflichtet, Sie zu warnen, indem ich Sie in diesem Kapitel über die möglichen Gefahren im Umgang mit KI im digitalen Zeitalter aufkläre. Wie jede bahnbrechende Erfindung birgt auch die künstliche Intelligenz ein enormes Potenzial, bringt aber zugleich auch potenzielle Probleme mit sich, die Sie bei der Nutzung im Hinterkopf behalten sollten.

Ungenauigkeiten und Fehler

Künstliche Intelligenz ist »superintelligent« und der Stoff, aus dem Science-Fiction-Filme gemacht sind – so lautet jedenfalls der allgemeine Tenor. Doch bleiben wir bei der Wissenschaft und Realität, und lassen wir die Fiktion vorerst beiseite.

Trotz aller Fortschritte steckt KI nämlich in vielerlei Hinsicht noch in den Kinderschuhen. Obwohl man auf Fragen wie »*Was ist die Quadratwurzel aus 1,012?*« mit hoher Wahrscheinlichkeit die richtige Antwort erhält, können andere Antworten der KI je nach Thema auch bemerkenswert unpräzise ausfallen. So habe ich ihr zum Beispiel Fragen aus den Bereichen Geschichte, Politik und Wirtschaft gestellt (auf die ich die Antworten bereits kannte) und teilweise erstaunlich ungenaue Antworten erhalten.

Ein weiterer Aspekt dieser KI-Ungenauigkeiten ist das Phänomen der *Halluzination* (nein, ich mache keine Witze!). Viele Nutzer von generativen KI-Tools wie ChatGPT und Copilot berichten, dass diese oft einfach Antworten erfinden, die zwar realistisch klingen, aber in Wirklichkeit völlig falsch sind. (Dies wurde unter anderem von den Mitarbeitern von Bedrock AI festgestellt: `www.bedrock-ai.com/post/why-you-shouldn-t-trust-generative-ai-to-do-stock-research`).

Mein Fazit und mein Rat lauten daher: Bei komplexen und/oder kontroversen Themen, einschließlich Anlagethemen, und wann immer Sie möglichst akkurate Antworten benötigen, die für Ihr Hauptanliegen von entscheidender Bedeutung sind, empfiehlt es sich, mehrere Quellen und Optionen (sowohl menschliche als auch KI) zu konsultieren, bevor Sie eine endgültige Entscheidung treffen.

Wenn Sie auf offensichtliche Ungereimtheiten bei der Interaktion mit KI stoßen, sollten Sie den Anbieter darüber informieren, damit das betreffende KI-Tool in Zukunft präziser arbeitet.

Voreingenommenheit

Ja, auch Voreingenommenheit ist ein Thema bei KI – und ein Problem. Selbst wenn Sie mithilfe der KI möglichst neutrale Informationen und/oder Fakten einholen möchten, je kontroverser ein Thema ist, desto größer ist die Wahrscheinlichkeit, dass Sie in der Antwort eine verzerrte Sicht der Dinge erhalten.

Ich wurde in einem kommunistischen Land geboren und kenne dieses schreckliche System besser als die meisten anderen. Der Kommunismus (als Motor für wirtschaftliche Entscheidungen) zerstört ganze Volkswirtschaften, und er hat auch mein Heimatland zerstört. Als ich ChatGPT fragte: »*Hat der Kommunismus Jugoslawien zerstört?*«, antwortete die KI: »*Nein, ... Jugoslawien wurde durch finanzielles Missmanagement usw. zerstört*«, und ratterte dann eine Reihe schlechter wirtschaftspolitischer Entscheidungen herunter – ohne zu erkennen, dass es sich dabei um eine Liste von Symptomen des Kommunismus handelte. Mit anderen Worten, sie listete genau die Probleme des Kommunismus als Ursache für den Niedergang auf, gab aber nicht dem Kommunismus die Schuld dafür. Das ist so, als würde ich die KI fragen: »*Hat John Wilkes Booth Abraham Lincoln getötet?*«, und sie würde darauf antworten: »*Nein, Lincoln wurde durch eine Kugel aus einer Waffe getötet, die von einem Schauspieler abgefeuert wurde, der aussah wie ein Mann namens Booth.*«

Ich bin sicher, dass Sie im Umgang mit der KI schon bald Ihre eigenen Beispiele für Voreingenommenheit finden werden.

Falls die abzufragenden Informationen sensibler Natur und/oder für Sie und Ihre Zwecke sehr wichtig sind, dann überprüfen Sie die Antworten der KI kritisch und sorgfältig, indem Sie sie nach Möglichkeit mit mehreren anderen Quellen abgleichen. Wenn es um Anlagethemen geht, dann halten Sie sich an die Ressourcen in den Anhängen dieses Buches.

Betrug

Wie Sie sicher wissen, gibt es genug Leute da draußen, die alles daran setzen, mithilfe von KI an Ihr sauer verdientes Geld zu kommen. Das ist eine Tatsache! Dank ihrer erstaunlichen Fähigkeit, menschliche Stimmen und Interaktionen nachzuahmen, wird KI schon heute bei

Telefon-, E-Mail- und andere Betrügereien eingesetzt, sodass Sie als Verbraucher ständig auf der Hut sein müssen.

Derzeit bemühen sich Gesetzgeber auf der ganzen Welt und auf allen Regierungsebenen darum, angemessene Gesetze zu erlassen, um Verbraucher, Investoren und andere vor KI-Betrug und seinen unvermeidlichen Folgen zu schützen.

So wie Sie sich bisher vor menschlichem Betrug geschützt haben, sollten Sie dies auch im Umgang mit KI tun: Geben Sie niemals sensible Daten wie Namen, Kontoinformationen, Passwörter und so weiter preis.

Nutzen Sie die in Anhang A aufgeführten Ressourcen, um über die aktuelle Gesetzgebung und Entwicklungen im Bereich KI auf dem Laufenden zu bleiben.

Verdrängung von Arbeitsplätzen

»Passt euch an oder geht unter!« Diesen Satz haben Sie in diesem Buch und sicher auch anderswo schon öfter gehört. Fakt ist: Die künstliche Intelligenz ersetzt schon heute zahlreiche Funktionen, die für uns bislang ganz selbstverständlich von Menschen ausgeführt wurden, und es werden mit Sicherheit noch mehr werden. Deshalb ist es heute praktisch überlebensnotwendig, wachsam und auf dem Laufenden zu bleiben – für sich selbst und für Ihre Angehörigen.

Inzwischen haben Sie vermutlich einige Berichte darüber gelesen, dass KI schon bald mehr als eine Million Menschen ihren Arbeitsplatz kosten wird; auf der anderen Seite gibt es Berichte, dass KI zwischen 2021 und 2022 nicht weniger als 800.000 neue Arbeitsplätze geschaffen hat. Wohin also geht die Reise?

Als zwischen 1910 und 1930 das Automobil auf den Markt kam, waren die Arbeitsplatzverluste in der Pferdekutschenbranche und verwandten Industrien eine Realität – gleichzeitig entstanden jedoch neue Beschäftigungsmöglichkeiten in der Herstellung, Vermarktung und Wartung von Automobilen. Wie schnell haben sich die Beschäftigten damals umgestellt, um der Arbeitslosigkeit zu entgehen? Und wie schnell werden Sie sich an die neuen KI-Gegebenheiten anpassen, um einen Karriereknick zu vermeiden?

Finden Sie heraus, welche KI-Tools und -Ressourcen Ihnen bei der Beantwortung dieser Fragen helfen können, und fangen Sie an zu recherchieren. Ich bin überzeugt: Je selbstständiger und unabhängiger Sie sind, desto besser werden Sie am Ende dastehen (vor allem in finanzieller Hinsicht). Ich kann Ihnen daher nur wärmstens empfehlen, sich als zweites Standbein neben dem Hauptberuf ein eigenes kleines Unternehmen aufzubauen, das Sie gut von zu Hause betreiben können. Auf diese Weise fallen Sie finanziell nicht ins Bodenlose, falls in Ihrem Hauptberuf etwas schiefgehen sollte. Eine zweite Einkommensquelle aus einem Nebenverdienst zu haben, sollte in Zeiten wie diesen eine Selbstverständlichkeit sein.

Setzen Sie sich so früh wie möglich mit der künstlichen Intelligenz auseinander. Nutzen Sie sie, um sich in Ihrem Job unentbehrlich zu machen, und gründen Sie in Ihrer Freizeit mithilfe von KI Ihr eigenes kleines Business. Weitere Informationen zu Karriere- und Geschäftsideen finden Sie in Kapitel 12.

Blindes Vertrauen in die Technologie

So wie ein guter Koch immer wieder den Herd und seine Kochutensilien überprüft, um sicherzustellen, dass das Essen jedes Mal gut gelingt, sollten Sie im Umgang mit der KI ebenfalls die entsprechende Sorgfalt walten lassen. Nur weil eine Information von der KI stammt, heißt das nicht, dass sie fehlerfrei ist und keiner Kontrolle bedarf.

Wenn Sie sich zum Beispiel für die Arbeit von der KI einen Bericht erstellen lassen, sollten Sie ihn auf jeden Fall sorgfältig durchlesen und prüfen und vielleicht sogar mit einem vertrauenswürdigen Mitarbeiter besprechen, bevor sie ihn an Ihren Kunden oder Chef weitergeben.

Solange die KI noch nicht ausgereift ist, wird eine doppelte Überprüfung der Informationen (insbesondere bei wichtigen Angelegenheiten) dringend empfohlen. Falls Sie die KI für Steuerangelegenheiten nutzen, holen Sie sich auf jeden Fall eine zweite Expertenmeinung ein und/oder lassen Sie die Ergebnisse überprüfen, am besten durch einen menschlichen Steuerberater.

Information versus Weisheit

Jetzt wird es zur Abwechslung ein wenig philosophisch: Wir ertrinken in einem Meer von Informationen und Daten, aber wir dürsten nach Weisheit und Erkenntnis! Keine Frage, die künstliche Intelligenz ist in vielerlei Hinsicht ein großartiges und leistungsfähiges Werkzeug, dennoch sind Aspekte wie gesundes Urteilsvermögen, Einsicht und Scharfsinn nach wie vor dem Menschen vorbehalten. Natürliche Intelligenz und Weisheit sind immer noch die besten Navigatoren und Wegweiser in dieser Welt, ganz gleich, wie hoch entwickelt die KI in Zukunft sein wird.

Die Auswahl der richtigen KI-Tools

Zuerst gab es künstliche Intelligenz im Allgemeinen, dann läutete ChatGPT eine neue Ära ein und in der Folge wurden Hunderte und wahrscheinlich bald Tausende von KI-Tools und -Anwendungen entwickelt. So wie wir gelernt haben, dass es sich bei Hammer und Schraubenzieher um unterschiedliche Werkzeuge für unterschiedliche Zwecke handelt, sind wir nun gerade dabei zu lernen, dass es in diesem neuen und dynamischen Umfeld ebenfalls unterschiedliche Werkzeuge für unterschiedliche Aufgaben gibt.

Wenn ich die gleiche finanzielle oder wirtschaftliche Frage an ChatGPT und an einen Robo-Advisor (oder ein anderes auf den Finanzbereich spezialisiertes KI-Tool) stelle, erhalte ich dann in beiden Fällen die gleiche Antwort? Höchstwahrscheinlich nicht, denn beide greifen auf unterschiedliche Wissensdatenbanken zurück, die von unterschiedlichen menschlichen Fachleuten aufgebaut und überwacht werden.

Verwenden Sie KI-Tools, die auf Ihre spezifischen Zwecke zugeschnitten sind. Informieren Sie sich über die verschiedenen verfügbaren Tools, Anwendungen und Informationsquellen, die in den Anhängen dieses Buches aufgelistet sind, um die nützlichsten Antworten (in Textform oder einem anderen Format) auf Ihre Fragen und entsprechend Ihren Bedürfnissen zu erhalten.

Ihr Input versus KI-Output

»Garbage in, garbage out« – wenn man oben Müll hineinwirft, kommt unten auch wieder Müll heraus. Dieser schon häufiger zitierte Grundsatz trifft in vielerlei Hinsicht auch auf die künstliche Intelligenz zu, an deren Entwicklung ein ganzes Heer von Ingenieuren und anderen Spezialisten beteiligt war und ist. In diesem Zusammenhang sollten auch Sie sich die Frage stellen: Nutzen Sie die KI richtig, um optimale Ergebnisse zu erzielen? Oder werfen Sie »Müll« in Form von unpräzisen Prompts hinein und wundern sich dann, wenn Sie »Müll« in Form von unpräzisen Antworten zurückbekommen?

Doch nicht nur auf die Fragestellung, sondern auch auf das verwendete KI-Tool kommt es an. Stellen Sie zehn verschiedenen KI-Tools ein und dieselbe Frage. Ich bin mir ziemlich sicher, dass Sie zehn unterschiedliche Ergebnisse erhalten werden. Die Abweichungen mögen nicht immer drastisch sein, aber dennoch groß genug, um einen signifikanten Unterschied in Bezug auf das Endergebnis zu machen. Auch die jeweils verwendete KI-Version macht einen Unterschied. So ergeben sich zum Beispiel deutliche Diskrepanzen, wenn man ChatGPT 3.5 und ChatGPT-4.0 die gleiche Frage stellt.

Werden Sie ein geübter KI-Benutzer und lernen Sie den effektiven Einsatz von Prompts (mehr dazu in Kapitel 2), um möglichst aussagekräftige und nützliche Antworten und Ergebnisse für Ihre jeweiligen Anliegen und Ziele zu erhalten. Eine Orientierungshilfe bieten Ihnen die Ressourcen in Anhang A.

Fehlerhafte Prognosen

Die in diesem Kapitel bereits angesprochenen Probleme (wie Ungenauigkeiten, Fehler, Voreingenommenheit und Halluzination) können dazu führen, dass die künstliche Intelligenz auch falsche Prognosen abgibt. Wenn Prognosen für Ihr Unternehmen von Bedeutung sind (sei es im geschäftlichen oder finanziellen Bereich), sollten Sie die Vorhersagen von KI-Tools und/oder KI-Anwendungen stets auf Realitätsnähe und Zuverlässigkeit überprüfen.

Denken Sie daran, dass Prognosen je nach Berufs- und Geschäftsfeld oder Fachbereich und je nach verwendetem KI-Tool unterschiedlich ausfallen können. Wenn Sie die KI also um Prognosen zu gesellschaftlichen Trends oder zu bestimmten finanziellen, wirtschaftlichen oder geschäftlichen Fragen bitten, dann sollten Sie sicherstellen, dass das verwendete KI-Tool für das jeweilige Thema und den jeweiligen Zweck geeignet ist. Nutzen Sie hierzu auch die Anhänge in diesem Buch.

Datenschutz

Ob im Allgemeinen oder in Bezug auf KI gilt nach wie vor Folgendes: Seien Sie vorsichtig da draußen im World Wide Web! Künstliche Intelligenz bietet Ihnen die Möglichkeit, die große, weite Welt der Onlinedaten in Sekundenschnelle zu durchforsten. Bedenken Sie jedoch, dass Sie dabei selbst Teil dieser großen weiten Datenwelt werden. Mit anderen Worten: Alles, was Sie online in eine KI-Anwendung eingeben, kann in Zukunft – und sehr wahrscheinlich schon heute – potenziell von Dritten überwacht und zurückverfolgt werden.

Ende der 1990er-Jahre stand ich E-Mails *äußerst* skeptisch gegenüber. Angesichts meiner Herkunft (ich komme aus einer Gesellschaft, die ... nun ja ... ihre Bürger so weit wie möglich überwachte), war ich immer vorsichtig, was und wie ich per E-Mail kommunizierte, und fragte mich: »Wird es mir peinlich sein, wenn irgendjemand oder irgendeine Behörde mir diesen Inhalt in fünf Jahren vorliest?«

 Achten Sie auf gesetzliche Regelungen zum Schutz der Privatsphäre und sprechen Sie gegebenenfalls Ihren Landesbeauftragten für Datenschutz oder Gesetzgeber an, wenn es darum geht, entsprechende Gesetze zu formulieren, die Sie und andere Nutzer vor Eingriffen in die Privatsphäre schützen. Und nicht zuletzt sollten Sie selbst immer darauf achten, was und wie Sie kommunizieren, auch und gerade über KI-Tools, damit Sie später nicht in Verlegenheit geraten oder anderweitig Schaden erleiden.

> **IN DIESEM KAPITEL**
>
> Einfache und komplexere Prompts formulieren
>
> Formeln, Listen, Meinungen und Vergleiche anfordern
>
> Das Sprachniveau für KI-Antworten anpassen
>
> Inhalte von der KI zusammenfassen und analysieren lassen

Kapitel 17
Zehn (oder mehr) Tipps für das Formulieren effektiver Investment-Prompts

In diesem Kapitel habe ich für Sie verschiedene Vorschläge und Beispiele für Investment-Prompts zusammengestellt, die Ihnen hoffentlich als wertvoller Wegweiser für Ihre Investment-Recherchen dienen können. Selbstverständlich sind Sie eingeladen, auch selbst kreativ zu werden! Sofern nicht anders angegeben, können Sie die genannten Prompts in ChatGPT (und ähnlichen KI-Chat-Tools) verwenden.

Beachten Sie, dass die folgende Liste von Beispiel-Prompts lediglich als Ausgangspunkt für Ihre »KI-Investment-Abenteuerreis« gedacht ist und keinen Anspruch auf Vollständigkeit erhebt. Natürlich gibt es auch eine ganze Reihe von Tutorials und Videos, die das Formulieren effektiver Prompts auf ein erstaunliches, neues Niveau bringen. Da solche Ansätze aber den Rahmen dieses Buches sprengen würden, finden Sie die entsprechenden Quellen in Anhang A.

Einfache Prompts formulieren

Beginnen Sie den Einstieg in ein bestimmtes Investmentthema ruhig mit ganz einfachen Fragen zum Beispiel nach den Definitionen verschiedener Anlageformen:

 »Was ist eine Stammaktie?«

- ✔ »Was ist ein geschlossener Investmentfonds?«
- ✔ »Was ist eine gedeckte Kaufoption?«

Das Tolle an KI ist, dass Sie auf jede noch so simple und einfach formulierte Frage eine ernsthafte Antwort erhalten.

Andere sinnvolle einfache Fragen betreffen die Finanzsprache oder -akronyme, zum Beispiel »*Was ist ein SPAC?*« (Falls es Sie interessiert: *SPAC* steht für *Special Purpose Acquisition Company*, deutsch: Akquisitionszweckgesellschaft). Ich selbst kenne mich zwar mit Finanzjargon und -akronymen recht gut aus, aber eine solche Möglichkeit hätte ich damals in der Kommunikation mit meinen halbwüchsigen Kindern gut gebrauchen können ...

Weitere einfache Prompts können helfen herauszufinden, ob und für wen bestimmte Finanz- und Spekulationsinstrumente geeignet sind, zum Beispiel:

- ✔ »Für wen sind Kryptowährungen geeignet?«
- ✔ »Ist ein Double-Short-Inverse-ETF für einen Rentner geeignet, der einen bevorstehenden Börsencrash befürchtet?«

Sie sind bereit für etwas komplexere Prompts? Lesen Sie einfach weiter.

Komplexere Prompts formulieren

Basierend auf den einfachen Fragen aus dem vorigen Abschnitt, können Sie Ihre Prompts noch weiter ausbauen. Hier ein paar Beispiele:

- ✔ »Was ist eine Stammaktie und was sollte ich als Anfänger über diese Anlageform wissen?«
- ✔ »Was ist ein geschlossener Investmentfonds und in welchen Fällen ist er für einen risikoscheuen 65-jährigen Anleger sinnvoll?«
- ✔ »Was ist eine gedeckte Kaufoption und wie kann ich sie als Ruheständler in einer Rezession auf sichere Weise für mich nutzen?«

 Die meisten Tools, wie zum Beispiel ChatGPT, bieten Ihnen die Möglichkeit, einen Dialog basierend auf der Ausgangsfrage zu führen, sodass Sie einfach Folgefragen im gleichen Kontext stellen können. Sie können die KI aber auch bitten, eine Antwort neu zu generieren oder zu präzisieren.

Persönliche Szenarien mit Zielen verknüpfen

Geben Sie ChatGPT ein Grundszenario in Verbindung mit einem bestimmten Ziel vor. Ich habe zum Beispiel das Folgende ausprobiert:

> »Ich bin bettelarm, habe kein Vermögen und verdiene 17.000 Euro im Jahr als Matratzentester. Wie kann ich mir innerhalb von zehn Jahren ein Nettovermögen von einer Million Euro aufbauen?«

Selbstverständlich beschreibe ich hier nicht meine eigene Situation (also bitte keine Mitleidskarten oder Almosen schicken!). Aber denken Sie einfach an Ihre eigene Situation oder ein bestimmtes Problem in Ihrem Leben, und welches Ziel Sie in diesem Zusammenhang erreichen möchten beziehungsweise welche Art von Lösung Sie sich vorstellen. Formulieren Sie beides so detailliert wie möglich und versuchen Sie Ihr Glück (das Gute ist, dass Sie unendlich viele Versuche haben). Dabei können Sie so weit ins Detail gehen, wie Sie möchten, und sogar Bedenken äußern. Die KI wird Ihnen daraufhin in der Regel eine ausführliche Antwort mit entsprechenden Empfehlungen geben.

Formeln abfragen und Berechnungen durchführen lassen

Egal, ob Sie eine komplexe Formel für eine Tabellenkalkulation oder eine ganze Website (in HTML oder einer anderen Programmiersprache) benötigen – beides ist für ChatGPT und andere KI-Tools ein Kinderspiel. Bei Bedarf können Sie sich von der KI auch einzelne Formeln und Berechnungen genau erklären lassen.

Fragen Sie zum Beispiel »*Wie funktioniert die Ausschüttungsquote?*« Oder beschreiben Sie ein mathematisches Problem und lassen Sie ChatGPT eine Formel dafür erstellen. Sie können ChatGPT auch bitten, die fehlende Variable in einem Zahlenbeispiel für Ihre persönliche Situation zu ermitteln. Hier ein Beispiel:

> »Ich werde in 20 Jahren in Rente gehen und möchte bis dahin einen Notgroschen von 2,5 Millionen Euro erwirtschaftet haben. Wie viel müsste ich pro Monat sparen, wenn die durchschnittliche Wachstumsrate in diesem Zeitraum 8 Prozent beträgt?«

Listen erstellen lassen

Wenn es um Ihre Finanzen geht, sollten Sie immer den Überblick behalten. Listen oder Checklisten mit all den Dingen, die man bei wichtigen Angelegenheiten nicht aus den Augen verlieren möchte, können dabei sehr hilfreich sein. Hier sind einige Vorschläge für Listen, die Sie sich mithilfe von KI erstellen lassen können:

✔ Sie bereiten Ihre jährliche Steuererklärung vor? Lassen Sie sich von KI eine Checkliste der erforderlichen Dokumente erstellen.

✔ Sie machen sich Sorgen um eine bestimmte Aktie in Ihrem Portfolio? Lassen Sie sich von KI eine Liste mit Gründen erstellen, warum Sie einen Verkauf erwägen sollten.

✔ Sie interessieren sich für eine bestimmte Aktie oder Anlageform und wissen nicht, ob sie das Richtige für Sie ist? Lassen Sie sich von KI eine Liste der jeweiligen Vor- und Nachteile erstellen (die Sie anschließend mit Ihrem Finanzberater oder Ehepartner besprechen können).

✔ Sie bereiten Ihre Nachlassplanung vor? Lassen Sie sich von KI eine Checkliste der benötigten Dokumente erstellen, einschließlich Erläuterungen, warum diese wichtig sind.

✔ Sie gründen ein Unternehmen? Lassen Sie sich von KI eine Checkliste mit allen notwendigen Schritten für einen erfolgreichen Start erstellen.

Eine zweite Meinung einholen

In der Medizin wird oft empfohlen, sich eine zweite Meinung einzuholen. Das ist auch in der Finanzwelt nicht verkehrt. Wenn Ihr Finanzberater Ihnen zu einer bestimmten Anlagestrategie rät, können Sie sich mithilfe Ihres KI-Tools eine zweite Meinung einholen, zum Beispiel mit dem folgenden Prompt:

> *»Ich bin ein/e Anleger/in und befinde mich in der Situation A [beschreiben Sie Ihre Situation im Detail]; ein Finanzberater riet mir zu Anlagestrategie B [beschreiben Sie ggf. die empfohlene Strategie im Detail], um [finanzielles Ziel Ihrer Wahl] zu erreichen (oder [finanzielles Problem Ihrer Wahl] zu lösen). Erstelle bitte eine Liste von Gründen, warum diese Strategie nachteilig für mich sein könnte.«*

Natürlich sollen Sie sich nicht mit Ihrem Finanzberater anlegen, trotzdem ist es sinnvoll, die Listenpunkte anzusprechen, um alle Möglichkeiten zu diskutieren, damit Sie sich über die beste Vorgehensweise im Klaren sind und eine fundierte Entscheidung treffen können.

Nach dem Pro und Kontra fragen

Sie möchten mehr über eine bestimmte Anlagestrategie oder -form, ein Finanzinstrument oder einen Vermögenswert erfahren und sind sich nicht sicher, ob es das Richtige für Sie ist? Lassen Sie sich von der KI eine ausführliche Pro-und-Kontra-Analyse erstellen. Dabei können Sie auch das gewünschte Format bestimmen zum Beispiel als Aufzählungsliste (mit Listenpunkten oder durchnummeriert) oder in Tabellenform; auch Gegenüberstellungen mehrerer Optionen zum Vergleich sind möglich (siehe dazu auch den nächsten Abschnitt).

Abbildung 17.1 zeigt die Antwort von ChatGPT auf meine Bitte, mir eine tabellarische Auflistung der Vor- und Nachteile von Sparkonten und Geldmarktfonds im direkten Vergleich zu erstellen.

Hier ist eine Tabelle, die die Vor- und Nachteile von Sparkonten und Geldmarktfonds gegenüberstellt:

Kriterium	Sparkonten	Geldmarktfonds
Sicherheit	**Vorteile:** Sehr hohe Sicherheit, da Einlagen oft bis zu einem bestimmten Betrag durch Einlagensicherung geschützt sind.	**Vorteile:** In der Regel investieren Geldmarktfonds in kurzfristige, sichere Wertpapiere, bieten eine gewisse Sicherheit.
	Nachteile: Niedrige Zinsen, besonders in Niedrigzinsphasen, können den Wert der Einlage durch Inflation mindern.	**Nachteile:** Keine Einlagensicherung, Risiko von Verlusten, wenn auch gering, bei extremen Marktbedingungen möglich.
Rendite	**Vorteile:** Garantierte Zinsen, wenn auch oft niedrig.	**Vorteile:** Potenziell höhere Rendite als Sparkonten, abhängig von den Marktbedingungen.
	Nachteile: Niedrige Renditen, insbesondere im Vergleich zu anderen Anlageformen wie Aktien oder Fonds.	**Nachteile:** Rendite nicht garantiert, kann schwanken, insbesondere bei Zinsänderungen.
Verfügbarkeit/Liquidität	**Vorteile:** Hohe Liquidität, Gelder können jederzeit abgehoben werden.	**Vorteile:** Meist hohe Liquidität, Gelder können oft täglich verfügbar gemacht werden.
	Nachteile: Bei einigen Sparkonten kann es Einschränkungen bezüglich der Abhebungsfrequenz oder Mindestguthaben geben.	**Nachteile:** In Ausnahmefällen können Auszahlungen verzögert oder ausgesetzt werden.
Kosten	**Vorteile:** Keine direkten Kosten, keine Verwaltungsgebühren.	**Vorteile:** Oft niedrige Verwaltungsgebühren im Vergleich zu anderen Fonds.
	Nachteile: Die niedrigen Zinsen können durch Kontoführungsgebühren weiter reduziert werden.	**Nachteile:** Verwaltungsgebühren, die die Rendite schmälern können, oft abhängig vom Fondsanbieter.
Flexibilität	**Vorteile:** Sehr flexibel in Bezug auf Ein- und Auszahlungen.	**Vorteile:** Flexibilität durch verschiedene Fondsarten und Anlagestrategien.
	Nachteile: Geringe Flexibilität in der Wahl der Anlagestrategie, da Zinsen von der Bank festgelegt werden.	**Nachteile:** Eingeschränkte Flexibilität bei spezifischen Fondsregeln oder bei Marktturbulenzen.

Mindestanlage	**Vorteile:** Oft niedrige oder keine Mindestanlage erforderlich.	**Vorteile:** Variabel, einige Fonds haben geringe Mindestanlagesummen, andere können höhere Anforderungen haben.
	Nachteile: Keine besonderen Nachteile in diesem Bereich.	**Nachteile:** Manche Geldmarktfonds erfordern höhere Mindestanlagen, was sie für Kleinanleger weniger zugänglich machen kann.
Steuerliche Behandlung	**Vorteile:** Zinserträge aus Sparkonten werden oft pauschal besteuert, unkomplizierte Steuererklärung.	**Vorteile:** Zinsen und Erträge unterliegen den gleichen steuerlichen Regeln wie andere Kapitalerträge, was Steuervorteile bei Fondsanteilen bieten kann.
	Nachteile: Keine besonderen Steuervorteile.	**Nachteile:** Steuerliche Behandlung kann komplexer sein, insbesondere bei internationalen Fonds.

Diese Tabelle soll einen allgemeinen Überblick bieten; die genaue Wahl zwischen Sparkonten und Geldmarktfonds hängt von den individuellen finanziellen Zielen, der Risikobereitschaft und anderen persönlichen Faktoren ab.

Abbildung 17.1: Von ChatGPT: Gegenüberstellung der Vor- und Nachteile von Sparkonten und Geldmarktfonds in Tabellenform

Performancevergleiche anfordern

Mithilfe von Tools wie Google Gemini oder Microsofts Copilot können Sie sich im Handumdrehen einen Überblick über die Performance bestimmter Vermögenswerte, Anlageformen und Finanzinstrumente (wie Aktien, Fonds und so weiter) verschaffen. Darüber hinaus können Sie die Wertentwicklung verschiedener Anlageformen miteinander vergleichen oder sie in Relation zu anderen relevanten Benchmarks, wie dem *S&P 500 Index* oder einer bestimmten Branche setzen. Für die Darstellung eignet sich am besten ein Bild- oder Textdiagramm, um die Wertentwicklung über einen bestimmten Zeitraum hinweg (zum Beispiel das letzte Jahr oder Quartal) zu vergleichen. Hier ein Beispiel:

> »*Stelle bitte die Wertentwicklung des S&P 500 Index und die Entwicklung des Spotpreises für Gold im Kalenderjahr 2023 in einem Diagramm gegenüber.*«

Auf diese Weise können Sie auch ermitteln, wie gut sich eine bestimmte Geldanlage im Vergleich zum Verbraucherpreisindex (VPI) oder zum Bruttoinlandsprodukt (BIP) entwickelt hat.

Für Aufgaben dieser Art eignen sich am besten die in Anhang B aufgelisteten Investment-Recherchetools und Robo-Advisors (die in Kapitel 7 näher beleuchtet werden).

Mit Inhalten in verschiedenen Sprachen arbeiten

Vergessen Sie nicht, dass KI-Tools wie ChatGPT polyglott sind, also neben Deutsch und Englisch noch viele weitere Sprachen beherrschen. So können Sie sich ohne Weiteres zum Beispiel ein spanischsprachiges Dokument auf Deutsch zusammenfassen und analysieren oder aber ein deutschsprachiges Dokument in eine andere Sprache übersetzen lassen.

Um das beste KI-Tool für eine bestimmte Sprache und Ihre spezifischen Bedürfnisse zu finden, werfen Sie einen Blick auf die KI-Tool-Liste in Anhang B.

Per Prompt das Sprachniveau von KI-Antworten bestimmen

Technische und anderweitig komplexe Inhalte sowie Fachsprache aller Art – darunter auch Finanzjargon –, sind oft nicht leicht verdaulich. Und wenn die künstliche Intelligenz erst einmal loslegt, versteht man oft nur noch Bahnhof – nicht gerade die beste Voraussetzung, wenn es um ein für Sie wichtiges Thema von großer (finanzieller, rechtlicher oder gesundheitlicher) Tragweite geht. Doch wie bringen Sie ChatGPT oder ein anderes KI-Tool dazu, sich so auszudrücken, dass Sie als Laie seine Antworten auch wirklich verstehen?

Ganz einfach: Bitten Sie die KI, Ihnen Antworten und sonstige gewünschte Inhalte und Konzepte auf einer einfacheren sprachlichen Ebene zu präsentieren beziehungsweise zu erklären. Eine Möglichkeit besteht darin, selbst in verschiedene Rollen zu schlüpfen oder diese der KI zuzuweisen. Hier ein paar Beispiel-Prompts:

- ✔ »Erkläre mir bitte Konzept A, als wäre ich ein Fünftklässler.«
- ✔ »Erkläre mir bitte Konzept B Schritt für Schritt, wie es ein Gymnasiallehrer tun würde.«
- ✔ »Erkläre mir bitte Konzept C in einer lockeren, nicht-technischen Art und Weise beziehungsweise in einfacher Sprache.«

Auf diese Weise lassen sich komplexe Inhalte und/oder Dokumente, die vor Fachchinesisch nur so strotzen (zum Beispiel juristische Texte), auch für den Laien verständlich wiedergeben.

Inhalte von der KI zusammenfassen und analysieren lassen

Als Investor hat man es oft mit sehr umfangreichen Dokumenten zu tun, zum Beispiel zu einer bestimmten Anlageform. Vielleicht handelt es sich auch um einen Geschäftsbericht eines DAX-Unternehmens, den Prospekt einer Fondsgesellschaft oder einen ausführlichen Aktien- oder Fondsanalysebericht als Text- oder PDF-Datei.

Sie haben weder Zeit noch Lust, sich durch diese Berge von Informationen und Daten zu kämpfen? KI-Tools wie Copy.ai und/oder ChatPDF (siehe Kapitel 2 und Anhang B für diese und andere KI-Tools), die sowohl online als auch offline funktionieren, können Ihnen hier viel Arbeit abnehmen. Versuchen Sie es zum Beispiel einfach mit dem folgenden Prompt:

> »Bitte lies [PDF-Dokument, Textdatei oder Website Ihrer Wahl] und gib mir eine Zusammenfassung aller wichtigen Punkte.«

Die KI wird Ihnen selbstverständlich auf Knopfdruck in Sekundenschnelle das gewünschte Ergebnis liefern.

Je nach verwendetem KI-Tool können Sie entweder den gesamten Text auswählen, kopieren und in das Eingabefeld einfügen, oder Sie geben einfach die URL des betreffenden Dokuments oder der betreffenden Webseite an. Auch die Analyse und Zusammenfassung ganzer Websites (also mehrerer Webseiten auf einmal) ist möglich.

> **IN DIESEM KAPITEL**
>
> Mit ChatGPT in die KI-Welt einsteigen
>
> Einige Investment-(KI-)Tools prüfen
>
> Verschiedene Online-Gruppen und -Plattformen konsultieren

Kapitel 18
Zehn KI-bezogene und andere Tools und Ressourcen, die jeder Investor und KI-Neuling kennen sollte

Die künstliche Intelligenz ist ein mächtiges Werkzeug, das mittlerweile fast jeden Bereich der Arbeits- und Finanzwelt durchdringt und beeinflusst (und sich dabei fast schon im Minutentakt ändert!). Angesichts der Fülle an Neuem, das es im Umgang mit dieser bahnbrechenden Technologie zu lernen und zu beachten gilt, kann man sich schnell überfordert fühlen, ja vielleicht sogar in eine Art Schockstarre verfallen. Wo fängt man am besten an?

Keine Sorge, ich verstehe Sie nur zu gut, und habe daher in diesem Kapitel die wichtigsten Ressourcen und Tools zusammengefasst, die Ihnen als Wegweiser dienen können, um sich in dieser neuen, von KI dominierten Investmentlandschaft besser zurechtzufinden. Beim Zusammenstellen dieser Liste habe ich darauf geachtet, dass die genannten Anlaufstellen auch für Investment- und Finanzfragen geeignet oder sogar speziell auf die Bedürfnisse von Investoren zugeschnitten sind.

ChatGPT

ChatGPT (https://chatgpt.com/) ist das erste KI-Tool, das man als KI-Anfänger in Betracht ziehen sollte. Es wurde von OpenAI (https://openai.com/) entwickelt und ist auch in einer kostenlosen Version verfügbar. Die Benutzerschnittstelle ist einfach gehalten, selbsterklärend und leicht zu bedienen – was will man mehr? Alles, was Sie (zumindest für den Anfang) tun müssen, ist, nach Herzenslust Ihre Fragen und Wünsche in das Eingabefeld einzutippen und – ähnlich wie beim Versenden einer E-Mail – auf »Absenden« zu klicken. Na, wenn da keine nostalgischen Gefühle aufkommen!

Für den Fall, dass ChatGPT (und KI-Tools im Allgemeinen) noch völliges Neuland für Sie sind (eine kurze Einführung in ChatGPT finden Sie in Kapitel 2 dieses Buches sowie direkt auf der ChatGPT-Website), können Sie natürlich auch ChatGPT direkt um eine Definition und Beschreibung seiner selbst bitten. Toll! Wer will sich da noch länger mit teuren und ungeduldigen Dozenten herumschlagen?

Die Herausforderung für Sie besteht nun darin, Ihre Fragen und Wünsche (Prompts) zu verschiedenen Investment- und anderen Themen so zu formulieren, dass Sie den größtmöglichen Nutzen aus den Antworten von ChatGPT ziehen können. Wie Sie diese Aufgabe meistern und was Sie sonst noch als KI-Neuling wissen müssen, erfahren Sie glücklicherweise in diesem Buch (mehr zum Formulieren von Prompts lesen Sie in Kapitel 2).

Sobald Sie sich für den nächsten Schritt bereit fühlen, können Sie noch die folgenden Optionen ausprobieren:

✔ Die Plus-Version von ChatGPT kostet rund 20 US-Dollar im Abo pro Monat. Alternativ können Sie aber auch für jeden Prompt einzeln bezahlen, was weniger als 1 Cent kostet. Unter `https://openai.com/chatgpt` können Sie die kostenlose und die Premium-Version miteinander vergleichen.

✔ KI-Tools und -Datenbanken (siehe Anhang B) für Plug-ins, die Ihre ChatGPT-Erfahrung noch besser und produktiver machen können.

Investopedia

Das Finanzportal *Investopedia* (`www.investopedia.com`) ist zwar keine KI-Website, bietet aber eine umfangreiche Sammlung an Investmentwissen, das Ihnen von großem Nutzen sein kann, schon bevor Sie sich mit künstlicher Intelligenz auseinandergesetzt haben (und danach erst recht!).

Ich persönlich betrachte die KI lediglich als Werkzeug. Das erklärte Ziel dieses Buches besteht daher darin, Ihnen zu zeigen, wie Sie diese neue Technologie im Hinblick auf Finanz- und Investmentthemen aller Art bestmöglich für sich nutzen können, um so Ihr Vermögen und Ihren Wohlstand zu mehren.

Mit ihrem zum Teil über Jahre angesammeltem Wissen im Investmentbereich bieten Finanzportale wie Investopedia Anlegern sowie am Thema Geldanlage interessierten KI-Fans genau die Informationen, die sie suchen. Um den größtmöglichen Nutzen aus der KI zu ziehen, können Sie Investopedia (und ähnliche Finanzportale) folgendermaßen verwenden:

✔ Überprüfen Sie die Antworten von KI-Tools wie ChatGPT auf ihre Richtigkeit, indem Sie sie mit den Website-Inhalten abgleichen.

- ✔ Suchen Sie auf der Website nach Begriffen, Konzepten und Anlageinstrumenten, die Sie später mithilfe von KI vertiefen möchten.

- ✔ Lassen Sie sich längere Beiträge und Artikel auf der Website von der KI zusammenfassen und/oder analysieren, um wichtige Hinweise zu erhalten und Sachverhalte kritisch zu hinterfragen.

- ✔ Fragen Sie die KI, inwieweit bestimmte auf der Website beschriebene Inhalte, Zusammenhänge und Konzepte Ihre persönlichen Bedürfnisse als Anleger berühren und/oder sich auf Ihre individuelle finanzielle Situation auswirken.

ToolsAI.net

Hier finden Sie KI-Tools für fast jeden Bedarf! Diese Website (https://toolsai.net) bietet eine umfangreiche Datenbank, in der Sie nach KI-Tools suchen können. Sie ist gut strukturiert, und die Zahl der enthaltenen KI-Anwendungen scheint täglich zu wachsen. Weitere Ressourcen dieser Art finden Sie in Anhang B.

YouTube-Kanäle zum Thema KI

Nichts geht über ein gut gemachtes *YouTube*-Video (www.youtube.com) von Experten, wenn es darum geht, sich schnell und effizient über bestimmte Themen zu informieren oder sich neue Fähigkeiten anzueignen. (Ich gebe zu, ich bin ein Fan von Videos, bin also von daher ein wenig voreingenommen.) Wenn KI also noch neu für Sie sein sollte, kann Ihnen schon ein 20-minütiges Video helfen, sich die Grundlagen anzueignen. Das Konkurrenzportal *Rumble* (www.rumble.com) bietet ebenfalls ein wachsendes Angebot an Videos zum Thema »Künstliche Intelligenz«.

In Anhang A finden Sie eine kurze Liste empfehlenswerter YouTube-Kanäle, und ich bin sicher, dass noch viele weitere aufschlussreiche Videos und Bildungskanäle zum Thema KI folgen werden.

LinkedIn

LinkedIn (www.linkedin.com) ist meine bevorzugte Social-Media-Plattform für Berufstätige und Fachkräfte. Egal, wie versiert Sie im Umgang mit KI sind, es kann nie schaden, sich mit anderen zu vernetzen, auch und gerade, wenn es darum geht, die eigene Produktivität mithilfe von KI zu steigern (siehe dazu auch den nächsten Abschnitt).

Die meisten Berufsgruppen müssen sich heute in irgendeiner Form mit künstlicher Intelligenz und deren Auswirkungen auf die eigene Berufstätigkeit auseinandersetzen. Unabhängig davon, in welcher Branche Sie tätig sind oder welche finanziellen Ziele Sie verfolgen, kann Ihnen die Vernetzung in entsprechenden LinkedIn-Gruppen von großem Nutzen sein. Auf diese Weise erfahren Sie, mit welchen KI-bezogenen Problemen andere in ihrem Beruf konfrontiert sind oder welche beruflichen Erfolgsgeschichten sie mit KI erlebt haben.

Eine Suche nach dem Stichwort »KI« in Verbindung mit Ihrer Berufsgruppe oder Ihrem beruflichen Fachgebiet ist ein guter Einstieg in LinkedIn. Oder Sie suchen zuerst nach entsprechenden Berufsgruppen und arbeiten sich von dort aus weiter zum Thema KI vor, indem Sie nach relevanten Fachleuten, Newslettern und Nutzerbeiträgen Ausschau halten.

KI-Tools zur Produktivitätssteigerung

Einige KI-Tools wurden speziell entwickelt, um Ihre Produktivität zu verbessern. Ich persönlich nutze seit einiger Zeit gerne die Anwendung *Transkriptor* (www.transkriptor.com/de/). Dieses Tool kann Audiomaterial transkribieren, das heißt Sie können im Handumdrehen Sprachaufnahmen aller Art ganz automatisch in Text umwandeln lassen, ganz gleich, ob es sich dabei um ein Diktat oder den Audiomitschnitt eines Meetings, Interviews oder einer Vorlesung (egal, ob real oder virtuell) handelt. Sie laden einfach eine Audiodatei hoch, und innerhalb weniger Minuten halten Sie eine bemerkenswert genaue Abschrift davon in Händen. Auch persönliche »Audionotizen« aller Art lassen sich auf diese Weise gut schriftlich festhalten.

Halten Sie Ausschau nach KI-basierten Produktivitätstools für Ihre Bedürfnisse. Wenn Sie viel schreiben, sollten Sie *Grammarly* (https://www.grammarly.com/de-de/) testen. Wenn Sie mit Webdesign zu tun haben, bietet sich eines der vielen KI-Tools an, mit deren Hilfe sich in wenigen Minuten eine ganze Webseite erstellen lässt (eine Aufgabe, für die man früher stunden- oder gar tagelang über dem Programmiercode brütete). Stöbern Sie außerdem in Anhang B, um Ihren perfekten »KI-Match« für bestimmte Aufgaben zu finden.

Hudson Labs (ehemals Bedrock AI)

In der Finanzwelt stößt man immer wieder auf sehr umfangreiche Dokumente. Ob es sich um einen langen 10-K-Bericht der US-Börsenaufsicht oder einen 47-seitigen PDF-Recherche-Bericht über Investmentfonds handelt, KI-Tools wie die von *Hudson Labs* (ehemals Bedrock AI) (https://www.hudson-labs.com) machen es Ihnen leichter, all diese Daten schnell und effizient zu durchsuchen, um die Informationen zu extrahieren, die Sie benötigen, um eine fundierte Anlageentscheidung zu treffen.

Hinweis: Obwohl Hudson Labs ursprünglich *Bedrock* AI hieß, ist es nicht zu verwechseln mit der generativen KI-Plattform *Bedrock* von Amazon, die sich speziell an Geschäftskunden und KI-Entwickler richtet.

Weitere Informationen zu KI-Tools wie diesem finden sich in Anhang B.

Robo-Advisors

Als Anleger sollten Sie sich unbedingt mit *Robo-Advisors* vertraut machen. Wenn Sie ein Anlagedepot bei einer Bank oder einem Broker unterhalten, haben Sie mit hoher Wahrscheinlichkeit Zugriff auf den hauseigenen Robo-Advisor. Sie können aber auch jeden anderen, unabhängigen Robo-Advisor nutzen. In jedem Fall lohnt es sich, diese cleveren, KI-basierten Finanztools zu testen, um herauszufinden, ob und inwieweit sie Ihr Portfolio verbessern können.

Udemy und andere Onlinekurse

Udemy (www.udemy.com) ist eine große Online-Bildungsplattform mit Tausenden von Kursen und Millionen von Studierenden. Udemy bietet sowohl hochpreisige Kurse für Fortgeschrittene als auch kostengünstige oder sogar kostenlose Kurse an. Ich selbst bin bei Udemy sowohl Student als auch Tutor (Kurse zu den Themen Geldanlage, Steuern und Wirtschaft). Udemy bietet ein stetig wachsendes Angebot an Kursen zum Thema »Künstliche Intelligenz«, und sowohl das technische als auch das pädagogische Niveau ist hoch (das heißt gute Video- und Audioqualität und sehr kompetente Experten).

Portale wie Coursera (www.coursera.com), Teachable (www.teachable.com), Skillshare (www.skillshare.com) und Money Clips U (www.moneyclipsU.com) bieten ebenfalls hervorragende Kurse zum Thema KI an.

Discord und andere Online-Gruppen

Es ist immer gut, sich mit einer Gruppe von Gleichgesinnten über ein bestimmtes Thema oder Anliegen auszutauschen und so gegebenenfalls auch moralische Unterstützung zu erhalten. *Discord* (www.discord.com; wählen Sie am Ende der Seite »Deutsch« als Sprache) betreibt eine Vielzahl von Foren und Benutzergruppen zu unzähligen (teilweise sehr speziellen) Themen. Sie möchten sich mit anderen KI-Fans über ChatGPT austauschen? Gehen Sie auf https://discord.com/invite/openai, registrieren Sie sich kostenlos, loggen Sie sich ein und erkunden Sie die verschiedenen Gruppen zum Thema KI.

Discord ist nicht Ihr Ding? Kein Problem! Es gibt noch zahlreiche andere Online-Gruppen für die unterschiedlichsten Interessengebiete, zum Beispiel auf Social-Media-Plattformen wie *Facebook* (www.facebook.com) und *Meetup* (www.meetup.com), nicht zu vergessen *X* (https://x.com) und *Instagram* (www.instagram.com). Weitere Vorschläge für Online-Chat-Gruppen finden Sie in Anhang A.

> **IN DIESEM KAPITEL**
>
> Die Fundamentaldaten eines Unternehmens im Blick behalten
>
> In »sichere Häfen« investieren
>
> Mit Anleihen, Sachwerten und anderen Anlageformen diversifizieren
>
> Ihr Portfolio absichern und andere Sicherheitsmaßnahmen ergreifen

Kapitel 19
Zehn Strategien zur Ergänzung Ihrer KI-gestützten Anlagetätigkeit

Auch wenn die künstliche Intelligenz eine äußerst vielversprechende Technologie ist, die sicherlich schon bald nahezu jeden Lebensbereich beeinflussen wird, sind Anleger gut beraten, sich in einigen Bereichen der Finanzwelt nicht ausschließlich auf das Potenzial von KI zu verlassen. Dies auch unter dem Gesichtspunkt, dass KI durchaus auch Nachteile und Risiken birgt, deren Auswirkungen wir vermutlich erst in ein paar Jahren zu spüren bekommen werden (mehr dazu in Kapitel 16).

Eine der wichtigsten Regeln bei der Geldanlage ist, sich nicht zu stark in einzelnen Finanzinstrumenten oder Anlagethemen zu engagieren (sofern Sie nicht möchten, dass Ihre Anlagestrategie nach hinten los und Ihr Vermögen den Bach runtergeht). Der Schwerpunkt dieses Kapitels liegt daher auf der Diversifizierung Ihres Portfolios, und ich hoffe, dass die folgende Liste von Tipps und Strategien dazu beitragen kann, Ihre Geldanlagen noch besser abzusichern. Und selbstverständlich kann Ihnen die KI dabei helfen, alle genannten Punkte noch weiter zu vertiefen.

Die Fundamentaldaten in den Fokus rücken

Während Sie diesen Text lesen, schießen KI-Start-ups wie Pilze aus dem Boden. Einige von ihnen werden florieren, andere werden gerade so überleben oder sogar bankrottgehen. Small-Cap-Aktien und Börsengänge (IPOs) behandle ich in Kapitel 5, das Sie unbedingt lesen sollten, bevor Sie der nächsten (vermeintlich) großen Aktienchance hinterherjagen.

Da Small-Cap-Aktien (und Aktien noch kleinerer Unternehmen, sogenannte *Micro-Caps* oder *Pennystocks* (*Kleinaktien*) recht anfällig für Kursschwankungen sein können, ist es umso wichtiger, die Fundamentaldaten eines Unternehmens (wie Nettogewinn, Umsatz und so weiter) sorgfältig zu prüfen. Es ist daher ratsam, sich bei der Bewertung eines bestimmten Unternehmens nicht ausschließlich auf die KI zu verlassen, sondern dessen Fundamentaldaten zusätzlich auf die altmodische Art zu recherchieren und zu prüfen. (Mehr zum Thema Fundamentaldaten lesen Sie in Kapitel 8.)

In »Versorger« investieren

Auch nach jahrzehntelanger Förderung erneuerbarer Energien wie Windkraft, Solarenergie und so weiter lag der Anteil von Öl und Gas am nationalen Energiebedarf der USA bei Drucklegung dieses Buches immer noch bei satten 80 Prozent – vor rund zehn Jahren waren es noch etwa 82 Prozent. In Deutschland lag der Anteil fossiler Brennstoffe am Gesamtenergieverbrauch im Jahr 2023 bei 48 Prozent. Kohlenwasserstoffe (die technische Bezeichnung für fossile Brennstoffe) spielen in manchen Ländern also nach wie vor und voraussichtlich auch in absehbarer Zukunft eine wesentliche Rolle bei der Energieerzeugung und -versorgung.

Vor diesem Hintergrund – und ganz allgemein – empfiehlt es sich daher, einen gewissen Teil Ihres Portfolios für den Versorgersektor zu reservieren. Diese Unternehmen gelten bei vielen Anlegern als »sicherer Hafen«, insbesondere in wirtschaftlich unsicheren Zeiten oder während einer Rezession. ETFs und Investmentfonds mit Schwerpunkt Energie und Versorgungsunternehmen bieten eine sichere Möglichkeit, Ihr Portfolio zu diversifizieren. (Weitere Informationen hierzu finden Sie in Kapitel 6 sowie in Anhang C.)

In Basiskonsumgüter investieren

In meinen Live- und Online-Investmentseminaren sowie in meinen Investmentbüchern empfehle ich den Leuten immer wieder, sich sowohl in wirtschaftlich guten als auch insbesondere in wirtschaftlich schlechten Zeiten mehr auf Anlagen im Bereich *Basiskonsumgüter* (das heißt lebensnotwendige Güter des täglichen Bedarfs) und weniger auf solche aus dem Bereich *Nicht-Basiskonsumgüter* (das heißt Güter, die der Mensch nicht zwingend zum Überleben braucht) zu konzentrieren.

Der Grund ist einfach: Da die Menschen auch in Krisenzeiten auf Basiskonsumgüter angewiesen sind, überstehen die entsprechenden Unternehmen die wirtschaftlichen Stürme in der Regel deutlich besser. Als Anleger müssen Sie sich daher nur die folgende einfache Frage stellen: »Welche Dinge werden die Menschen auch in Krisenzeiten weiterhin kaufen, selbst wenn die Wirtschaft völlig den Bach runtergeht?« Die Antwort dürfte jedem klar sein: Lebensmittel, Wasser, Energie … (Ja, künstliche Intelligenz ist eine super Sache, aber Lebensmittel und Wasser schlagen sie in einer Wirtschaftskrise um Längen!)

Vor diesem Hintergrund macht es natürlich Sinn, vor allem in Aktien aus dem Bereich Basiskonsumgüter, wie Lebensmittel, Wasser, Getränke, Energie und so weiter zu investieren, die zudem in der Regel überdurchschnittlich hohe Dividenden abwerfen. (Auf Dividenden gehe ich weiter hinten in diesem Kapitel noch ein.) Eine bequeme Möglichkeit, Basiskonsumgüter in Ihr Portfolio aufzunehmen, sind ETFs und/oder Investmentfonds mit Schwerpunkt auf diesem Bereich. (ETFs und Investmentfonds behandle ich in Kapitel 6; einige ETF-Ressourcen finden Sie in Anhang C.)

Ins Gesundheitswesen investieren

Auch Aktien und ETFs aus dem Gesundheitssektor sollten in keinem Anlageportfolio fehlen (selbst wenn es nur ein geringer Prozentsatz ist). Gesundheitsvorsorge und -versorgung sind notwendige Bestandteile unserer modernen Zivilisation – jeder wünscht sich Gesundheit oder zumindest eine Möglichkeit, mit schlechter Gesundheit oder Krankheit umzugehen. Der Gesundheitssektor bietet daher eine gute Diversifizierungsmöglichkeit gegenüber dem Technologiesektor, von welchem er paradoxerweise wiederum profitiert.

Der Grund: In den letzten Jahrzehnten ist das Gesundheitswesen sehr datenabhängig geworden, und KI hat dazu beigetragen, die riesigen Datenmengen besser verwalten zu können und gleichzeitig die Rentabilität (sprich die Gewinne) der Unternehmen im Gesundheitssektor zu steigern.

Dividenden berücksichtigen

KI-Aktien (sowohl Large Caps als auch Small Caps) sowie KI-bezogene ETFs und Investmentfonds werfen nur wenig oder gar keine Dividende ab. Für Anleger, die kurz vor dem Ruhestand stehen, kann dies ein Problem darstellen. Obwohl sich die meisten Anleger bei dieser Aktienkategorie auf den Wertzuwachs (Kapitalgewinne) konzentrieren, sollten konservative und einkommensorientierte Anleger den Dividendenaspekt nicht außer Acht lassen.

Dividenden bieten mehrere Vorteile. Sie sorgen nicht nur für regelmäßige Einkünfte, sondern können über die Jahre auch dazu beitragen, die Auswirkungen der Inflation abzufedern, indem sie die Inflationsrate mitunter sogar übertreffen. Sie können somit ein wichtiger Baustein in Ihrem Altersvorsorgeplan sein. (Ressourcen für Dividendenanlagen finden Sie in Anhang C.)

Ihr Portfolio absichern

Wer wünscht sich das nicht: Der Kurs Ihrer KI-Aktie (oder Ihres KI-ETFs) ist in die Höhe geschossen. Ihr Portfolio floriert und Sie sind mit Ihrer Aktienauswahl zufrieden. Vielleicht hat sich der Wert einer Large-Cap-Aktie seit dem Kauf verdoppelt oder gar verdreifacht, oder noch besser: Eine kürzlich erworbene Small-Cap-Aktie hat einen Mega-Höhenflug hingelegt und ist um eine Milliarde Prozent gestiegen! Sie können sich über satte Gewinne freuen – was sollte da noch schiefgehen?

Doch wir alle haben es schon zu oft erlebt: Mindestens einmal pro Jahrzehnt (und in der Regel öfter) erlebt der Markt eine schmerzhafte Korrektur oder gar einen Absturz – oder schlimmer noch, eine lang anhaltende Baisse. Zuzusehen, wie Ihre Aktien um 20 Prozent oder mehr fallen, kann ziemlich wehtun. Allein im Jahr 2020 – dem Jahr des Beginns der Coronapandemie – kam es zu Kurseinbrüchen von mehr als 30 Prozent; im Zuge der Finanzkrise im Jahr 2008 waren es ganze 50 Prozent – viele volatile oder schwache Aktien fielen sogar noch stärker. An dieser Stelle kommt mir das Sprichwort »Vorsicht ist besser als Nachsicht« in den Sinn.

Auch wenn Ihre Geldanlagen (KI und andere) gerade florieren – sobald Sie in den Finanzmedien die ersten konjunkturellen Gewitterwolken aufziehen sehen, sollten Sie nicht länger warten, sondern sofort einige Schutzmaßnahmen ergreifen, solange Ihr Portfolio noch gut läuft. Einen Regenschirm kauft man

Die folgenden diesbezüglichen Möglichkeiten sollten Sie daher schon im Vorfeld prüfen beziehungsweise mit Ihrem Finanzberater besprechen:

✔ Stop-Loss-Order

✔ Trailing-Stop-Order

✔ Protective Put (Kauf einer Verkaufsoption)

✔ Covered Call (gedeckte Kaufoption)

All diese Absicherungsstrategien dienen dazu, Ihr Verlustrisiko zu begrenzen. Ihre Hausaufgabe besteht darin, KI um detaillierte Beschreibungen und Beispiele für jede der genannten Möglichkeiten zu bitten. (Wie Sie sehen, geht es beim Einsatz von KI nicht nur darum, Gewinne zu erzielen, sondern auch darum, Verluste zu begrenzen).

Mehr über diese Hedging-Strategien finden Sie in Kapitel 5, einschließlich Prompts für ChatGPT (das ich in Kapitel 2 näher beschreibe). Werfen Sie außerdem einen Blick auf die in Anhang C aufgeführten Quellen, um mehr über das Thema Hedging zu erfahren.

Mit der richtigen Art von Anleihen diversifizieren

Seit Jahren (eigentlich Jahrzehnten) wird uns immer wieder eingetrichtert, dass Anleihen eine gute Diversifizierung gegenüber Aktien darstellen. Historisch gesehen stimmt das auch. Allerdings bergen viele Anleihekategorien in Zeiten steigender Zinsen und steigender Inflation auch Risiken.

Wenn sich das Wirtschaftswachstum verlangsamt oder gar stagniert, was wiederum für Aktien im Allgemeinen (ebenso wie für Wachstumswerte und hier insbesondere KI-Aktien) problematisch sein kann, ist eine Diversifizierung mit der »richtigen« Art von Anleihen von großem Vorteil.

Hier kommen die guten alten Staatsanleihen ins Spiel. So sind zum Beispiel US-Staatsanleihen hoch bewertet und einfach zu erwerben, und Sie können schon mit nur 25 US-Dollar einsteigen (toll!).

Zwei Arten von US-Staatsanleihen verdienen besondere Aufmerksamkeit:

✔ **EE-Bonds** (EE-Anleihe), die vom US-Finanzministerium herausgegeben werden und eine feste Verzinsung bieten.

✔ **I-Bonds**, die ebenfalls vom US-Finanzministerium herausgegeben werden und deren Zinssatz zum Teil an die Inflationsrate (den Verbraucherpreisindex) gekoppelt ist.

Weitere Informationen über diese Kategorie von Anleihen und die Möglichkeit, sie zu erwerben, finden Sie auf der Website des US-Finanzministeriums unter www.savingsbonds.gov sowie auf der Website der Deutschen Finanzagentur unter www.deutsche-finanzagentur.de (unter dem Punkt »Bundeswertpapiere«).

Mit Sachwerten diversifizieren

Die Welt der KI ist rein digital, und dasselbe gilt heute für viele (wenn nicht die meisten) Arten von Geldanlagen. Dagegen ist zunächst einmal nichts einzuwenden. Dennoch kann es angesichts dieser Entwicklung keinesfalls schaden – zwecks Diversifizierung und quasi als ultimative Absicherung – auch in nicht-digitale Vermögenswerte, genauer gesagt in *Sachwerte* zu investieren. Die meisten Menschen denken bei Sachwerten zuerst an Immobilien, teure Kunstgegenstände und Sammlerstücke, aber auch physische Edelmetalle wie Gold und Silber zählen dazu.

Ob künstliche Intelligenz, digitale Versionen von Wertpapieren (wie Aktien, Anleihen, Kryptowährungen und so weiter) oder das kommende digitale Zentralbankgeld (CBDC) – die digitale Revolution schreitet unaufhaltsam voran und birgt dabei eine ganze Reihe von Gefahren, über die KI selbst Sie ausführlich aufklären kann. Und je mehr man recherchiert, desto mehr erkennt man, was wohlhabende Menschen schon seit Jahrtausenden wissen:

»Setze bei der Geldanlage nicht alles auf ein Pferd, das heißt diversifiziere – und investiere zumindest einen kleinen Teil deines Portfolios in Edelmetalle wie Gold und/oder Silber.«

Edelmetalle beziehungsweise physisches Gold und Silber haben einzigartige Vorteile, die sie zu einer guten Diversifizierungsmöglichkeit gegenüber Papier- und/oder digitalen Vermögenswerten machen, unter anderem auch, weil Letztere ein sogenanntes *Gegenparteirisiko* beinhalten (das heißt ihr Wert ist immer an den Erfolg und die Integrität einer Gegenpartei geknüpft).

Eine KI-Aktie ist (wie jede andere Aktie auch) nur so gut wie die Performance des zugrunde liegenden KI-Unternehmens – schneidet dieses (in puncto Gewinn, Umsatz, Verschuldung und so weiter) nicht gut ab, dann ist es ebenso konkursgefährdet wie jedes x-beliebige Nicht-KI-Unternehmen. Für Anleger ist es daher Pflicht, die Fundamentaldaten jedes potenziellen Investmentkandidaten (ob KI oder nicht) auf Herz und Nieren zu prüfen. (Einzelheiten zur Fundamentalanalyse finden Sie in Kapitel 8. Edelmetalle und andere Sachwerte werden in Kapitel 9 behandelt.)

Persönliche Sicherheitsvorkehrungen treffen

Haben Sie Bargeld bei sich zu Hause? Ich meine, *echtes* Bargeld? Was würden Sie bei einem mehrtägigen Stromausfall tun? Wie sieht es mit dem Lebensnotwendigsten aus? Wie gut sind Sie vorbereitet?

Keine Frage, unsere Gesellschaft ist in hohem Maße von Elektrizität abhängig. Elektrofahrzeuge und künstliche Intelligenz verbrauchen viel Strom, und das sind nur zwei Beispiele von vielen. Die Regierungen der großen Industrienationen sind bestrebt, unsere CO_2-Bilanz (unseren Kohlenstoff-Fußabdruck) zu reduzieren, doch dies erfordert eine beispiellose Anstrengung, um unsere Abhängigkeit von fossilen Brennstoffen wie Erdgas, Öl und so weiter (und den damit verbundenen Annehmlichkeiten) zu verringern. Allerdings sind die nationalen Infrastrukturen (noch) nicht auf die damit einhergehenden massiven neuen Belastungen ausgelegt. Ob Kalifornien oder Deutschland – viele Länder und Regionen haben die Folgen dieser Überlastung bereits in Form von Energieausfällen (insbesondere bei der Stromversorgung) zu spüren bekommen. Angesichts der unzureichenden staatlichen Initiative werden dies leider keine Einzelfälle bleiben.

Welche Vorkehrungen sollten Sie angesichts dieser Entwicklung für sich und Ihre Familie treffen? Welche Dinge in Ihrem Leben hängen besonders von einer funktionierenden Stromversorgung ab, und wie können Sie sich im Notfall absichern? In Zeiten wie diesen ist es auf jeden Fall ratsam, sich entsprechend vorzubereiten. Tipps und Hinweise dazu finden Sie zum Beispiel unter https://www.bbk.bund.de/DE/Warnung-Vorsorge/Vorsorge/vorsorge_node.html. In der Zwischenzeit können Sie auch die KI um Vorschläge bitten, beispielsweise mit dem folgenden Prompt:

»Was können Anleger tun, um sich auf Notfälle wie Blackouts vorzubereiten?«

Back-ups erstellen

Im Laufe unseres Lebens produzieren wir Unmengen von Finanzdaten, von denen viele, wie Kontoauszüge oder Finanzberichte, noch in Papierform vorliegen. Leider entwickelt sich die Welt immer rasanter in Richtung einer völligen digitalen Abhängigkeit, sodass sich die folgenden, nicht unwahrscheinlichen Szenarien auch unmittelbar auf Ihre Finanzangelegenheiten auswirken können:

✔ **Stromausfall:** Wie können Sie in diesem Fall auf Ihre digitalen Daten und Dokumente (auf dem PC oder einer externen Festplatte) zugreifen?

✔ **Internetausfall:** Wie können Sie in diesem Fall auf Ihre internetbasierten digitalen Daten und Dokumente (zum Beispiel auf Onlinekonten) zugreifen?

✔ **Hardwareausfall:** Wie können Sie auf Ihre digitalen Daten und Dokumente (auf dem PC oder einer externen Festplatte) zugreifen, falls Ihr Computer, Laptop und/oder andere Hardware nicht mehr richtig (oder gar nicht mehr) funktioniert?

✔ **Hackerangriffe:** Sind Ihre digitalen Daten und Dokumente ausreichend gegen Hackerangriffe und andere Formen von Computerkriminalität geschützt?

Es gibt viele Szenarien, in denen Ihre digitalen Daten und Dokumente gefährdet sein können. Ich lege Ihnen daher wärmstens ans Herz, alle wichtigen Dokumente – ob digital oder in Papierform – zu sichern und mehrere Kopien davon aufzubewahren. Bitten Sie Ihr Lieblings-KI-Tool um entsprechende Vorschläge für die Umsetzung (und drucken Sie die Antworten am besten aus). In der Zwischenzeit können Sie auch Folgendes tun:

✔ Legen Sie sich eine externe Back-up-Festplatte zu und sichern Sie Ihre wichtigen digitalen Daten und Dokumente regelmäßig.

✔ Scannen Sie alle wichtigen Papierdokumente ein, speichern Sie sie als PDF-Datei und bewahren Sie mehrere Kopien davon an verschiedenen Orten auf (zum Bespiel unter anderem auf einem USB-Stick in einem Tresor).

✔ Ziehen Sie andere Technologien in Betracht, beispielsweise cloudbasierte Back-up-Dienste in Verbindung mit virtuellen privaten Netzwerken (Virtual Private Networks, kurz VPNs) für eine sichere verschlüsselte Datenübertragung.

Teil VI
Anhang

> **IN DIESEM ANHANG**
>
> Kurse, Videos und Bücher zum Thema KI
>
> Online-Portale mit aktuellen KI-News
>
> Social-Media- und andere Online-Gruppen zum Thema KI

Anhang A
Allgemeine Ressourcen zum Thema KI

Es ist mir *wirklich* ein großes Anliegen, dass Sie in der sich rapide verändernden Welt der KI auf dem neuesten Stand bleiben. Daher habe ich mich beim Schreiben dieses Buches bemüht, Ihnen Informationen und Strategien zu vermitteln, die möglichst zeitlos oder zumindest für einen längeren Zeitraum gültig sind. Die Anwendungen, Informationen und damit verbundenen Daten und Entwicklungen im Bereich der KI ändern sich jedoch in einem noch nie dagewesenen, atemberaubenden Tempo.

Die hier aufgelisteten KI-Leitfäden stammen daher aus Quellen, die höchstwahrscheinlich noch aktiv und aktuell sind, wenn Sie diese Zeilen lesen, sodass Sie hoffentlich von den neuesten Entwicklungen profitieren können. In Anhang B finden Sie jede Menge nützlicher KI-Tools (die zumindest bei Drucklegung dieses Buches noch aktuell waren), während Anhang C allgemeine Investmentressourcen enthält.

Tutorials und Kurse für KI-Neulinge

Die Gesellschaft als Ganzes muss sich mit künstlicher Intelligenz vertraut machen, damit jeder weiß, was Sache ist. Keine Sorge – es gibt viele Möglichkeiten für den Einstieg in die Materie. Im Folgenden finden Sie eine Reihe kostenloser oder kostengünstiger Anlaufstellen, die Ihren Wissensdurst stillen können:

- ✔ **ChatGPT** (https://chatgpt.com/auth/login): Von künstlicher Intelligenz etwas über KI lernen? Aber sicher doch! Die kostenlose Version von ChatGPT bietet jede Menge Informationen, und dank des natürlichen Sprachformats können Sie der KI all Ihre Fragen zum Thema »Künstliche Intelligenz« (und noch viele mehr) stellen. (In Kapitel 2 gehe ich näher ChatGPT ein.)

- ✓ **Für Dummies** (www.wiley-vch.de/de/dummies): Auf der offiziellen deutschsprachigen *Für-Dummies*-Website finden Sie zahlreiche Bücher zum Thema KI.

- ✓ **Raving Capitalist** (www.ravingcapitalist.com): Dies ist meine eigene Website mit vielen Einsteigerkursen zu den Themen Geldanlage, persönliche Finanzen und Business. Ressourcen und Videos zum Thema KI finden Sie unter www.ravingcapitalist.com/ai/.

- ✓ **LinkedIn Weiterbildung** (https://learning.linkedin.com/de-de/content-library): Hier finden Sie verschiedenste Kurse zu technischen, betriebswirtschaftlichen und kreativen Themen.

- ✓ **Stack Skills** (www.stackskills.com): Auf dieser Website finden Sie zahlreiche kostengünstige Kurse und Apps zu einer Vielzahl von technischen und karrierebezogenen Themen. Sie bietet anspruchsvolle Videokurse zum Thema »Künstliche Intelligenz«, inklusive Sonderrabatten von 80 Prozent und mehr.

- ✓ **Tech Crunch** (www.techcrunch.com): Hier gibt es viele Artikel, Nachrichten und Leitfäden sowie Kurse und Tutorials zum Thema KI.

- ✓ **Tech Republic** (www.techrepublic.com): Ähnlich wie Tech Crunch; bietet viele Tech-Kurse.

- ✓ **Udemy** (www.udemy.com) und **Coursera** (www.coursera.com): Diese beiden Weiterbildungsportale bieten buchstäblich Tausende von Kursen an und haben Millionen von Studierenden. Schauen Sie sich dort um – mittlerweile gibt es auch viele kostenlose und kostengünstige KI-bezogene Kurse.

YouTube-Kanäle zum Thema KI

Manchmal reicht schon ein kurzes Erklärvideo für ein Aha-Erlebnis, wenn es darum geht, ein komplexes Thema zu verstehen. Ja, es gibt unzählige Videos zum Thema KI, aber am sichersten ist es, seriöse Quellen anzuzapfen, die sich explizit damit beschäftigen und nachweislich fundiertes Wissen und gute Anleitungen bieten. Hier sind einige YouTube-Kanäle, auf denen Sie Antworten auf all Ihre Fragen rund um das Thema KI finden können:

- ✓ AI Scholar (www.youtube.com/@theAIscholar)

- ✓ AI Uncovered (www.youtube.com/@AI.Uncovered)

- ✓ Howtoai (www.youtube.com/@howtoai)

- ✓ KI-Campus (https://ki-campus.org)

- ✓ Matt Wolfe (www.youtube.com/@mreflow)

- ✓ The Artificial Analyst (www.youtube.com/@TheArtificialAnalyst)

- ✓ Tim Harris Video (www.youtube.com/@TimHarrisVideo)

Bücher zum Thema KI

Mittlerweile gibt es gefühlt Hunderte von Büchern über KI, darunter auch einige Favoriten. Die folgenden Lernratgeber (die auch als E-Books erhältlich sind) vermitteln Einsteigern die Grundlagen der KI auf verständliche Weise:

- *Künstliche Intelligenz für Dummies* von Ralf Otte (Wiley): Auch wenn der Titel ein wenig ironisch klingt, eignet sich dieses Buch hervorragend für den Einstieg in das Thema KI.

- *ChatGPT für Dummies* von Pam Baker (Wiley): Eine ausgezeichnete Erklärung und Anleitung zu ChatGPT (ich habe mir auch ein Exemplar besorgt!).

- *Künstliche Intelligenz selber programmieren für Dummies* von Ute Schmid, Katharina Weitz und Michael Siebers: Ein weiterer guter Ratgeber für KI-Neulinge.

- »**ChatGPT for Finance**« (PDF) von Nicholas Boucher (`https://nicolasboucher.online/`): Ein hervorragender Leitfaden für den Einsatz von ChatGPT in der Geschäftswelt und für die KI-gestützte Finanzanalyse.

- »**The Ultimate Directory of AI Tools and Resources**« (deutsch: »Das ultimative Verzeichnis für KI-Tools und -Ressourcen«) von Adam Mladjenovic und Paul Mladjenovic (Prosperity Network): Eine umfangreiche Liste KI-bezogener Tools und Ressourcen (aus einer vertrauenswürdigen Quelle!).

Nachrichtenportale zum Thema KI

Die folgenden Websites können Ihnen helfen, in der sich schnell entwickelnden Welt der KI auf dem Laufenden zu bleiben:

- AI Magazin (`www.aimagazine.com`)
- Forbes AI (`www.forbes.com/ai/`)
- Golem.de (`https://www.golem.de/`)
- Heise Developer (`https://www.heise.de/developer/`)
- iX (`https://www.ix.de/`)
- KI-Nachrichten (`www.artificialintelligence-news.com/`)
- LifeWire (`www.lifewire.com/`):
- Science Daily (`www.sciencedaily.com/news/computers_math/artificial_intelligence/`)
- T3n (`https://t3n.de`)
- VentureBeat (`https://venturebeat.com/`)

- ✔ Wired (www.wired.com/tag/artificial-intelligence/)
- ✔ Writesonic (www.writesonic.com)

E-Zines zum Thema KI

Der Begriff »E-Zine« stammt aus früheren Zeiten und steht für »electronic magazine« (deutsch: elektronisches Magazin). Dabei handelt es sich um eine Website, die wie eine Zeitschrift aufgemacht ist und deren Inhalte auch als E-Mail-Newsletter verschickt werden. Hier einige E-Zines, die sich auf das Thema KI spezialisiert haben:

- ✔ **AI Tools Report** (https://aitoolreport.com): Dieses E-Zine berichtet nicht nur über Neuigkeiten und Expertenmeinungen, sondern auch über neue KI-Tools und -Entwicklungen.
- ✔ **Das KI-Magazin** (www.das-ki-magazin.de): Hier finden Sie zahlreiche Artikel zu verschiedenen KI-Themen und können auch einen Newsletter abonnieren.
- ✔ **Human-Magazin** (https://human-magazin.de): Dieses interessante Magazin mit Newsletter-Angebot stellt den Menschen im Umgang mit künstlicher Intelligenz in den Mittelpunkt.
- ✔ **The Neuron Daily** (https://www.theneurondaily.com/): Dieses derzeit noch kostenlose E-Zine liefert ebenfalls eine gute Berichterstattung über KI.
- ✔ **ToolsPedia Weekly** (https://toolspedia.beehiiv.com/subscribe): Hier können Sie sich anmelden, um kostenlose Benachrichtigungen über die neuesten KI-Tools und -News zu erhalten.

Verzeichnisse für KI-Ressourcen

Die folgenden Anlaufstellen bieten umfangreiche Verzeichnisse für KI-Tools und -Ressourcen (Websites und andere):

- ✔ **Hudson Labs** (www.hudson-labs.com): Hudson Labs (früher Bedrock AI – nicht zu verwechseln mit Amazon Bedrock) bietet eine Sammlung empfehlenswerter KI-Ressourcen für Investoren, die tiefer in die Materie eintauchen wollen.
- ✔ **Best of the Web** (https://botw.org/): Diese Website bietet ein umfassendes Verzeichnis von Top-Unternehmen aus allen Branchen einschließlich des Technologie- und KI-Sektors (https://botw.org/computers-and-artificial-intelligence/).
- ✔ **Deutsches Forschungszentrum für Künstliche Intelligenz GmbH (DFKI)** (https://www.dfki.de/web): Das DFKI wurde 1988 als gemeinnützige Public-Private Partnership gegründet und ist auf dem Gebiet innovativer Softwaretechnologien auf Grundlage von Methoden der künstlichen Intelligenz die führende wirtschaftsnahe Forschungseinrichtung Deutschlands.

- ✔ **Feedspot** (www.feedspot.com): Eine weitere ausgezeichnete Ressourcen-Sammlung mit umfangreichen Listen von Websites aus den Bereichen Geldanlage und Karriere. So finden Sie zum Beispiel unter https://videos.feedspot.com/ai_youtube_channels/ eine Liste von hundert YouTube-Kanälen zum Thema KI.

- ✔ **There's an AI for that** (https://theresanaiforthat.com/): »There's an AI fort that« (deutsch: »Dafür gibt es eine KI-Lösung«) – ein aussagekräftiger Titel und eine gute Möglichkeit herauszufinden, welche Aufgaben und Funktionen schon heute von KI übernommen werden können (und werden). Was auch immer Sie benötigen – geben Sie Ihre Anfrage ein und Sie bekommen eine passende KI-Anwendung vorgeschlagen.

Online-Benutzergruppen zum Thema KI und ChatGPT

So schnell wie sich die künstliche Intelligenz entwickelt, so schnell wächst auch das Interesse daran. Hier ist eine Liste der größten und aktivsten Online-Gruppen zum Thema KI und/oder ChatGPT, denen Sie beitreten können, um Ihr Wissen und Ihre Fähigkeiten auf diesen Gebieten zu erweitern:

- ✔ **AIForumHub** (https://aiforumhub.com/): Dieses sehr aktive Forum bietet regelmäßige Beiträge und Diskussionen sowohl für Experten als auch für Einsteiger.

- ✔ **Discord-Benutzergruppen** (https://discord.com): Diese Website enthält die wahrscheinlich älteste aktive Online-Benutzergruppe für ChatGPT, und die Beiträge und Diskussionen decken alle wichtigen Themen rund um das beliebte KI-Tool ab.
  - Die ChatGPT-Benutzergruppe auf Discord: https://discord.com/servers/chatgpt-1092173065967911002
  - Das OpenAI-Forum auf Discord: https://discord.com/invite/openai

- ✔ **Facebook** (www.facebook.com): Für KI-Interessierte gibt es hier zahlreiche Gruppen, in denen man sich informieren und engagieren kann. Hier sind drei aktive Gruppen (von vielen):
  - Deutsche ChatGPT, Open AI & KI Tools Gruppe: https://www.facebook.com/groups/cleverkitools/
  - Künstliche Intelligenz (KI) als Hobby: https://www.facebook.com/groups/111130396260648/
  - KI Club: https://www.facebook.com/groups/derkiclub/

- ✔ **KI-Forum** (https://ki-forum.net): In diesem Forum können sich KI-Fans jedes Wissensstands miteinander austauschen.

- **LinkedIn** (www.linkedin.com): Auch wenn LinkedIn keine direkte Anlaufstelle für KI-bezogene Themen ist, lohnt es sich, hier vorbeizuschauen, wenn Sie sich dafür interessieren, wie sich KI in Zukunft auf Ihre und andere Berufsgruppen sowie auf Ihre Finanzen auswirken wird.

- **Meetup** (www.meetup.com): Meetup ist bekannt für seine Online-Gruppen und Live-Veranstaltungen. Geben Sie einfach das Stichwort »K« in das Suchfeld ein, um entsprechende Gruppen und Veranstaltungen in Ihrer Nähe zu finden.

- **Reddit** (www.reddit.com): Dies ist eine sehr aktive Community, und es lohnt sich, hier nach Online-Gruppen zu suchen, die Ihren Interessen entsprechen, sei es KI, Geldanlage, Karriere, Business und so weiter.

IN DIESEM ANHANG

KI-Tools fürs Investieren

KI-Anwendungen für Ihre persönlichen Finanzen

Robo-Advisors

Alternativen zu ChatGPT

Anhang B
KI-Tools fürs Investieren und andere Zwecke

Während ich Ihnen in Anhang A Ressourcen vorgestellt habe, die KI-Neulingen den Einstieg in die Materie erleichtern, liegt der Schwerpunkt dieses Anhangs auf nützlichen KI-Tools und -Anwendungen, die Sie gezielt für eine Vielzahl von Zwecken, vor allem aber im Investmentbereich, einsetzen können. Suchen Sie sich aus der folgenden Liste einfach die Tools heraus, die für Sie und Ihre Bedürfnisse am besten geeignet sind.

Investment-KI-Tools

Die folgenden KI-Tools bieten jedem ernsthaften Investor hervorragende Recherche- und Analysemöglichkeiten rund um das Thema Geldanlage (Aktien, ETFs und so weiter)

- ✔ AI invest von StockInvest.us (https://stockinvest.us/ai-analysis-offer)
- ✔ Candlestick (https://candlestick.ai/)
- ✔ Composer (www.composer.trade/)
- ✔ Finanz-Chat (https://finchat.io/)
- ✔ Kvants KI (https://kvants.ai/)
- ✔ LevelFields (www.levelfields.ai)
- ✔ KI auf Vorrat (www.stockedai.com/)

- STRATx KI (www.stratxai.com/)
- Handelsstation (www.tradestation.com/)
- Handels-UI (https://tradeui.com/)

KI-Tools für die persönliche Finanzplanung

Die folgenden KI-Tools eignen sich für die allgemeine Verwaltung Ihrer persönlichen Finanzen einschließlich Budget- und Finanzplanung:

- Consumer-AI (https://consumerai.deeprose.eu/)
- Expense Sorted (www.expensesorted.com/)
- Monarch (www.monarchmoney.com/ai)
- Truewind (www.truewind.ai)

KI-Tools für Steuer und Budgetierung

Die folgenden KI-Tools zählen zu den ersten verfügbaren Anwendungen im Bereich Steuern und Budgetierung, und da die künstliche Intelligenz auch das Finanzmanagement nachhaltig verändert, werden in Zukunft sicher noch viele weitere hinzukommen:

- AiTax (www.aitax.com)
- Finanzamt-Brief (www.finanzamt-brief.de)
- FlyFin (www.flyfin.tax)
- Keepertax (www.keepertax.com)
- TaxGPT (www.taxgpt.com)
- Taxly (https://taxly.ai/)
- WellyBox (www.wellybox.com)

Robo-Advisors

Bitte beachten Sie, dass sich das Angebot an Robo-Advisors höchstwahrscheinlich weiterentwickelt haben wird und unter Umständen neue Anbieter den Markt dominieren werden, wenn Sie diese Zeilen lesen. Sie sollten daher unbedingt auch selbst recherchieren und die neuesten Entwicklungen, Dienstleistungen und Gebühren der einzelnen Robo-Advisors prüfen, um die Anwendung zu finden, die am besten zu Ihren Anlagebedürfnissen und Vorlieben passt.

Bevor Sie sich näher mit den nachfolgenden Quellen auseinandersetzen, sollten Sie unbedingt Kapitel 7 lesen, um sich über die Funktionen sowie die Vor- und Nachteile von Robo-Advisors zu informieren.

- bevestor (https://bevestor.de)
- EVERGREEN (https://www.evergreen.de)
- Gerd Kommer Capital (https://gerd-kommer.de)
- ginmon (https://www.ginmon.de)
- Finanzguru (www.finanzguru.de)
- Finanzen.net Zero (www.finanzen.net/zero)
- Growney (https://growney.de)
- JustETF (www.justetf.com/de/)
- OSKAR (https://www.oskar.de)
- Quirion (https://www.quirion.de)
- Scalable Capital (https://de.scalable.capital)
- Smavesto (https://www.smavesto.de)
- VisualVest (https://www.visualvest.de)
- Weltsparen (https://www.weltsparen.de)
- Whitebox (www.whitebox.eu/digitale-vermoegensverwaltung)

ChatGPT-Alternativen

Es gibt inzwischen viele hervorragende Alternativen zu ChatGPT, wobei einige in bestimmten Bereichen sogar besser abschneiden. Nehmen Sie sich also ein wenig Zeit, um die folgende Liste zu prüfen und eine optimale Wahl für Ihre Bedürfnisse zu treffen:

- AnonChatGPT (https://anonchatgpt.com/)
- Character.ai (https://beta.character.ai/)
- ChatPDF (www.chatpdf.com/)
- Chatsonic (https://writesonic.com/chat)
- Google Gemini (https://gemini.google.com/app)
- Copilot (https://copilot.microsoft.com)
- Copy.AI (www.copy.ai/)

- Flawlessly.ai (https://flawlessly.ai/app)
- iAsk.ai: (https://iask.ai/)
- Perplexity (www.perplexity.ai)
- Phind: (https://phind.com)
- You.com: (https://you.com)

KI-Tool-Verzeichnisse

Hier einige KI-Tool-Verzeichnisse, mit deren Hilfe Sie jede nur erdenkliche KI-Anwendung suchen und finden können:

- AI Seeker Verzeichnis (https://aiseeker.io/)
- AIscout (www.aiscout.net)
- Buzzmatic (https://buzzmatic.net/ai-tools-die-ultimative-liste/)
- Deepality (https://deepality.de)
- Futurepedia (www.futurepedia.io/)
- Futuretools (www.futuretools.io/)
- KI-Zentrale (https://kizentrale.de)
- Super AI Tools (www.superaitools.io/)

Weitere generative KI-Tools für den Finanzbereich

Zu guter Letzt hier noch eine umfangreiche Liste weiterer generativer KI-Tools, die Ihnen helfen können, Ihre Anlagetätigkeit zu verbessern:

- **Alpha Sense** (www.alpha-sense.com/): Diese Website bietet Marktforschungs- und Markdaten für Investoren über Unternehmen, Branchen und Märkte.

- **Amenity Analytics** (www.amenityanalytics.com/): Diese NLP-basierte Investment-Plattform (NLP steht hier für *Natural Language Processing*; deutsch: natürliche Sprachverarbeitung) kann angepasst werden, um die für Sie wichtigsten Informationen zu extrahieren und zu klassifizieren, wobei Aspekte wie wichtige konjunkturelle Ereignisse, Markt- und Anlegerstimmung, Kontext und zeitliche Relevanz entsprechend Ihrem Rechercheansatz berücksichtigt werden.

- **Babbl.dev** (www.babbl.dev/): Babbl verwendet Sprachmodelle, um bullische und bärische Stimmungsindikatoren für bestimmte Aktien und Anlagethemen sowie für den Gesamtmarkt zu identifizieren.

- ✔ **BlueFire AI** (https://bluefireai.com/): Dieses Tool führt Analysen von Finanzberichten und Marktdaten sowie Verhaltensanalysen durch.

- ✔ **Boosted.ai** (https://boosted.ai/): Boosted verwendet finanzspezifische maschinelle Lernalgorithmen, um auf der Grundlage Ihrer individuellen Eingaben Muster zu erkennen.

- ✔ **Docalysis** (https://docalysis.com/): Hier können Sie PDFs zum Beispiel von Finanzberichten, Gewinnmitschriften und so weiter hochladen und Fragen dazu stellen wie zum Beispiel »*Nenne mir bitte alle Risikofaktoren in einer Aufzählungsliste*« oder »*Gib mir bitte eine Zusammenfassung aller rechtlichen Probleme, mit denen dieses Unternehmen konfrontiert ist.*«

- ✔ **Hila.ai** (http://hila.ai/): Hier erhalten Sie Antworten auf Fragen zu bestimmten Dokumenten (wie Gewinnmitschriften oder 10-K-Jahresberichte).

- ✔ **New Constructs** (www.newconstructs.com/): Diese Website bietet Marktforschungsdaten zu mehr als 10.000 Aktien und Fonds.

- ✔ **Nosible AI** (https://nosible.com/) **Getquin** (www.getquin.com/de/portfolio-analysis/): Dieses Tool bietet Ihnen eine Analyse Ihres Portfolios auf Basis von Visualisierung und Datenbibliotheken.

- ✔ **Roic.ai** (https://roic.ai/): Dieses Tool bietet Ihnen einen kompakten Überblick über die Finanzdaten der letzten zehn Jahre (und mehr) eines bestimmten Unternehmens.

- ✔ **Sentieo** (https://sentieo.com/): Diese inzwischen zu Alpha Sense gehörende Website bietet eine durchsuchbare Datenbank mit Informationen über private und börsennotierte Unternehmen, Zugang zu wichtigen Dokumenten und Nachrichten aus relevanten Quellen sowie integrierte Modellierungswerkzeuge.

- ✔ **UpTrends** (www.uptrends.ai/): Diese Website verfolgt für das Thema Geldanlage relevante KI-Trends.

> **IN DIESEM ANHANG**
>
> Allgemeine und spezialisierte Websites zum Thema Geldanlage
>
> Bücher zu Investmentthemen
>
> Online-Gruppen, Investmentclubs und sonstige Einrichtungen zum Thema Geldanlage

Anhang C
Allgemeine Ressourcen zum Thema Geldanlage

Egal, wie intensiv Sie die künstliche Intelligenz nutzen – je besser Sie sich mit dem Thema Geldanlage auskennen, desto größer der Gewinn, den Sie aus der Verwendung von KI in diesem Bereich ziehen können. Nutzen Sie die im Folgenden aufgelisteten Ressourcen in Verbindung mit den in diesem Buch behandelten Strategien, Tools und anderen Quellen, um Ihr Wissen und Ihre Fähigkeiten als Anleger weiter auszubauen.

Allgemeine Websites zum Thema Geldanlage

Nachfolgend finden Sie einige der größten und besten Online-Finanzportale mit aktuellen Finanznachrichten und Marktberichten:

- Bloomberg (www.bloomberg.com)
- Börse-Online (www.boerse-online.de/)
- Börsen-Zeitung (www.boersen-zeitung.de)
- Dollarcollapse (www.dollarcollapse.com)
- Der Aktionär (www.deraktionaer.de/)
- finanzen.net (www.finanzen.net/)
- Investopedia (www.investopedia.com)

- ✔ Kiplinger (www.kiplinger.com/)
- ✔ Market Sanity (www.marketsanity.com)
- ✔ Market Watch (www.marketwatch.com)
- ✔ Nasdaq (www.nasdaq.com)
- ✔ Onvista (www.onvista.de/)
- ✔ Seeking Alpha (www.seekingalpha.com)
- ✔ Think Advisor (www.thinkadvisor.com/)
- ✔ Value Walk (www.valuewalk.com/)
- ✔ Wallstreet-Online (www.wallstreet-online.de/)
- ✔ Zero Hedge (www.zerohedge.com)

Spezialisierte Websites zum Thema Geldanlage

Auf den folgenden Websites können Sie tiefer in bestimmte Anlagethemen eintauchen:

- ✔ Gold.de (www.gold.de)
- ✔ Goldsilver.com (www.goldsilver.com)
- ✔ Howestreet (www.howestreet.com)
- ✔ Trends Journal (www.trendsjournal.com)

Bücher zu verschiedenen Investmentthemen

Ja, einige der folgenden Bücher habe ich selbst geschrieben, daher weiß ich, dass sie Ihnen nützlich sein werden!

- ✔ *Stock Investing For Dummies* von Paul Mladjenovic (Wiley): Dieses Buch soll sowohl Einsteigern als auch fortgeschrittenen Anlegern helfen, sich erfolgreich in der Welt der Aktienanlagen zurechtzufinden.

- ✔ *Factor Investing For Dummies* von James Maendel und Paul Mladjenovic (Wiley): Zusammen mit der künstlichen Intelligenz bildet das *Factor Investing (faktorbasierte Investieren)* ein unschlagbares Team. Dabei handelt es sich um eine Anlagestrategie, die von vielen professionelle Investoren genutzt wird, um Aktien (und ETFs) auf der Basis von Faktoren wie Qualität, Momentum und so weiter auszuwählen, mit dem Ziel, den allgemeinen Markt langfristig zu übertreffen.

- *High-Level Investing for Dummies* von Paul Mladjenovic (Wiley): Dieses Buch ist quasi eine »aufgepimpte« Version von *Stock Investing For Dummies*. Es behandelt nicht nur Aktien und herkömmliche ETFs, sondern auch inverse ETFs und Optionshandel. Indem Sie diese optimierten spekulativen Ansätze mit der Power der künstlichen Intelligenz kombinieren, können Sie Ihren Anlagebemühungen eine neue Dimension hinzuzufügen.

- **Intelligent Investieren** von Benjamin Graham (FinanzBuch Verlag): Hierbei handelt es sich um einen Buchklassiker des bekannten amerikanischen Wirtschaftswissenschaftlers und Investors zum Thema *Value-Investing* (*Wertorientiertes Anlegen*). Je mehr sich der Aktienmarkt verändert, desto mehr sollten Anleger dieses wertvolle Wissen eines der ganz Großen beherzigen. (Benjamin Graham gilt als Vater der Fundamentalanalyse, auf die ich in Kapitel 8 eingehe.)

- **Die Geheimnisse der Wertpapieranalyse** von Benjamin Graham und David L. Dodd (FinanzBuch Verlag): Ein weiterer Klassiker von Herrn Graham zur Fundamentalanalyse.

LinkedIn-Gruppen

Die folgenden LinkedIn-Gruppen bieten ein hervorragendes Lernumfeld für angehende Investoren, da Sie sich hier unter anderem mit erfahrenen Anlegern und Finanzexperten austauschen können:

- Austrian School of Economics: Finance and Investing (www.linkedin.com/groups/2351030/)

- Deutsche Börse (www.linkedin.com/company/deutscheboerse)

- Global Accredited Investor Club (www.linkedin.com/groups/46460/)

- Personal Finance Bloggers (www.linkedin.com/groups/1913084/)

- Trading & Investing the Financial Markets (www.linkedin.com/ groups/2580474/)

- WM Gruppe (www.linkedin.com/company/wm-gruppe)

Investmentclubs und -verbände

Investieren gehört zu der Art von Aktivitäten, die man in der Regel alleine ausübt, dennoch muss man sich dabei nicht einsam und isoliert fühlen. Die folgenden Clubs und Verbände bieten Unterstützung, sodass Sie gemeinsam mit anderen Anlegern wachsen und lernen können:

- Business Angels Netzwerk Deutschland e.V. (www.business-angels.de)

- Deutscher Investment Club (https://deutscher-investment-club.de)

- DSW (Dachverband der deutschen Investmentclubs) (www.dsw-info.de)

- ✔ National Association of Investment Clubs (www.betterinvesting.org)
- ✔ Schutzgemeinschaft der Kapitalanleger e.V. (https://sdk.org)

Staatliche Finanzbehörden

Alle börsennotierten Wertpapiere unterliegen der Aufsicht und Regulierung durch die folgenden staatlichen Einrichtungen. Diese stellen außerdem Leitlinien und Informationen für die Öffentlichkeit bereit, die aus Sicht dieser Regulierungsbehörden nützlich sind.

- ✔ Bundesanstalt für Finanzdienstleistungsaufsicht (www.bafin.de)
- ✔ Commodities Futures Trading Commission (CFTC) (www.cftc.gov)
- ✔ Deutsche Börsenaufsichtsbehörde (www.boersenaufsicht.de)
- ✔ Europäische Wertpapier- und Marktaufsichtsbehörde (ESMA) (https://www.esma.europa.eu)
- ✔ Securities and Exchange Commission (www.sec.gov)
- ✔ Berichte über börsennotierte Unternehmen (zum Beispiel 10-K-Berichte) finden Sie unter https://www.sec.gov/edgar

Abbildungsverzeichnis

Abbildung 1.1: So beschreibt KI sich selbst   26

Abbildung 2.1: So beschreibt ChatGPT sich selbst   32

Abbildung 2.2: ChatGPT kann Investoren auf vielfältige Weise unterstützen   34

Abbildung 2.3: Diese Prompts schlägt ChatGPT zu den Themen Finanzplanung und Geldanlage vor   37

Abbildung 4.1: Dies sind nach Ansicht von KI die Top-Unternehmen im KI-Bereich   54

Abbildung 4.2: Diese drei Sektoren werden laut Copilot besonders von der künstlichen Intelligenz profitieren   58

Abbildung 4.3: Eine SWOT-Analyse, durchgeführt von KI   59

Abbildung 5.1: Die Vor- und Nachteile von Small-Cap-Aktien laut KI   62

Abbildung 5.2: So sollten Sie laut KI bei der Auswahl einer erfolgreichen Small-Cap-Aktie vorgehen   65

Abbildung 6.1: So fasst KI Informationen über einen KI-bezogenen ETF zusammen   81

Abbildung 6.2: Die Antwort von Copilot auf die Frage nach dem größten ETF mit KI-Bezug   82

Abbildung 7.1: Die Merkmale eines Robo-Advisors, zusammengefasst von der KI   86

Abbildung 7.2: Die Vorteile von Robo-Advisors aus Sicht der KI   88

Abbildung 7.3: Die Nachteile von Robo-Advisors aus Sicht der KI   89

Abbildung 9.1: Die Risiken bei der Anlage in Edelmetalle nach Einschätzung von KI   113

Abbildung 9.2: So erklärt KI den Unterschied zwischen Rohstoffen und Futures   120

Abbildung 9.3: Sie können KI gezielt über einen bestimmten Rohstoff-ETF befragen   123

Abbildung 10.1: Eine von ChatGPT erstellte Liste der verschiedenen Anleihe-Ratings   132–133

Abbildung 10.2: So definiert ChatGPT Kryptowährungen   136

Abbildung 10.3: So definiert ChatGPT digitale Zentralbankwährungen   137–138

Abbildung 10.4: So definiert ChatGPT die Risiken und Nachteile von digitalem Zentralbankgeld für Verbraucher und Anleger   139–140

Abbildung 11.1: Diese Qualitäten sollte ein erfolgreicher Immobilieninvestors laut KI mitbringen   142–143

Abbildung 11.2: Wer laut KI besser kein Immobilieninvestor sein sollte   143–144

Abbildung 11.3: Die Vorteile direkter Immobilieninvestments laut KI   145–156

Abbildung 11.4: Die Nachteile direkter Immobilieninvestments laut KI   146–147

Abbildung 11.5: Die Vorteile indirekter Immobilieninvestments laut KI   148–149

Abbildung 11.6: Die Nachteile indirekter Immobilieninvestments laut KI   149

Abbildung 11.7: Die Vorteile von RELPs laut KI   150

Abbildung 11.8: Die Nachteile von RELPs laut KI   151

Abbildung 11.9: Die Vorteile von Immobilien-ETFs laut KI   156

Abbildung 11.10: Die Nachteile von Immobilien-ETFs laut KI   157

Abbildung 12.1: Möglichkeiten, wie KI angehende Unternehmer unterstützen kann   167

Abbildung 12.2: Eine Reihe von Möglichkeiten, wie KI Sie bei der Unternehmensführung unterstützen kann   170–171

Abbildung 12.3: Das rät ChatGPT einem Arbeitnehmer, der befürchtet durch KI ersetzt zu werden   174

Abbildungsverzeichnis

Abbildung 12.4: In diesen Branchen finden sich – laut Copilot – KI-bezogene Tätigkeitsfelder   176

Abbildung 13.1: Eine ausführliche Erklärung des BIP von der KI   182–183

Abbildung 13.2: Anlagen, die von einem steigenden BIP profitieren   184–185

Abbildung 13.3: Anlagen, die von einem rückläufigen BIP profitieren   186

Abbildung 13.4: Geldanlagen, die von einem starken Arbeitsmarkt profitieren   188

Abbildung 13.5: Geldanlagen, die von einem schwachen Arbeitsmarkt profitieren   189

Abbildung 13.6: Geldanlagen, die von hohen Zinsen profitieren   192

Abbildung 13.7: Geldanlagen, die von niedrigen Zinsen profitieren   193

Abbildung 13.8: ChatGPT: Einzelheiten zum Leading Economic Index (LEI)   194–195

Abbildung 13.9: Das Wichtigste über die Federal Reserve laut KI   198

Abbildung 14.1: Tipps von ChatGPT, wie Sie Ihre Einnahmen erhöhen können   208

Abbildung 14.2: Tipps von ChatGPT, wie Sie Ihre Ausgaben reduzieren können   209–210

Abbildung 14.3: Alternativen zu klassischen Hochschulabschlüssen   211–212

Abbildung 15.1: Definition und Aufbau einer persönlichen Bilanz laut ChatGPT   214–215

Abbildung 15.2: Eine von mehreren KI-Antworten in Bezug auf das Erreichen eines bestimmten Anlageziels   217

Abbildung 15.3: Antwort von ChatGPT in Bezug auf das Erreichen eines bestimmten Anlageziels   218

Abbildung 15.4: Antwort von Copilot in Bezug auf das Erreichen eines bestimmten Anlageziels   219

Abbildung 15.5: Antwort eines nicht KI-gestützten Online-Finanzrechners in Bezug auf einen monatlichen Anlagebetrag   220

Abbildung 15.6: Eine Checkliste von ChatGPT für die Ruhestandsplanung   221–223

Abbildung 15.7: Vorschläge von ChatGPT für Prompts zum Thema Ruhestandsplanung   223–225

Abbildung 15.8: Die Ausführungen von KI zum Thema Nachlassplanung   226

Abbildung 15.9: Eine Checkliste zur Nachlassplanung von ChatGPT   227–230

Abbildung 17.1: Von ChatGPT: Gegenüberstellung der Vor- und Nachteile von Sparkonten und Geldmarktfonds in Tabellenform   243–244

Stichwortverzeichnis

5-10-Ansatz 216

A

Abschreibungsmethode
 Immobilien 147
Absicherungsstrategie 67,
 256
Absicherungsstrategien 67
Adressenausfallrisiko 107
ADX *siehe* Average
 Directional Index
Agrarrohstoff 121
AI Directory 64
AI Tool Guru 46
Aktienanalyse
 mit KI 58
Aktienanlage
 KI-gestützt 28
Aktienvolumen 101
Aktiva 213
Aktiv verwaltetes Portfolio 73
Allgemeine KI 27
Allokation 118
Altersvorsorge 205, 161, 204
Analyse von Inhalten 246
Anlageberatung
 mithilfe von KI 1
Anlagemünzen 117
Anlagerisiken 111
Anlagestrategien 253
 ChatGPT 33
Anleihe 129–130
 Diversifizierung 257
Anleihekategorien 130
Anleiheninvestment 134
Anleihe-Rating 131
AnonChatGPT 39
Arbeitgeberzuschuss 204
Arbeitsmarkt 187
Arbeitsmarktchancen
 verbessern 173
Arten von KI 27
ATR-Indikator 102
Audio-zu-Text 43
Ausbildung
 finanzieren 205

Ausbildungskosten 210
Ausgabeaufschlag 78
Automatisierter Handel 126
Average Directional Index
 (ADX) 103
Average True Range 102

B

Back-up erstellen 259
Backwardation 116
Bankeinlage 130, 134
Bärisch 187
Basiskonsumgut 254
Basismetalle 124
Bedrock 250
Bewerbungstraining 175, 177
Bewerbungsunterlagen 175
Bilanz
 persönliche 213
Bildgenerierung 44
BIP *siehe* Bruttoinlands-
 produkt
Blackout 258
Blockchain 135
Bollinger-Bänder 102
Börsengang 61, 66
Börsenkürzel 53
Börsenwert 52
Branchenanalyse 2
Bruttoinlandsprodukt (BIP)
 2, 182
Bücher
 über KI 265
 zum Thema Geldanlage
 276
Budget 207
Budgetierung 202, 207
 KI-Tool 270
Bullisch 187
Bundessteuergesetzbuch
 147
Businessplan 163

C

Call-Option 69, 74
Capital Gains Distribution 76

Cashflow 204
CBDC 137, 257
Chatbot 33, 41
ChatGPT 26–27, 31, 33, 41,
 247
 Alternativen 271
 Anlagestrategie 33
 Plus-Version 248
ChatPDF 39, 43, 147, 246
Checkliste 241
CHIP KI-Kanal 46
Contango 116
Content erstellen 168
Content-Marketing 164
Copilot 26, 39
Copy.ai 39, 246
Cost-Average-Effekt 78
Coursera 30, 264
Covered Call 56

D

DALL-E 3 44
Datenbank für KI-Tools 266
Datensicherung 259
Defensive Optionsstrategie
 69
Defensiver Sektor 187
Defensive Strategie 67
Definition von KI 25
Derivat 69
Digitale Assistenz 168
Digitales Zentralbankgeld
 137, 257
Discord 39, 251
Diversifizierung 33, 72, 107,
 109, 118, 126, 129, 152, 253,
 255, 257
 mit ETFs und Investment-
 fonds 71
Dividende 33, 255
Dividendenrendite 99
Dokument-zu-Text 43
Durchschnittlicher Richtung-
 sindex 103
Durchschnittskosteneffekt
 78

E

Edelmetalle 107, 257–258
  Anlagemöglichkeiten 117
  Besonderheiten 116
  Risiken 109, 112
EE-Anleihen 257
EE-Bonds 257
EE-Sparbriefe 191
Eigenkapital 96–97
Eigenkapitalrendite 99
Eigenkapitalüberdeckung 99
Einfacher gleitender Durchschnitt (SMA) 102
Eingabeaufforderung 32, 35
Einkommensteuer 190
Einlagensicherung 130
Einlagenzertifikat 134
Ein- und Ausgabeoption 41
Einzigartiges Nutzenversprechen 164
EMA *siehe* Exponentieller gleitender Durchschnitt
Energierohstoffe 121
Entnahmeplan 206
Entnahmestrategie 206
EPS 98
Erneuerbare Energien 254
Erstemission 66
Erwachsenenbildung 30
ESZB *siehe* Europäisches System der Zentralbanken
ETF 71
  mit KI analysieren 81
  mit KI-Bezug 79
  Nachteile 76
  Ressourcen 84
  Vorteile 75
Europäisches System der Zentralbanken (ESZB) 196
Exchange Traded Fund *siehe* ETF
Existenzgründung 159, 162
Exponentieller gleitender Durchschnitt (EMA) 102
EZB 196
E-Zines über KI 266

F

Facebook 251
Factor Investing 276
Faktorbasiertes Investieren 276

Federal Reserve System 196
Festgeldkonto 134
Fibonacci-Retracement 103
Finanzdaten
  zusammenfassen lassen 60
Finanzielles Risiko 111
Finanzielle Ziele
  setzen 202
Finanzplan
  erstellen 202
Finanzplanung 29, 202
  KI-Tools 270
  mithilfe von KI 1
Flexclip 45
Formel 241
Free Cash Flow (FCF) 99
Frühindikator 194
Führende Wirtschaftsindikatoren 2
Fundamentalanalyse 2, 95, 277
  mit KI 98
Fundamentaldaten 95, 254, 258
Futures 117, 119, 124
Futures-Markt 108, 121
Future Tools 46

G

Gedeckte Call-Option 69
Gedeckte Kaufoption 56
Gegenparteirisiko 107, 110, 258
Geld-Brief-Spanne 76
Geldinflation 195
Geldmarktkonto 134
Geldmengeninflation 195
Geld sparen
  mithilfe von KI 1
Generative KI-Tools 272
Gesamtrentabilität 212
Geschäftsplan 163
Gesundheitskosten 205
Gesundheitssektor 255
Gewinnentwicklung
  nachhaltige 97
Gewinn pro Aktie 98
Gleitende Durchschnitts-Konvergenz/Divergenz 102
Gleitender Durchschnitt 102

Gold 116, 258
  Anlagemöglichkeiten 117
Good 'til cancelled 68
Google Gemini 39
Grafiken 169
Grundbedarfsgüter 187
GTC-Order 68

H

Hackerangriff 259
Handelsauftrag 68
Handelsstrategie 126
Handelswarnung 126
Hardwareausfall 259
Haushaltsbuch
  führen 202
Haushaltsplan 207
Haushaltsplanung 202, 207
Hedging 256
Hedging-Strategie 67, 256
Horizontale KI 27
Hyperinflation 110

I

I-Bonds 257
Ichimoku-Wolke 103
Immobilien 141
Immobilienanlage
  mit KI 157
Immobilieninvestment 144
  direkt 145
  indirekt 148
  Ressourcen 158
Index der führenden Wirtschaftsindikatoren 2
Index of Leading Economic Indicators 194
Industriemetalle 121, 124
Inflation 195
Inflationsrisiko 112
Inhalte erstellen 168
Inhaltsmarketing 164
Initial Public Offering (IPO) 33, 61, 66
Internetausfall 259
Intraday-Handel 76
Intrinsischer Wert 110
Investieren 108
Investieren versus
  Spekulieren 28, 108
Investmentclub 277

Investmentfonds 71
　Nachteile 78
　Ressourcen 84
　Vorteile 77
Investmentfonds mit
　KI-Bezug 83
Investment Grade 134
Investment-KI-Tools 269
Investopedia 248
IPO *siehe* Initial Public
　Offering
IPO-Kalender 67

J

Jobsuche 172
Joint Venture 164
Junk Bonds 134

K

Kapitalgewinnausschüttung
　76
Karrierechancen 159
Karrierestrategie 172
Kaufkraftrisiko 112
Kaufoption
　gedeckte 56
KBV *siehe* Kurs-
　Buchwert-Verhältnis
Kennzahlen
　fundamentale 96
　konjunkturelle 181
KGV siehe Kurs-Gewinn-
　Verhältnis
KI
　Kategorien 27
　Ressourcen 266
　Strategien 117
KI-Aktie
　Vorteile 55
KI-Bild erstellen 44
KI-Investment
　direktes 50
KI-Investmentmöglichkeit
　49
KI-Tools 39, 45, 266, 269
　generative 272
　Verzeichnis 272
KI-Unternehmen 53
Kleinaktien 254
Kommanditgesellschaft
　Immobilien 149

Konjunktur 181
Konjunkturindikator 181
Konjunkturschwankung
　186
Konsistenz 97
Konsumgüter 107
Kontrahentenrisiko 107, 110
Kontrakt 119
Konzentrationsrisiko 155
Korrelationsanalyse 126
Kosten senken
　mithilfe von KI 1
Krankenversicherung 205
Krankenzusatzversicherung
　205
Kryptografie 135
Kryptowährung 135
Kundenkommunikation
　169
Künstliche Intelligenz
　Definition 25
Kurs-Buchwert-Verhältnis
　(KBV) 99
Kurse zu KI 263
Kurs-Gewinn-Verhältnis
　(KGV) 2, 98

L

Large Cap 52
Large-Cap-KI-Aktie 49
　Vorteile 55
Leading Economic Index 2
Leading Economic Index
　(LEI) 194
Leading Economic
　Indicators 2
Lebenslauf 175
LEI *siehe* Leading Economic
　Index
Leonardo.AI 44
Lernen
　mithilfe von KI 1
LinkedIn 249
LinkedIn-Gruppen
　zum Thema Geldanlage
　277
Liquidation 97
Liquidität 78, 96, 152
　3. Grades 100
　umsatzbedingte 100
Liquiditätsrisiko 114
Liste 241

M

MACD 102
Market Cap 52
Marketingplan 163
Marketingstrategien 163
Marktanalyse 117
Marktbedingungen 97
Marktforschung 164
Marktkapitalisierung 49, 52,
　62
Marktstimmung
　Analyse 126
Marktwarnungen 118
Meetup 251
Mega Cap 52
Mega-Cap-Aktie 52
Micro Cap 52, 254
Mid Cap 52
Mindestentnahme 206
Momentum-Indikator 102
Monetäre Inflation 110,
　195
Mustererkennung
　technische Analyse 118

N

Nachbildungsfehler 76
Nachlassplanung 204, 206,
　213, 225
Nachlassverteilung 206
Nachrichtenportale über KI
　265
Nachrichtenzusammenfas-
　sung 118
Natural Language Processing
　272
Nettoinventarwert 78
Networking 164
Nicht-Basiskonsumgut
　255
Nicht zyklisches Konsumgut
　187, 189
Notfallfonds 203
Numismatische Münzen
　117

O

Öffentliche Erstemission 66
Ölsaaten 122
Online-Benutzergruppen zu
　KI 267
Online-Chat 251

Online-Gruppe 251
Onlinekurs 30, 251
  zu KI 263
Online-Werbung 168
Open-End-Fund 73
Option 56, 69, 124
Optionsstrategie
  defensive 69
Ordertyp 68

P

Papierwert 110
Passiva 213
Passives Einkommen 152
Pennystocks 254
Pension 205
Performancevergleich 244
Pflege 206
  Kosten 206
  Versicherung 206
Portfoliomanagement 73
Preisinflation 195
Preisprognose 118
Preisvolatilität
  bei Rohstoffen 114
Pressemitteilung 169
Primärmarkt 66
Produktbeschreibung 169
Produktivitätssteigernde
  KI-Tools 250
Produktivitätstools 250
Prompt 26, 32, 35, 42
  richtig formulieren 239
Prompting 239
Protective 256
Protective Put 69
Pro-und-Kontra-Analyse 242
Put-Option 69, 74

R

Rating 131
  Anleihen 131
Real Estate Investment Trust
  (REIT) 151
Real Estate Limited Partnership (RELP) 149
Recherche 162
Regulatorische Risiken 115
Reinvestition 73
REIT *siehe* Real Estate
  Investment Trust

Relative-Stärke-Index *siehe*
  Relative Strength Index
Relative Strength Index (RSI)
  2, 100, 102
RELP *siehe* Real Estate Limited Partnership
Rentabilität 2, 96
Rente 205
Ressourcen
  zum Thema Geldanlage
    275
  zum Thema KI 263
Return on Investment (ROI)
  212
Rezession 186
Risikobewertung 118
Risikostreuung 72
Robo-Advisor 27, 85, 126,
  251, 270
  Definition 85
  Empfehlungen 93
  Hauptmerkmale 90
  Vor- und Nachteile 87
Rohstoffaktie 125
Rohstoffe 107, 119, 121
  Risiken 109, 112
Rohstoff-ETF 125
Rohstoffhandel 119
Rohstoff-Investmentfonds
  125
Rohstoff-Investmentvehikel
  124
ROI *siehe* Return on Investment
Rollkosten 115
RSI *siehe* Relative Strength
  Index
Ruhestand 205, 206
Ruhestandsplanung 204, 213,
  223
Rumble 249

S

Sachwerte 107–108, 116, 257
  Diversifizierung 257
Sachwertinvestments 107
Sammlermünzen 117
Schuldenabbau 205
Schuldenmanagement 203
  mithilfe von KI 1
Schuldtitel 110, 129

Schuldverschreibungen 129
Schwellenwert 68
Sekundärmarkt 66
Seltene Erden 124
Seltenerdmetalle 124
SEO-Optimierung 169
Sicherheitsvorkehrungen 258
Sicherungskopie erstellen
  259
Silber 116, 258
  Anlagemöglichkeiten 117
SMA *siehe* Einfacher gleitender Durchschnitt
Small Cap 52
Small-Cap-Aktie 254
Small-Cap-KI-Aktie 61
Social-Media-Marketing 164
Softwareprobleme lösen 168
Sozialversicherung 205
Spekulieren 108
Spekulieren versus Investieren 28, 108
Spezifische KI 27
Sprache 245
Sprachniveau der KI
  anpassen 245
Staatliche Finanzbehörde
  278
Staatliche Regulierungsbehörde 278
Staatsanleihen 257
Start-up
  finanzieren 165
Statisches Portfolio 73
Steuern 190
  KI-Tools 270
Steuern sparen
  mithilfe von KI 1
Steuerplanung 204
Steuervorteil
  Unternehmen 160
Stochastischer Oszillator
  102
Stop-Loss-Order 68, 74, 256
Stop-Preis 68
Strategie
  defensive 67
Stromausfall 258, 259
Studium
  finanzieren 205
  Kosten 210

Suchmaschine
    KI-basierte 27
SWOT 163
SWOT-Analyse 58, 98, 163
Synthesia 45

T

Tagesgeldkonto 134
Tagesorder 68
Tätigkeitsfelder
    KI-bezogene 173
Tax-Loss-Harvesting 91
Technische Analyse 2, 95, 100, 126
Teilaktie 73
Termingeschäft 117
Terminkontrakt 119
Terminmarkt 108
Text erstellen 168
Text-zu-Bild 44
Text-zu-Text 41
Text-zu-Video 45
Timing-Strategie 100
ToolsAI.net 249
Trailing-Stop-Order 68, 74, 256
Transkription 43
Transkriptor 250
Tutorials" zu KI 263

U

Überdiversifikation 79
Überkaufte Aktie 101
Überkonzentration 76
Übersetzung 245
Überverkaufte Aktie 101
Udemy 30, 251, 264
Umsatzrentabilität 96
Unique Value Proposition (UVP) 164
Unternehmen
    finanzieren 165
    gründen 162
    verkaufen 161
Unternehmensführung 159
    mithilfe von KI 168–169
Unternehmensfusion 73
Unternehmensgründung 159
    Vorteile 160

V

Value-Investing 277
VEED.IO 45
Verbraucherpreisindex 112
Verbraucherpreisinflation 195
Verbrauchsgut 107
Vermögensallokation 118, 206
Vermögensaufbau 203
Vermögenspreisinflation 196
Vermögenswirksame Leistungen 204
Verschlüsselung 135
Verschuldungsgrad 99
Versicherung 203
Versorger 254
Versorgungsunternehmen 254
Vertikale KI 27
Verzeichnisse für KI-Tools 266
Videogenerierung 45
Volatilität 77
Volumen 102
Vorlaufender Wirtschaftsindikator 184
Vorstellungsgespräch
    Vorbereitung 177
VPN 259
VWL 204

W

Währung 110
Währungsrisiko 115

Warentermingeschäft 119
Warentermingeschäfte 119
Warenterminkontrakt 115
Website-Content 168
Websites
    zum Thema Geldanlage 275
Weiterbildung 251
Wertentwicklungsanalyse 118
Wertminderung 210
Wertminderungsobjekt 210
Wertorientiertes Anlegen 277
Wettbewerb 97
Wirtschaftsanalyse 29, 181
Wirtschaftsdaten 2
Wirtschaftsindikatoren 181
Wirtschafts- und Währungsunion 196

Y

YouTube 249
YouTube-Kanäle zu KI 264

Z

Zeithorizont 73
Zentralbank 196
Zentralbanken 196
Zentralbankgeld 257
    digitales 129
Zentralbanksystem 196
Zentralbankwährung
    digitale 137
Zielgruppensegmentierung 164
Zinspolitik 191
Zinsrisiko 111
Zinssatz 191
Zusammenfassung
    von Einzeldaten 60
Zyklische Aktie 185
Zyklisches Konsumgut 187, 189

Diese Bücher könnten Sie auch interessieren

P. Baker

ChatGPT für Dummies

2., vollst. überarb. u. erw. Auflage 2025

240 Seiten

ISBN: 978-3-527-72286-0

Format:	140 mm x 216 mm
Ladenpreis:	ca. 18,- €*
Erscheinungstermin:	Januar 2025

Profitieren auch Sie von den wunderbaren Fähigkeiten von ChatGPT. Dieses Buch erklärt ChatGPT und die integrierten GPTs, zeigt, wie sie funktionieren und wie Sie sie optimal für Ihre Zwecke nutzen.

S. Diamond und J. G. Allen

KI-Prompts schreiben für Dummies

1. Auflage 2024

288 Seiten

ISBN: 978-3-527-72245-7

Format:	176 mm x 240 mm
Ladenpreis:	18,- €*
Erscheinungstermin:	Dezember 2024

In diesem Buch lernen Sie, wie Sie die besten Ergebnisse aus KI-Systemen herausholen. Die Autoren erklären Ihnen, wie Sie Textanweisungen formulieren, die effektive Ergebnisse liefern, wie Sie diese auswerten und Ihre Prompts weiter verfeinern.

R. Otte

Künstliche Intelligenz für Dummies

2. Auflage 2023

512 Seiten

ISBN: 978-3-527-72099-6

Format:	176 mm x 240 mm
Ladenpreis:	26,- €*
Erscheinungstermin:	April 2023

Mit diesem Buch bringen Sie sich auf den aktuellen Stand beim Thema »Künstliche Intelligenz«: Verstehen Sie die zugehörigen Algorithmen, lernen Sie Industrieanwendungen kennen und finden Sie heraus, was künstliche Intelligenz noch nicht kann.

*Der €-Preis gilt nur für Deutschland. Preisänderungen und Irrtümer vorbehalten.

Diese Bücher könnten Sie auch interessieren

K. Roller

Trading für Dummies

3. Auflage 2022   **ISBN:** 978-3-527-71903-7

364 Seiten

Format: 176 mm x 240 mm

Ladenpreis: 25,- €*

Erfahren Sie von einer Trading-Expertin, wie Sie Ihre persönliche Trading-Strategie entwickeln, den richtigen Zeitpunkt für den Kauf und Verkauf von Aktien, Derivaten oder Währungen wählen und dabei das Risiko stets im Auge behalten.

R. Ullrich

Trading-Psychologie für Dummies

1. Auflage 2021   **ISBN:** 978-3-527-71716-3

272 Seiten

Format: 176 mm x 240 mm

Ladenpreis: 22,- €*

Ein Ratgeber für angehende Trader, der Ihnen zeigt, wie Sie souverän auf dem Börsenparkett agieren, mentale Stärke entwickeln, intelligente Entscheidungen treffen, Fehlentscheidungen vermeiden. Das Ziel: typische Fallen umschiffen, noch erfolgreicher sein!

J. Engst und J. J. Kipp

Börsenstrategien für Dummies

4. Auflage 2024   **ISBN:** 978-3-527-72048-4

352 Seiten

Format: 176 mm x 240 mm

Ladenpreis: 24,- €*

An der Börse kann man viel gewinnen, aber auch viel verlieren. Die richtige Strategie muss also her! Dieses Buch hilft Ihnen, Ihre Ziele zu definieren und Ihre persönliche Börsenstrategie zu entwickeln.

*Der €-Preis gilt nur für Deutschland. Preisänderungen und Irrtümer vorbehalten.